불경으로 이해하는
산스크리트

반야바라밀다심경 편(般若波羅蜜多心經 篇)

—— 전순환

데바나가리
언어학적 가공
문법정보 데이터베이스
번역

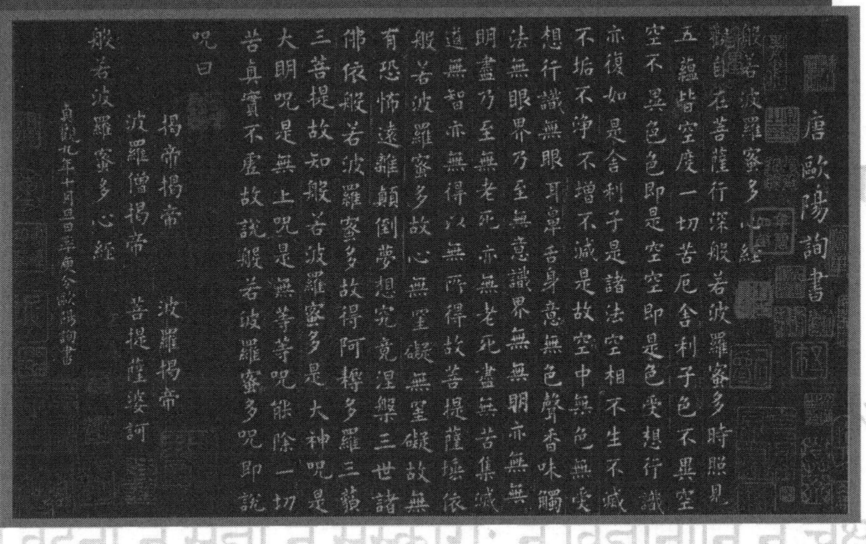

한역 반야심경, 歐陽詢 (557-641)

지식과교양

UNDERSTANDING SANSKRIT WITH BUDDHIST TEXT

PRAJÑĀPĀRAMITĀHṚDAYASŪTRA

from DEVANĀGARĪ
via LINGUISTIC PROCESSING and
GRAMMATICAL INFORMATION DATABASE
to TRANSLATION

| 머리말 |

산스크리트로 쓰인 텍스트, 불경을 올바르게 읽고 번역해내기 위해서는 실로 많은 수고로움과 어려움이 따른다. 우선 산스크리트의 문자, 즉 데바나가리의 다소 복잡한 체계를 알아야 하기 때문이다. 또한, 문자의 벽을 넘어선다하더라도, 텍스트를 구성하는 어휘들을 사전에서 찾아내기가 쉽지 않으며, 텍스트에서 운용되는 여러 문법적 현상들을 문법서에서 확인하기가 용이하지 않기 때문이다. 산스크리트 불경뿐만 아니라 이 언어로 기록된 그 밖의 모든 텍스트를 대상으로 할 때에도 공통적으로 경험하게 되는 이러한 어려움은 사실 산스크리트 고유의 언어적 특성에서 비롯하는 문제들이다. 모두 여섯 개의 장으로 구성되는『불경으로 이해하는 산스크리트』란 제목의 이 책이 목표하는 바는 데바나가리 문자 체계의 학습에서 출발, <반야바라밀다심경>을 대상으로 일견 복잡해 보이지만 섬세하고 논리적인 산스크리트의 문법적 특성을 언어학적 가공을 통해 이해하고 문법정보 데이터베이스를 구축하여 번역에 이르기까지의 과정을 체계적으로 보여주는데 있다.

TITUS, GRETIL, DSBC 등과 같은 세계의 연구기관들은 베다를 비롯한 인도의 대표적인 많은 문헌들을 DB로 구축하는 프로젝트를 수행해 오고 있으며, 현재 데바나가리와 이를 로마문자로 변환시킨 두 종의 텍스트들을 웹-서비스하고 있다. 서점이나 도서관을 이용하지 않아도 그 방대한 문헌들을 시간, 장소, 공간에 구애받지 않고 무료로 접할 수 있다는 것은 데바나가리(텍스트)에 관심을 두는 사람들에게는 정말이지 환영할 일이 아닐 수 없을 것이다. 그런데 이러한 텍스트를 올바르게 읽어내고

로마문자로 변환시키는 문제 등은 개개인이 풀어야 할 몫이다. 이러한 상황에서 데바나가리의 (변이)형태, 음가, 결합, 그 밖의 부차적인 사항들을 망라하는 지침서가 반드시 필요하다고 생각되기 때문에 이 책의 첫 장은 상세하면서도 간결하게 정리된 데바나가리 학습으로 시작한다. 이 장에서 특이할 만한 사항은 이해하기 까다로운 편에 속하는 자음 문자들의 결합 방식에 대해 필자가 다른 책이나 논문들에서 볼 수 없는 일련의 원칙들을 제시한다는 점이다.

I장과 연계되는 II장에서는 <반야바라밀심경>사본들의 데바나가리본과 이를 변환시킨 로마문자본이 병행하여 제시되는데, 전자의 경우 문자변환 프로그램을 통해 생성된 텍스트이다. 원본이 아닌 사본들만이 존재하는 상황에서 이 불경의 산스크리트본이라고 하면 한 두 개의 사본만이 소개되는 것이 일반적이지만 이 책은 지금까지 알려져 있는 모든 사본을 대상으로 한다. 소본의 경우 모두 6종으로 법륭사(法隆寺)본 · 中村元본 · MÜLLER-NANJIO본 · CONZE본 · VAIDYA본 · BENVENISTE본이고, 대본의 경우 모두 7종으로 장곡사(長谷寺)본 · 中村元본 · MÜLLER-NANJIO본 · CONZE본 · VAIDYA본 · FEER본 · 중국사본이다. 이러한 상황에서 소본과 대본, 각각의 (로마문자) 이본들이 어떻게 다르게 나타나는지 살펴볼 필요가 있기 때문에 이 장에서는 사본들이 제시되는 것 외에 사본간의 상세한 언어적 비교가 수행된다.

그런데 이와 같은 비교는 단순히 표면적인 측면에 지나지 않는다. 중요한 것은 '과연 원-텍스트를 어떻게 분석해 나가야 하는가?'의 방법론적인 측면이다. 그러나 위에서 언급한 연구기관들(의 웹사이트), 서적, 논문 등 그 어떤 곳에서도 '어떻게'에 대한 방법론의 제시는 찾아볼 수 없다. 이는 곧 문법책에 기술된 문법적 현상과 사항들이 텍스트에 어떻게 적용되는지 확인하는 문제가 I장의 데바나가리에서처럼 역시나 개개인이 풀어야 할 몫이라는 것을 의미한다. 이와 같은 상황에서 III장에서는 텍스트 분석 방법론, 즉 언어학적 가공이 제시된다. 가공의 순차적 단계는 단어뭉치(절단) · 산디(표시) · 표지(추출) · 합성어(분리) · 단일어간(분류) · 접사(접두사/접미사 분리) · 어근(추출) 등 모두 7개이다. <반야바라밀심경>을 포함한 모든 산스크리트 텍스트에서 단어(표제어)들을 인식하기란 쉽지 않은 일인데, 이는 여러 문법적 현상들(, 특히 산디)로 인해 단어들의 원래 형태가 알아보기 힘들게 왜곡되어 있기 때문이다. 언어학적 가공이란 바로 이와 같은 원-텍스트의 문제들인 형태적 왜곡과 불투명함을 복원시키고 투명하게 만들어 단어와 이 단어가 지니는 문법 정보를 각각 사전과 문법서에 연결시켜 주는 작업이다.

텍스트의 분석은 언어학적 가공으로 종료될 수 있지만, 분석으로 모든 것이 끝나는 것은 아니다. 분석만큼이나 매우 중요한 작업이 남아있는데, 그것은 바로 가공을 통해 얻은 결과를 문법정보 데이터베이스로 구축하는 일이다. 텍스트를 대상으로 하는 언어학적 가공이 지극히 개인적이고 전문적인 작업이고, 따라서 그 흔적이 눈에 잘 띄지 않으며, 나타난다하더라도 특정의 전문가들에게만 유용한 연구서나 논문 등으로 보이는 상황이라면, DB의 구축은 입문자에서 전문가에 이르기까지 산스크리트에 관심을 갖는 모든 사람을 위한 작업이라고 말할 수 있다. TITUS의 경우 원-텍스트 외에도, 비록 언어학적 가공을 보여주지는 않지만, 이를 토대로 구축된 (리그베다의) DB를 웹사이트에서 공개하고 있으며, 이는 필자에게 뿐만 아니라 다른 사름들에게도 매우 유용한 참고자료임에 틀림없을 것이다. 매우 짧은 분량의 <반야바라밀다심경>을 대상으로 하지만 내용적인 측면에서 TITUS 더 자세하고 풍부하다고 말할 수 있는 IV장의 문법정보 DB는 단어뭉치(절단)와 산디(표시)가 반영된 '텍스트 기반의 문법정보 DB'와 나머지 가공들의 결과가 반영된 사전적 성격을 띠는 '어휘 문법정보 DB'로 구축되고, 더 나아가 번역에 어휘 DB만큼이나 꼭 필요한 통사적 문법정보가 V장에서 제시된다.

데바나가리의 이해, 언어학적 가공, 문법정보 DB의 구축 등 각각의 단계는 고유의 의미와 가치를 충분히 갖고 있다. 그러나 이 단계들은 궁극적으로 어원적 관점에서 텍스트의 올바른 번역을 이끌기 위한 선행 작업들이라고 말할 수 있다. 따라서 데바나가리로 쓰인 <반야바라밀다심경>을 로마문자로 옮기고, 변환된 텍스트를 언어학적으로 가공한 뒤 구축한 텍스트 · 어휘 · 통사 문법정보 DB를 갖고 VI장에서는 텍스트의 번역이 시도된다. 더 나아가 소본과 대본에 대한 기존의 대표적인 역본들이 올바르게 번역되었는지 검증해 볼 필요가 있기 때문에 여기에 시도된 번역은 한역본(구마라집/현장역) · 한국어역본(한글대장경) · 일본어역본(中村元역) · 영어역본(Conze/Müller역) 등과 비교된다.

인도의 베다와 고전 산스크리트 문헌들은 여러 웹사이트들을 통해 볼 수 있고 언어학의 대상이 되어 활발하게 분석되고 번역되어 온 왔지만, 산스크리트 불전은 아직까지 텍스트 DB로 구축되는 시작 단계에 있다. 따라서 불전에 대한 문법적 또는 언어학적 분석은, 갈 길이 멀긴 하지만, 산스크리트 문법학자 또는 언어학자들이 반드시 수행해야 할 앞으로의 과제라는 것은 분명한 사실이다. 필자는 현재 한국연구재단의 지원(2009-12, 3년)으로 '산스크리트 불전 대반야바라밀다경의 언어학적 분석과 문법정보 데이터베이스 구축 – 팔천송반야경과 이만오천송반야경을 중심으로 –'란 제목으로 프로젝트를 수행하고 있으며, 이의 목적은 위에서 언급한 방법론에 따라 일차적으로 텍스트와 어휘의 문법정보 DB를 구축하는데 있다. 더 나아가, 지원이 계속적으로 이어진다면, 반야부의 <대반야바라밀다경>의 나머지 텍스트들까지도 포함시키는 것이 필자의 앞으로의 계획이다. 이러한 측면에서 볼 때 <반야바라밀다심경>을 대상으로 하는 본서는 산스크리트 문법서 외에도 학술 연구서의 성격도 띤다고 말할 수 있다.

산스크리트 불전의 문법정보 데이터베이스의 구축은 미래의 웹서비스 제공에서 매우 중요한 콘텐츠를 구성하고, 불전에 관심을 두고 있는 세계의 모든 사람에게 공개되고 자유로이 이용될 수 있으며, 또한 불교학과 산스크리트 언어학에 관심을 갖게 될 미래 전문가의 후학들에게 연구의 토대를 제공해 줄 수 있다는 점에서, 더 나아가 불교학 관련 학술 연구뿐만 아니라, 대상 텍스트의 문법서 및 (어원적) 사전 편찬의 토대가 될 것임에 틀림없을 것이다. 마지막으로 이와 같은 연구를 가능하게 해준 한국연구재단과 이를 책으로 출판되게 도움을 주신 지식과 교양의 윤석원 대표님, 그리고 늘 등불이 되어주는 필자의 가족에게 이 자리를 빌어 심심한 감사를 표하는 바이다.

관련 참고자료 및 웹사이트

〈데바나가리 관련 웹사이트〉

www.ancientscripts.com
www.designinindia.net
www.hindibhasha.com
www.omkarananda-ashram.org/Sanskrit/Itranslt.html
www.omniglot.com/writing/devanagari.htm
www.sarasvati.tripod.com
www.sanskritweb.net
www.sanskritdocuments.org/learning_tutorial_wikner/
www.tilakpyle.com/sanskrit_alphabet.htm
www.visiblemantra.org
http://ftp.kaist.ac.kr/tex-archive/fonts/ps-type1/sanskrit/sktdoc.pdf

〈반야바라밀다심경의 텍스트 및 번역〉

고려대장경연구소 (http://www.sutra.re.kr/)
중화전자불전협회 (中華電子佛典協會 http://www.cbeta.org/)
中村 元・紀野一義, 譯註 (1971) *般若心經・金剛般若經*. 9刷. 東京. 岩波書店.
中村 元 編 (1974) *大乘佛典*. 東京：筑摩書房.
Benveniste, E. (1940) *Textes Sogdiens,* Mission Pelliot en Asie Centrale, III, Paris.
Conze, E. (1967) *Thirty Years of Buddhist Studies*. Selected Essays. Burno Cassirer.
________(2001) *Buddhist Wisdom, containing The Diamond Sutra and The Heart Sutra.* Vintage Spiritual Classics.
Digital Sanskrit Buddhist Canon (http://www.uwest.edu/sanskritcanon/dp/)

Feer, H. L. (1866) *L' Essence de la Science Transcendante* (*Prajnâ-pâramitâ-hridaya-sûtra en trois langues, tibétain, ésanskrit, mongol*). Paris.

Göttingen Register of Electronic Texts in Indian Languages (http://www.sub.uni-goettingen. de/ebene_1/fiindolo/gretil.htm)

Müller, F. M. & Nanjio, B. [ed.] (1884) The Ancient Palm-leaves containing the Pragñâ-pâramitâ-hridaya-sûtra and the Ushnîsha-vigaya-dhâranî: In *Anecdota Oxoniensia* (Aryan Series) vol. 1 part 3. Oxford. Clarendon.

Müller, F. M. (1894) *The Sacred Books of The East.* Vol. XLIX. Buddhist Mahāyāna Texts. Part II. Oxford. At the Clarendon. (http://www.sacred-texts.com/bud/sbe49/index.htm)

Vaidya, P. L. [ed.] (1960) *Astasahasrika Prajnaparamita.* The Mithila Institute: Buddhist Sanskrit Texts 4.

________(1961) Prajnaparamitahrdayasutra [vistaramatrka]: in *Mahayana-sutra-samgrahah, Part 1.* Darbhanga: The Mithila Institute (Buddhist Sanskrit Texts, 17).

〈산스크리트 문법〉

MacDonell, A. A. (1958) *A Vedic Grammar for Students.* Oxford University Press. (http://www.archive.org/details/vedicgrammarfor00macduoft)

Mayrhofer, M. (1978) *Sanskrit-Grammatik: mit sprachvergleichenden Erläuterungen,* 3te Auflage. Walter de Gruyter · Berlin · New York.

Stiehl, U. (2007) Sanskrit-Kompendium: Ein Lehr-, Übungs-und Nachschlagewerk. Devanagari-Ausgabe. 4. überarbeitete und erweiterte Auflage. Economica Verlag. Heidelberg.

Wackernagel, J. (1930) *Altindische Grammatik. Band III: Nominalflexion - Zahlwort - Pronomen.* Vandenhoeck & Ruprecht: Göttingen.

________(1954) *Altindische Grammatik. Bd. II: Die Nominalsuffixe.* Vandenhoeck & Ruprecht: Göttingen.

________(1957) *Altindische Grammatik. Band II, 1: Einleitung zur Wortlehre.*

Nominalkomposition. Vandenhoeck & Ruprecht: Göttingen.

〈산스크리트 사전〉

Grassmann, H. (1936) *Wörterbuch zum Rig−Veda.* Leipzig.

Mayrhofer, M. (1992) *Etymologisches Wörterbuch des Altindoarischen.* Bd. I. Heidelberg, Universitätsverlag: Winter.

_______(1996) *Etymologisches Wörterbuch des Altindoarischen. Bd. II.* Heidelberg, Universitätsverlag: Winter.

Macdonell, A. A. (1929) *A practical Sanskrit dictionary with transliteration, accentuation, and etymological analysis throughout.* London: Oxford University Press.

Digital Dictionaries of South Asia (http://dsal.uchicago.edu/dictionaries/macdonell/)

Monier, M.−W. (1964) *A Sanskrit−English Dictionary: etymologically and philologically arranged wit special reference to Cognate Indo−European Languages:* Reprinted Lithographically in Great Britain at the University Press. Oxford. At the Clarendon Press.

Cologne Digital Sanskrit Dictionaries (http://www.sanskrit−lexicon.uni−koeln.de/)

목 차

들어가기

A. 산스크리트 전자불전과 언어학

여러 분야에 걸쳐 전승된 인도의 풍부한 산스크리트 문헌들을 대상으로 데이터베이스를 구축하려는 노력은 2000년을 전후로 하여 아래의 [그림 1]에서 보는 것처럼 세계의 여러 프로젝트들이 해왔고, 현재에도 이어지고 있다. 이러한 연구 기관들의 대표적인 과제는 보존의 문제에 관련하는 것으로, 곧 사라질지 모를 세계 곳곳에 산재해 있는 (필)사본을 수집하고 디지털화하여 이를 필요로 하는 세상의 모든 이에게 웹서비스로 제공하는 것이다.

	프로젝트명/웹사이트	주관/시작연도
①	Early Buddhist Manuscripts Project (http://www.ebmp.org/p_abt_php)	**워싱턴 대학** (미국)/1996~현재
②	Thesaurus Literaturae Buddhicae (http://www.2.hf.uio.no/polyglotta/index.php)	**오슬로 대학** (노르웨이)/2009~현재
③	The Bajur collection of Buddhist Kharosthi Manuscripts (http://www.geschkult.fiu-berlin.de/e/indology/bajaur)	**베를린 대학** (독일)/2005~현재
④	Thesaurus Indogermanischer Text- und Sprachmaterialien (http://titus.uni-frankfurt.de/indexe.htm)	**프랑크푸르트 대학** (독일)/2003~현재
⑤	Digital Sanskrit Buddhist Canon (http://www.uwest.edu/sanskritcanon/dp/)	**서부 대학** (미국)/2003~현재
⑥	Göttingen Register of Electronic Texts in Indian Languages (http://www.sub.uni-goettingen.de/ebene_1/fiindolo/gretil.htm)	**괴팅겐 대학** (독일)/2001~현재

<그림 1> 세계의 전자불전 프로젝트

그러나 아직까지 산스크리트 불전을 대상으로 언어학적 관점에서 연구하는 개

인이나 단체 또는 프로젝트를 찾아보기란 매우 어렵다. 유일하게 독일의 프랑크푸르트 대학이 주최가 되는 ④의 TITUS (Thesaurus Indogermanischer Text- und Sprachmaterialien)가 언어학적 가공의 시작을 알리는 움직임을 보여주고 있다. 현재 많은 양은 아니지만 대표적인 산스크리트 불전을 웹서비스로 제공하고 있는데, 오른쪽의 텍스트는 이 프로젝트가 제공하는 Buddhacarita('불소행찬'[佛所行讚])의 첫 화면 문장들이다. 여기에서 한 가지 주목할 만한 사항은 하나의 문장이 두 가지 버전으로 나와 있다는 점이다. 이탤릭체로 표시된 문장은 원-텍스트로서 산디가 적용된 상히타파다(Saṁhitapāda, 예 tamo)이고, 기본체로 표시된 문장은 일종의 가공된 텍스트로서 산디가 적용되지 않은 파다파타(Padapātha, 예 tamaḥ~)이다. 이 가공된 텍스트에는 또한 - 가 표시되어 있는데, 이는 합성어의 절단(para-ardhyām ⇨ parārdhyām)을 가리킨다.

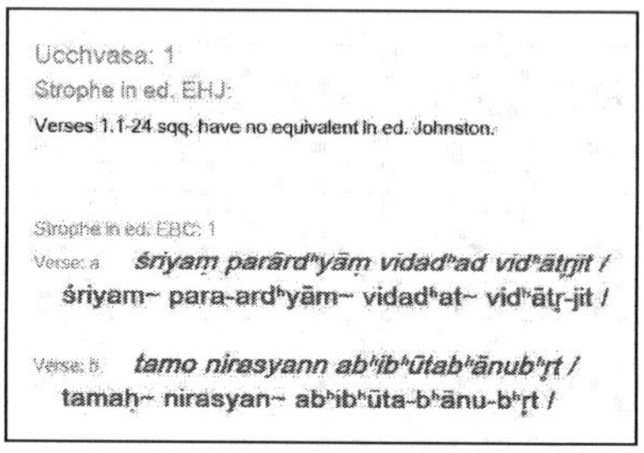

<그림 2> TITUS: Buddhacarita

다른 한편으로 위의 화면에서 각 문장 내의 단어(예, parādhyām)를 클릭하면, 아래의 [그림 3]에서 보는 것처럼, 이 단어에 대한 페이지로 이동되고, 이 화면에서는 문제의 단어에 관한 일련의 정보들이 제공되고 있다. 그러나 이 정보들은 주로 단어형태(Wordform), 교체형태(Alternate Form), 단어에 붙여진 번호(Word no.), 텍스트 내에서의 위치(Location)와 출현 빈도 등 문헌학적 내용들이다.

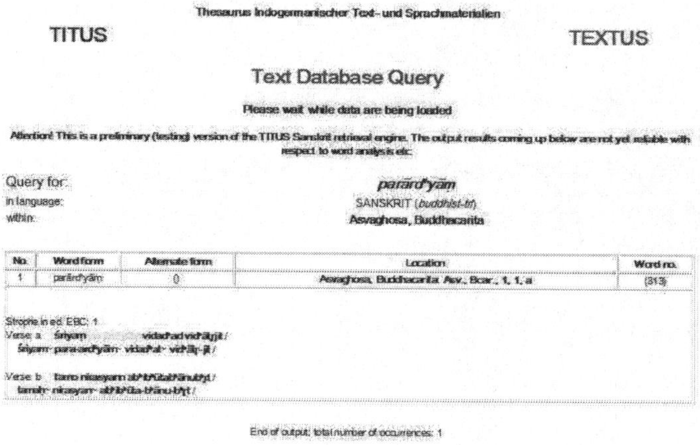

<그림 3> TITUS: 어휘 정보 데이터베이스

세계적으로 불교학을 포함하여 여러 학문적 분야가 대상으로 하는 산스크리트 텍스트들이 언어학적 연구대상으로 높은 가치를 인정받고 있고, 또한 특정 분야를 떠나 원전의 정확한 번역을 위해서는 언어학적 분석의 도움이 필요하다는 인식이 널리 퍼져 있기 때문에 언어학자들의 연구대상으로 떠오르고 있는 실정이지만, 유독 불교 관련 산스크리트 텍스트의 경우는 상대적으로 아직까지 언어학적 분석의 손길이 거의 미치지 못하고 있는 상황이다. 불전이라 하면 한역본들을 떠올리는 것이 현실이지만, 특히 세계적으로 전자불전 프로젝트가 활발해진 최근에 들어서 TITUS와 같이 산스크리트 불전을 분석하려는 노력과 그에 따른 결과물들이 종종 눈에 띄면서 원전에 대한 관심이 고조되고 있는 분위기이다. 그러나 대부분의 분석은 기초적인 정보를 제공하는데 그치는 정도이며, 체계적인 분석 과정에 따른 언어학적 가공과 그에 따른 문법정보(데이터베이스)는 아직까지 충분히 기술(구축)되지 못하고 있다.

INPUT
(산스크리트 불전)
한역 ↓ ↓ 분석과정의 부재
OUTPUT
(의미번역)

<그림 4> 불전과 의미번역

B. 문자변환 가공과 언어학적 가공

위에서 말하는 언어학적 가공이란 텍스트와 이를 구성하는 단어들의 문법적 정보가 잘 인식되게끔 텍스트와 단어들에 형태적 투명성을 부여하는 작업을 말한다. 이 책이 다루는 <반야바라밀다심경>뿐만 아니라 그 밖의 모든 산스크리트 불전에도 적용될 수 있는 이 가공은, 아래의 그림에서 보는 것처럼, 음운론(Phonology)과 형태론(Morphology)이라는 언어학의 하위 분야들에 토대하는 7개의 분석 과정들로 구성되고 번호 매김에 따라 순차적으로 진행된다.

그런데 텍스트가 데바나가리로 쓰인 경우 언어학적 가공(B-C)에 앞서 이 문자를 (특수기호들이 첨가되기도 하는) 로마문자로 변환시키는 작업, 즉 문자변환 가공(A-B)이 선행한다. 그러나 산스크리트 <반야바라밀다심경>의 사본들처럼 로마문자 텍스트만이 주어지는 경우, 언어학적 가공으로 바로 넘어갈 수도 있겠지만 원-텍스트의 복원이라는 문제 역시 중요하기 때문에 로마문자를 데바나가리문자로 변환시키는 가공(B-A) 또한 필요한 작업이라고 말할 수 있다. 데바나가리의 문자 체계와 문자변환 가공에 대해서는 각각 I장과 II장에서 상세하게 논의될 것이며, 여기에서는 언어학적 가공을 집중적으로 살펴보기로 한다.

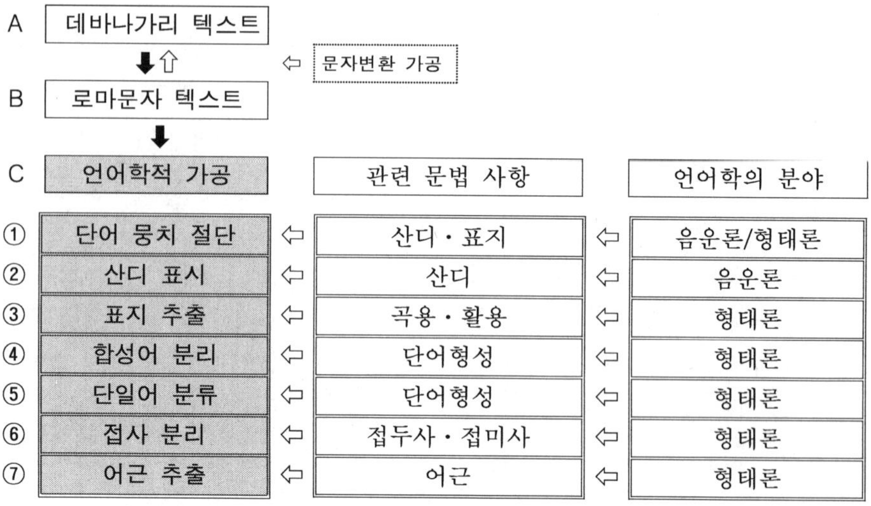

<그림 5> 언어학적 가공의 분석 과정들

일반적으로 산스크리트 텍스트를 구성하는 단어들은 이 언어의 여러 문법적 현상들로 인해 형태적으로 알아보기 힘들게 왜곡되어 있고, 그 결과로 문제의 단어가 지니는 문법 정보를 제대로 인식하는 데 어려움이 따른다. 이러한 상황은 특히 일반적인 산스크리트 문헌보다 산스크리트 불전들에서 더 두드러지게 나타난다. 언어학적 가공은 바로 이와 같은 원-텍스트의 문제들, 즉 형태적 왜곡과 불투명함을 형태 복원과 투명함으로 이끄는 작업이다.

앞으로 <반야바라밀다심경>에 적용될 언어학적 가공과 이의 구체적인 내용에 대한 실질적 이해를 돕기 위해 <대반야바라밀다경>(大般若波羅蜜多經) 가운데 초기 경전으로 알려져 있는 Vaidya(1960)의 <팔천송반야경>(八千頌般若經: Aṣṭasāhasri=kāprajñāpāramitāsūtra=prajñāpāramitāsūtra)의 첫 문단을 예로 들어보기로 한다.

evaṁ mayā śrutam |
ekasmin samaye bhagavān rājagṛhe viharati sma gṛdhakūṭe parvate
mahatā bhikṣusaṁghena sārdhamardhatrayodaśabhirbhikṣuśataiḥ,
sarvairarhadbhiḥ kṣīṇāsravairniḥkleśairvaśībhūtaiḥ suvimuktacittaiḥ
suvimuktaprajñairājñairājāneyairmahānāgaiḥ kṛtakṛtyaiḥ
kṛtakaraṇīyairapahṛtabhārairanuprāptasvakārthaiḥ parikṣīṇabhavasaṁyojanaiḥ
samyagājñāsuvimuktacittaiḥ sarvacetovaśiparamapāramiprāptairekaṁ
pudgalaṁ sthāpayitvā yaduta āyuṣmantamānandam ||

<그림 6> 원-텍스트 (AP 1.1.1-8)

a. 가공 ① ② 단계 : 단어뭉치 절단과 산디 표시

일반적으로 마주치게 되는 위와 같은 산스크리트 원전은 어휘사전과 문법서의 도움으로 분석되고 번역되는 것이 보통이다. 그러나 실제로 각각의 단어를 사전에서 찾거나 그 문법적 사항을 문법서에서 찾는 것은 쉬운 일이 아닌데, 이러한 연결의 어려움은 무엇보다도 산스크리트 불전에서 활발하게 일어나는 단어뭉치 현상과 산디(Saṁdhi) 때문이다. 세 번째 줄의 sārdhamardhatrayodaśabhirbhikṣuśataiḥ와 여덟 번째 줄의 yadutāyuṣmantamānandam 등의 경우 하나의 긴 단어처럼 보이지만, 각각 <u>sārdham ardhatrayodaśabhir bhikṣuśataiḥ</u>와 <u>yad uta āyuṣmantam ānandam</u>처럼 독립적인 단어들이 결합되어 있는 것이기 때문에 이에 대한 절단 작업이 필요하다. 또한 음성적 환경이 충족되면, 언제든지 작용하는 산디로 인해 원래의 형태가 변하기 때문에 이러한 경우들에 대해서는 산디가 일어났다는 산디 표시 작업이 필요하다. 예를 들어, ardhatrayodaśabhir bhikṣuśataiḥ와 첫 번째 줄의 evaṁ mayā 등은 ardhatrayodaśabhir_bhikṣuśataiḥ와 evaṁ_mayā처럼 _ 로 산디가 일어난 부분과 이를 야기한 음성적 환경이 표시되고, 변화되기 이전의 형태로 복원된다. 인덱스(INDEX)를 위한 번호 붙임(7.1. 참조)과 더불어 이 두 가공을 통해 재구성되는 텍스트는 다음과 같다.

01. evam_mayā śrutam |
02. ekasmin samaye bhagavān rājagṛhe viharati sma gṛdhakūṭe parvate
03. mahatā bhikṣusaṁghena sārdham ardhatrayodaśabhiḥ_bhikṣuśataiḥ,
04. sarvaiḥ_arhadbhiḥ kṣīṇāsravaiḥ_niḥkleśaiḥ_vaśībhūtaiḥ suvimuktacittaiḥ
05. suvimuktaprajñaiḥ_ājñaiḥ_ājāneyaiḥ_mahānāgaiḥ kṛtakṛtyaiḥ
06. kṛtakaraṇīyaiḥ_apahṛtabhāraiḥ_anuprāptasvakārthaiḥ parikṣīṇabhavasaṁyojanaiḥ
07. samyagājñāsuvimuktacittaiḥ sarvacetovaśiparamapāramiprāptaiḥ_ekaṁ
08. pudgalam_sthāpayitva yad uta_āyuṣmantam ānandam | |

<그림 7> 언어학적 가공에 의한 재구성 텍스트

b. 가공 ③ 단계 : 표지 추출

단어뭉치 절단과 산디 풀기의 과정을 거친 뒤에도 각각의 단어를 어휘사전에 바로 연결시키는 데에는 여전히 문제가 있는데, 사전의 표제어인 어간이 실사와 동사의 표지 정보까지 포함하고 있지는 않기 때문이다. 가공의 세 번째 단계인 표지 추출은 바로 표지를 문법서에 연결시키는 동시에 자동적으로 남는 부분인 어간을 사전에서 찾게 하는 작업이다. 예를 들어, 재구성된 위의 텍스트에서 02. ekasmin, samaye, viharati의 경우 추출된 표지는 기본체의 대문자, ekaSMIN, samayaY, viharaTI로 표시된다. 03. bhikṣusaṁghena의 경우 bhikṣusaṁgha~ENA로 표시된다(~ (A~B) : B가 붙을 때 A의 마지막 모음이 탈락됨을 의미).

c. 가공 ④ 단계 : 합성어 분리

표지가 추출된 후에도 특히 세 개 이상의 어간으로 구성되는 합성어는 대부분 표제어로 등재되어 있지 않아 사전 찾기에 어려움이 있기 때문에, 합성어를 구성하는 각각의 어간을 분리시키는 작업이 필요하다. 각 어간의 연결은 = 로 표시되고, 그 사이에서 산디가 일어나면 변화된 부분을 괄호 안에 복원시켜 놓고 ( )= 로 표시된다. 07.의 sarvacetovaśiparamapāramiprāpta–의 경우 sarva=ceto(as)=vaśi=parama=pārami=prāpta–로 기술된다.

d. 가공 ⑤ ⑥ ⑦ 단계 : 단일어간 분류 · 접사 분리 · 어근 추출

합성어를 분리시킨 다음의 과정은 단일 어간을 어원적 분석 가능성의 유무에 따라 어간 I과 어간 II로 분류하는 작업이다. parvata–와 같이 더 이상의 분석이 어려운 어간 I은 이탤릭체(*parvata*−)로 표시되고, 계속적인 분석이 가능한 어간 II는 기본체로 표시된다. 그런데 어간 I은 표제어로 바로 등재되어 있기 때문에 사전 찾기에 어려움이 없는 반면, 어간 II는 이의 근간이 되는 형태소 아래에 배열되기 때문에 토대 형태소(표제어)가 추출되어야 한다. 어간 II는 sārdha− (sa−ardha−)와 āyuṣmant− (āyuṣ−mant−)의 경우처럼 어간 I에 접두사(표제어) 또는 접미사가 붙는 단어이기 때문에 토대 형태소(*ardha*−, *ayuṣ*−)를 밝히기 위해 접사의 분리 작업이 수행되고, 더 나아가 samaya− (sam−ay−a−)와 namas− (nam−as−)의 경우처럼 접사 외에도 단어의 핵심이자 표제어인 어근(ay, nam)을 포함하고 있기 때문에 토대 형태소의 추출 작업이 계속해서 수행된다. 접사는 기본체 그대로, 어근은 대문자의 굵은체(**AY**, **NAM**)로 표시되고, 각 형태소의 연결은 − 로 나타내어진다.

C. 문법정보 데이터베이스와 번역

a. 텍스트 기반 문법정보 DB

일련의 언어학적 가공들을 거쳐 얻어진 문법적 내용들은 문법정보 데이터베이스로 구축된다. 문법정보 DB는 가공의 성격에 따라 크게 두 개의 하위 DB로 구성되는데, 하나는 가공 ① 단계의 '단어뭉치 절단', ② 단계의 '산디 표시'와 형태 복원 작업이 텍스트 층위에 직접적으로 반영된 재구성 텍스트와 원−텍스트가 행별로 비교되어 저장되는 '텍스트 기반 문법정보 DB' (15. 참조)이다.

01. evaṁ mayā śrutam |
evam_mayā śrutam |

02. ekasmin samaye bhagavān rājagṛhe viharati sma gṛdhakūṭe parvate
ekasmin samaye bhagavān rājagṛhe viharati sma gṛdhakūṭe parvate

03. mahatā bhikṣusaṁghena sārdham ardhatrayodaśabhir_bhikṣuśataiḥ,
mahatā bhikṣusaṁghena sārdham ardhatrayodaśabhiḥ_bhikṣuśataiḥ,

04. sarvair_arhadbhiḥ kṣīṇāsravair_niḥkleśair_vaśībhūtaiḥ suvimuktacittaiḥ
sarvaiḥ_arhadbhiḥ kṣīṇāsravaiḥ_niḥkleśaiḥ_vaśībhūtaiḥ suvimuktacittaiḥ

05. suvimuktaprajñair_ājñair_ājāneyair_mahānāgaiḥ kṛtakṛtyaiḥ
suvimuktaprajñaiḥ_ājñaiḥ_ājāneyaiḥ_mahānāgaiḥ kṛtakṛtyaiḥ

06. kṛtakaraṇīyair_apahṛtabhārair_anuprāptasvakārthaiḥ parikṣīṇabhavasaṁyojanaiḥ
kṛtakaraṇīyaiḥ_apahṛtabhāraiḥ_anuprāptasvakārthaiḥ parikṣīṇabhavasaṁyojanaiḥ

07. samyagājñāsuvimuktacittaiḥ sarvacetovaśiparamapāramiprāptair_ekaṁ
samyagājñāsuvimuktacittaiḥ sarvacetovaśiparamapāramiprāptaiḥ_ekaṁ

08. pudgalaṁ_sthāpayitvā yad uta_āyuṣmantam ānandam | |
pudgalam_sthāpayitvā yad uta_āyuṣmantam ānandam | |

<그림 8> 텍스트 기반 문법정보 DB

b. 어휘 기반 문법정보 DB

다른 하나는 산디 규칙, 표지 추출, 합성어 분리, 단일어간 분류, 접사 분리, 어근 추출의 작업이 저장되는 '어휘 기반 문법정보 DB'이다. 어휘사전의 성격을 띠는 이 DB는 성격이 다른 두 개의 저장소로 구성되는데, 단어뭉치 절단의 작업이 수행된 텍스트의 단어들을 a부터 h까지의 순서로 배열시키는 'AtoH 배열의 어휘 DB'(16.1. 참조)와 이를 어원적으로 재배열시키는 '어원적 배열의 어휘 DB'(16.2. 참조)이다.

	언어학적 가공			표시 방법		문법정보 DB
①	단어뭉치 절단		→	밑줄	⇨	텍스트 기반 DB
②	산디표시(/형태복원)		→	_	⇨	텍스트 기반 DB
	산디 규칙		→	(규칙 번호)	⇨	AtoH 배열 어휘 DB
③	표지추출			대문자	⇨	AtoH 배열 어휘 DB
	표지 찾기 (실사/동사)		→	(문법적 정보/표지 번호)	⇨	AtoH 배열 어휘 DB
	표지 기능					어원 배열 어휘 DB
④	합성어 분리		→	=	⇨	어원 배열 어휘 DB
⑤	단일어간 분류	어간 I	→	이탤릭체	⇨	어원 배열 어휘 DB
		어간 II		- (형태소 경계)		
⑥	접사 분리		→	이탤릭체	⇨	어원 배열 어휘 DB
⑦	어근 추출		→	대문자	⇨	어원 배열 어휘 DB

<그림 9> 언어학적 가공과 문법정보 DB

'AtoH 배열의 어휘 DB'에는 ② 단계의 산디 표시를 통해 산디 적용의 전・후 형태가 역-순서로 나열되고, 여기에서 일어나는 산디의 구체적인 현상들에 산디 규칙(*부록 03 참조)과 연동되는 번호가 주어진다. 그런 다음에 표지의 문법적 정보(실사)와 번호(동사)와 함께 ③ 단계에서 추출된 표지의 표시가 따르고, 마지막으로 각각의 단

어에 '어원적 배열의 어휘 DB'의 표제어가 주어진다. [a. 텍스트 어형 ⇒ b. 교정 어형 → c. 산디 미적용 어형 (산디 번호) ⇨ d. 표지 표시 (문법적 정보/표지 번호) (산디번호) ☞ e. 표제어]가 나타날 수 있는 최대의 경우이지만, b와 c가 빠지는 경우가 매우 빈번하게 나타난다. 실사인 경우 문법적 정보(예, MS.A.L. = 남성 단수 A-어간 장소격)가 바로 주어지는 반면, 동사의 경우 번호(예, ACT.03)가 표시된다(*부록 04 참조). [그림 8] 01. 02. 04의 몇몇 어휘들을 예로 들어 보면 다음과 같다.

a. rājagṛhe ⇨ d. rājagṛhaY (MS.A.L.) (2a) ☞ e. rājagṛha- (합성어)
a. samaye ⇨ d. samayaY (MS.A.L.) (2a) ☞ e. samaya- / AY (어간 II / 어근)
a. parvate ⇨ d. parvataY (MS.A.L.) (2a) ☞ e. parvata- (어간 I)
a. viharati ⇨ d. viharaTI (ACT.03) ☞ e. HAR (어근)
a. sārdham ⇨ d. sārdhaM ☞ e. sārdha- / ardha- (어간 II / 어간 I)
a. evaṁ → c. evam (7e) ☞ e. evam (불변화사)
a. mayā ⇨ d. (①Sg.1.I) ☞ e. aham (대명사)
a. ekasmin ⇨ d. -SMIN (②M.Sg.L.) ☞ e. eka- (형용사적 수사)
a. sarvair → c. sarvaiḥ (6e) ⇨ d. sarvaEḤ (MP.A.I.) (2a) ☞ e. sarva- (형용사)

<그림 10> AtoH 배열의 어휘 DB

'어원적 배열의 어휘 DB'에는 e.의 표제어들이 나열되며, 각각의 표제어에는 기본적으로 1. 형태소・합성어 구조, 2. 품사・(합성어인 경우) 합성어의 유형(과 첫 구성성분의 격 제시), 3. (문법적 범주에 따르는) 표지 기능, 4. 텍스트 내 단어의 위치(인덱스, 7.1. 참조)의 네 가지 정보가 제시된다. 1.의 형태소 구조와 2.의 의미적 정보는 ④ 단계에서 ⑦ 단계까지의 언어학적 가공을 통한 결과물이고, ③ 단계를 통해 분석된 3.의 표지 기능은 (실사인 경우) 성・수・격, (동사인 경우) 태・법・시제・수・인칭의 문법적 범주들에 따른 정보이다.

다른 단어들과 달리 어근을 갖고 있는 어간의 경우 표제어가 어간 I (samaya-) / 어근 (AY)으로 주어지는데, 이는 samaya-가 AY 아래에 배열되어 있음을 가리킨다.

이 책에서 표제어인 어근의 형태는 기본적으로 표준단계의 구나(Guṇa)로 제시된다(16.2.3. 참조). 또한 어간 II에 접두사가 붙는 경우의 표제어도 어간 II (sārdha−) / 어간 I (ardha−)로 주어지며, 이 역시 sārdha−가 ardha− 아래에 배열된다는 것을 뜻한다. 'AtoH 배열의 어휘 DB' 가운데 처음 다섯 개를 예로 들어 살펴보면 다음과 같다.

rājagṛha− [राजगृह [rāja=gṛha−] ☞ RĀG & *gṛha*−; 명사 남성 ; 합성어 Tatpuruṣa (속격)]
'왕궁(王宮); palace, Rājagṛha'
rājagṛhe [단수 장소격 : AP.1.1.02]

AY [अय् 어근] '가다; to go'
samaya− [समय [sam−ay−a−] ☞ sam(−) ; 명사 남성]
'함께 가기, 집합, 모임; 특정한 때; going together, meeting; appointed or proper time'
samaye [단수 장소격 : AP.1.1.02]

parvata− [पर्वत 명사 남성] '산, 언덕; mountain, hill'
parvate [단수 장소격 : AP.1.1.02]

HAR [हर् 어근] '취하다, 가져가다 · 오다; to take, bear, bring, carry'
vihara− [विहर् [vi−har−a−] 동사] '떼어놓다, 분배 · 분할 · 분포하다; to separate, distribute'
viharati [능동태 직설법 현재 단수 3인칭 : AP.1.1.02]

ardha− [अर्ध 명사 남성] '측(면), 일부, 부분, 장소, 지역; side, part, place, region'
sārdha− [सार्ध sa−ardha− ☞ sam(−) ; 형용사]
'절반과 연결된, 절반을 더한; joined with a half, plus a half'
sārdham [형용사 > 부사 : AP.1.1.03] '함께, 연합하여; together, jointly'

<그림 10> 어원적 배열의 어휘 DB

책과 같은 출판물의 경우 텍스트를 구성하는 개개 단어의 문법정보를 알기 위해서 'AtoH 배열의 어휘 DB'와 '어원적 배열의 어휘 DB'가 순서대로 참조되어야 하는 수고로움이 있다. 그러나 '텍스트 기반의 문법정보 DB'가 계속적으로 구축되고, 여기에 앞으로의 작업인 언어학적 가공과 어휘 기반의 문법정보 DB가 더해진다면, 앞서 소개한 TITUS가 산스크리트 전자 텍스트에 대해 세워놓은 모듈과 같이, 텍스트상의 특정 단어(rājagṛhe)를 클릭하고 아래와 같이 이동된 화면에서 이 어휘에 대한 모든 문법정보를 한눈에 볼 수 있을 것이다.

02. ekasmin samaye bhagavān rājagṛhe viharati sma gṛdhakūṭe parvate

⇩

rājagṛhe ⇨ rājagṛhaY (MS.A.L.) (2a) ☞ rajagṛha–

rājagṛha– [राजगृह [rāja=gṛha–] ☞ RĀG & *gṛha*–; 명사 남성 ; 합성어 Tatpuruṣa (속격)]
'왕궁(王宮); palace, Rājagṛha'
rājagṛhe [단수 장소격 : AP.1.1.02]

또한 화면상의 산스크리트 단어들(RĀG 또는 gṛha–)을 클릭하면 이들의 문법정보가 기술된 해당 화면으로도 연결될 수 있다.

⇩ ⇩

RĀG [राग् 어근] '지배 · 통치하다; to rule, dominate'
rājan– [राजन् [rāj–an–] 명사 남성] '지배자, 왕; ruler, king'

gṛha– [गृह 명사 남성] '하인, 집, 신전(神殿); servant, house'

<그림 11> 웹상의 어휘 문법정보 DB

c. 통사적 문법정보

산스크리트 텍스트를 번역할 때 큰 비중을 차지하고 있는 영역이 많은 문법정보를 담고 있는 어휘이지만, 최종적인 번역에 이르기 위해서는 어휘들이 구와 문장을 이루고 텍스트를 구성할 때 활발하게 작용하는 통사적 규칙들(Syntactic Rules)도 반드시 고려되어야 한다. 음운론, 형태론과 더불어 언어학의 하위 분야인 통사론(統辭論, Syntax)에서 다루어지는 통사적 규칙들로는 '일치'(Agreement), '동사의 격 지배'(Case Government), '어순'(Word Order) 등이 대표적이다(17. 참조).

'일치'는 실사(명사 · 대명사 · 형용사 · 수사) 사이에서 성 · 수 · 격의 일치를, 실사와 동사의 관계에서 수와 인칭에 따른 일치를 가리킨다. 예를 들어, AP의 02.에서 ekasmin samaye (ekaSMIN samayaY)는 형용사(적 수사) + 명사의 구조로서 수식하는 형용사의 –SMIN은 피수식어의 성(남성) · 수(단수) · 격(장소격)인 –Y와 일치하는 표지이고, '한 모임 · 때에'를 의미한다. '격 지배'는 동사와 실사의 격 사이에서 지켜져야 하는 규칙이다. <반야바라밀다심경>의 첫 문장인 namas sarvajñāya의 경우 동사가 생략되어 있는데, 이를 재구성하면 namas sarvajñāya [kṛnomi]가 된다. 이 문장은 직접

목적어(명사) + 간접목적어(여격) [+ 동사]의 구조로서 동사(KAR)가 목적격과 여격을 지배하여 '모든 것을 아시는 분에게 귀의(歸依)합니다'를 의미한다. '어순'은 문장을 구성하는 기능적 성분인 주어, 목적어, (목적)보어, 동사 등의 순서에 대한 규칙이다. AP 02.에서 bhagavān rājagṛhe viharati는 주어 + 보어 + 동사의 구조로서 이를 번역하면 '세존이 왕국에 머무신다.'이 된다.

이 책이 대상으로 하는 <반야바라밀다심경>의 경우 위와 같은 비교적 간단한 통사적 규칙들이 작용하고 있지만, <팔천송반야경>이나 <이만오천송반야경>과 같은 방대한 분량의 텍스트들에서는 이보다 훨씬 더 많은 규칙들이 운용되고 있기 때문에, 통사와 관련된 규칙들의 데이터베이스 역시 반드시 해결되어야 하는 문법정보라고 말할 수 있다.

d. 통합 문법정보 DB와 텍스트 번역

산스크리트 불전을 대상으로 언어학적 가공에 의한 '텍스트 기반 문법정보 DB', '어휘 기반 문법정보 DB', '통사적 문법정보'의 '통합 문법정보 DB' 구축은 여러 측면에서 중요한 의미를 지닌다고 말할 수 있다.

'통합 문법정보 DB'의 의미는 무엇보다도 산스크리트 불전이 올바르고 정확하게 번역되도록 이끌어 준다는 점에서, 이러한 번역은 계속해서 기존의 한역, 한국어역, 일본어역, 영어역 등의 정확도에 대한 검증을 가능하게 해준다는 점에서 찾을 수 있다. 또한 번역과 연계되어 불교학 관련 학술 연구뿐만 아니라, 이 책에서처럼 <반야바라밀다심경>과 같은 특정 텍스트를 대상으로 한 문법서 및 (어원적) 사전 편찬에도 매우 유용하게 사용될 수 있다는 점에서 '통합 문법정보 DB'의 의미가 높게 평가될 수 있다. 더 나아가, 위의 '어휘 기반 문법정보 DB'에서 언급한 것처럼, 구축된 데이터베이스는 A에서 소개한 TITUS와 같은 전자불전 프로젝트의 웹서비스를 통해 세계 어느 곳이든 이 자료가 필요한 사람에게 이용될 수 있다는 점에서 그 가치는 매우 크다고 말할 수 있다.

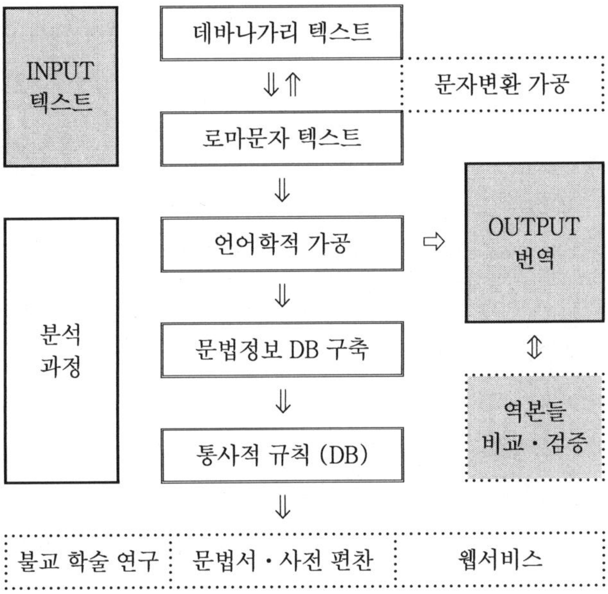

<그림 12> 분석 과정과 텍스트 번역

문자변환 가공에서 출발, 언어학적 가공과 문법정보 DB의 구축을 거쳐 번역에 이르는 위의 전체 과정이 적용될 텍스트는 <반야바라밀다심경>이다. 본격적인 가공 작업으로 들어가기 전에 앞으로 다루게 될 이 불전의 유형과 사본들이 어떠한 것들인지 소개할 필요가 있기 때문에 먼저 이에 대해 개관해 보기로 한다.

D. 반야바라밀다심경의 유형과 사본

a. 경명(經名)의 유래

<반야심경>으로 알려져 있는 이 텍스트의 완전한 명칭은 <반야바라밀다심경>이며, 이 경명은 prajñāpāramitā의 음역인 '반야바라밀다'와 hṛdaya-sūtra의 훈역인 '심(心)-경(經)'으로 구성되어 있다. 일반적으로 '반야'가 prajñā의 음역으로 알고 있지만, 엄밀하게 말하면, prajñā에서 일련의 음운 현상들이 일어난 팔리어 paññā의 음역이다. 또한 <반야바라밀다심경>이 경의 제목으로 알려져 있지만, 산스크리트 텍스트에서는 경명이 부여되어 있지 않다. 이 불경의 명칭은 역자들이 텍스트의 끝을 맺는 문장 prajñāpāramitāhṛdaya-ṁ samāpta-m ('반야바라밀다심-을 끝낸다.')의 첫 단어

를 텍스트 서두에 옮겨 둔 것에서 유래한다고 한다(中村 元 1971, p.13).

b. 반야바라밀다심경의 원본과 사본

중국의 승려들에 의해 당시 번역된 산스크리트 반야심경이 원본이었을 것이라고 말해지지만, 현재 전해지는 산스크리트 텍스트들은 원본이 아닌 사본(寫本)들이다. 그렇기 때문에 원본의 산스크리트 반야심경이 성립된 구체적인 시기를 알기란 현실적으로 어려운 상황이다. 다만 구마라집의 <반야바라밀대명주경>이 5세기 초반 번역되었기 때문에, 문제의 원본이 만들어진 시기를 대략 1세기와 4세기 사이로 추정하고 있을 뿐이다. 그런데 한 가지 흥미로운 사실은 문제의 사본이, 유형적으로 소본이든 대본이든, 특이하게도 인도나 아시아의 다른 나라들에서가 아닌 유독 일본에서만 찾아 볼 수 있다는 점이다. 현재 산스크리트 반야심경으로 불리는 텍스트들은 대체로 일본의 사본들이지만, 이 밖에도 중국, 티베트, 네팔 등에 전해진 사본들이 비교되어 만들어진 수정본 내지 교정본들이 존재한다. 이러한 사본들의 전문(全文)은 中村 元(1971), Conze(1967), 중화전자불전협회(中華電子佛典協會), 아시아 고전 입력 프로젝트(ASIP : Asian Classics Input Project: www.acip.princeton.edu) 등이 제공하고 있다.

c. 소본(小本)의 사본들

① 법륭사본 : 소본의 사본은 일본의 법륭사(法隆寺)에 보관되어 있다. 609년 오노노 이모코(小野妹子)란 사람이 중국에서 가져온 것으로 전해지고 있지만, 근거가 거의 없는 이야기로 받아들여지고 있다. Müller(1884)는 법륭사본이 8세기 초에 필사된 것으로 말하지만, 하카다 류우쇼(干潟龍祥)의 연구(밀교연구 70호)에 따르면 8세기 말의 필사본이라고 한다.

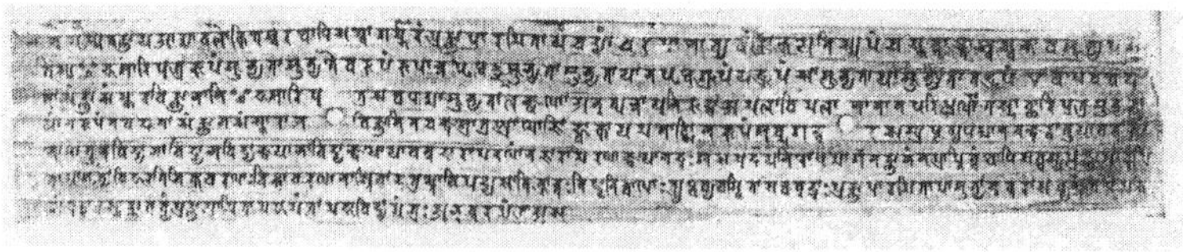

<그림 12> 실담 문자로 쓰인 반야바라밀다심경 : 中村 元(1971)

② 中村元본 : 中村 元(1971)은 소본의 경우 여러 산스크리트 사본들을 참조하면서도 이것들의 토대가 되었다고 생각되는 중국의 현장(玄奘, 602?~664)본인 <범본반야바라밀다심경>(*부록 06 참조)과 법릉사본을 존중하여, 여기에 없는 문자나 문구 등을 추가하지 않고 가능한 한 이 두 본에 가깝게 텍스트를 재구성하고 있다.

*산스크리트를 한자로 음역(音譯)하고 각 단어에 뜻을 달아 놓은 <당범번대자음반야바라밀다심경>(唐梵翻對字音般若波羅蜜多心經 소본 T-256)이 있다. 둔황(燉煌)에서 발견된 것이지만 현재 대영박물관에 보관되어 있다. 일반적으로 《범본반야바라밀다심경》이라고 줄여 불린다. 이 소본에는 흥미롭게도 '관자재보살이 현장에게 친히 교수하신 범본으로서 윤색하지 않았노라'(觀自在菩薩與三藏法師玄奘親教授梵本不潤色)라는 부제가 붙어 있으며, 또한 그 서문의 내용에 따라서 현장이 음역한 것으로 보고 있다. 하지만 Conze(1967 p.154)는 이 음역본의 연대를 'ca 600?'로 적어 놓고 있다. 소본의 한자 음역본은 <중화전자불전협회>에서 볼 수 있고, 이의 전사본은 Conze(1967, p.149-154)에 실려 있다.

③ Müller-Nanjio본 : Müller(1884)는 일본의 법릉사본(소본)·장곡사본(대본)과 중국의 사본(대본)에 의거하여 <불정존승다라니경>(佛頂尊勝陀羅尼經)과 함께 반야심경 소본의 교정본과 영역(英譯)을 발표했다.

④ Conze본 : Conze(1967)는 일본, 중국, 네팔 등 여러 나라의 사본들을 제시하고 비교하면서 소본을 재구성했다.

⑤ Vaidya본 : Vaidya(1961)는 소본을 *Mahayana-sutra-samgrahah* Part 1. (Darbhanga : The Mithila Institute, Buddhist Sanskrit Texts 17)에서 소개하고 있다.

⑥ Benveniste본 : Benveniste(1940)는 소본을 *Textes Sogdiens* (Mission Pelliot en Asie Centrale, III, Paris, p. 142-144)에서 소개하고 있다.

d. 대본(大本)의 사본들

① 장곡사본 : 대본의 사본은 일본의 장곡사(長谷寺)에 전해지고 있다. 홍법(弘法)대사의 제자 혜운(慧雲)이 838년 당(唐)에 들어갔다가 847년 고국으로 돌아올 때 가져온 것이며, 이후 고야산(高野山)의 정지원(正智院)에 안치되었고, 이것과 거의 동

일한 것이 중국에도 전해졌다고 한다(中村 元 1971, p.160-162).

② 中村元본 : 中村 元(1971)의 대본은 티베트본과 소본의 이본(異本)을 참고하면서 Müller가 교정한 텍스트에 약간의 수정을 가해 재구성한 텍스트이다.

③ Müller-Nanjio본 : Müller(1884)는 소본처럼 일본의 법륭사본(소본) · 장곡사본(대본)과 중국의 사본(대본)에 의거하여 <불정존승다라니경>(佛頂尊勝陀羅尼經)과 함께 반야심경 대본의 교정본 및 영역(英譯)을 발표했다.

④ Conze본 : Conze(1967)는 일본, 중국, 네팔 등 여러 나라의 사본들을 제시하고 비교하면서 대본을 재구성했는데, 대본에 들어있는 소본은 위에서 소개한 소본의 텍스트와 동일하게 나타난다.

⑤ Vaidya본 : Vaidya(1961)는 Mahayana-sutra-samgrahah, Part 1. (Darbhanga : The Mithila Institute, Buddhist Sanskrit Texts 17)에서 소본과 함께 대본을 소개하고 있다.

⑥ Feer본 : Feer(1866)의 텍스트는 최초의 대본 간행물로서 그 내용은 뒤를 이어 간행된 Müller-Nanjio본(1884)에 실려 있는 중국 사본과 거의 동일하다.

⑦ 중국 사본 : 이 사본은 다른 산스크리트 사본들과 비교해 볼 때 텍스트 중반 이후부터 그 내용이 상당히 다르게 나타나기 때문에 특히 오류가 많은 사본으로 알려져 있다. 이 대본은 경명으로 보나 내용으로 보나 시호(施護)의 한역본 <불설성불모반야바라밀다경>의 산스크리트본에 가장 가깝다고 한다(中村 元 1971, p.179).

e. 분석 대상의 사본들과 출처

이 책에서 수행되는 문자변환 가공, 언어학적 가공, 통합 문법정보 DB 구축의 대상인 <반야바라밀다심경>의 사본들은 위에서 소개한 소본 6종과 대본 7종이고, 그 출처는 中村 元(1971)과 Conze(1967), 그리고 A의 그림<1>에서 소개한 DSBC와 GRETIL이다.

	소본		
	사본	출처	
①	법륭사본	中村元 (1971)	p.172-173 p.175-177
		Conze (1967)	p.149-154
②	中村元본	中村元 (1971)	p.172-173
③	Müller본	中村元 (1971)	p.172-173 p.175-177
④	Conze본	Conze (1967)	p.149-154
⑤	Vaidya본	GRETIL DSBC	웹사이트
⑥	Benveniste본	GRETIL	웹사이트

	대본		
	사본	출처	
①	장곡사본	中村元 (1971)	p.172-173 p.175-177
		Conze (1967)	p.149-154
②	中村元본	中村元 (1971)	p.175-179
③	Müller본	中村元 (1967)	p.172-173 p.175-177
④	Conze본	Conze (1967)	p.149-154
⑤	Vaidya본	GRETIL DSBC	웹사이트
⑥	Feer본	中村元 (1971)	p.178-179
⑦	중국사본	中村元 (1971)	p.178-179
		Conze (1967)	p.149-154

<그림 13> 반야바라밀다심경의 사본들과 출처

이제 위의 사본들을 대상으로 분석 과정의 첫 단계인 문자변환 가공, 즉 데바나가리를 로마문자로 변환(Vaidya본)시키거나 그 역으로 변환(나머지 사본들)시키는 작업이 수행되어야 하는데, 변환 가공에 있어서 무엇보다도 중요한 것은 데바나가리의 체계에 대한 철저한 이해인 까닭에 이 문자에 관련된 모든 사항, 즉 변천 과정, 문자의 모양과 쓰기 순서, 음가, 결합 방식 등을 먼저 살펴보기로 한다.

I

데바나가리

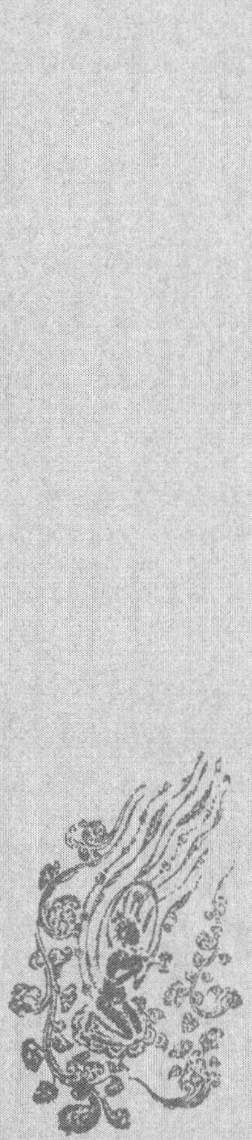

불경으로 이해하는
산스크리트

I 데바나가리

1. 데바나가리의 역사

1.1. 문자의 출현

남부아시아에서 문자가 처음으로 나타난 지역은 인더스 강 유역(Indus River Valley)으로, 그 출현 시기는 기원전 3000~2000년으로 거슬러 올라가며, 하라파(Harappa)에서 발견된 아래의 그림처럼, 이 문자로 기록된 대부분의 자료는 인장(印章, Stamp)에 새겨진 짧은 문장들이다. 쓰는 방향이 한 가지로 정해져 있지 않고, 외형적으로 도식적(圖式的)이며 선형적(線型的)인 특징을 보여 주는 이 문자에 대해 많은 학자들이 원시의 인도 문자(Proto-Indian Script)이고 유형적으로 각각의 문자가 하나의 소리를 갖고 있는 표음문자(表音文字)일 가능성이 있다고 주장하고 있지만, 그 체계가 아직까지 밝혀지지 않은 현재의 상황에서 그 어떠한 것도 확실하다고 말할 수 없다. 또한 이 문자가 상업적・행정적 증명을 위한 도구였고 이것으로 쓰인 기록

인더스 문자 :
유니콘이 그려져 있는 인장
(www.ancientscripts.com/indus.html)

유형	표음 문자? 그림 문자?
계통	알 수 없음
위치	하라파
시기	2000 BC ~ 1900 BC
방향	다양함

들이 소유를 표현하는 내용을 담고 있다고 이야기하지만, 그 내용 역시 정확히 해독되고 있지 못한 상황이다. 유래를 알 수 없지만 인더스 문자는, 우리에게 친근한 이집트나 메소포타미아의 지역에서 발달한 다른 고대의 문자들과 형태적으로 비교해 볼 때, 남부아시아에서 고유적으로 발달된 문자로 보인다고 한다.

1.2. 카로스티 vs 브라흐미 문자

인더스 문자가 사라진 후 남부아시아 지역에서의 문자는 그 어떠한 고고학적 기록이나 증거도 남기지 않은 채 1500년이란 시간이 흐르다가 기원전 400년 전후에 와서야 비로소 다시 사용되기 시작했는데, 하나는 카로스티(Kharoṣṭhī)로 불리는 문자이고, 다른 하나는 현재 인도의 북부와 남부에서 사용되는 100여개 이상의 문자들의 모체인 브라흐미(Brahmī) 문자이다. 이 두 종류의 문자는 앞선 인더스 문자와 차별되는 새로운 유형의 체계를 지니고 있는데, 대표적인 특징으로 각각의 문자가 포함하여 하나의 음절을 나타낸다는 점이다.

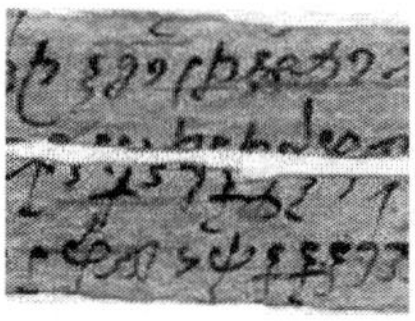

카로스티 문자 :
자작껍질 사본 (불교 수도원)
(www.washington.edu/news/archive/3487)

유형	음절 문자
계통	아람 문자
위치	남부아시아
시기	100 CE ~200 CE
방향	수평 (R–L)

4세기까지 인도 북서부 지역과 중앙아시아(현재 파키스탄의 북부와 아프카니스탄의 동부 지역)에 걸쳐 광범위하게 사용되었지만 짧은 생명력을 지녔던 카로스티 문자는 간다라(Gandhāra)란 고대 왕국(400 BCE~300 CE)의 언어인 간다리(Gāndhārī)어, 즉 프라크리트(Prakṛtam)의 방언이 우선적으로 사용했던 것으로 보인다. 현재 이 문자로 쓰인 초기 불교의 사본들을 대상으로 여러 단체들이 연구를 수행하고 있는데, 대표적인 프로젝트들로는 1996년 이래로 워싱턴 대학의 아시아어문학과(Department of Asian Languages and Literature)가

수사
(www.omniglot.com/writing/kharosthi.htm)

모음

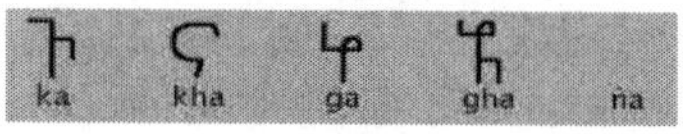

자음

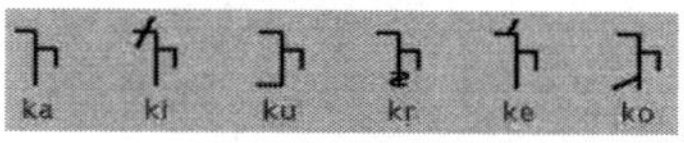

카로스티 문자 : 자음과 모음의 결합
(www.ancientscripts.com/kharosthi.html)

주도가 되어 사본들의 연구, 편집, 출판 등에 초점을 두고 있는 EBMP(Early Buddhist Manuscripts Project; www.ebmp.org)와 2005년 이래로 파키스탄 페샤와르(Peshawar) 대학의 고고학과와 독일 베를린 대학(Freie Universität Berlin)의 남부아시아 어문화학부가 추축이 되어 수행하고 있는 Cataloguing and Edition of the Bajaur Collection of Kharosthi Manuscripts(www.geschkult.fu-berlin.de/e/indologie/bajaur/)가 있다.

아람 문자(Aramaic Script)에서 유래하여 오른쪽에서 왼쪽으로의 쓰기 방향을 갖고 있는 카로스티 문자는, 위의 그림에서 보는 것처럼, 각각의 자음 문자가 a를 포함하는 음절문자이고, 모음 문자의 경우 각각의 고유 형태가 있는 것이 아니라 a 문자를 기본으로 여기에 특수기호들을 붙여 나머지 모음 문자들을 나타내는 방식을 취한다. 프라크리트와 마찬가지로 (ai) au의 이중모음, (ṛ) ḷ의 소난트에 대한 문자는 없으며, 장모음의 문자는 별도로 존재하지 않고 단모음 문자로 표현된다. 카로스티 문자는 자신의 후손 문자들을 남기지 않은 채 4세기 즈음부터 사라지기 시작했다.

이와 달리 기원전 5세기 즈음에 나타난 브라흐미 문자는 남부아시아 전역에서 사용되었고, 현재 남부 아시아에 존재하는 수많은 문자들의 모체로서 그 계속성을 이어오고 있다. 기원전 1500년경 이주해 온 인도아리안들은 독자적인 문명과 사회구조를 갖고 있었으며, 계급화와 배타성을 강조하는 이들의 힌두교는 문헌을 전적으로 구전에 의존하였기 때문에 문자를 필요로 하지 않았으며 오히려 이에 대해 적대감을 드러내었다고 한다. 이러한 상황에서 불교도들은 문자가 도입된 이래로 400년 이상이 지나서야 문헌을 문자로 기록하기 시작했고, 이후 문자는 전역으로 급속도로 확산되었다. 오른쪽의 그림에서 보는 기록은 기원전 238년에 소급되는 마우리아 왕조(321~185 BCE) 아소카(Aśoka; 304~232 BCE) 왕의 석주(石柱)이다. 이와 같은 기록들은 힌두스탄 평원의 여러 장소들에서 출토되었고, 그 내용은 불교 정신에 입각한 훈계내지 교화, 교훈 등이 주를 이루고 있다. 셈 문자(Semitic Script) 또는 인더스 문자에서 유래한다는 주장들이 있지만 그 기원

브라흐미 문자 : 아소카
Fragment of the 6th Pillar Edict[1)]
(www.visiblemantra.org/scripts.html)

유형	음절 문자
계통	브라흐미
위치	남부아시아
시기	238 BCE
방향	수평 (왼-오)

1. 로마문자 변환 : [*(?u)pagamane sememokhyamate (bhi)sitename iyaṁdhaṁmali(pi) li(?)*]

에 있어 아직 논의의 여지가 많은 브라흐미 문자는 초기 프라크리트에서 사용되었고 아래와 같은 체계를 지니고 있다:

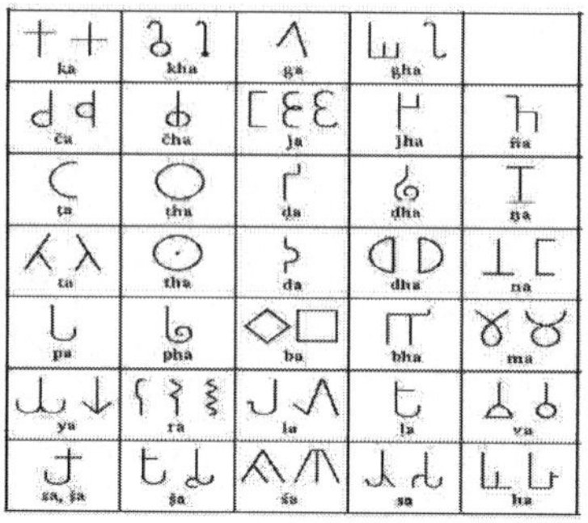

자음

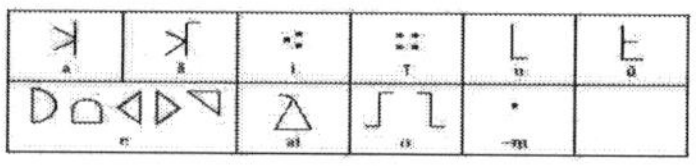

자음

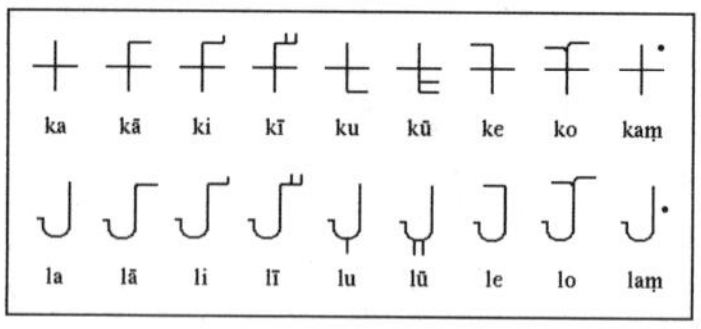

자음과 모음의 결합

브라흐미 문자 (www.ancientscripts.com/brahmi.html)

모양은 다르게 보이지만 문자의 체계는 대체적으로 카로스티 문자와 유사하다. 카로스티 문자와 다른 점은, 특수 기호로 표현되기는 하지만, 모음의 경우 장단에 대한 각각의 문자가 있으며, 쓰는 방향이 왼쪽에서 오른쪽이라는데 있다.

1.3. 굽타 문자

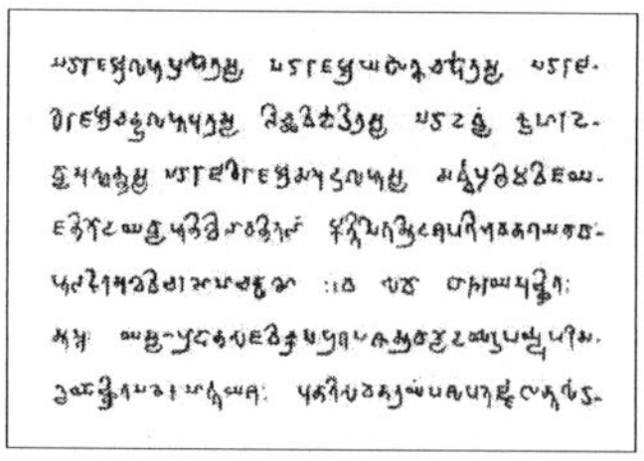

굽타 문자 :
Allahabad Pillar Inscription
(www.designinindia.net)

유형	음절 문자
계통	브라흐미
위치	남부아시아
시기	400 CE ~800 CE
방향	수평(왼-오)

현재 인도에서 사용되는 수많은 문자들의 모체인 브라흐미 문자는 형태 변화를 겪게 되는데, 그 변화는 크게 인도의 북부와 남부로 구분하여 일어났다. 아소카 왕의 석주와 같은 것들에 새겨진 브라흐미 문자는 인도의 북부에서 몇 단계를 거쳐 변화를 겪게 된다. 이 변화는, 오른쪽 그림에서 보는 것처럼, 불교성전의 터 및 동굴들에서 발견된 비문들과 그 이후 굽타(Gupta 왕조; 320~550 CE)로 소급되는 마가다(Magadha)지역의 돌기둥에 새겨진 문자들, 소위 굽타 문자들을 볼 때 파악될 수 있다. 4세기 즈음에 나타나기 시작한 굽타 문자는 위의 문자들과 달리

산스크리트를 위해 사용되었다. 브라흐미 문자에서 유래하는 이 문자는 계속해서 실담문자와 나가리 문자로 진화해 나아간다.

1.4. 실담 문자

oṁ ma ṇi pa dme hūṁ

유형	음절 문자
계통	브라흐미
위치	남부아시아
시기	600 CE ~1200 CE
방향	수평(왼-오)

굽타 문자로부터 몇 개의 변이형들이 발전하게 되는데, 그 가운데 한 유형이 실담(悉曇: siddham = sādh + ta + m '이른/다다른, 성취된, 완벽한 (것)') 문자이다. 이 문자는 7세기에서 13세기까지 북인도에서 산스크리트를 표현하는데 사용되었다. 실담이란 명칭은 필사본의 앞에 적혀있는 Siddhaṁ 또는 Siddhaṁ astu("may there be perfection")의 문구에서 유래한다고 한다. 실크로드를 통해 중국으로 들여온 많은 불전들이 이 실담 문자로 기록되었고, 806년 중국에서 산스크리트를 배우고 돌아온 일본 승려 Kōbō-Daishi(弘法大師, 774~835)로 추측하고 있는 Kūkai(空海)가 이 문자를 처음으로 소개했다고 한다. 일본에서 중국 대장경의 일본판인 대정신수대장경의 대부분의 사본들이 아래의 그림과 같은 원래의 형태에서 조금 더 변한 悉曇 또는 梵字로 불리는 실담문자로 보존되어 있다.

자음

모음

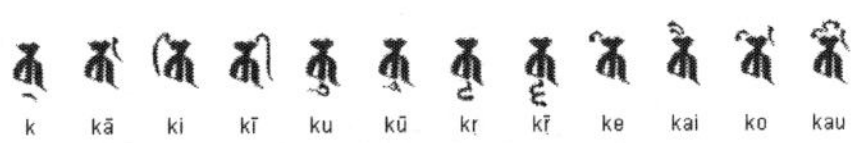

자음과 모음의 결합

(www.omniglot.com/writing/siddham.htm)

실담 문자는 13세기에 들어서 다음에 소개되는 나가리 문자에 의해 서서히 대체되기 시작되었지만, 동부아시아에서 탄트라 불교(Tantric Buddhism 또는 Esoteric Buddhism)로 불리는 밀교(密敎)를 통해 그 명맥을 이어 나아갔다.

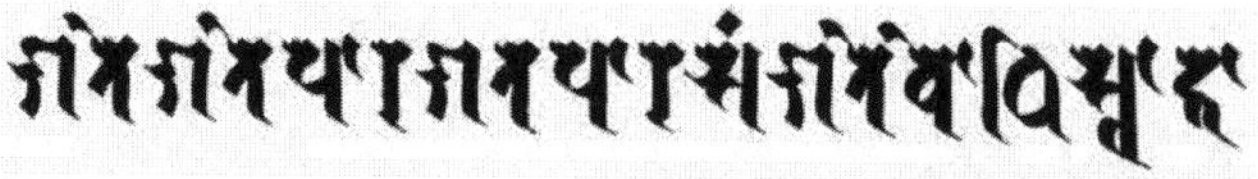

ga te ga te pā ra ga te pā ra saṁ ga te bo dhi svā hā

(http://www.visiblemantra.org/heart.html)

위의 것은 반야바라밀다심경에 나오는 다라니를 실담 문자로 옮긴 것이며, 이 문자의 체계를 구체적으로 소개하는 웹사이트로는 www.mandalar.com/DisplayJ/Bonji/index.html을 들 수 있다.

1.5. (데바)나가리 문자

DEVA=NĀGARĪ

유형	음절 문자
계통	브라흐미
위치	남부아시아
시기	700 CE ~1200 CE
방향	수평(왼-오)

실담 문자와 더불어 굽타 문자에서 발전해 온 또 다른 대표적인 유형은 나가리(Nāgarī) 문자이다. 산스크리트 단어인 nāgarī는 nagara- '도시; city'에서 브릿띠(Vṛddhi) 현상을 통해 파생된 형용사 nāgara- '도시에서 태어난; city-born'의 여성형으로 이의 완전한 표현은 nāgarī lipi '도시의 문자'이다. 8세기 무렵부터 사용되는 나가리 문자는 원래 산스크리트를 쓰기 위한 것이었지만, 이후 벵골어, 네팔어, 티베트어와 같은 다른 많은 언어들에도 사용되기 시작했다.

나가리가 현재에도 여전히 널리 퍼져 있는 명칭이지만, 여기에 deva- '신; god'라는 단어가 붙여진 데바나가리(Deva-Nāgarī)가 더 대중적인 표현이다. 데바나가리의 표현이 확산된 이유는 성스러운 산스크리트 텍스트를 출판하는데 이 문자가 전적으로 사용되었기 때문으로 보인다. 데바나가리의 초기 버전은 992년에 소급되는 바레일리(Bareilly) 지역의 쿠틸라(Kuṭila) 비문에서 볼 수 있는데, 그 특징은 위와 아래의 그림에서 보는 것처럼 이전의 문

(http://www.ancientscripts.com/devanagari.html)

자들과 달리 한 단어에 속하는 문자들이 지붕선, 즉 수평선으로 덮여있다는 점이다.

2. 데바나가리와 기호

브라흐미 문자에서 출발하여 굽타 문자, 나가리 문자를 거쳐 발전해 왔으며 산스크리트 텍스트를 표현하는데 사용되는 데바나가리의 모음과 자음, 각각의 문자 형태는 다음과 같다.

2.1. 모음 문자와 쓰기 순서

अ आ इ ई
उ ऊ ऋ ॠ
ऌ ॡ ए ऐ
ओ औ

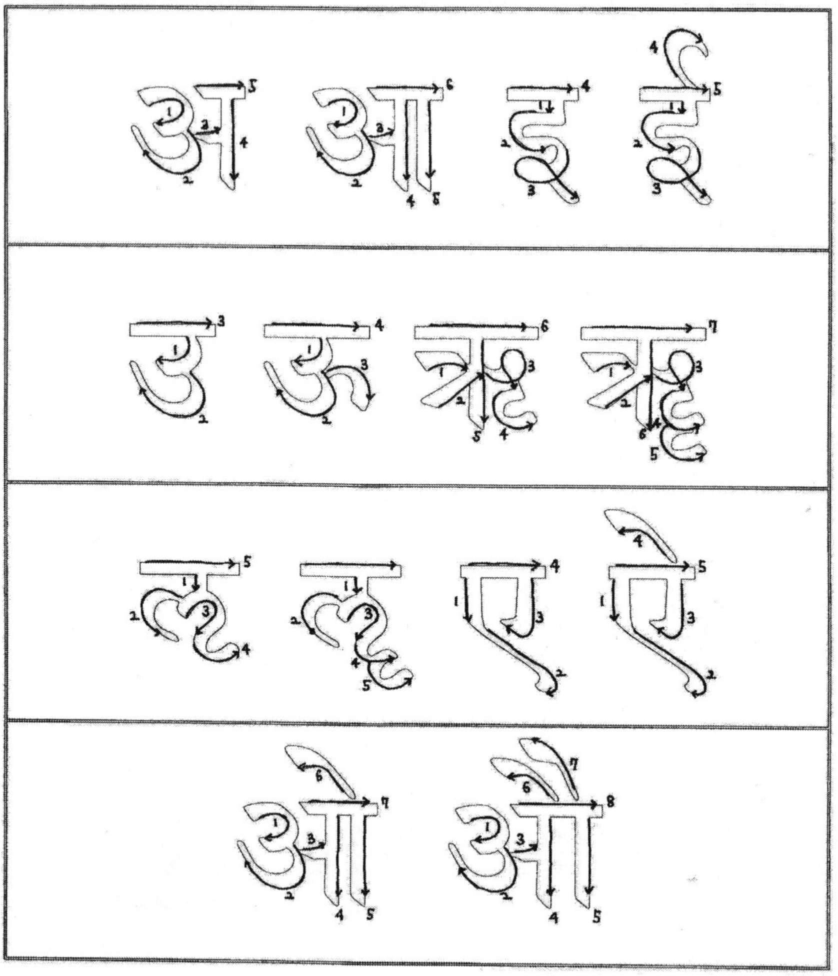

데바나가리 문자를 손으로 쓸 경우 그 순서는 부분적으로 사람마다 다를 수 있지만, 수직의 기둥선과 수평의 지붕선은 절대적이지는 않지만 일반적으로 마지막 쓰기 순서에 속한다. 이러한 순서는 http://sarasvati.tripod.com/devanagari/alphabets.html와 힌디어를 위한 www.hindibhasha.com, www.sanskritweb.net/deutsch/devanagari.pdf(펜-북 포함) 등의 웹사이트들에서 볼 수 있고, 각 문자의 구체적인 모양 비율에 대해서는 Charles Winker(1995)의 A Practical Sanskrit Introductory(http://sanskritdocuments.org/learning_tutorial_wikner/)에 소개되어 있다. 모음 문자들의 음가는 3.1.2.에서 다루기로 한다.

2.2. 자음 문자와 쓰기 순서

क ख ग घ ङ
च छ ज झ ञ
ट ठ ड ढ ण
त थ द ध न
प फ ब भ म
य र ल व
श ष स ह

자음 문자들의 쓰기 순서는 2.1. 모음 문자에서 언급한 웹사이트들에서도 볼 수 있으며, 이들의 음가에 대해서는 3.2.2.에서 소개하기로 한다.

2.3. 고전 문자와 변이 문자

위에 소개한 데바나가리는 현대적 형태(Modern Form)이고, 많지는 않지만 모음과 자음에서 고전적 형태(Classical Form)가 사용되기도 한다.

고전적 형태는 현재 자주 사용되고 있지는 않지만 눈에 익혀둘 필요가 있는데, 아주 오래전에 출판되었지만 산스크리트를 배우기 위해 자주 이용되고 있는 Lanman(1884, 초판)의 A Sanskrit Reader(http://www.archive.org/details/LanmansSanskritReader)와 같은 텍스트들, 또한 Monier(1889, 초판)의 사전과 같은 어휘집들, Macdonell(1901, 초판)의 A Sanskrit Grammar for Students와 같은 문법서들에 등장하기 때문이다.

	모음				자음		
현대 형태	अ	आ	ओ	औ	झ	ण	ल
고전 형태	अ	आ	ओ	औ	झ	ण	ल
	(http://www.omniglot.com/writing/devanagari.htm)						

이밖에도 현대적 형태와 크게 다르지 않은 선에서 변이 형태의 데바나가리 문자가 아래와 같은 자음의 영역에서 사용되는데, 이 책에서는 사용되지 않지만 여러 텍스트·사전·문법서 등에서 출현빈도가 높은 편이기 때문에 그 차이를 반드시 기억해 둘 필요가 있다.

	자음			
현대 형태	ध	भ	श	ड
변이 형태	ध	भ	श	ळ

2.4. 문자적 기호

데바나가리에는 위와 같은 완전한 형태의 문자들 외에 문자라기보다 오히려 기호

에 가까운 불완전한 문자 형태들이 존재하며, 이러한 문자적 기호들은 모두 5개이다. 이 가운데 아와그라하(Avagraha 'deletion')와 아누나시카(Anunāsika 'nasal')가 모음과 관련하는 기호들인데, 아누나시카는 아래의 그림에서 보는 것처럼 달 모양의 점으로 보이기 때문에 찬드라빈두(Candra-bindu 'moon-like spot')로 불리기도 한다. 아누스와라(Anusvāra 'after-sound'), 위사르가(Visarga 'sending forth, letting go'), 위라마(Virāma 'stop')는 자음과 관련하는 기호들이다. 각 기호의 구체적인 특징에 대해서는 3.1.과 3.2.에서 다루기로 한다. 아누나시카는 매우 드물게 나타나는 문자적 기호로 대표적으로 옴(ॐ)에 쓰인다. 이 밖에도 |, || 와 같은 파다(Pāda, 'verse') 기호들이 있는데, 대략 쉼표와 마침표에 대응한다고 말할 수 있다.

아와그라하	아누나시카	아누스와라	위사르가	위라마	
ऽ	ँ	ं	:	्	
	옴				(구두점)
	ॐ				। ॥

2.5. 악센트 기호

산스크리트 이전 시기의 언어인 베다어(Vedic)에서 악센트는 아누다타(Anudātta)로 불리는 _ 와 스와리타(Svarita)로 불리는 ˈ 의 기호들로 표시된다. 베다어의 경우 중심 악센트 우다타(Udātta)가 아닌 위의 주변 악센트들이 표시된다는 점에서 매우 특이하다고 말할 수 있다. 다음의 예는 악센트가 표시된 리그베다(Ṛgveda)의 1권 첫 문단 첫 번째 문장이다. 이의 문자변환과 읽는 방식에 대해서는 3.1.3.에서 소개되어 있다.

अग्निम् ईळे पुरोहितं यज्ञस्य देवम् ऋत्विजम् ।
होतारं रत्नधातमम् ॥

(http://www.sanskritweb.net/rigveda/)

이에 반해 산스크리트의 악센트는 라틴어와 같이 예측이 가능하기 때문에 별도로 악센트 기호가 사용되지 않는다. 베다어와 산스크리트의 악센트는 모음과 관련되는 부분이므로 아래 3.1.3.에서 다루기로 한다.

2.6. 수사

마지막으로 산스크리트의 수사 문자를 소개하기로 한다. 수사 0부터 9까지 부분적으로 변이 또는 고전 형태들이 다양하게 존재하는데, 이는 www.sanskritweb.net/deutsch/ziffern.pdf에 자세하게 소개되어 있다. 10의 수사는 1과 0을 나란히 놓으며 표현한다.

0	1	2	3	4	5	6	7	8	9	10
०	१	२	३	४	५	६	७	८	९	१०
०	१	२	३	४	५	६	७	८	९	१०

3. 데바나가리의 문자변환과 음가

3.1. 모음 문자의 변환과 음가

산스크리트의 모음은 (문헌에 나타나지 않는 소난트 ḹ 를 제외하고) 모두 13개이고, 이는 단일모음(Monophthong), 소난트(Sonant), 이중모음(Diphthong)의 체계로 구성되어 있다. 소난트란 r l (m n) 등의 유음(Liquid) 또는 비음(Nasal)의 레소난트(Resonant) 자음들이 특정 환경에서, 즉 자음 사이에 놓이게 될 때 모음으로 변화하게 되는데, 이 변화된 모음들을 소난트라 부른다.

각각의 모음은 단음과 장음으로 쌍을 이루는 음소 체계를 보여준다. 데바나가리에서 각 쌍의 장모음은 단모음에 특수기호가 덧붙여져 표현된다. 각 문자에 대한 로마문자로의 변환 표기와 그 음가(音價, Phonetic Value)를 살펴보면 다음과 같다:

	단음	장음	단음	장음	단음	장음
단일모음	अ	आ	इ	ई	उ	ऊ
문자변환	a	ā	i	ī	u	ū
음가	[ɐ], [ə]	[aː]	[i]	[iː]	[u]	[uː]
소난트	ऋ	ॠ	ऌ	ॡ		
문자변환	ṛ	ṝ	ḷ	ḹ		
음가	[ɹ]	[ɹː]	[l]	[lː]		
이중모음	ए	ऐ	ओ	औ		
문자변환	e	ai	o	au		
음가	[eː]	[aːɪ]	[oː]	[aːʊ]		

3.1.1. 문자변환

데바나가리 문자의 변환은 기본적으로 우리에게 친숙한 로마 문자로 진행되며, 여기에 특수기호 두 개 ¯ (장음 표시)와 . 또는 。(소난트 표시)가 덧붙여 사용된다. 오래 전에 출판된 Monier(1889)의 사전이나 Aufrecht(1887, 초판)의 베다 텍스트인 경우 소난트 ṛ, ṝ, ḷ 등이 고전적 문자변환 형태인 ri, rī, li 로 나타나기도 한다.

이 밖에도 산디(Saṁdhi)와 관련하여 나타나는 아와그라하(ऽ)는 모음 a의 탈락을 표현하기 때문에 아포스트로피(Apostrophe) ' 로 변환되며, 모음의 비음화(Nasalization)를 나타내는 아누나시카(ँ)는 문자적 기호 ँ 가 그대로 사용되어 m̐으로 변환된다. 옴(ॐ)의 경우 <반야바라밀다심경>의 사본들(Conze본, Feer본)에서 아누스와라가 붙는 oṁ으로 나타나기도 하지만 om̐으로 표기하는 것이 정칙이다.

문자를 변환시키는 이유는 데바나가리에 익숙하지 않거나 이 문자를 전혀 모르는 사람들 때문일 수도 있으나, 이보다는 최근에 들어서 활기를 띠고 있는 전자 불전, 즉 텍스트의 데이터베이스 구축과 관련하여 특이하면서도 까다로운 결합 체계의 데바나가리보다 로마문자로 입력하는 방식이 구축된 자료의 검색과 활용 등의 여러 측면에서 훨씬 더 용이하기 때문이다.

3.1.2. 음가

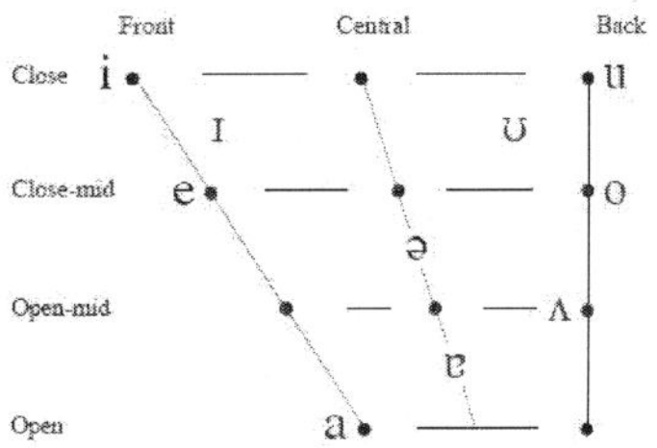

IPA 모음사각도
http://en.wikipedia.org/wiki/International_Phonetic_Alphabet

음가의 경우 각각의 음성 기호는 국제음성기호(IPA: International Phonetic Alphabet)에 따른 것이고, 여기에 덧붙여지는 ː 표기는 해당 모음을 길게 발음하라는 의미이다. 위에서 제시한 산스크리트의 각 모음의 발음은 오른쪽의 모음사각도에 표시된 해당 위치에 따라 내면 된다. 예를 들어, 단일모음에서 [i]와 [iː]는 close/front의 위치임으로 최대한 입을 닫고 혀를 앞쪽으로 내어 짧게 또는 길게 발음하는 반면, [u]와 [uː]는 close/back이기 때문에 최대한 입을 닫고 혀를 안쪽에 두어 짧게 또는 길게 발음하면 된다. 이에 반해 a의 음가는 아직까지 명확하게 알려지지 않은 상황에서, 차이가 크지는 않지만, 음성학적으로 분명하게 구별되는 [ɐ] 또는 [ə] 로 규정되고 있다. 그러나 장모음이 [aː]로 발음된다는 점에서, 아래 문단에서 a를 기본으로 하는 이중모음의 음가에서 보는 것처럼 단일모음 a의 음가 역시 [a]로 볼 수도 있다.

어두의 a-가 특정 환경에서 탈락된다는 아와그라하(ऽ)의 변환기호 ' 는 발음되지 않음을, 즉 묵음(黙音)을 의미한다. 또한 매우 드물게 나타나지만 a의 음가에 비음화, 즉 아누나시카(ँ)가 부가될 수도 있는데, 이 경우 [ã]으로 음성 표기되고, 대략 [앙]으로 발음한다.

장모음처럼 보이지만 실제 이중모음인 [eː]의 경우 [i]보다는 조금 더 입을 열고 혀를 구강 안쪽에 두어 길게, [oː]의 경우 [u]보다는 조금 더 입을 열고 최대한 구강 안쪽에서 길게 발음하면 된다. [aːɪ]와 [aːʊ] 역시 해당되는 위치에 따라 발음해 주되, [ɪ]와 [ʊ]의 입 열림 정도는 각각 [i]와 [o], [u]와 [o] 사이이고, 혀끝의 위치는 좀 더 뒤쪽, 앞쪽이다.

소난트인 [ɹ]/[ɹː]과 [l]의 발음 방식은 원래 자음이고 특정 환경에서 모음이 된 경우이기 때문에 모음사각도에는 나타나있지 않고, 아래의 자음 사각도(3.2.2.)에서 소개된다. 이 표에 따르면 [ɹ]/[ɹː]과 [l]는 혀끝이 윗니 뒤쪽의 치경에 닿아 나는 치조음(齒槽音, Alveolar)이라는 점에서 조음위치상 동일하지만, 조음방법상 전자의 경우 공기가 입 안의 중앙을 통과하여 나가는 중앙 접근음(Central Approximant)이고 후자의 경우 공기가 혀의 측면을 통과하여 나가는 설측 접근음(Lateral Approximant)이라는 점에서 서로 다르다. '접근음'이란 혀와 입천장, 두 개의 조음기관이 서로 접근하여 발음되는 음성을 가리킨다. 이 두 개의 소리를 한국어의 '랄'과 비교해 볼 때, [ɹ]/[ɹː]와 [l]는 각각 초성의 [ㄹ] 소리에 해당하는 [르]와 종성의 [ㄹ] 소리에 해당하는 [르]를 짧게 또는 길게 발음하면 된다. 산스크리트의 모음들에 대한 소리는, 정확하다고 볼 수는 없지만, www.tilakpyle.com/sanskrit_ alphabet.htm에서 들어 볼 수 있다.

3.1.3. 악센트

고유의 조음위치에 따른 모음의 발음에는 장음/단음의 길이(Length) 뿐만 아니라 악센트(Accent)도 관여하고 있다. 베다어는 주 악센트인 우다타(Udātta, acute accent/high pitch), 부 악센트인 아누다타(Anudātta, grave accent/low pitch)와 스와리타(Svarita, circumflex/falling pitch) 등 모두 세 개의 악센트를 갖고 있다. 특이한 사항은 베다어의 데바나가리 텍스트에서 주 악센트가 아닌 부 악센트들이 아누다타 _ 와 스와리타 ˡ 로 표시된다는 점이다. 위 2.5.에서 소개한 리그베다 텍스트를 로마문자로 변환시킨 후에 주 악센트를 표시하고 억양(Intonation)을 나타내면 다음과 같다:

agním	ī̦le	puróhitaṁ	yajñásya	devám	ṛtvíjam	,	hótāraṁ	ratnadhā́tamam	.
A-U	S-A	A-U-S-A	A-U-S	A-U	A-U-S		U-S-A	A-A-U-S-A	
_¯	_	_¯_	_¯ \	_¯	_¯\		¯_	_ _ ¯ \ _	

베다어의 자유악센트와 달리 산스크리트의 경우 주 악센트가 라틴어와 같이 음절의 수와 음량(Quantity)에 따라 결정되는 구속악센트 체계로 바뀌었다. 이 체계에 따르면 끝에서 두 번째 음절이 <자음 + 장모음>, <자음 + 단모음 + 자음>, <장모음 + 자음> 구조의 중음절(Heavy Syllable)이면 여기에 주 악센트(bharāmaḥ, bharanti)가 놓이고, <자음 + 단모음>, <단모음 + 자음>, <모음>의 약음절(light syllable)이면 세 번째 음절에 주 악센트(bharati)가 온다. 세 번째 음절 역시 약음절일 경우 주 악센트는 네 번째 음절(duhitaram)로 이동한다.

3.2. 자음의 문자변환과 음가

기본적으로 a를 포함하는 산스크리트의 자음은 조음방법상 모두 33개로 파열음/비음, 접근음, 마찰음의 순서로 배열되어 있다. 파열음의 체계는 모두 다섯 개의 단(段)으로 구성되며, 그 순서는 조음위치상 구강의 안쪽(연구개음)에서 바깥쪽(양순음)의 방향으로 배열된다. 다섯 개의 자음들로 구성되는 각 단은 무성음과 유성음의 순서이며, 각각은 무기음과 유기음의 쌍으로 배열된다. 마지막의 다섯 번째 자음은 앞선 자음들과 조음위치가 동일한 비음들이다. 각각의 자음 문자에 대한 문자변환과 음가는 다음과 같다:

	파열음				비음
	무성음		유성음		
	무기음	유기음	무기음	유기음	무기음
연구개음	क	ख	ग	घ	ङ
문자변환	ka	kha	ga	gha	ṅa
음가	[ka]	[k^ha]	[ga]	[g^ha]	[ŋa]
경구개음	च	छ	ज	झ	ञ
문자변환	ca	cha	ja	jha	ña
음가	[tɕa]	[$tɕ^h$a]	[dʑa]	[$dʑ^h$a]	[ɲa]
권설음	ट	ठ	ड	ढ	ण
문자변환	ṭa	ṭha	ḍa	ḍha	ṇa
음가	[ʈa]	[$ʈ^h$a]	[ɖa]	[$ɖ^h$a]	[ɳa]
치조음	त	थ	द	ध	न
문자변환	ta	tha	da	dha	na
음가	[ta]	[t^ha]	[da]	[d^ha]	[na]
양순음	प	फ	ब	भ	म
문자변환	pa	pha	ba	bha	ma
음가	[pa]	[p^ha]	[ba]	[b^ha]	[ma]

파열음 다음으로는 조음방법상 혀와 입천장의 조음기관들이 직접적으로 닿지 않고

근접하거나 마찰을 통해 발음된다는 접근음과 마찰음이 배열되며, 각각의 순서 역시 조음위치상 구강 안쪽(경구개음/성문음)에서 바깥쪽(순치음/치조음)으로의 방향이다.

	접근음		접근음		접근음		접근음
	유성음						
경구개음	य	치조음	र	치조음	ल	순치음	व
문자변환 음가	ya [ja]		ra [ra]		la [la]		va [ʋa], [va]

	마찰음					마찰음	
	무성음					유성음	
경구개음	श	권설음	ष	치조음	स	성문음	ह
문자변환 음가	śa [ça]		ṣa [ʂa]		sa [sa]		ha [ɦa]

3.2.1. 문자변환

자음 문자 역시 기본적으로 로마 문자로 변환되며, ṅ ñ의 비음들이나 아래에 점이 찍히는 권설음들에서 보는 것처럼 특수기호들이 붙여진다. 마찰음의 ś 와 ṣ는 일반적으로 사용되는 문자변환이지만, Grassmann(1872)이나 Monier(1889)에서는 각각 ç와 sh로 변환되기도 한다.

이 밖에도 2.2.와 3.2.1.에서 보는 것처럼 베다 문헌에 나오는 문자 ळ가 있는데, 이 자음은 파열음·유성음·무기음/권설음인 ḍa의 변이 형태로서 ḷa로 변환된다. 또한 2.4.에서 소개한 것처럼 자음이기는 하지만 데바나가리 텍스트에서는 문자라기보다 문자적 기호에 가깝게 보이는 아누스와라(ं)와 위사르가(ः)는 일반적으로 각각 ṁ과 ḥ로 문자변환된다. 아누스와라에 대해 m 아래에 점이 찍힌 고전 형태 ṃ이 사용되기도 하는데, 권설음들과의 구분을 위해 ṁ으로 변환하는 것이 현대적 표기이다. 위사르가 ḥ는 특정의 자음들(k/kh, p/ph, ś/ṣ/s) 앞에서 s를 대신하여 나타나는 산디 형태(*부록 03 산디 규칙 6g~n 참조)이다. 자음의 음절 문자(예, त ta)에 붙어 고유의 a-가 없는 문자(예, त् t)로 만들어내는 위라마(्)의 경우 직접적인 변환 형태는 없다.

तं	तः	त्
(ta)ṁ	(ta)ḥ	(t)

3.2.2. 음가

위에 제시된 자음들의 음성 기호는 모음들과 마찬가지로 아래와 같은 국제음성기호 IPA에 따른 것으로 양순음(Bilabial)에서 시작하는 가로줄은 조음기관의 위치, 즉 조음위치를 가리키며, 파열음(Plosive)으로 시작하는 세로줄은 조음방법을 의미한다.

	Bilabial	Labiodental	Dental	Alveolar	Postalveolar	Retroflex	Palatal	Velar	Uvular	Pharyngeal	Glottal
Plosive	p b			t d		ʈ ɖ	c ɟ	k g			
Nasal	m			n		ɳ	ɲ	ŋ			
Trill											
Tap or Flap						ɽ					
Fricative		v		s	ʃ	ʂ	ç	x			ɦ
Lateral fricative											
Approximant		ʋ		ɹ			j				
Lateral approximant				l							

IPA : 자음

http://en.wikipedia.org/wiki/International_Phonetic_Alphabet

산스크리트의 자음들 가운데 파열음(Plosive) 체계에는 독특하게도 기식(氣息, Aspiration)이 있는 자음들이 존재한다. 이러한 유기음들을 발음하기는 쉽지 않지만, <해당 자음 + ㅎ + 아> 정도로 내면 된다. 경구개음(Palatal)의 ca와 ja에서 자음들의 정확한 발음은 3.2.에서 표기한 것처럼 [ʨ]와 [ʥ]이고, 이 음성들은 위의 표에서 대략 경구개음의 기호들에 해당한다. 또 다른 특이한 사항은 로마 문자 아래에 점이 찍혀 변환되는 ṭa, ḍa와 같은 권설음(捲舌音, Retroflex)인데, 여기에 속하는 자음들의 발음은 혀를 입천장으로 감아올리는 방식을 취한다.

비음(Nasal) 체계에서 ṅa의 [ŋa]와 ña의 [ɲa]는 각각 연구개음(Velar) [응-아]와 경구개음 [냐]로 발음된다. ṅa, ña, 권설음인 ṇa는 순수 자음들이 아니라 n의 변이음들로서 각각 ka단, ca단, ṭa단의 자음들이 바로 인접해있을 때 음성적으로 동화되어 나타나는 자음들이다. 이러한 점에서 산스크리트는 소리가 나는 대로 적는 음성적 문자 표기의 성격을 갖고 있다고 말할 수 있다. 그러나 다른 한편으로 m의 산디 형태인 아누스와라 ṁ의 경우 표기는 그대로이지만 따라 나오는 자음의 조음위치에 동화되어 [ŋ] (ka단, ya단, śa단, ha), [ñ] (ca단), [ṇ] (ṭa단), [n] (ta단), [m] (pa단)의 다섯 가지로 발음된다(*부록 03 산디규칙 7 a~f 참조)는 점에서 음소적 표기의 성격을 지니고 있기도 하다.

위사르가 ḥ는 s에 대한 산디 형태로서 위의 표에서 연구개음(Velar)/마찰음(Fricative)에 해당하는 무성의 [x]이다. 자음 문자 아래에 위라마가 붙여지는 경우 자음에 포함된 고유의 a는 발음되지 않는다. 자음들의 음가는 위의 모음에서 소개한 것처럼, 역시나 정확하다고 볼 수 없지만, www.tilakpyle.com/sanskrit_alphabet.htm에서 들어 볼 수 있다.

4. 데바나가리의 결합

4.1. 자음과 모음 문자의 결합

4.1.1. 모음 문자의 이중형태

단어의 첫 소리가 모음인 경우, 해당 모음의 데바나가리는 아래의 그림에서 보는 것처럼 완전한 형태로 표기된다. ṝ–, ḷ–, ḹ– 의 소난트들로 시작하는 단어는 문헌상 존재하지 않기 때문에 이 부분은 음영으로 표시되어 있다.

a–	ā–	i–	ī–	u–	ū–	ṛ–	ṝ–	ḷ–	ḹ–	e–	ai–	o–	au–
अ	आ	इ	ई	उ	ऊ	ऋ	ॠ	ऌ	ॡ	ए	ऐ	ओ	आ

그러나 자음 + 모음, 즉 모음이 자음을 따라 나오는 경우 단모음 a를 제외한 모든 모음은 위와 같은 완전한 문자 형태가 아닌 아래와 같은 형태, 즉 대체 문자의 형태로 표기된다. 자음 + ḷ 의 경우 문헌상 오직 하나의 어근 kḷp '정돈 · 규칙화되어있다; to be well ordered · regulated'에서만 나타나며, 자음 + ḹ 의 결합은 존재하지 않는다.

-a	-ā	-i	-ī	-u	-ū	-ṛ	-ṝ	-ḷ	-ḹ	-e	-ai	-o	-au
	ा	ि	ी	ु	ू	ृ	ॄ	ॢ	ॣ	े	ै	ो	ौ

4.1.2. 자모 문자의 결합 방식

위의 대체문자들은 자음과 결합할 때 원칙적으로 해당 자음의 오른쪽, 왼쪽, 아래에 붙여진다. 대체문자가 붙여진 क 와 प 를 예로 들어보면 다음과 같다:

क	का	कि	की	कु	कू	कृ	कॄ	कॢ	कॣ	के	कै	को	कौ
ka	kā	ki	kī	ku	kū	kṛ	kṝ	kḷ	kḹ	ke	kai	ko	kau

प	पा	पि	पी	पु	पू	पृ	पॄ	पॢ	पॣ	पे	पै	पो	पौ
pa	pā	pi	pī	pu	pū	pṛ	pṝ	pḷ	pḹ	pe	pai	po	pau

4.1.3. 주의해야 할 결합

거의 대부분 위와 같은 방식으로 해당 자음에 대체문자를 붙여 쓰면 되지만, 주의해야 할 결합들이 있다. ra의 경우 ru와 rū의 문자결합이 특이한데, 위의 방식과 달리 र 에 붙는 ु 와 ू 가 아래가 아닌 ra 문자의 허리에 붙여진다. 또한 ha에서는 hṛ와 hṝ의 결합이 눈에 띄는데, 문제의 대체문자 ृ 와 ॄ 가 역시나 ह 의 허리 쪽에 붙여진다.

र	रा	रि	री	रु	रू	रृ	रॄ	रॢ	रॣ	रे	रै	रो	रौ
ra	rā	ri	rī	ru	rū	rṛ	rṝ	rḷ	rḹ	re	rai	ro	rau
ह	हा	हि	ही	हु	हू	हृ	हॄ	हॢ	हॣ	हे	है	हो	हौ
ha	hā	hi	hī	hu	hū	hṛ	hṝ	hḷ	hḹ	he	hai	ho	hau

4.2. 자음과 문자적 기호의 결합

자음 문자들과 결합할 수 있는 문자적 기호들은 2.4.에서 소개한 것처럼 아누나시카(ँ), 아누스와라(ं), 위사르가(ः), 위라마(्)이며, क 와 प 에 결합시켜 보면 다음과 같다:

कँ	कं	कः	क्	पँ	पं	पः	प्
kam̐	kaṁ	kaḥ	k	pam̐	paṁ	paḥ	p

4.3. 자음과 자음 문자의 결합

데바나가리의 자음과 모음 결합, 자음과 대체 문자의 결합 등은 대체로 쉽게 눈으로 파악되며 손으로 쓰기도 쉬운 반면, 자음과 자음의 결합은 이 두 가지 측면에서 난이도가 높은 편이다. 자음이 결합할 수 있는 가능성은 두 개에서 최대 다섯 개까지이다. Stiehl(2003, http://www.sanskritweb.net/itrans/itmanual2003.pdf)에 따르면 33개의 자음들로 이론적으로 가능한 복자음들의 수는 4천만 개가 넘지만 음성적으로 가능한 복자음들의 수는 1,896,777개이고, 베다어와 산스크리트는 그 가운데 807개를 보여준다고 한다. 복자음들은 부분적으로 변이형태를 허용하기도 하는데, 이는 이차적으로 만들어진 것으로 보이며, 고대인도어의 문헌들에서는 사용되지 않는다. 복자음들의 변이형태는 http://ftp.kaist.ac.kr/tex-archive/fonts/ps-type1/sanskrit/sktdoc.pdf의 웹사이트에서 볼 수 있다.

4.3.1. 두 개 자음의 결합 방식

베다어와 산스크리트에서 나타나는 두 개의 자음으로 구성되는 데바나가리의 복자음들이 결합되는 방식은 대략 다섯 가지 정도로 나누어 볼 수 있다. 이 가운데 첫 번째인 좌우 배열 방식과 두 번째인 상하 배열 방식이 대표적이고 가장 많이 사용되는데, 각각 네 개와 여섯 개의 하위 방식으로 분류된다. 세 번째와 네 번째 방식의 경우 각각 <자음 + ra>, <r + 자음> 등 r(a)가 관련된 복자음으로 r의 대체 문자들이 일관적으로 사용된다. 이 네 가지의 방식 각각은 대체적으로 규칙성을 띠고 있다고, 즉 두 개 (이상)의 문자가 결합되었을 때 각각의 고유 문자 형태가 식별가능하다고 말할 수 있는 반면, 마지막의 다섯 번째 결합 방식은, 정확한 이유는 알 수 없으나, 복자음 구성소의 형태를 불규칙적으로, 즉 식별하기 매우 어렵게 또는 불가능하게 만든다.

① 좌우 배열 방식

표현 그대로 A + B 가 놓일 때 A–B의 순서로 결합하는 방식이다. 단, A는 기본적으로 क 의 문자처럼 수직의 기둥선 । 을 갖고 있어야 한다는 조건이 붙고, 결합할 때 아래 ksa와 kta의 예처럼 기둥선의 왼쪽 부분만이 사용된다는 방식이다.

①a	ka+sa	k+sa	k+sa	ksa
ksa	क+स	क्+स	क्‍+स	क्स

①b	ka+ta	k+ta	k+ta	kta
kta	क+त	क्+त	क्‍+त	क्त

그런데, 위에서와 달리 ccha와 bbha의 경우처럼 대부분 첫 문자의 기둥선이 생략된 채 결합하는 방식을 취한다.

①b	ca+cha	c+cha	c+cha	ccha
ccha	च+छ	च्+छ	च्‍+छ	च्छ
①b	ba+bha	b+bha	b+bha	bbha
bbha	ब+भ	ब्+भ	ब्‍+भ	ब्भ

그러나 기둥선이 없는 ङ, छ, ट, ठ, ड, ढ, ह의 경우 य가 붙어 복자음 ṅya, chya, ṭya, ṭhya, ḍya, ḍhya, hya을 형성할 때 예외적으로 좌우 배열 방식을 따른다. 또한 ङ 와 ह 에 म 가 붙는 복자음 ṅma, hma의 구성 역시 좌우 방식에 따라 배열된다. (문헌에 나타나지 않는 *chma, *ṭhma, *ḍhma를 제외한) ṭma, ḍma는, 기둥선을 갖고 있지 않지만 여기에서 제외된 द 와 म य 의 복자음 dma와 dya와 함께, 원칙대로 아래 ② 상하 배열 방식(②c 참조)을 따른다.

①c	ङ् ṅ	छ् ch	ट् ṭ	ठ् ṭh	ड् ḍ	ढ् ḍh	ह् h
य ya	ङ्य	छ्य	ट्य	ठ्य	ड्य	ढ्य	ह्य
म ma	ङ्म	X	ट्म	X	ड्म	X	ह्म

①c처럼 기둥선이 없지만 ल la의 경우, 기둥선이 있는 고전형태 ल (2.3. 참조)의 영향 때문인지, 상하 배열의 lla를 제외한 모든 복자음은 좌우 배열 방식을 취한다.

①d	la+ka	l+ka	l+ka	lka
lka	ल+क	ल्+क	ल्+क	ल्क

①d	la+pa	l+pa	l+pa	lpa
lpa	ल+प	ल्+प	ल्+प	ल्प

② 상하 배열 방식

표현 그대로 A + B 가 놓일 때 A를 위에 B를 아래에 두는 순서로 결합하는 방식이다. 단 A는 기본적으로 ङ, छ, ट, ठ, ड, ढ, द, ह 등의 문자들처럼 수직의 기둥선이 없다는 조건이 붙는다. 또한 다음의 ṅka와 dda의 예에서 보는 것처럼 아래에 붙는 B의 자음에서 수평의 지붕선이 사라지는 것이 특징이다.

②a	ṅa+ka	ṅ+ka	ṅ+ka	ṅka
ṅka	ङ+क	ङ्+क	ङ् क	ङ्क

②a	da+da	d+da	d+da	dda
dda	द+द	द्+द	द् द	द्द

그런데, dba와 dva의 경우 ba와 va의 지붕선 뿐만 아니라 기둥선도 분명하게 나타나지 않는다.

②b	da+ba	d+ba	d+ba	dba
dba	द+ब	द्+ब	द् ब	द्ब

②b	da+va	d+va	d+va	dva
dva	द+व	द्+व	द् व	द्व

또한 dma와 dya의 경우, 위와 같은 상하의 배열이 분명하게 보이지는 않지만, 이러한 방식을 따르는 복자음이다.

②c	da+ma	d+ma	d+ma	dma
dma	द+म	द्+म	द् म	द्म

②c	da+ya	d+ya	d+ya	dya
dya	द+य	द्+य	द् य	द्य

하지만 기둥선을 갖는 자음들이 na와 결합할 때 좌우가 아닌 상하 배열 방식이 예외적이라기보다는 상당히 일관적으로 취해지고 있다. 문헌에 나타나지 않는 *phna, *bna, *yna, *lna와 음성적으로 불가능한 *ṣna를 제외한 모든 복자음, kna, khna, gna, ghna, tna, thna, dhna, nna, pna, bhna, mna, vna, śna, sna가 이에 속한다. *chña, *jhña와 다섯 번째 방식을 따르는 jña를 제외하고, cña, ñña 등도 이와 같은 방식을 따른다.

②e	ka+na	k+na	k+na	kna
kna	क+न	क्+न	क् न	क्न

②e	ña+ña	ñ+ña	ñ+ña	ñña
ñña	ञ+ञ	ञ्+ञ	ञ् ञ	ञ्ञ

기둥선을 갖으며 동일한 자음들로 구성되는 대부분의 복자음들(khkha, gga, jja, ṇṇa, ppa, bba, mma, yya, vva, śśa, ṣṣa, ssa)은 좌우 배열 방식을 따르지만, 바로 위에서 소개한 nna, ññа처럼, kka, cca, lla 등 역시 예외적으로 상하 배열 방식을 따른다.

②f	ka+ka	k+ka	k+ka	kka
kka	क+क	क्+क्	क् क	क्क

이 밖에도 kca, ñca, ñja, śca : pta ṣṭa, ṣṭha : kla, pla, mla, vla, śla : kva, cva, śva 등의 복자음들 역시 기둥선을 갖고 있지만 각각의 문자는 예외적으로 상하로 배열된다.

②g

kca	ñca	ñja	śca	
क्च	ञ्च	ञ्ज	श्च	
pta	**ṣṭa**	**ṣṭha**		
प्त	ष्ट	ष्ठ		
kla	**pla**	**mla**	**vla**	**śla**
क्ल	प्ल	म्ल	व्ल	श्ल
kva	**cva**	**śva**		
क्व	च्व	श्व		

위에서 음영으로 표시된 복자음들 외에도 śna, śra와 같은 결합일 때 ś의 데바나가리 형태는 श 의 부분형태인 श् 가 아니라 श्न 와 श्र 처럼 형태변화가 일어난 문자(아래 ⑥의 결합방식 참조)가 사용된다.

③ < 자음 + ra >의 복자음

베다어와 산스크리트의 문헌에서 <자음 + ra>의 복자음들은 예외가 없이 자음의 문자에 ra의 대체문자가 사용되는 방식인데, 기둥선이 있는 경우 ⁄ , 기둥선이 없는 경우 ‸ 가 붙는다. dra에서 d는 후자에 속하지만 예외적으로 ⁄ 가 사용된다. 음영으로 표시된 점선 안의 복자음은 실재하지 않는 이론적 복자음이고, rra의 복자음은 아래

④의 결합 방식에 따라 형성된다.

③

क्र kra	ख्र	ग्र gra	घ्र ghra	ङ्र ṅra
च्र cra	छ्र	ज्र jra	झ्र	ञ्र
ट्र ṭra	ठ्र	ड्र ḍra	ढ्र ḍhra	ण्र
त्र tra	थ्र thra	द्र dra	ध्र dhra	न्र nra
प्र pra	फ्र	ब्र bra	भ्र bhra	म्र mra
य्र	rra	ल्र	व्र vra	
श्र śra	ष्र ṣra	स्र sra		ह्र hra

④ < r + 자음 >의 복자음

표현 그대로 r 다음에 자음이 결합되는 복자음으로서 r과 자음의 사이는 음절 경계이다. 예를 들어, karma에서 rm는 복자음이고, kar-ma의 사이는 음절이 나누어지는 경계이다. 여기에서 r은 완전한 형태의 र가 아닌 문자적 기호 र्가 사용되며, 이 기호는 따라 나오는 자음 문자의 기둥선 또는 중심선에 붙여진다. 또한 결합되는 자음 다음의 모음이 caryā처럼 장음인 경우 र्는 ā의 대체문자 ा 위에 붙여져 र्ा로 표현된다.

④

कर्म karma	चर्या caryā

⑤ < h + 자음 >의 복자음

hṇa, hna, hla, hva의 경우 두 번째 자음은 특이하게도 ha 문자 아래에 표기되는 것이 아니라 다음과 같이 허리에 붙여 표현된다.

⑤

hṇa	hna	hla	hva
ह्ण	ह्न	ह्ल	ह्व

⑥ 불규칙 형태의 복자음

위와 달리 자음과 자음이 결합하여 복자음을 이룰 때 그 자음들의 고유 형태가 분명하게 드러나지 않거나 전혀 알아 볼 수 없는 경우가 있는데, 전자는 부분 변형이고 후자는 완전변형이라고 말할 수 있다. 부분 변형에는 kta, tta, tra, <ś + 자음[ca na ra la va]>이 속하고, 완전변형에는 kṣa, jña가 속한다.

	kta	tta	tra	<ś+자음>	kṣa	jña
⑥	क्त	त्त	त्र	श्व	क्ष	ज्ञ

4.3.2. 세 개 이상 자음의 결합 방식

세 개 이상의 자음들로 구성되는 복자음의 데바나가리는 기본적으로 위에서 소개한 두 자음의 결합에 기초하여 표기되고, 일반적으로 세 자음의 복자음은 두 개의 문자, 네 자음의 복자음은 세 개의 문자, 다섯 자음의 복자음은 네 개의 문자 자리 내에서 표현되는 경향이 있다. 각각의 복자음에서 세 번째, 네 번째. 다섯 번째에 오는 자음들은 전반적으로 ya, ra, la, va와 비음이다.

⑦ 세 개의 자음

세 개 이상의 자음들로 구성되는 복자음 A−B−C의 데바나가리는 기본적으로 위에서 소개한 두 자음의 결합 A−B에 기초하여 표기되며, ka단의 k−로 시작하는 복자음들의 예를 중심으로 들면 아래와 같다. + 는 어떤 자음이 세 번째 위치에 놓이는지 보기 위해 표시해 둔 것이며, 이 위치에는 대부분 ya단의 자음들과 비음이 오지만, 그렇지 않은 경우(볼드체)도 있다.

kk+ra, kk+la, kk+va, kk+**ṣa**, kt+ya, kt+ra, kt+va,
kth+na, kth+ya, kn+ya, kp+ra, kp+la, km+ya,
kr+ya, kl+ya, kś+ma, kś+ra, kś+la, kś+va,
kṣ+ṇa, kṣ+ma, kṣ+ya, kṣ+ra, kṣ+va, ks+ta,
ks+na, ks+**pa**, ks+**pha**, ks+ma, ks+ya, ks+ra, ks+va

이러한 복자음들 가운데 A–B와 B–C의 결합 모두 좌우 배열 방식을 따를 경우, A–B–C는 일반적으로 좌우 방식으로 표기된다.

⑦a	k-th-ya	k-m-ya	k-ś-ma	k-s-ta	k-s-pa
	क्थ्य	क्म्य	क्श्म	क्स्त	क्स्प
	k-s-pha	k-s-ma	k-s-ya	k-s-va	
	क्स्फ	क्स्म	क्स्य	क्स्व	

그러나 B가 기둥선이 없는 자음일 경우 (비교에서 보는 것처럼 좌우 배열의 자음 ya를 제외한), C는 상하 배열 방식으로 B 아래에 표기된다.

⑦b	cch-ma	cch-la	cch-va	비교	⑦a	c-ch-ya
	च्छ्म	च्छ्ल	च्छ्व			च्छ्य

A–B–C의 결합에서 A–B가 B–C처럼 좌우 배열 방식이 아닌 상하 배열 등의 나머지 방식들(④ r+자음의 복자음 제외)을 따를 경우, 후자의 배열 방식들이 우선되고, A–B의 결합에 C가 좌우 배열 방식으로 붙는다.

⑦c	kt-ya	kt-va	kn-ya	kr-ya	kl-ya
	क्त्य	क्त्व	क्न्य	क्र्य	क्ल्य
	kṣ-ṇa	kṣ-ma	kṣ-ya	kṣ-va	
	क्ष्ण	क्ष्म	क्ष्य	क्ष्व	

⑦c와 같은 조건이지만 상하 배열의 A–B에서 B가 기둥선을 갖지 않는 경우, (ya를 제외한) 자음 C는 A–B 아래에 붙되 한 문자의 자리 내에서 데바나가리로 표현된다.

⑦d	ṣṭva	ṣṭhva	비교	⑦c	ṣṭ-ya	ṣṭh-ya
	ष्ट्व	ष्ठ्व			ष्ट्य	ष्ठ्य

A–B–C의 결합에서 B–C가 A–B처럼 좌우 배열 방식이 아닌 상하 배열 등의 나머지 방식들(④ r+자음의 복자음 제외)을 따를 경우, 후자의 배열 방식들이 우선되고, B–C에 A가 좌우 배열 방식으로 붙는다. kkra, kkla, kkva, kkṣa의 복자음들에서 B–C 뿐만 아니라 (cca lla와 함께) A–B의 kk– 또한 상하 배열을 보여주지만, 이 결합(②e)은 예외적인 것이고, 세 자음 배열에서 k–는 위와 같은 방식으로 붙는다.

⑦e

k-thna	k-pra	k-pla	k-śra	k-kra	kk-la
क्थ्न	क्प्र	क्प्ल	क्श्र	क्क्र	क्क्ल
k-śla	k-śva	k-śna	k-sra	kk-va	kk-ṣa
क्श्ल	क्श्व	क्श्न	क्स्र	क्क्व	क्क्ष

A–B와 B–C 모두가 좌우 배열이 아닌 상하 배열 등의 나머지 방식들(④ r+자음의 방식 제외)을 따르고 C가 ra 또는 na인 경우, A–B의 결합이 우선되며, 이 결합에 ्र (ra) 또는 ्न (na)가 붙는다. 이 부류의 경우 세 자음의 데바나가리는 두 개가 아닌 한 개의 문자 자리 내에서 표현된다. 이와 달리 ptra는 특이하게도 p–와 tra의 상하 결합 방식을 취한다.

⑦f

kt-ra	kṣ-ra	tt-na	ṣṭ-ra	비교	p-tra
क्त्र	क्ष्र	त्त्न	ष्ट्र		प्त्र

A–B–C의 결합에서 A–B 또는 B–C가 어떤 배열 방식을 취하든 상관없이 A의 자음이 기둥선이 없는 ङ, ट, ड, द 등인 경우 B–C의 결합은 이 자음들 아래에 붙여 표기된다. 단 C의 위치에 오는 ya는 대체적으로 ⑦c의 방식처럼 좌우 배열을 따른다.

⑦h

ṅkta	ṅksa	ṭtra	ṭtva	ṅkhya	ṭṭya
ङ्क्त	ङ्क्स	ट्त्र	ट्त्व	ङ्ख्य	ट्ट्य
ḍghra	ḍjña	ddhra	ddhva	ḍgya	dmya
ड्घ्र	ड्ज्ञ	द्ध्र	द्ध्व	ड्ग्य	द्म्य

r-로 시작하는 세 자음의 복자음들은, r-가 위의 ④에서 보는 것처럼 일관적으로 र्로 표현되기 때문에, (r-이 제외된) 두 자음의 결합 방식에 따라 표기된다.

	rkca	rkta	rkhta	rkṣa
⑦i	र्क्च	र्क्त	र्ख्त	र्क्ष
	rgra	rghna	rṅka	rñja
	र्ग्र	र्घ्न	र्ङ्क	र्ञ्ज

⑧ 네 개의 자음

네 개의 자음들로 구성되는 복자음 A-B-C-D의 데바나가리는 (음영으로 표시된 경우를 제외하고) 일반적으로 위에서 소개한 세 자음의 결합 A-B-C에 D가 좌우 또는 상하의 배열 방식으로 붙여진다. D에 놓이는 자음은 거의 대부분 ya단의 자음들과 비음이다.

ktr-ya	gdv-ya	ṅkt-ya	tkṣ-ma	ntt-va	r-kṣṇa	lgv-ya	ṣṭr-ya
ktv-ya	gdhr-ya	ṅkt-ra	tkṣ-va	ntr-ya	r-kṣya		
kṣṇ-ya		ṅkt-va	ttr-ya	ntv-ya	r-ksva		str-ya
kṣm-ya		ṅkṣ-ṇa	ts-tra	nts-ta	r-ṅgya		sthn-ya
ks-tra		ṅkṣ-ma	tsth-ya	nts-tha	r-jmya		
		ṅkṣ-ya	ts-pra	nts-na	r-ttra		
		ṅkṣ-va	tsph-ya	nts-pa	r-tnya		
		ṅgdh-ya		nts-ya	r-trya		
		ṅgdh-va		nt-sra	r-tvya		
		ṅghr-ya		nts-va	r-tsna		
				nddh-ya	r-tsya		
				nddh-va	r-ddhya		
				ndr-ya	r-drya		
				ndv-ya	r-dvya		
				ndhr-ya	r-dhnya		
				ns-tra	r-śvya		
				nsph-ya	r-ṣṭya		
					r-ṣṇya		

이 가운데 ṅ-과 r-로 시작하는 복자음들을 제외하고, D의 위치에 ya va 비음이 오는 경우, 이 자음들은 A-B-C에 좌우 배열 방식으로 붙는다.

	ktr-ya	gdv-ya	nts-ya	lgv-ya	sthn-ya	nts-ta	nts-tha	nts-pa
⑧a	क्त्र्य	ग्द्व्य	न्त्स्य	ल्ग्व्य	स्थ्न्य	न्त्स्त	न्त्स्थ	न्त्स्प

	tkṣ-va	ntt-va	nts-va
⑧a	त्क्ष्व	न्त्त्व	न्त्स्व

그러나 nddh-va의 경우 B 위치에 기둥선이 없는 d가 오고 B-C의 배열이 상하 방식인 द्ध (ddha)이기 때문에, 여기에 붙은 D 위치의 va 역시 상하 배열을 따른다.

	nddh-va
⑧b	न्द्ध्व

C-D의 위치에 tra 또는 pra가 오는 경우 역시 त्र 와 प्र 가 A-B에 좌우 배열 방식으로 붙여진다.

	ks-tra	ts-tra	ns-tra	ts-pra
⑧c	क्स्त्र	त्स्त्र	न्स्त्र	त्स्प्र

이에 반해 ṅ-으로 시작하는 복자음들에서는 D의 위치에 좌우 배열 방식의 ya가 오는 경우를 제외하고 B-C-D의 결합이 A 아래에 붙는다.

	ṅ-ktra	ṅ-ktva	ṅ-kṣṇa	ṅ-kṣma	ṅ-kṣva	ṅ-gdhva
⑧d	ङ्क्त्र	ङ्क्त्व	ङ्क्ष्ण	ङ्क्ष्म	ङ्क्ष्व	ङ्ग्ध्व

	ṅkt-ya	ṅkṣ-ya	ṅgdh-ya	ṅghr-ya
⑧e	ङ्क्त्य	ङ्क्ष्य	ङ्ग्ध्य	ङ्घ्र्य

r-로 시작하는 네 자음의 복자음들은, r-가 위의 ⑦i에서 보는 것처럼 일관적으로 ʻ로 표현되기 때문에, (r-이 제외된) 세 자음의 결합 방식에 따라 표기된다.

⑧f	r-kṣṇa	r-ksva	r-ṅgya	r-ttra
	र्क्ष्ण	र्क्स्व	र्ङ्ग्य	र्त्त्र

⑨ 다섯 개의 자음

다섯 개의 자음으로 구성되는 복자음 A–B–C–D–E의 데바나가리는 기본적으로 위에서 소개한 네 자음의 결합 A–B–C–D에 E가 좌우 배열 방식으로 붙여지는데, 실제 문헌에서 나타나는 다섯 자음의 복자음은 r–tsnya 하나뿐이다. 더군다나 첫 자음이 r–이기 때문에 실질적으로는 네 자음의 결합으로 보아야 한다.

⑨	r-tsnya
	र्त्स्न्य

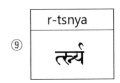

5. 데바나가리 텍스트 샘플과 문자변환본

지금까지 기술한 문자 체계의 데바나가리로 표기된 베다어의 리그베다(1권 1장 1부터 9까지의) 텍스트와 이 책의 분석 대상인 Vaidya(1961)의 산스크리트 반야심경 텍스트, 그리고 이를 로마 문자로 변환시킨 텍스트를 소개하면 다음과 같다.

5.1. 리그베다 (RV I.1.1–9)

अग्निम् ईळे पुरोहितं यज्ञस्य देवम् ऋत्विजम् । होतारं रत्नधातमम् ॥ १ ००१ ०१	agním īḷe puróhitaṁ yajñásya devám ṛtvíjam / hótāraṁ ratnadhā́tamam // 01
अग्निः पूर्वेभिर् ऋषिभिर् ईड्यो नूतनैर् उत । स देवाँ एह वक्षति ॥ १ ००१ ०२	agníḥ pū́rvebhir ṛ́ṣibhir ī́ḍyo nū́tanair utá / sá devā́m̐ éhá vakṣati // 02
अग्निना रयिम् अश्नवत् पोषम् एव दिवे-दिवे । यशसं वीरवत्तमम् ॥ १ ००१ ०३	agnínā rayím aśnavat póṣam evá divédive / yaśásaṁ vīrávattamam // 03
अग्ने यं यज्ञम् अध्वरं विश्वतः परिभूर् असि । स इद् देवेषु गच्छति ॥ १ ००१ ०४	ágne yáṁ yajñám adhvaráṁ viśvátaḥ paribhū́r ási / sá íd devéṣu gachati // 04
अग्निर् होता कविक्रतुः सत्यश् चित्रश्रवस्तमः । देवो देवेभिर् आ गमत् ॥ १ ००१ ०५	agnír hótā kavíkratuḥ satyáś citráśravastamaḥ / devó devébhir ā́ gamat // 05
यद् अङ्ग दाशुषे त्वम् अग्ने भद्रं करिष्यसि । तवेत् तत् सत्यम् अङ्गिरः ॥ १ ००१ ०६	yád aṅgá dāśúṣe tvám ágne bhadráṁ kariṣyási / távét tát satyám aṅgiraḥ // 06
उप त्वाग्ने दिवे-दिवे दोषावस्तर् धिया वयम् । नमो भरन्त एमसि ॥ १ ००१ ०७	úpa tvāgne divédive dóṣāvastar dhiyā́ vayám / námo bháranta émasi // 07
राजन्तम् अध्वराणां गोपाम् ऋतस्य दीदिविम् । वर्धमानं स्वे दमे ॥ १ ००१ ०८	rā́jantam adhvarā́ṇāṁ gopā́m ṛtásya dī́divim / várdhamānaṁ své dáme // 08
स नः पितेव सूनवे ऽग्ने सूपायनो भव । सचस्वा नः स्वस्तये ॥ १ ००१ ०९	sá naḥ pitéva sūnávé 'gne sūpāyanó bhava / sácasvā naḥ svastáye // 09

RV I.1.1–9 (http://www.sanskritweb.net/rigveda/rv01.pdf)

5.2. 반야바라밀다심경 (VAIDYA본)

प्रज्ञापारमिताहृदयसूत्रम्। [संक्षिप्तमातृका] ॥ नमः सर्वज्ञाय॥ आर्यावलोकितेश्वरबोधिसत्त्वो गम्भीरायां
प्रज्ञापारमितायां चर्यां चरमाणो व्यवलोकयति स्म। पञ्च स्कन्धाः, तांश्च स्वभावशून्यान् पश्यति स्म॥ इह शारिपुत्र
रूपं शून्यता, शून्यतैव रूपम्। रूपान्न पृथक् शून्यता, शून्यताया न पृथग् रूपम्। यद्रूपं सा शून्यता, या शून्यता
तद्रूपम्॥ एवमेव वेदनासंज्ञासंस्कारविज्ञानानि॥ इहं शारिपुत्र सर्वधर्माः शून्यतालक्षणा अनुत्पन्ना अनिरुद्धा अमला
न विमला नोना न परिपूर्णाः। तस्माच्छारिपुत्र शून्यतायां न रूपम्, न वेदना, न संज्ञा, न संस्काराः, न विज्ञानानि।
न चक्षुःश्रोत्रघ्राणजिह्वाकायमनांसि, न रूपशब्दगन्धरसस्प्रष्टव्यधर्माः। न चक्षुर्धातुर्यावन्न मनोधातुः॥ न विद्या
नाविद्या न विद्याक्षयो नाविद्याक्षयो यावन्न जरामरणं न जरामरणक्षयो न दुःखसमुदयनिरोधमार्गा न ज्ञानं न
प्राप्तित्वम्॥ बोधिसत्त्वस्य(श्च ?) प्रज्ञापारमितामाश्रित्य विहरति चित्तावरणः। चित्तावरणनास्तित्वादत्रस्तो
विपर्यासातिक्रान्तो निष्ठनिर्वाणः। त्र्यध्वव्यवस्थिताः सर्वबुद्धाः प्रज्ञापारमितामाश्रित्य अनुत्तरां
सम्यक्संबोधिमभिसंबुद्धाः॥ तस्माज्ज्ञातव्यः प्रज्ञापारमितामहामन्त्रो महाविद्यामन्त्रोऽनुत्तरमन्त्रोऽसमसममन्त्रः
सर्वदुःखप्रशमनः सत्यममिथ्यत्वात् प्रज्ञापारमितायामुक्तो मन्त्रः। तद्यथा- गते गते पारगते पारसंगते बोधि स्वाहा॥
इति प्रज्ञापारमिताहृदयसूत्रं समाप्तम्॥

prajñāpāramitāhṛdayasūtram | [saṁkṣiptamātṛkā ||]
namaḥ sarvajñāya ||
āryāvalokiteśvarabodhisattvo gambhīrāyāṁ prajñāpāramitāyāṁ caryāṁ caramāṇo vyavalokayati sma |
pañca skandhāḥ, tāṁśca svabhāvaśūnyān paśyati sma ||
iha śāriputra rūpaṁ śūnyatā, śūnyataiva rūpam |
rūpānna pṛthak śūnyatā, śūnyatāyā na pṛthag rūpam |
yadrūpaṁ sā śūnyatā, yā śūnyatā tadrūpam ||
evameva vedanāsaṁjñāsaṁskāravijñānāni ||
ihaṁ śāriputra sarvadharmāḥ śūnyatālakṣaṇā anutpannā aniruddhā amalā na vimalā nonā na paripūrṇāḥ |
tasmācchāriputra śūnyatāyāṁ na rūpam, na vedanā, na saṁjñā, na saṁskārāḥ, na vijñānāni |
na cakṣuḥśrotraghrāṇajihvākāyamanāṁsi, na rūpaśabdagandharasaspraṣṭavyadharmāḥ |
na cakṣurdhāturyāvanna manodhātuḥ ||
na vidyā nāvidyā na vidyākṣayo nāvidyākṣayo yāvanna jarāmaraṇaṁ
na jarāmaraṇakṣayo na duḥkhasamudayanirodhamārgā na jñānaṁ na prāptitvam ||
bodhisattvasya(śca?) prajñāpāramitāmāśritya viharati cittāvaraṇaḥ |
cittāvaraṇanāstitvādatrasto viparyāsātikrānto niṣṭhanirvāṇaḥ |
tryadhvavyavasthitāḥ sarvabuddhāḥ prajñāpāramitāmāśritya anuttarāṁ samyaksaṁbodhimabhisaṁbuddhāḥ ||
tasmājjñātavyaḥ prajñāpāramitāmahāmantro mahāvidyāmantro ’nuttaramantro ’samasamamantraḥ
sarvaduḥkhapraśamanaḥ satyamamithyatvāt prajñāpāramitāyāmukto mantraḥ |
tadyathā – gate gate pāragate pārasaṁgate bodhi svāhā ||
iti prajñāpāramitāhṛdayasūtraṁ samāptam ||

VAIDYA본(1961) (www.uwest.edu/sanskritcanon)

위와 같이 데바나가리 텍스트를 오류 없이 로마문자로 변환시키는 문자변환 가공은 데바나가리의 문자 체계에 대한 정확한 이해를 조건으로 하며, 이 책에서 제시하는 전체 분석 과정의 첫 단계이기도 하다. 이제 앞서 소개한 <반야바라밀다심경>의 산스크리트 사본들을 대상으로 수행되는 문자변환 가공으로 넘어가기로 한다.

II

문자변환 가공과 사본 비교

불경으로 이해하는
산스크리트

II

문자변환 가공과 사본 비교

6. 문자변환 가공

문자변환 가공이란, 순수하게 기술적으로 말하면, 문자 체계에 대한 이해를 토대로 데바나가리를 로마문자로 또는 그 역으로 변환시키는 것을 의미한다. GRETIL과 DSBC의 웹사이트가 제공하는 Vaidya(1961)의 <반야바라밀다심경> 데바나가리 텍스트의 경우 (필요한 경우 특수 기호들이 첨가된) 로마 문자로의 변환 가공이 수행된다. 그러나 나머지 산스크리트 사본들의 대부분이 (들어가기 D.c. ① ②와 *부록 06에서처럼 실담문자 또는 한자로 [음역] 되어있기도 하지만), [그림 13]의 출처에서 확인할 수 있는 것처럼, 데바나가리가 아닌 로마문자본인 경우이기 때문에 여기서는 데바나가리문자로의 변환 가공이 문제가 된다.

후자의 상황에서 문자변환 가공의 단계를 건너뛰어 언어학적 가공으로 바로 들어갈 수도 있을 것이다. 그러나 누군가에 의해 만들어진 데바나가리본이 책이나 웹사이트에서 조우될 때, 이것이 문제의 로마문자본을 오류 없이 그대로 반영하고 있는지 확인하는 문제, 오류가 있다면 원-텍스트의 복원이란 측면에서 이를 다시 정확한 데바나가리 텍스트로 만들어내야 하는 문제 등이 반드시 고려되어야 하기 때문에, 변환 가공은 여전히 필요한 작업이라고 말할 수 있다.

6.1. 데바나가리 변환 프로그램

데바나가리로 쓰인 텍스트를 로마문자로 변환시키는 작업은 이 문자 체계에 대한 이해를 토대로 수행되는 반면, 로마문자본에 기반하여 데바나가리본으로 변환시키는 작업은 일반적으로 변환 프로그램(ITRANSLATOR 2003)을 통해 수행된다. 세계의 여러 산스크리트 전자불전 프로젝트들이 웹상에서 제공하는 데바나가리 텍스트들, 또한 아래 6.3.과 6.4.에서 산스크리트 <반야심경>의 데바나가리본들도 이와 같은 프로그램을 통해 만들어진 것이다. 이 프로그램(http://www.omkarananda-ashram.org/Sanskrit/Itranslt.html)은 로그인 없이 다운로드 받을 수 있고, EXE파일을 PC에 저장하고 프로그램을 실행시키면 아래와 같은 창이 뜬다.

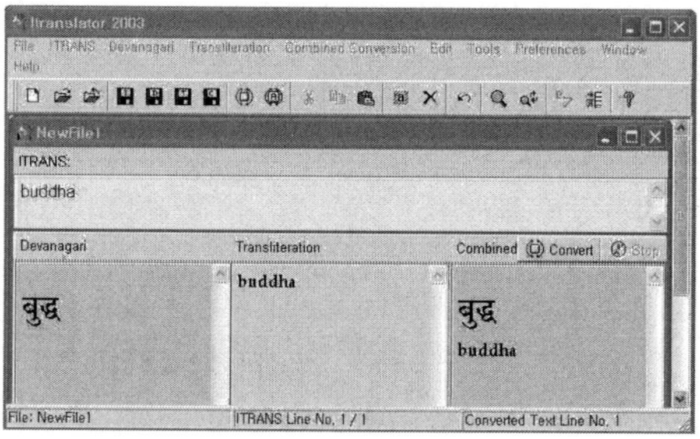

<그림 14> ITRANSLATOR 2003

상단의 메뉴 Preference에서 Conversion Tiled를 체크하고, ITRANS 창에 로마문자를 입력하고 변환(Convert)를 클릭하면, 위의 그림에서처럼, 데바나가리본(Devanagari) – 문자변환본(Transliteration) – 데바나가리·문자변환본(Combined)의 창이 뜬다. 이 프로그램으로 생성된 <반야심경> 각 사본의 텍스트들은 데바나가리 아래에 변환된 로마문자를 위치시키는 방식(Combined)을 따르는 것이다. 그런데 한 가지 주의할 사항은 ITRANS 창에 입력하는 알파벳 문자와 기호 입력이 자판 내에서 해결되어야 하기 때문에 이 프로그램 고유의 방식([그림 15] 세 번째 열의 로마문자)을 따라야 한다는 점이다. 이와 같은 입력 방식은 산스크리트의 여러 웹 사전들(예를 들어, http://www.sanskrit-lexicon.uni-koeln.de/)에서 적용되기도 한다.

अ	a	a	आ	ā	A	इ	i	i	ई	ī	I			
उ	u	u	ऊ	ū	U	ऋ	ṛ	R^i	ॠ	ṝ	R^I	ऌ	ḷ	L^i
ए	e	e	ऐ	ai	ai	ओ	o	o	औ	au	au			
क्	k	k	ख्	kh	kh	ग्	g	g	घ्	gh	gh	ङ्	ṅ	~N
च्	c	ch	छ्	ch	Ch	ज्	j	j	झ्	jh	jh	ञ्	ñ	~n
ट्	ṭ	T	ठ्	ṭh	Th	ड्	ḍ	D	ढ्	ḍh	Dh	ण्	ṇ	N
त्	t	t	थ्	th	th	द्	d	d	ध्	dh	dh	न्	n	n
प्	p	p	फ्	ph	ph	ब्	b	b	भ्	bh	bh	म्	m	m
य्	y	y	र्	r	r	ल्	l	l	व्	v	v			
श्	ś	sh	ष्	ṣ	Sh	स्	s	s						
ह्	h	h												
ः	ḥ	H	ं	ṁ	M	ँ	m̐	N						

<그림 15> 문자 입력방식

변환된 모든 문자는 MS WORD로도 저장이 가능하며, 혹시 문서를 열었을 때 깨지거나 하는 문제 등이 발생할 수 있기 때문에 sans98이나 sanskrit2003의 폰트를 [제어판 – 글꼴]에 넣어주어야 한다(상세한 매뉴얼은 http://www.sanskritweb.net/itrans/itmanual2003.pdf 참조). 이 폰트는 포털 검색창에 SANSKRIT FONT SANS98 또는 SANSKRIT2003을 입력하여 찾을 수 있고 로그인 없이 다운로드를 받을 수 있다(http://www.sanskritweb.net/itrans/).

6.2. 문자변환의 통일과 수정

아래의 데바나가리문자-로마문자의 결합본에서 <반야심경>의 사본들과 다르게 나타나는 몇 가지 사항들을 소개하면 다음과 같다. 이 경의 모든 사본이 아누스와라(Anusvāra)를 ṃ으로 표기하고 있는데, 이는 일률적으로 ṁ으로 표기된다. 이는 텍스트에서 눈에 좀 더 잘 띄게 하기 위함인 동시에 ṭa단의 권설자음들과 구별하기 위함이다. 이 밖에도 어떤 사본들에는 고유명사의 첫 글자가 대문자(Bhagavān)로 표기되고, 합성어(bhikṣu-gaṇena)인 경우 – 의 기호로 연결되어 있는데, 이것들은 각각 소문자(bhagavān)로 바뀌고 탈락(bhikṣugaṇena)된다. 또한 몇몇 사본들에 나타나는 옴(ॐ)의 oṁ은 3.1.1.에 따라 om̐으로 나타내야 하지만, 여기에서는 폰트상의 문제로 om으로 표기한다. 마지막으로 Conze(1967)본과 Vaidya(1961)본 등의 사본들에 나타나는 마침표와 쉼표는 데바나가리본에서 ।, ।। 로 교체된다.

6.3. 소본

6.3.1. 법륭사본

ॐ नमः सर्वज्ञायः ॥ १

om namaḥ sarvajñāyaḥ. 1

आर्यावलोकितेश्वरबोधिसत्त्वो गम्भीरायां प्रज्ञापारमितायां चर्यां चरमाणो व्यवलोकयति स्म

āryāvalokiteśvarabodhisattvo gambhīrāyāṁ prajñāpāramitāyāṁ caryāṁ caramāṇo vyavalokayati sma

पञ्चस्कन्धास्। तांश् च स्वभावशून्यान् पश्यति स्म ॥ २

pañcaskandhās, tāṁś ca svabhāvaśūnyān paśyati sma. 2

इह शारिपुत्र रूपं शून्यता। शूनयतैव रूपम् ॥ ३

iha śāriputra rūpaṁ śūnyatā, śūnayataiva rūpam. 3

रूपान् न पृथक् शून्यता। शून्यताया न पृथग् रूपम् ॥ ४

rūpān na pṛthak śūnyatā, śūnyatāyā na pṛthag rūpam. 4

यद् रूपं सा शून्यता। या शून्यता तद् रूपम् ॥ ५

yad rūpaṁ sā śūnyatā, yā śūnyatā tad rūpam. 5

एवम् एव वेदनासंज्ञासंस्कारविज्ञानानि ॥ ६

evam eva vedanāsaṁjñāsaṁskāravijñānāni. 6

इह शारिपुत्र सर्वधर्माः शून्यतालक्षणा अनुत्पन्ना अनिरुद्धा अमलाविमला नोना न परिपूर्णा ॥ ७

iha śāriputra sarvadharmāḥ śūnyatālakṣaṇā anutpannā aniruddhā amalāvimalā nonā na paripūrṇā. 7

तस्माच् छारिपुत्र शून्यतायां न रूपं न वेदना न संज्ञा न संस्कारा न विज्ञानं ॥ ८

tasmāc chāriputra śūnyatāyāṁ na rūpaṁ na vedanā na saṁjñā na saṁskārā na vijñānaṁ. 8

न चक्षुःश्रोत्रघ्राणजिह्वाकायमनांसि। न रूपशब्दगन्धरसस्प्रष्टव्यधर्माः।

na cakṣuḥśrotraghrāṇajihvākāyamanāṁsi, na rūpaśabdagandharasaspraṣṭavyadharmāḥ,

न चक्षुर्धातुर् यावन् न मनोविज्ञानधातुः ॥ ९

na cakṣurdhātur yāvan na manovijñānadhātuḥ. 9

न विद्या नाविद्या न विद्याक्षयो नाविद्याक्षयो

na vidyā nāvidyā na vidyākṣayo nāvidyākṣayo

यावन् न जरामरणं न जरामरणक्षयो न दुःखसमुदयनिरोधमार्गा। न ज्ञानं न प्राप्तित्वं ॥ १०

yāvan na jarāmaraṇaṁ na jarāmaraṇakṣayo na duḥkhasamudayanirodhamārgā, na jñānaṁ na prāptitvaṁ. 10

बोधिसत्त्वस्य प्रज्ञापारमिताम् आश्रित्य विहरति चित्तावरण (चित्तवरण) ॥ ११

bodhisattvsya prajñāpāramitām āśritya viharati cittāvaraṇa (cittavaraṇa). 11

चित्तावरणननास्तित्वाद् अत्रस्तो विपर्यासातिक्रान्तो तिष्ठनिर्वाणः ॥ १२

cittāvaraṇananāstitvād atrasto viparyāsātikrānto tiṣṭhanirvāṇaḥ. 12

त्र्यध्वव्यवस्थिताः सर्वबुद्धाः प्रज्ञापारमिताम् आश्रित्यानुत्तरां सम्यक्सम्बोधिं अभिसम्बुद्धाः ॥ १३
tryadhvavyavasthitāḥ sarvabuddhāḥ prajñāpāramitām āśrityānuttarāṁ samyaksambodhiṁ abhisambuddhāḥ. 13

तस्माज् ज्ञातव्यं
tasmāj jñātavyaṁ

प्रज्ञापारमितामहामन्त्रो महाविद्यामन्त्रो ऽनुत्तरमन्त्रो ऽसमसममन्त्रः । सर्वदुःखप्रशमनः ॥ १४
prajñāpāramitāmahāmantro mahāvidyāmantro 'nuttaramantro 'samasamamantraḥ, sarvaduḥkhapraśamanaḥ. 14

सत्यम् अमिथ्यत्वाक् प्रज्ञापारमितायाम् उक्तो मन्त्रः ।
satyam amithyatvāk prajñāpāramitāyām ukto mantraḥ,

तद् यथा गते गते पारगते पारसंगते बोधि स्वाहा ॥ १५
tad yathā gate gate pāragate pārasaṁgate bodhi svāhā. 15

इति रज्ञापारमिताहृदयं समाप्तम् ॥ १६
iti rajñāpāramitāhṛdayaṁ samāptam. 16

6.3.2. 中村元본

नमस् सर्वज्ञाय ॥ १
namas sarvajñāya. 1

आर्यावलोकितेश्वरो बोधिसत्त्वो गम्भीरायां प्रज्ञापारमितायां चर्यां चरमाणो व्यवलोकयति स्म
āryāvalokiteśvaro bodhisattvo gambhīrāyāṁ prajñāpāramitāyāṁ caryāṁ caramāṇo vyavalokayati sma

पञ्चस्कन्धास् । तांश् च स्वभावशून्यान् पश्यति स्म ॥ २
pañcaskandhās, tāṁś ca svabhāvaśūnyān paśyati sma. 2

इह शारिपुत्र रूपं शून्यता । शूनयतैव रूपम् ॥ ३
iha śāriputra rūpaṁ śūnyatā, śūnayataiva rūpam. 3

रूपान् न पृथक् शून्यता । शून्यताया न पृथग् रूपम् ॥ ४
rūpān na pṛthak śūnyatā, śūnyatāyā na pṛthag rūpam. 4

यद् रूपं सा शून्यता । या शून्यता तद् रूपम् ॥ ५
yad rūpaṁ sā śūnyatā, yā śūnyatā tad rūpam. 5

एवम् एव वेदनासंज्ञासंस्कारविज्ञानानि ॥ ६
evam eva vedanāsaṁjñāsaṁskāravijñānāni. 6

इह शारिपुत्र सर्वधर्माः शून्यतालक्षणा अनुत्पन्ना अनिरुद्धा अमलाविमला नोना न परिपूर्णाः ॥ ७
iha śāriputra sarvadharmāḥ śūnyatālakṣaṇā anutpannā aniruddhā amalāvimalā nonā na paripūrṇāḥ. 7

तस्माच् छारिपुत्र शून्यतायां न रूपं न वेदना न संज्ञा न संस्कारा न विज्ञानं ॥ ८
tasmāc chāriputra śūnyatāyāṁ na rūpaṁ na vedanā na saṁjñā na saṁskārā na vijñānaṁ. 8

न चक्षुःश्रोत्रघ्राणजिह्वाकायमनांसि । न रूपशब्दगन्धरसस्प्रष्टव्यधर्माः ।
na cakṣuḥśrotraghrāṇajihvākāyamanāṁsi, na rūpaśabdagandharasaspraṣṭavyadharmāḥ,

न चक्षुर्धातुर् यावन् न मनोविज्ञानधातुः॥ ९
na cakṣurdhātur yāvan na manovijñānadhātuḥ. 9

न विद्या नाविद्या न विद्याक्षयो नाविद्याक्षयो
na vidyā nāvidyā na vidyākṣayo nāvidyākṣayo

यावन् न जरामरणं न जरामरणक्षयो न दुःखसमुदयनिरोधमार्गा । न ज्ञानं न प्राप्तिः॥ १०
yāvan na jarāmaraṇaṁ na jarāmaraṇakṣayo na duḥkhasamudayanirodhamārgā, na jñānaṁ na prāptiḥ. 10

तस्माद् अप्राप्तित्वाद् बोधिसत्त्वानां प्रज्ञापारमिताम् आश्रित्य विहरत्य् अचित्तावरणः॥ ११
tasmād aprāptitvād bodhisattvānāṁ prajñāpāramitām āśritya viharaty acittāvaraṇaḥ. 11

चित्तावरणननास्तित्वाद् अत्रस्तो विपर्यासातिक्रान्तो निष्ठनिर्वाणः॥ १२
cittāvaraṇananāstitvād atrasto viparyāsātikrānto niṣṭhanirvāṇaḥ. 12

त्र्यध्वव्यवस्थिताः सर्वबुद्धाः प्रज्ञापारमिताम् आश्रित्यानुत्तरां सम्यक्सम्बोधिं अभिसम्बुद्धाः॥ १३
tryadhvavyavasthitāḥ sarvabuddhāḥ prajñāpāramitām āśrityānuttarāṁ samyaksambodhiṁ abhisambuddhāḥ. 13

तस्माज् ज्ञातव्यं
tasmāj jñātavyaṁ

प्रज्ञापारमितामहामन्त्रो महाविद्यामन्त्रो ऽनुत्तरमन्त्रो ऽसमसममन्त्रः । सर्वदुःखप्रशमनः॥ १४
prajñāpāramitāmahāmantro mahāvidyāmantro 'nuttaramantro 'samasamamantraḥ, sarvaduḥkhapraśamanaḥ. 14

सत्यम् अमिथ्यत्वात् प्रज्ञापारमितायाम् उक्तो मन्त्रः ।
satyam amithyatvāt prajñāpāramitāyām ukto mantraḥ,

तद् यथा गते गते पारगते पारसंगते बोधि स्वाहा॥ १५
tad yathā gate gate pāragate pārasaṁgate bodhi svāhā. 15

इति रज्ञापारमिताहृदयं समाप्तम्॥ १६
iti rajñāpāramitāhṛdayaṁ samāptam. 16

6.3.3. MÜLLER-NANJIO본

नमस् सर्वज्ञाय॥ १
namas sarvajñāya. 1

आर्यावलोकितेश्वरबोधिसत्त्वो गम्भीरायां प्रज्ञापारमितायां चर्यां चरमाणो व्यवलोकयति स्म
āryāvalokiteśvarabodhisattvo gambhīrāyāṁ prajñāpāramitāyāṁ caryāṁ caramāṇo vyavalokayati sma

पञ्चस्कन्धास् । तांश् च स्वभावशून्यान् पश्यति स्म॥ २
pañcaskandhās, tāṁś ca svabhāvaśūnyān paśyati sma. 2

इह शारिपुत्र रूपं शून्यता । शून्यता इव रूपं ॥ ३

iha śāriputra rūpaṁ śūnyatā, śūnyatā iva rūpaṁ. 3

रूपान् न पृथक् शून्यता । शून्यताया न पृथग् रूपं ॥ ४

rūpān na pṛthak śūnyatā, śūnyatāyā na pṛthag rūpaṁ. 4

यद् रूपं सा शून्यता । या शून्यता तद् रूपं ॥ ५

yad rūpaṁ sā śūnyatā, yā śūnyatā tad rūpaṁ. 5

एवम् एव वेदनासंज्ञासंस्कारविज्ञानानि ॥ ६

evam eva vedanāsaṁjñāsaṁskāravijñānāni. 6

इह शारिपुत्र सर्वधर्माः शून्यतालक्षणा अनुत्पन्ना अनिरुध्ता अमला न विमला न ऊना न परिपूर्णाः ॥ ७

iha śāriputra sarvadharmāḥ śūnyatālakṣaṇā anutpannā anirudhtā amalā na vimalā na ūnā na paripūrṇāḥ. 7

तस्माच् चारिपुत्र शून्यतायां न रूपं न वेदना न संज्ञा न संस्कारा न विज्ञानम् ॥ ८

tasmāc cāriputra śūnyatāyāṁ na rūpaṁ na vedanā na saṁjñā na saṁskārā na vijñānam. 8

न चक्षुःश्रोत्रघ्राणजिह्वाकायमनांसि । न रूपशब्दगन्धरसस्प्रषव्यधर्माः ।

na cakṣuḥśrotraghrāṇajihvākāyamanāṁsi, na rūpaśabdagandharasaspraṣavyadharmāḥ,

न चक्षुर्धातुर् यावन् न मनोविज्ञानधातुः ॥ ९

na cakṣurdhātur yāvan na manovijñānadhātuḥ. 9

न विद्या नाविद्या न विद्याक्षयो नाविद्याक्षयो

na vidyā nāvidyā na vidyākṣayo nāvidyākṣayo

यावन् न जरामरणं न जरामरणक्षयो न दुःखसमुदयनिरोधमार्गा । न ज्ञानम् न प्राप्तिः ॥ १०

yāvan na jarāmaraṇaṁ na jarāmaraṇakṣayo na duḥkhasamudayanirodhamārgā, na jñānam na prāptiḥ. 10

तस्माद् अप्राप्तित्वाद् बोधिसत्त्वनं प्रज्ञापारमिताम् आश्रित्य विहरत्य् अचित्तावरणः ॥ ११

tasmād aprāptitvād bodhisattvanaṁ prajñāpāramitām āśritya viharaty acittāvaraṇaḥ. 11

चित्तावरणनास्तित्वाद् अत्रस्तो विपर्यासातिक्रान्तो निष्ठनिर्वाणः ॥ १२

cittāvaraṇanāstitvād atrasto viparyāsātikrānto niṣṭhanirvāṇaḥ. 12

त्र्यध्वव्यवस्थिताः सर्वबुध्ताः प्रज्ञापारमिताम् आश्रित्य अनुत्तरां सम्यक्सम्बोधिं अभिसम्बुद्धाः ॥ १३

tryadhvavyavasthitāḥ sarvabudhtāḥ prajñāpāramitām āśritya anuttarāṁ samyaksambodhiṁ abhisambuddhāḥ. 13

तस्माज् ज्ञातव्यो

tasmāj jñātavyo

प्रज्ञापारमिता महामन्त्रो महाविद्यामन्त्रो ऽनुत्तरमन्त्रो ऽसमसममन्त्रः । सर्वदुःखप्रशमनः ॥ १४

prajñāpāramitā mahāmantro mahāvidyāmantro 'nuttaramantro 'samasamamantraḥ, sarvaduḥkhapraśamanaḥ. 14

सत्यम् अमिथ्यत्वात् प्रज्ञापारमितायाम् उक्तो मन्त्रः ।

satyam amithyatvāt prajñāpāramitāyām ukto mantraḥ,

तद् यथा गते गते पारगते पारसंगते बोधि स्वाहा॥ १५

tad yathā gate gate pāragate pārasaṁgate bodhi svāhā. 15

इति प्रज्ञापारमिताहृदयं समाप्तम्॥ १६

iti prajñāpāramitāhṛdayaṁ samāptam. 16

6.3.4. CONZE본

ॐ नमो हगवत्यै आर्यप्रज्ञापारमितायै॥ १

om namo hagavatyai āryaprajñāpāramitāyai. 1

आर्यावलोकितेश्वरो बोधिसत्त्वो गम्भीरां प्रज्ञापारमिताचर्यां चरमाणो व्यवलोकयति स्म

āryāvalokiteśvaro bodhisattvo gambhīrāṁ prajñāpāramitācaryāṁ caramāṇo vyavalokayati sma

पञ्चस्कन्धास्। तांश् च स्वभावशून्यान् पश्यति स्म॥ २

Pañcaskandhās, tāṁś ca svabhāvaśūnyān paśyati sma. 2

इह शारिपुत्र रूपं शून्यता शूनयतैव रूपं

iha śāriputra rūpaṁ śūnyatā śūnayataiva rūpaṁ

रूपान् न पृथक् शून्यता शून्यताया न पृथग् रूपं॥ ३

rūpān na pṛthak śūnyatā śūnyatāyā na pṛthag rūpaṁ . 3

यद् रूपं सा शून्यता या शून्यता तद् रूपं॥ ४

yad rūpaṁ sā śūnyatā yā śūnyatā tad rūpaṁ. 4

एवम् एव वेदनासंज्ञासंस्कारविज्ञानम्॥ ५

evam eva vedanāsaṁjñāsaṁskāravijñānam. 5

इह शारिपुत्र सर्वधर्माः शून्यतालक्षणा अनुत्पन्ना अनिरुद्धा अमला अविमला अनूना अपरिपूर्णाः॥ ६

iha śāriputra sarvadharmāḥ śūnyatālakṣaṇā anutpannā aniruddhā amalā avimalā anūnā aparipūrṇāḥ. 6

तस्माच् छारिपुत्र शून्यतायां न रूपं न वेदना न संज्ञा न संस्काराः न विज्ञानं॥ ७

tasmāc chāriputra śūnyatāyāṁ na rūpaṁ na vedanā na saṁjñā na saṁskārāḥ na vijñānaṁ. 7

न चक्षुःश्रोत्रघ्राणजिह्वाकायमनांसि न रूपशब्दगन्धरसस्प्रष्टव्यधर्माः

na cakṣuḥśrotraghrāṇajihvākāyamanāṁsi na rūpaśabdagandharasaspraṣṭavyadharmāḥ

न चक्षुर्धातुर् यावन् न मनोविज्ञानधातुः

na cakṣurdhātur yāvan na manovijñānadhātuḥ

नाविद्या नाविद्याक्षयो

nāvidyā nāvidyākṣayo

यावन् न जरामरणं न जरामरणक्षयो न दुःखसमुदयनिरोधमार्गा न ज्ञानं न प्राप्तिर् नाप्राप्तिः॥ ८

yāvan na jarāmaraṇaṁ na jarāmaraṇakṣayo na duḥkhasamudayanirodhamārgā na jñānaṁ na prāptir nāprāptiḥ. 8

तस्माच् छारिपुत्र अप्राप्तित्वाद् बोधिसत्त्वो प्रज्ञापारमिताम् आश्रित्य विहरत्य् अचित्तावरणः ॥ ९
tasmāc chāriputra aprāptitvād bodhisattvo prajñāpāramitām āśritya viharaty acittāvaraṇaḥ. 9

चित्तावरणननास्तित्वाद् अत्रस्तो विपर्यासातिक्रान्तो निष्ठानिर्वाणः ॥ १०
cittāvaraṇananāstitvād atrasto viparyāsātikrānto niṣṭhānirvāṇaḥ. 10

त्र्यध्वव्यवस्थिताः सर्वबुद्धाः प्रज्ञापारमिताम् आश्रित्यानुत्तरां सम्यक्सम्बोधिम् अभिसम्बुद्धाः ॥ ११
tryadhvavyavasthitāḥ sarvabuddhāḥ prajñāpāramitām āśrityānuttarāṁ samyaksambodhim abhisambuddhāḥ. 11

तस्माज् ज्ञातव्यं
tasmāj jñātavyaṁ

प्रज्ञापारमिता महामन्त्रो महाविद्यामन्त्रोनुत्तरमन्त्रो ऽसमसममन्त्रः सर्वदुःखप्रशमनः
prajñāpāramitā mahāmantro mahāvidyāmantronuttaramantro 'samasamamantraḥ sarvaduḥkhapraśamanaḥ

सत्यम् अमिथ्यत्वात् प्रज्ञापारमितायाम् उक्तो मन्त्रः ॥ १२
satyam amithyatvāt prajñāpāramitāyām ukto mantraḥ. 12

तद्यथा ॐ गते गते पारगते पारसंगते बोधि स्वाहा ॥ १३
tadyathā om gate gate pāragate pārasaṁgate bodhi svāhā. 13

इत्य् आर्यप्रज्ञापारमिताहृदयं समाप्तम् ॥ १४
ity āryaprajñāpāramitāhṛdayaṁ samāptam. 14

6.3.5. VAIDYA본

नमः सर्वज्ञाय ॥ १
namaḥ sarvajñāya. 1

आर्यावलोकितेश्वरबोधिसत्त्वो गम्भीरायां प्रज्ञापारमितायां चर्यां चरमाणो व्यवलोकयति स्म ।
āryāvalokiteśvarabodhisattvo gambhīrāyāṁ prajñāpāramitāyāṁ caryāṁ caramāṇo vyavalokayati sma,

पञ्च स्कन्धाः तांश्च स्वभावशून्यान् पश्यति स्म ॥ २
pañca skandhāḥ tāṁśca svabhāvaśūnyān paśyati sma. 2

इह शारिपुत्र रूपं शून्यता । शून्यतैव रूपम् ॥ ३
iha śāriputra rūpaṁ śūnyatā, śūnyataiva rūpam. 3

रूपान्न पृथक् शून्यता । शून्यताया न पृथग् रूपम् ॥ ४
rūpānna pṛthak śūnyatā, śūnyatāyā na pṛthag rūpam. 4

यद्रूपं सा शून्यता । या शून्यता तद्रूपम् ॥ ५
yadrūpaṁ sā śūnyatā yā, śūnyatā tadrūpam. 5

एवमेव वेदनासंज्ञासंस्कारविज्ञानानि ॥ ६
evameva vedanāsaṁjñāsaṁskāravijñānāni. 6

इहं शारिपुत्र सर्वधर्माः शून्यतालक्षणा अनुत्पन्ना अनिरुद्धा अमला न विमला नोना न परिपूर्णाः ।

iham śāriputra sarvadharmāḥ śūnyatālakṣaṇā anutpannā aniruddhā amalā na vimalā nonā na paripūrṇāḥ,

तस्माच्चारिपुत्र शून्यतायां न रूपम् । न वेदना । न संज्ञा । न संस्काराः । न विज्ञानानि

tasmāccāriputra śūnyatāyāṁ na rūpam, na vedanā , na saṁjñā, na saṁskārāḥ, na vijñānāni

न चक्षुःश्रोत्रघ्राणजिह्वाकायमनांसि । न रूपशब्दगन्धरसस्प्रष्टव्यधर्माः ।

na cakṣuḥśrotraghrāṇajihvākāyamanāṁsi, na rūpaśabdagandharasaspraṣṭavyadharmāḥ,

न चक्षुर्धातुर्यावन्न मनोधातुः ॥ ७

na cakṣurdhāturyāvanna manodhātuḥ. 7

न विद्या नाविद्या न विद्याक्षयो नाविद्याक्षयो

na vidyā nāvidyā na vidyākṣayo nāvidyākṣayo

यावन्न जरामरणं न जरामरणक्षयो न दुःखसमुदयनिरोधमार्गा न ज्ञानं न प्राप्तित्वम् ॥ ८

yāvanna jarāmaraṇaṁ na jarāmaraṇakṣayo na duḥkhasamudayanirodhamārgā na jñānaṁ na prāptitvam. 8

बोधिसत्त्वस्य(श्च) प्रज्ञापारमितामाश्रित्य विहरति चित्तावरणः ।

bodhisattvasya(śca) prajñāpāramitāmāśritya viharati cittāvaraṇaḥ,

चित्तावरणनास्तित्वादत्रस्तो विपर्यासातिक्रान्तो निष्ठनिर्वाणः ।

cittāvaraṇanāstitvādatrasto viparyāsātikrānto niṣṭhanirvāṇaḥ,

त्र्यध्वव्यवस्थिताः सर्वबुद्धाः प्रज्ञापारमितामाश्रित्य अनुत्तरां सम्यक्संबोधिमभिसंबुद्धाः ॥ ९

tryadhvavyavasthitāḥ sarvabuddhāḥ prajñāpāramitāmāśritya anuttarāṁ samyaksaṁbodhimabhisaṁbuddhāḥ. 9

तस्माज्ज्ञातव्यः

tasmājjñātavyaḥ

प्रज्ञापारमितामहामन्त्रो महाविद्यामन्त्रो ऽनुत्तरमन्त्रो ऽसमसममन्त्रः सर्वदुःखप्रशमनः

prajñāpāramitāmahāmantro mahāvidyāmantro 'nuttaramantro 'samasamamantraḥ sarvaduḥkhapraśamanaḥ

सत्यममिथ्यत्वात् प्रज्ञापारमितायामुक्तो मन्त्रः ।

satyamamithyatvāt prajñāpāramitāyāmukto mantraḥ,

तद्यथा गते गते पारगते पारसंगते बोधि स्वाहा ॥ १०

tadyathā gate gate pāragate pārasaṁgate bodhi svāhā. 10

इति प्रज्ञापारमिताहृदयसूत्रं समाप्तम् ॥ ११

iti prajñāpāramitāhṛdayasūtraṁ samāptam. 11

6.3.6. BENVENISTE 본

ः

ḥ

अथार्यावलोकितेश्वरो बोधिसत्वो गंभीरायां प्रज्ञापारमितायां चर्यां चरमानो व्यवलोकयति स्म

athāryāvalokiteśvaro bodhisatvo gaṁbhīrāyāṁ prajñāpāramitāyāṁ caryāṁ caramāno vyavalokayati sma

पंचस्कन्धान् स्वभावशून्यान् पश्यन्ति स्म इति ।

paṁcaskandhān svabhāvaśūnyān paśyanti sma iti,

इह शारिपुत्र रूपं शून्यता शून्यतैव रूपं ।

iha śāriputra rūpaṁ śūnyatā śūnyataiva rūpaṁ,

रूपं न पृथक् शून्यता शून्यताया न पृथग् रूपं ।

rūpaṁ na pṛthak śūnyatā śūnyatāyā na pṛthag rūpaṁ,

यद् रूपं तच् शून्यता शून्यतैव सा रूपं ।

yad rūpaṁ tac śūnyatā śūnyataiva sā rūpaṁ,

एवं वेदनासंज्ञासंस्कारविज्ञानानि ।

evaṁ vedanāsaṁjñāsaṁskāravijñānāni,

शारिपुत्र सर्वधर्माः शून्यतालक्षणानुत्पन्ना अनिरुद्धा अमला अविमला नोना न संपूर्णाः ।

śāriputra sarvadharmāḥ śūnyatālakṣaṇānutpannā aniruddhā amalā avimalā nonā na saṁpūrṇāḥ,

तस्माच् चून्यतायां न रूपं न वेदना न संज्ञा न संस्कारा न विज्ञानं

tasmāc cūnyatāyāṁ na rūpaṁ na vedanā na saṁjñā na saṁskārā na vijñānaṁ

न चक्षुर् न श्रोत्रं न घ्राणं न जिह्वा न कायो न मनो न रूपशब्दगन्धरसस्प्रष्टव्यधर्माः ।

na cakṣur na śrotraṁ na ghrāṇaṁ na jihvā na kāyo na mano na rūpaśabdagandharasaspraṣṭavyadharmāḥ,

न चक्सुर्धातुर् न रूपधातुः । यावन् न मनोविज्ञानधातुः

na caksurdhātur na rūpadhātuḥ, yāvan na manovijñānadhātuḥ

नाविद्या नाविद्याक्षयो

nāvidyā nāvidyākṣayo

यावन् न जरामरणक्षयो न दुःखसमुदयनिरोधमार्गा न ज्ञानं न प्राप्तिश् च

yāvan na jarāmaraṇakṣayo na duḥkhasamudayanirodhamārgā na jñānaṁ na prāptiś ca

तस्माद् अप्राप्तित्वाद् बोधिसत्वप्रज्ञापारमितां निश्रत्य विहरति चित्तावरणः ।

tasmād aprāptitvād bodhisatvaprajñāpāramitāṁ niśṛtya viharati cittāvaraṇaḥ,

चित्तावरणनास्तित्वाद् अत्रस्थो विपर्यासातिक्रान्तो निष्ठनिर्वाणः ।

cittāvaraṇanāstitvād atrastho viparyāsātikrānto niṣṭhanirvāṇaḥ,

त्र्यध्वव्यवस्थिताः सर्वबुद्धाः प्रज्ञापारमितां निश्रत्यानुत्तरसम्यक्संबुद्धा अभिसंबुद्धाः ।

tryadhvavyavasthitāḥ sarvabuddhāḥ prajñāpāramitāṁ niśṛtyānuttarasamyaksaṁbuddhā abhisaṁbuddhāḥ,

तस्माज् ज्ञातव्यो
tasmāj jñātavyo

प्रज्ञापारमितामहामन्त्रो विद्यामन्त्रो ऽसमसममन्त्रः सर्वदुःखप्रशममन्त्रः
prajñāpāramitāmahāmantro vidyāmantro 'samasamamantraḥ sarvaduḥkhapraśamamantraḥ

सत्यम् अमिथ्यत्वात् प्रज्ञापारमितायाम् उक्तो मन्त्रः ॥
satyam amithyatvāt prajñāpāramitāyām ukto mantraḥ . 1

तद्यथा ओं गते गते पारगते पारसंगते बोधि स्वाहा ॥ १
tadyathā om gate gate pāragate pārasaṁgate bodhi svāhā. 2

6.4. 대본

6.4.1. 장곡사본

नमस् सर्वज्ञाय ॥ १
namas sarvajñāya. 1

एवं मया श्रुतम्
evaṁ mayā śrutam

एकस्मिन् समये भगवान् राजगृहे विहरति स्म गृध्रकूटे पर्वते
ekasmin samaye bhagavān rājagṛhe viharati sma gṛdhrakūṭe parvate

महता भिक्षुसंघेन सार्धं च बोधिसत्त्वसंघेन ॥ २
mahatā bhikṣusaṁghena sārdhaṁ ca bodhisattvasaṁghena. 2

तेन खलु समयेन भगवान् गंभीरावसंबोधं नाम समाधिं समापन्नः ॥ ३
tena khalu samayena bhagavān gaṁbhīrāvasaṁbodhaṁ nāma samādhiṁ samāpannaḥ. 3

तेन च समयेनार्यावलोकितेश्वरो बोधिसत्त्वो महासत्त्वो
tena ca samayenāryāvalokiteśvaro bodhisattvo mahāsattvo

गंभीरायां प्रज्ञापारमितायां चर्यां चरमाण एवं व्यवलोकयति स्म ॥ ४
gaṁbhīrāyāṁ prajñāpāramitāyāṁ caryāṁ caramāṇa evaṁ vyavalokayati sma. 4

पंच स्कंधास् तांश् च स्वभावशून्यान् व्यवलोकयति ॥ ५
paṁca skaṁdhās tāṁś ca svabhāvaśūnyān vyavalokayati. 5

अयुष्मान् छारिपुत्रो बुद्धानुभावेनार्यावलोकितेश्वरं बोधिसत्त्वम् एतद् अवोचत् ॥ ६
ayuṣmān chāriputro buddhānubhāvenāryāvalokiteīśvaraṁ bodhisattvam etad avocat. 6

यः कश्चित् कुलपुत्रो गंभीरायां प्रज्ञापारमितायां चर्यां चर्तुकामः कथं शिक्षितव्यः ॥ ७
yaḥ kaścit kulaputro gaṁbhīrāyāṁ prajñāpāramitāyāṁ caryāṁ cartukāmaḥ kathaṁ śikṣitavyaḥ. 7

एवम् उक्त आर्यावलोकितेश्वरो बोधिसत्त्वो महासत्त्व आयुष्मन्तं शारिपुत्रम् एतद् अवोचत्॥ ८
evam ukta āryāvalokiteīśvaro bodhisattvo mahāsattva āyuṣmantaṁ śāriputram etad avocat. 8

यः कश्चिच् छारिपुत्र कुलपुत्रो वा कुलदुहिता वा
yaḥ kaścic chāriputra kulaputro vā kuladuhitā vā

गंभीरायां प्रज्ञापारमितायां चर्यां चर्तुकामस् तेनैवं व्यवलोकयितव्यं॥ ९
gaṁbhīrāyāṁ prajñāpāramitāyāṁ caryāṁ cartukāmas tenaivaṁ vyavalokayitavyaṁ. 9

पंच स्कंधास् तांश् च स्वभावशून्यान् समनुपश्यति स्म॥ १०
paṁca skaṁdhās tāṁś ca svabhāvaśūnyān samanupaśyati sma. 10

रूपं शून्यता शून्यतैव रूपं॥ ११
rūpaṁ śūnyatā śūnyataiva rūpaṁ. 11

रूपान् न पृथक् शून्यता न पृथग् रूपं॥ १२
rūpān na pṛthak śūnyatā na pṛthag rūpaṁ. 12

यद् रूपं सा शून्यता या शून्यता तद् रूपं॥ १३
yad rūpaṁ sā śūnyatā yā śūnyatā tad rūpaṁ. 13

एवं वेदनासंज्ञासंस्कारविज्ञानं च शून्यता॥ १४
evaṁ vedanāsaṁjñāsaṁskāravijñānaṁ ca śūnyatā. 14

एवं शारिपुत्र सर्वधर्मा शून्यतालक्षणा अनुत्पन्ना अनिरुद्धा अमलाविमला अनोना असंपूर्णाः॥ १५
evaṁ śāriputra sarvadharmā śūnyatālakṣaṇā anutpannā aniruddhā amalāvimalā anonā asaṁpūrṇāḥ. 15

तस्मात् तर्हि शारिपुत्र शून्यतायां न रूपं न वेदना न संज्ञा न संस्कारा न विज्ञानम्॥ १६
tasmāt tarhi śāriputra śūnyatāyāṁ na rūpaṁ na vedanā na saṁjñā na saṁskārā na vijñānam. 16

न चक्षुर् न श्रोत्रं न घ्राणं न जिह्वा न कायो न मनो
na cakṣur na śrotraṁ na ghrāṇaṁ na jihvā na kāyo na mano

न रूपं न शब्दो गंधो न रसो न स्प्रष्टव्यं न धर्म॥ १७
na rūpaṁ na śabdo gaṁdho na raso na spraṣṭavyaṁ na dharma. 17

न चक्षुर्धातुर् यावन् न मनोधातुर् न धर्मधातुर् न मनोविज्ञानधातुः॥ १८
na cakṣurdhātur yāvan na manodhātur na dharmadhātur na manovijñānadhātuḥ. 18

न विद्या नाविद्या न क्षयो यावन् न जरामरणम् न जरामरणक्षयः॥ १९
na vidyā nāvidyā na kṣayo yāvan na jarāmaraṇam na jarāmaraṇakṣayaḥ. 19

न दुःखसमुदयनिरोधमार्गा न ज्ञानं न प्राप्तिर् नाप्राप्तिः॥ २०
na duḥkhasamudayanirodhamārgā na jñānaṁ na prāptir nāprāptiḥ. 20

तस्माच् छारिपुत्र अप्राप्तित्वेन
tasmāc chāriputra aprāptitvena

बोधिसत्त्वानां प्रज्ञापारमिताम् आश्रित्य विहरति चित्तावरण (चित्तवरण)॥ २१
bodhisattvānāṁ prajñāpāramitām āśritya viharati cittāvaraṇa (cittavaraṇa). 21

चित्तावरणनास्तित्वाद् अत्रस्तो विपर्यासातिक्रांतो निष्ठनिर्वाणः॥ २२
cittāvaraṇanāstitvād atrasto viparyāsātikrāṁto niṣṭhanirvāṇaḥ. 22

त्र्यध्वव्यवस्थिता सर्वबुद्धाः प्रज्ञापारमिताम् आश्रित्यानुत्तरां सम्यक्संबोधिम् अभिसंबुद्धाः॥ २३
tryadhvavyavasthitā sarvabuddhāḥ prajñāpāramitām āśrityānuttarāṁ samyaksaṁbodhim abhisaṁbuddhāḥ. 23

तस्माज् ज्ञातव्यः
tasmāj jñātavyaḥ

प्रज्ञापारमितामहामंत्रो महाविद्यामंत्रो ऽनुत्तरंअंत्रो ऽसमसममंत्रः
prajñāpāramitāmahāmaṁtro mahāvidyāmaṁtro 'nuttaraṁaṁtro 'samasamamaṁtraḥ

सर्वदुःखप्रशमनमंत्रः सत्यम् अमिथ्यत्वात् प्रज्ञापारमितायाम् उक्तो मंत्रः।
sarvaduḥkhapraśamanamaṁtraḥ satyam amithyatvāt prajñāpāramitāyām ukto maṁtraḥ,

तद्यथा। गते गते पारगते पारसंगते बोधि स्वाहा॥ २४
tadyathā, gate gate pāragate pārasaṁgate bodhi svāhā. 24

एवम् शारिपुत्र गम्भीरायां प्रज्ञापारमितायां चर्यायां शिक्षितव्यं बोधिसत्त्वेन॥ २५
evam śāriputra gambhīrāyāṁ prajñāpāramitāyāṁ caryāyāṁ śikṣitavyaṁ bodhisattvena. 25

अथ खलु भगवान् तस्मात् समाधेर् व्युत्थायार्यावलोकितेश्वरस्य बोधिसत्त्वस्य साधुकारम् अदात्॥ २६
atha khalu bhagavān tasmāt samādher vyutthāyāryāvalokiteśvarasya bodhisattvasya sādhukāram adāt. 26

साधु साधु कुलपुत्र एवम् एतत् कुलपुत्र॥ २७
sādhu sādhu kulaputra evam etat kulaputra. 27

एवम् एतद् गंभीरायां प्रज्ञापारमितायां चर्यां चर्तव्यं
evam etad gaṁbhīrāyāṁ prajñāpāramitāyāṁ caryāṁ cartavyaṁ

यथा त्वया निर्दिष्टम् अनुमोद्यते तथागतैर् अर्हद्भिः॥ २८
yathā tvayā nirdiṣṭam anumodyate tathāgatair arhadbhiḥ. 28

इदम् अवोचद् भगवान्॥ २९
idam avocad bhagavān. 29

आनंदमना आयुष्माञ् छारिपुत्र आर्यावलोकितेश्वरश् च बोधिसत्त्वः सा च
ānaṁdamanā āyuṣmāñ chāriputra āryāvalokiteśvaraś ca bodhisattvaḥ sā ca

सर्वावती पर्षत् सदेवमानुषासुरगंधर्वश् च लोको भगवतो भाषितम् अभ्यनंदन्न् इति॥ ३०
sarvāvatī parṣat sadevamānuṣāsuragaṁdharvaś ca loko bhagavato bhāṣitam abhyanaṁdann iti.

प्रज्ञापारमिताहृदयसूत्रं समाप्तं॥ ३१
prajñāpāramitāhṛdayasūtraṁ samāptaṁ. 31

6.4.2. 中村元본

नमस् सर्वज्ञाय॥ १
namas sarvajñāya. 1

एवं मया श्रुतम्
evaṁ mayā śrutam

एकस्मिन् समये भगवान् राजगृहे विहरति स्म गृध्रकूटे पर्वते
ekasmin samaye bhagavān rājagṛhe viharati sma gṛdhrakūṭe parvate

महता भिक्षुसंघेन सार्धं च बोधिसत्त्वसंघेन॥ २
mahatā bhikṣusaṁghena sārdhaṁ ca bodhisattvasaṁghena. 2

तेन खलु समयेन भगवान् गंभीरावसंबोधं नाम समाधिं समापन्नः॥ ३
tena khalu samayena bhagavān gaṁbhīrāvasaṁbodhaṁ nāma samādhiṁ samāpannaḥ. 3

तेन च समयेनार्यावलोकितेश्वरो बोधिसत्त्वो महासत्त्वो
tena ca samayenāryāvalokiteśvaro bodhisattvo mahāsattvo

गंभीरायां प्रज्ञापारमितायां चर्यां चरमाण एवं व्यवलोकयति स्म॥ ४
gaṁbhīrāyāṁ prajñāpāramitāyāṁ caryāṁ caramāṇa evaṁ vyavalokayati sma. 4

पंच स्कंधास् तांश् च स्वभावशून्यान् व्यवलोकयति॥ ५
paṁca skaṁdhās tāṁś ca svabhāvaśūnyān vyavalokayati. 5

अथायुष्मान् छारिपुत्रो बुद्धानुभावेनार्यावलोकितेश्वरं बोधिसत्त्वम् एतद् अवोचत्॥ ६
athāyuṣmān chāriputro buddhānubhāvenāryāvalokiteīśvaraṁ bodhisattvam etad avocat. 6

यः कश्चित् कुलपुत्रो गंभीरायां प्रज्ञापारमितायां चर्यां चर्तुकामः कथं शिक्षितव्यः॥ ७
yaḥ kaścit kulaputro gaṁbhīrāyāṁ prajñāpāramitāyāṁ caryāṁ cartukāmaḥ kathaṁ śikṣitavyaḥ. 7

एवम् उक्त आर्यावलोकितेश्वरो बोधिसत्त्वो महासत्त्व आयुष्मन्तं शारिपुत्रम् एतद् अवोचत्॥ ८
evam ukta āryāvalokiteīśvaro bodhisattvo mahāsattva āyuṣmantaṁ śāriputram etad avocat. 8

यः कश्चिच् छारिपुत्र कुलपुत्रो वा कुलदुहिता वा
yaḥ kaścic chāriputra kulaputro vā kuladuhitā vā

गंभीरायां प्रज्ञापारमितायां चर्यां चर्तुकामस् तेनैवं व्यवलोकयितव्यं॥ ९
gaṁbhīrāyāṁ prajñāpāramitāyāṁ caryāṁ cartukāmas tenaivaṁ vyavalokayitavyaṁ. 9

पंच स्कंधास् तांश् च स्वभावशून्यान् समनुपश्यति स्म॥ १०
paṁca skaṁdhās tāṁś ca svabhāvaśūnyān samanupaśyati sma. 10

रूपं शून्यता शून्यतैव रूपं॥ ११
rūpaṁ śūnyatā śūnyataiva rūpaṁ. 11

रूपान् न पृथक् शून्यता न पृथग् रूपं॥ १२
rūpān na pṛthak śūnyatā na pṛthag rūpaṁ. 12

यद् रूपं सा शून्यता या शून्यता तद् रूपं॥ १३

yad rūpaṁ sā śūnyatā yā śūnyatā tad rūpaṁ. 13

एवं वेदनासंज्ञासंस्कारविज्ञानानि च शून्यता॥ १४

evaṁ vedanāsaṁjñāsaṁskāravijñānāni ca śūnyatā. 14

एवं शारिपुत्र सर्वधर्मा शून्यतालक्षणा अनुत्पन्ना अनिरुद्धा अमलाविमला अनूना असंपूर्णाः॥ १५

evaṁ śāriputra sarvadharmā śūnyatālakṣaṇā anutpannā aniruddhā amalāvimalā anūnā asaṁpūrṇāḥ. 15

तस्मात् तर्हि शारिपुत्र शून्यतायां न रूपं न वेदना न संज्ञा न संस्कारा न विज्ञानम्॥ १६

tasmāt tarhi śāriputra śūnyatāyāṁ na rūpaṁ na vedanā na saṁjñā na saṁskārā na vijñānam. 16

न चक्षुर् न श्रोत्रं न घ्राणं न जिह्वा न कायो न मनो

na cakṣur na śrotraṁ na ghrāṇaṁ na jihvā na kāyo na mano

न रूपं न शब्दो गंधो न रसो न स्प्रष्टव्यं न धर्माः॥ १७

na rūpaṁ na śabdo gaṁdho na raso na spraṣṭavyaṁ na dharmāḥ. 17

न चक्षुर्धातुर् यावन् न मनोधातुर् न धर्मधातुर् न मनोविज्ञानधातुः॥ १८

na cakṣurdhātur yāvan na manodhātur na dharmadhātur na manovijñānadhātuḥ. 18

न विद्या नाविद्या न क्षयो यावन् न जरामरणम् न जरामरणक्षयः॥ १९

na vidyā nāvidyā na kṣayo yāvan na jarāmaraṇam na jarāmaraṇakṣayaḥ. 19

न दुःखसमुदयनिरोधमार्गा न ज्ञानं न प्राप्तिर् नाप्राप्तिः॥ २०

na duḥkhasamudayanirodhamārgā na jñānaṁ na prāptir nāprāptiḥ. 20

तस्माच् छारिपुत्र अप्राप्तित्वेन

tasmāc chāriputra aprāptitvena

बोधिसत्त्वानां प्रज्ञापारमिताम् आश्रित्य विहरत्य् अचित्तावरणः॥ २१

bodhisattvānāṁ prajñāpāramitām āśritya viharaty acittāvaraṇaḥ. 21

चित्तावरणनास्तित्वाद् अत्रस्तो विपर्यासातिक्रांतो निष्ठनिर्वाणः॥ २२

cittāvaraṇanāstitvād atrasto viparyāsātikrāṁto niṣṭhanirvāṇaḥ. 22

त्र्यध्वव्यवस्थिता सर्वबुद्धाः प्रज्ञापारमिताम् आश्रित्यानुत्तरां सम्यक्संबोधिम् अभिसंबुद्धाः॥ २३

tryadhvavyavasthitā sarvabuddhāḥ prajñāpāramitām āśrityānuttarāṁ samyaksaṁbodhim abhisaṁbuddhāḥ. 23

तस्माज् ज्ञातव्यः

tasmāj jñātavyaḥ

प्रज्ञापारमितामहामंत्रो महाविद्यामंत्रो ऽनुत्तरमंत्रो ऽसमसममंत्रः

prajñāpāramitāmahāmaṁtro mahāvidyāmaṁtro 'nuttaramaṁtro 'samasamamaṁtraḥ

सर्वदुःखप्रशमनमंत्रः सत्यम् अमिथ्यत्वात् प्रज्ञापारमितायाम् उक्तो मंत्रः।

sarvaduḥkhapraśamanamaṁtraḥ satyam amithyatvāt prajñāpāramitāyām ukto maṁtraḥ,

तद्यथा । गते गते पारगते पारसंगते बोधि स्वाहा ॥ २४
tadyathā, gate gate pāragate pārasaṁgate bodhi svāhā. 24

एवम् शारिपुत्र गम्भीरायां प्रज्ञापारमितायां चर्यायां शिक्षितव्यं बोधिसत्त्वेन ॥ २५
evam śāriputra gambhīrāyāṁ prajñāpāramitāyāṁ caryāyāṁ śikṣitavyaṁ bodhisattvena. 25

अथ खलु भगवान् तस्मात् समाधेर् व्युत्थायार्यावलोकितेश्वरस्य बोधिसत्त्वस्य साधुकारम् अदात् ॥ २६
atha khalu bhagavān tasmāt samādher vyutthāyāryāvalokiteśvarasya bodhisattvasya sādhukāram adāt. 26

साधु साधु कुलपुत्र एवम् एतत् कुलपुत्र ॥ २७
sādhu sādhu kulaputra evam etat kulaputra. 27

एवम् एतद् गंभीरायां प्रज्ञापारमितायां चर्यां चर्तव्यं
evam etad gaṁbhīrāyāṁ prajñāpāramitāyāṁ caryāṁ cartavyaṁ

यथा त्वया निर्दिष्टम् अनुमोद्यते तथागतैर् अर्हद्भिः ॥ २८
yathā tvayā nirdiṣṭam anumodyate tathāgatair arhadbhiḥ. 28

इदम् अवोचद् भगवान् ॥ २९
idam avocad bhagavān. 29

आनंदमना आयुष्माञ् छारिपुत्र आर्यावलोकितेश्वरश् च बोधिसत्त्वः सा च
ānaṁdamanā āyuṣmāñ chāriputra āryāvalokiteśvaraś ca bodhisattvaḥ sā ca

सर्वावती पर्षत् सदेवमानुषासुरगंधर्वश् च लोको भगवतो भाषितम् अभ्यनंदन्न् ॥ ३०
sarvāvatī parṣat sadevamānuṣāsuragaṁdharvaś ca loko bhagavato bhāṣitam abhyanaṁdann iti. 30

इति प्रज्ञापारमिताहृदयसूत्रं समाप्तं ॥ ३१
prajñāpāramitāhṛdayasūtraṁ samāptaṁ. 31

6.4.3. MÜLLER-NANJIO본

नमस् सर्वज्ञाय ॥ १
namas sarvajñāya. 1

एवं मया श्रुतम्
evaṁ mayā śrutam

एकस्मिन् समये भगवान् राजगृहे विहरति स्म गृध्रकूटे पर्वते
ekasmin samaye bhagavān rājagṛhe viharati sma gṛdhrakūṭe parvate

महता भिक्षुसंघेन सार्धं च बोधिसत्त्वसंघेन ॥ २
mahatā bhikṣusaṁghena sārdhaṁ ca bodhisattvasaṁghena. 2

तेन खलु समयेन भगवान् गंभीरावसंबोधं नाम समाधिं समापन्नः ॥ ३
tena khalu samayena bhagavān gaṁbhīrāvasaṁbodhaṁ nāma samādhiṁ samāpannaḥ. 3

तेन च समयेनार्यावलोकितेश्वरो बोधिसत्त्वो महासत्त्वो

tena ca samayenāryāvalokiteśvaro bodhisattvo mahāsattvo

गंभीरायां प्रज्ञापारमितायां चर्यां चरमाण एवं व्यवलोकयति स्म ॥ ४

gaṁbhīrāyāṁ prajñāpāramitāyāṁ caryāṁ caramāṇa evaṁ vyavalokayati sma. 4

पंच स्कंधास् तांश् च स्वभावशून्यान् व्यवलोकयति ॥ ५

paṁca skaṁdhās tāṁś ca svabhāvaśūnyān vyavalokayati. 5

अथायुष्मान् छारिपुत्रो बुद्धानुभावेनार्यावलोकितेश्वरं बोधिसत्त्वम् एतद् अवोचत् ॥ ६

athāyuṣmān chāriputro buddhānubhāvenāryāvalokiteīśvaraṁ bodhisattvam etad avocat. 6

यः कश्चित् कुलपुत्रो गंभीरायां प्रज्ञापारमितायां चर्यां चर्तुकामः कथं शिक्षितव्यः ॥ ७

yaḥ kaścit kulaputro gaṁbhīrāyāṁ prajñāpāramitāyāṁ caryāṁ cartukāmaḥ kathaṁ śikṣitavyaḥ. 7

एवम् उक्त आर्यावलोकितेश्वरो बोधिसत्त्वो महासत्त्व आयुष्मन्तं शारिपुत्रम् एतद् अवोचत् ॥ ८

evaṁ ukta āryāvalokiteīśvaro bodhisattvo mahāsattva āyuṣmantaṁ śāriputram etad avocat. 8

यः कश्चिच् छारिपुत्र कुलपुत्रो वा कुलदुहिता वा

yaḥ kaścic chāriputra kulaputro vā kuladuhitā vā

गंभीरायां प्रज्ञापारमितायां चर्यां चर्तुकामस् तेनैवं व्यवलोकयितव्यं ॥ ९

gaṁbhīrāyāṁ prajñāpāramitāyāṁ caryāṁ cartukāmas tenaivaṁ vyavalokayitavyaṁ. 9

पंच स्कंधास् तांश् च स्वभावशून्यान् समनुपश्यति स्म ॥ १०

paṁca skaṁdhās tāṁś ca svabhāvaśūnyān samanupaśyati sma. 10

रूपं शून्यता शून्यतैव रूपं ॥ ११

rūpaṁ śūnyatā śūnyataiva rūpaṁ. 11

रूपान् न पृथक् शून्यता न पृथग् रूपं ॥ १२

rūpān na pṛthak śūnyatā na pṛthag rūpaṁ. 12

यद् रूपं सा शून्यता या शून्यता तद् रूपं ॥ १३

yad rūpaṁ sā śūnyatā yā śūnyatā tad rūpaṁ. 13

एवं वेदनासंज्ञासंस्कारविज्ञानानि च शून्यता ॥ १४

evaṁ vedanāsaṁjñāsaṁskāravijñānāni ca śūnyatā. 14

एवं शारिपुत्र सर्वधर्मा शून्यतालक्षणा अनुत्पन्ना अनिरुद्धा अमलाविमला अनूना असंपूर्णाः ॥ १५

evaṁ śāriputra sarvadharmā śūnyatālakṣaṇā anutpannā aniruddhā amalāvimalā anūnā asaṁpūrṇāḥ. 15

तस्मात् तर्हि शारिपुत्र शून्यतायां न रूपं न वेदना न संज्ञा न संस्कारा न विज्ञानम् ॥ १६

tasmāt tarhi śāriputra śūnyatāyāṁ na rūpaṁ na vedanā na saṁjñā na saṁskārā na vijñānam. 16

न चक्षुर् न श्रोत्रं न घ्राणं न जिह्वा न कायो न मनो

na cakṣur na śrotraṁ na ghrāṇaṁ na jihvā na kāyo na mano

न रूपं न शब्दो गंधो न रसो न स्प्रष्टव्यं न धर्माः ॥ १७

na rūpaṁ na śabdo gaṁdho na raso na spraṣṭavyaṁ na dharmāḥ. 17

न चक्षुर्धातुर् यावन् न मनोधातुर् न धर्मधातुर् न मनोविज्ञानधातुः ॥ १८

na cakṣurdhātur yāvan na manodhātur na dharmadhātur na manovijñānadhātuḥ. 18

न विद्या नाविद्या न क्षयो यावन् न जरामरणम् न जरामरणक्षयः ॥ १९

na vidyā nāvidyā na kṣayo yāvan na jarāmaraṇam na jarāmaraṇakṣayaḥ. 19

न दुःखसमुदयनिरोधमार्गा न ज्ञानं न प्राप्तिर् नाप्राप्तिः ॥ २०

na duḥkhasamudayanirodhamārgā na jñānaṁ na prāptir nāprāptiḥ. 20

तस्माच् छारिपुत्र अप्राप्तित्वेन

tasmāc chāriputra aprāptitvena

बोधिसत्त्वानां प्रज्ञापारमिताम् आश्रित्य विहरति चित्तावरणः ॥ २१

bodhisattvānāṁ prajñāpāramitām āśritya viharati cittāvaraṇaḥ. 21

चित्तावरणनास्तित्वाद् अत्रस्तो विपर्यासातिक्रांतो निष्ठनिर्वाणः ॥ २२

cittāvaraṇanāstitvād atrasto viparyāsātikrāṁto niṣṭhanirvāṇaḥ. 22

त्र्यध्वव्यस्थिता सर्वबुद्धाः प्रज्ञापारमिताम् आश्रित्यानुत्तरां सम्यक्संबोधिम् अभिसंबुद्धाः ॥ २३

tryadhvavyasthitā sarvabuddhāḥ prajñāpāramitām āśrityānuttarāṁ samyaksaṁbodhim abhisaṁbuddhāḥ. 23

तस्माज् ज्ञातव्यः

tasmāj jñātavyaḥ

प्रज्ञापारमितामहामंत्रो महाविद्यामंत्रो ऽनुत्तरंअंत्रो ऽसमसममंत्रः

prajñāpāramitāmahāmaṁtro mahāvidyāmaṁtro 'nuttaraṁaṁtro 'samasamamaṁtraḥ

सर्वदुःखप्रशमनमंत्रः सत्यम् अमिथ्यत्वात् प्रज्ञापारमितायाम् उक्तो मंत्रः ।

sarvaduḥkhapraśamanamaṁtraḥ satyam amithyatvāt prajñāpāramitāyām ukto maṁtraḥ,

तद्यथा । गते गते पारगते पारसंगते बोधि स्वाहा ॥ २४

tadyathā, gate gate pāragate pārasaṁgate bodhi svāhā. 24

एवम् शारिपुत्र गम्भीरायां प्रज्ञापारमितायां चर्यायां शिक्षितव्यं बोधिसत्त्वेन ॥ २५

evam śāriputra gambhīrāyāṁ prajñāpāramitāyāṁ caryāyāṁ śikṣitavyaṁ bodhisattvena. 25

अथ खलु भगवान् तस्मात् समाधेर् व्युत्थायार्यावलोकितेश्वरस्य बोधिसत्त्वस्य साधुकारम् अदात् ॥ २६

atha khalu bhagavān tasmāt samādher vyutthāyāryāvalokiteśvarasya bodhisattvasya sādhukāram adāt. 26

साधु साधु कुलपुत्र एवम् एतत् कुलपुत्र ॥ २७

sādhu sādhu kulaputra evam etat kulaputra. 27

एवम् एतद् गंभीरायां प्रज्ञापारमितायां चर्यां चर्तव्यं

evam etad gaṁbhīrāyāṁ prajñāpāramitāyāṁ caryāṁ cartavyaṁ

यथा त्वया निर्दिष्टम् अनुमोद्यते तथागतैर् अर्हद्भिः॥२८

yathā tvayā nirdiṣṭam anumodyate tathāgatair arhadbhiḥ. 28

इदम् अवोचद् भगवान्॥२९

idam avocad bhagavān. 29

आनंदमना आयुष्माञ् छारिपुत्र आर्यावलोकितेश्वरश् च बोधिसत्त्वः सा च

ānaṁdamanā āyuṣmāñ chāriputra āryāvalokiteśvaraś ca bodhisattvaḥ sā ca

सर्वावती पर्षत् सदेवमानुषासुरगंधर्वश् च लोको भगवतो भाषितम् अभ्यनंदन्न्॥३०

sarvāvatī parṣat sadevamānuṣāsuragaṁdharvaś ca loko bhagavato bhāṣitam abhyanaṁdann iti. 30

इति प्रज्ञापारमिताहृदयसूत्रं समाप्तं॥३१

prajñāpāramitāhṛdayasūtraṁ samāptaṁ. 31

6.4.4. CONZE본

ॐ नमो भगवत्यै आर्यप्रज्ञापारमितायै॥१

oṁ namo bhagavatyai āryaprajñāpāramitāyai. 1

एवं मया श्रुतम्॥२

evaṁ mayā śrutam. 2

एकस्मिन् समये॥३

ekasmin samaye. 3

भगवान् राजगृहे विहरति स्म गृध्रकूटपर्वते।

bhagavān rājagṛhe viharati sma gṛdhrakūṭaparvate,

महता भिक्षुसंघेन सार्धं महता च बोधिसत्त्वसंघेन॥४

mahatā bhikṣusaṁghena sārdhaṁ mahatā ca bodhisattvasaṁghena. 4

तेन खलु पुनः समयेन भगवान् गंभीरावभासं नाम धर्मपर्यायं भाषित्वा समाधिं समापन्नः॥५

tena khalu punaḥ samayena bhagavān gaṁbhīrāvabhāsaṁ nāma dharmaparyāyaṁ bhāṣitvā samādhiṁ samāpannaḥ. 5

तेन च समयेन आर्यावलोकितेश्वरो बोधिसत्त्वो महासत्त्वो

tena ca samayena āryāvalokiteśvaro bodhisattvo mahāsattvo

गंभीरायां प्रज्ञापारमितायां चर्यां चरमाण एवं व्यवलोकयति स्म

gaṁbhīrāyāṁ prajñāpāramitāyāṁ caryāṁ caramāṇa evaṁ vyavalokayati sma

पञ्चस्कन्धास् तांश् च स्वभावशून्यान् व्यवलोकयति॥६

pañcaskandhās tāṁś ca svabhāvaśūnyān vyavalokayati. 6

अथायुष्माञ्छ् छारिपुत्रो बुद्धानुभावेन आर्यावलोकितेश्वरं बोधिसत्त्वं महासत्त्वम् एतद् अवोचत्॥७

athāyuṣmāñc chāriputro buddhānubhāvena āryāvalokiteīśvaraṁ bodhisattvaṁ mahāsattvam etad avocat. 7

यः कश्चित् कूलपुत्रो वा कूलदुहिता वा अस्यां गंभीरायां प्रज्ञापारमितायां चर्यां चर्तुकामस् तेन कथं शिक्षितव्यम्॥८
yaḥ kaścit kūlaputro vā kūladuhitā vā asyāṁ gaṁbhīrāyāṁ prajñāpāramitāyāṁ caryāṁ cartukāmas tena kathaṁ śikṣitavyam. 8

एवम् उक्त आर्यावलोकितेश्वरो बोधिसत्त्वो महासत्त्वो आयुष्मन्तं शारिपुत्रम् एतद् अवोचत्॥९
evam ukta āryāvalokiteīśvaro bodhisattvo mahāsattvo āyuṣmantaṁ śāriputram etad avocat. 9

यः कश्चिच् छारिपुत्र कुलपुत्रो वा कुलदुहिता वा
yaḥ kaścic chāriputra kulaputro vā kuladuhitā vā

अस्यां गंभीरायां प्रज्ञापारमितायां चर्यां चर्तुकामस् तेनैवं व्यवलोकयितव्यं॥१०
asyāṁ gaṁbhīrāyāṁ prajñāpāramitāyāṁ caryāṁ cartukāmas tenaivaṁ vyavalokayitavyaṁ. 10

आर्यावलोकितेश्वरो बोधिसत्त्वो गम्भीरां प्रज्ञापारमिताचर्यां चरमाणो व्यवलोकयति स्म
āryāvalokiteśvaro bodhisattvo gambhīrāṁ prajñāpāramitācaryāṁ caramāṇo vyavalokayati sma

पञ्चस्कन्धास् तांश् च स्वभावशून्यान् पश्यति स्म॥११
pañcaskandhās tāṁś ca svabhāvaśūnyān paśyati sma. 11

इह शारिपुत्र रूपं शून्यता शूनयतैव रूपं
iha śāriputra rūpaṁ śūnyatā śūnayataiva rūpaṁ

रूपान् न पृथक् शून्यता शून्यताया न पृथग् रूपं
rūpān na pṛthak śūnyatā śūnyatāyā na pṛthag rūpaṁ

यद् रूपं सा शून्यता या शून्यता तद् रूपं॥१२
yad rūpaṁ sā śūnyatā yā śūnyatā tad rūpaṁ. 12

एवम् एव वेदनासंज्ञासंस्कारविज्ञानम्॥१३
evam eva vedanāsaṁjñāsaṁskāravijñānam. 13

इह शारिपुत्र सर्वधर्माः शून्यतालक्षणा अनुत्पन्ना अनिरुद्धा अमला अविमला अनूना अपरिपूर्णाः॥१४
iha śāriputra sarvadharmāḥ śūnyatālakṣaṇā anutpannā aniruddhā amalā avimalā anūnā aparipūrṇāḥ. 14

तस्माच् छारिपुत्र शून्यतायां न रूपं न वेदना न संज्ञा न संस्काराः न विज्ञानं॥१५
tasmāc chāriputra śūnyatāyāṁ na rūpaṁ na vedanā na saṁjñā na saṁskārāḥ na vijñānaṁ. 15

न चक्षुःश्रोत्रघ्राणजिह्वाकायमनांसि
na cakṣuḥśrotraghrāṇajihvākāyamanāṁsi

न रूपशब्दगन्धरसस्प्रष्टव्यधर्माः
na rūpaśabdagandharasaspraṣṭavyadharmāḥ

न चक्षुर्धातुर् यावन् न मनोविज्ञानधातुः
na cakṣurdhātur yāvan na manovijñānadhātuḥ

नाविद्या नाविद्याक्षयो यावन् न जरामरणं न जरामरणक्षयो
nāvidyā nāvidyākṣayo yāvan na jarāmaraṇaṁ na jarāmaraṇakṣayo

न दुःखसमुदयनिरोधमार्गा न ज्ञानं न प्राप्तिर् नाप्राप्तिः॥१६
na duḥkhasamudayanirodhamārgā na jñānaṁ na prāptir naprāptiḥ. 16

तस्माच् छारिपुत्र अप्राप्तित्वाद्

tasmāc chāriputra aprāptitvād

बोधिसत्त्वो प्रज्ञापारमिताम् आश्रित्य विहरत्य् अचित्तावरणः ॥ १७

bodhisattvo prajñāpāramitām āśritya viharaty acittāvaraṇaḥ. 17

चित्तावरणनास्तित्वाद् अत्रस्तो विपर्यासातिक्रान्तो निष्ठानिर्वाणः ॥ १८

cittāvaraṇanāstitvād atrasto viparyāsātikrānto niṣṭhānirvāṇaḥ. 18

त्र्यध्वव्यवस्थिताः सर्वबुद्धाः प्रज्ञापारमिताम् आश्रित्यानुत्तरां सम्यक्सम्बोधिम् अभिसम्बुद्धाः ॥ १९

tryadhvavyavasthitāḥ sarvabuddhāḥ prajñāpāramitām āśrityānuttarāṁ samyaksambodhim abhisambuddhāḥ. 19

तस्माज् ज्ञातव्यं

tasmāj jñātavyaṁ

प्रज्ञापारमिता महामन्त्रो महाविद्यामन्त्रो ऽनुत्तरमन्त्रो ऽसमसममन्त्रः

prajñāpāramitā mahāmantro mahāvidyāmantro 'nuttaramantro 'samasamamantraḥ

सर्वदुःखप्रशमनः सत्यम् अमिथ्यत्वात् ॥ २०

sarvaduḥkhapraśamanaḥ satyam amithyatvāt. 20

प्रज्ञापारमितायाम् उक्तो मन्त्रः ॥ २१

prajñāpāramitāyām ukto mantraḥ. 21

तद्यथा ॐ गते गते पारगते पारसंगते बोधि स्वाहा ॥ २२

tadyathā om gate gate pāragate pārasaṁgate bodhi svāhā. 22

एवम् शारिपुत्र गम्भीरायां प्रज्ञापारमितायां चर्यायां शिक्षितव्यं बोधिसत्त्वेन ॥ २३

evam śāriputra gambhīrāyāṁ prajñāpāramitāyāṁ caryāyāṁ śikṣitavyaṁ bodhisattvena. 23

अथ खलु भगवान् तस्मात् समाधेर् व्युत्थायार्यावलोकितेश्वराय बोधिसत्त्वाय महासत्त्वाय साधुकारम् अदात् ॥ २४

atha khalu bhagavān tasmāt samādher vyutthāyāryāvalokiteśvarāya bodhisattvāya mahāsattvāya sādhukāram adāt. 24

साधु साधु कुलपुत्र । एवम् एतत् कुलपुत्र

sādhu sādhu kulaputra, evam etat kulaputra

एवम् एतद् । गंभीरायां प्रज्ञापारमितायां चर्यां चर्तव्यं

evam etad, gaṁbhīrāyāṁ prajñāpāramitāyāṁ caryāṁ cartavyaṁ

यथा त्वया निर्दिष्टम् अनुमोद्यते सर्वतथागतैर् अर्हद्भिः ॥ २५

yathā tvayā nirdiṣṭam anumodyate sarvatathāgatair arhadbhiḥ. 25

इदम् अवोचद् भगवान् ॥ २६

idam avocad bhagavān. 26

आत्तमनायुष्माञ् छारिपुत्र आर्यावलोकितेश्वरो बोधिसत्त्वो महासत्त्वस् ते च

āttamanāyuṣmāñc chāriputra āryāvalokiteśvaro bodhisattvo mahāsattvas te ca

भिक्षवस् ते च बोधिसत्त्वा महासत्त्वाः सा च
bhikṣavas te ca bodhisattvā mahāsattvāḥ sā ca

सर्वावती पर्षत् सदेवमानुषासुरगरुगन्धर्वश् च लोको भगवतो भाषितम् अभ्यनंदन्न् इति॥ २७
sarvāvatī parṣat sadevamānuṣāsuragaruagandharvaś ca loko bhagavato bhāṣitam abhyanaṁdann iti. 27

इत्य् आर्यप्रज्ञापारमिताहृदयं समाप्तम्॥ २८
ity āryaprajñāpāramitāhṛdayaṁ samāptam. 28

6.4.5. VAIDYA본

नमः सर्वज्ञाय॥ १
namaḥ sarvajñāya. 1

एवं मया श्रुतम्।
evaṁ mayā śrutam,

एकस्मिन् समये भगवान् राजगृहे विहरति स्म गृध्रकूटे पर्वते
ekasmin samaye bhagavān rājagṛhe viharati sma gṛdhrakūṭe parvate

महता भिक्षुसंघेन सार्धं महता च बोधिसत्त्वसंघेन।
mahatā bhikṣusaṁghena sārdhaṁ mahatā ca bodhisattvasaṁghena,

तेन खलु समयेन भगवान् गम्भीरावसंबोधं नाम समाधिं समापन्नः।
tena khalu samayena bhagavān gambhīrāvasaṁbodhaṁ nāma samādhiṁ samāpannaḥ,

तेन च समयेन आर्यावलोकितेश्वरो बोधिसत्त्वो महासत्त्वो
tena ca samayena āryāvalokiteśvaro bodhisattvo mahāsattvo

गम्भीरायां प्रज्ञापारमितायां चर्यां चरमाणः एवं व्यवलोकयति स्म।
gambhīrāyāṁ prajñāpāramitāyāṁ caryāṁ caramāṇaḥ evaṁ vyavalokayati sma,

पञ्च स्कन्धांस्तांश्च स्वभावशून्यं व्यवलोकयति॥ २
pañca skandhāṁstāṁśca svabhāvaśūnyaṁ vyavalokayati. 2

अथायुष्मान् शारिपुत्रो बुद्धानुभावेन आर्यावलोकितेश्वरं बोधिसत्त्वमेतदवोचत्॥ ३
athāyuṣmān śāriputro buddhānubhāvena āryāvalokiteśvaraṁ bodhisattvametadavocat. 3

यः कश्चित् कुलपुत्रो [वा कुलदुहिता वा अस्यां] गम्भीरायां प्रज्ञापारमितायां चर्यां चर्तुकामः कथं शिक्षितव्यः॥ ४
yaḥ kaścit kulaputro [vā kuladuhitā vā asyāṁ] gambhīrāyāṁ prajñāpāramitāyāṁ caryāṁ cartukāmaḥ kathaṁ śikṣitavyaḥ. 4

एवमुक्ते आर्यावलोकितेश्वरो बोधिसत्त्वो महासत्त्वः आयुष्मन्तं शारिपुत्रमेतदवोचत्॥ ५
evamukte āryāvalokiteśvaro bodhisattvo mahāsattvaḥ āyuṣmantaṁ śāriputrametadavocat. 5

यः कश्चिच्चारिपुत्र कुलपुत्रो व कुलदुहिता वा
yaḥ kaściccāriputra kulaputro va kuladuhitā vā

अस्यां गम्भीरायां प्रज्ञापारमितायां चर्यां चर्तुकामः तेनैवं व्यवलोकितव्यम्

asyāṁ gambhīrāyāṁ prajñāpāramitāyāṁ caryāṁ cartukāmaḥ tenaivaṁ vyavalokitavyam

आर्यावलोकितेश्वरो बोधिसत्त्वो गम्भीरां प्रज्ञापारमिताचर्यां चरमाणो व्यवलोकयति स्म।

āryāvalokiteśvaro bodhisattvo gambhīrāṁ prajñāpāramitācaryāṁ caramāṇo vyavalokayati sma,

पञ्च स्कन्धांस्तांश्च स्वभावशून्यान् समनुपश्यति स्म।

pañca skandhāṁstāṁśca svabhāvaśūnyān samanupaśyati sma,

रूपं शून्यता । शून्यतैव रूपम्।

rūpaṁ śūnyatā, śūnyataiva rūpam,

रूपान्न पृथक् शून्यता । शून्यताया न पृथग् रूपम्।

rūpānna pṛthak śūnyatā, śūnyatāyā na pṛthag rūpam,

यद्रूपं सा शून्यता । या शून्यता तद्रूपम्।

yadrūpaṁ sā śūnyatā, yā śūnyatā tadrūpam,

एवं वेदनासंज्ञासंस्कारविज्ञानानि च शून्यता।

evaṁ vedanāsaṁjñāsaṁskāravijñānāni ca śūnyatā,

एवं शारिपुत्र सर्वधर्माः शून्यतालक्षणा अनुत्पन्ना अनिरुद्धा अमला विमला अनूना असंपूर्णाः।

evaṁ śāriputra sarvadharmāḥ śūnyatālakṣaṇā anutpannā aniruddhā amalā vimalā anūnā asaṁpūrṇāḥ,

तस्मात्तर्हि शारिपुत्र शून्यतायां न रूपम् । न वेदना । स संज्ञा । न संस्काराः । न विज्ञानम् ।

tasmāttarhi śāriputra śūnyatāyāṁ na rūpam, na vedanā, sa saṁjñā, na saṁskārāḥ, na vijñānam,

न चक्षुर्न श्रोत्रं न घ्राणं न जिह्वा न कायो न मनो

na cakṣurna śrotraṁ na ghrāṇaṁ na jihvā na kāyo na mano

न रूपं न शब्दो न गन्धो न रसो न स्प्रष्टव्यं न धर्मः।

na rūpaṁ na śabdo na gandho na raso na spraṣṭavyaṁ na dharmaḥ,

न चक्षुर्धातुर्यावन्न मनोधातुर्न धर्मधातुर्न मनोविज्ञानधातुः।

na cakṣurdhāturyāvanna manodhāturna dharmadhāturna manovijñānadhātuḥ,

न विद्या नाविद्या न क्षयो यावन्न जरामरणं न जरामरणक्षयः।

na vidyā nāvidyā na kṣayo yāvanna jarāmaraṇaṁ na jarāmaraṇakṣayaḥ,

न दुःखसमुदयनिरोधमार्गा न ज्ञानं न प्राप्तिर्नाप्राप्तिः।

na duḥkhasamudayanirodhamārgā na jñānaṁ na prāptirnāprāptiḥ,

तस्माच्चारिपुत्र अप्राप्तित्वेन बोधिसत्त्वानां प्रज्ञापारमितामाश्रित्य विहरति चित्तावरणः।

tasmāccāriputra aprāptitvena bodhisattvānāṁ prajñāpāramitāmāśritya viharati cittāvaraṇaḥ,

चित्तावरणनास्तित्वादत्रस्तो विपर्यासातिक्रान्तो निष्ठनिर्वाणः।

cittāvaraṇanāstitvādatrasto viparyāsātikrānto niṣṭhanirvāṇaḥ,

त्र्यध्वव्यवस्थिताः सर्वबुद्धाः प्रज्ञापारमितामाश्रित्य अनुत्तरां सम्यक्संबोधिमभिसंबुद्धाः।

tryadhvavyavasthitāḥ sarvabuddhāḥ prajñāpāramitāmāśritya anuttarāṁ samyaksaṁbodhimabhisaṁbuddhāḥ,

तस्माद् ज्ञातव्यः
tasmād jñātavyaḥ

प्रज्ञापारमितामहामन्त्रः अनुत्तरमन्त्रः असमसममन्त्रः
prajñāpāramitāmahāmantraḥ anuttaramantraḥ asamasamamantraḥ

सर्वदुःखप्रशमनमन्त्रः सत्यममिथ्यत्वात् प्रज्ञापारमितायामुक्तो मन्त्रः।
sarvaduḥkhapraśamanamantraḥ satyamamithyatvāt prajñāpāramitāyāmukto mantraḥ,

तद्यथा गते गते पारगते पारसंगते बोधि स्वाहा।
tadyathā gate gate pāragate pārasaṁgate bodhi svāhā,

एवं शारिपुत्र गम्भीरायां प्रज्ञापारमितायां चर्यायां शिक्षितव्यं बोधिसत्त्वेन॥ ६
evaṁ śāriputra gambhīrāyāṁ prajñāpāramitāyāṁ caryāyāṁ śikṣitavyaṁ bodhisattvena. 6

अथ खलु भगवान् तस्मात्समाधेर्व्युत्थाय आर्यावलोकितेश्वरस्य बोधिसत्त्वस्य साधुकारमदात्॥ ७
atha khalu bhagavān tasmātsamādhervyutthāya āryāvalokiteśvarasya bodhisattvasya sādhukāramadāt. 7

साधु साधु कुलपुत्र । एवमेतत् कुलपुत्र । एवमेतद् गम्भीरायां प्रज्ञापारमितायां चर्यं चर्तव्यं
sādhu sādhu kulaputra, evametat kulaputra, evametad gambhīrāyāṁ prajñāpāramitāyāṁ caryaṁ cartavyaṁ

यथा त्वया निर्दिष्टम् । अनुमोद्यते तथागतैरर्हद्भिः॥ ८
yathā tvayā nirdiṣṭam, anumodyate tathāgatairarhadbhiḥ. 8

इदमवोचद्भगवान्।
idamavocadbhagavān,

आनन्दमना आयुष्मान् शारिपुत्रः आर्यावलोकितेश्वरश्च बोधिसत्त्वः सा च
ānandamanā āyuṣmān śāriputraḥ āryāvalokiteśvaraśca bodhisattvaḥ sā ca

सर्वावती परिषत् सदेवमानुषासुरगन्धर्वश्च लोको भगवतो भाषितमभ्यनन्दन्॥ ९
sarvāvatī pariṣat sadevamānuṣāsuragandharvaśca loko bhagavato bhāṣitamabhyanandan. 9

इति प्रज्ञापारमिताहृदयसूत्रं समाप्तम्॥ १०
iti prajñāpāramitāhṛdayasūtraṁ samāptam. 10

6.3.6. FEER본

ॐ नमो भगवत्यै आर्यप्रज्ञापारमितायै॥ १
om namo bhagavatyai āryaprajñāpāramitāyai. 1

एवं मया श्रुतम्॥ २
evaṁ mayā śrutam. 2

एकस्मिन् समये॥ ३
ekasmin samaye. 3

भगवान् राजगृहे विहरति स्म गृध्रकूट पर्वते ।
bhagavān rājagṛhe viharati sma gṛdhrakūṭa parvate,

महता भिक्षुगणेन सार्धं महता च बोधिसत्त्वगणेन ॥ ४
mahatā bhikṣugaṇena sārdhaṁ mahatā ca bodhisattvagaṇena. 4

तेन खलु पुनः समयेन भगवान् गंभीरावभासं नाम धर्मपर्यायं भाषित्वा समाधिं समापन्नः ॥ ५
tena khalu punaḥ samayena bhagavān gaṁbhīrāvabhāsaṁ nāma dharmaparyāyaṁ bhāṣitvā samādhiṁ samāpannaḥ. 5

तेन च समयेन आर्यावलोकितेश्वरो बोधिसत्त्वो महासत्त्वो
tena ca samayena āryāvalokiteśvaro bodhisattvo mahāsattvo

गंभीरावभासं नाम धर्मपर्यायं व्यवलोकयति स्म पञ्चस्कन्धास् तांश् च स्वभावशून्यान् व्यवलोकयति
gaṁbhīrāvabhāsaṁ nāma dharmaparyāyaṁ vyavalokayati sma pañcaskandhās tāṁś ca svabhāvaśūnyān vyavalokayati.

अथ खल्व् अयुष्माञ्च् चारिपुत्रो बुद्धानुभावेन अवलोकितेश्वरं बोधिसत्त्वं महासत्त्वम् एतद् वोचत् ॥ ६
atha khalv ayuṣmāñc cāriputro buddhānubhāvena avalokiteśvaraṁ bodhisattvaṁ mahāsattvam etad vocat. 6

यः कश्चित् कूलपुत्रो वा कूलदुहिता वा
yaḥ kaścit kūlaputro vā kūladuhitā vā

अस्यां गंभीरायां प्रज्ञापारमितायां चर्ताया चर्तुकामस् तेन कथं शिक्शितव्यम् ॥ ७
asyāṁ gaṁbhīrāyāṁ prajñāpāramitāyāṁ cartāyā cartukāmas tena kathaṁ śikśitavyam. 7

एवम् उक्त आर्यावलोकितेश्वरो बोधिसत्त्वो महासत्त्वो आयुष्मन्तं शारिपुत्रम् एतद् अवोचत्
evam ukta āryāvalokiteśvaro bodhisattvo mahāsattvo āyuṣmantaṁ śāriputram etad avocat

यः कश्चिच् चारिपुत्र कुलपुत्रो वा कुलदुहिता वा
yaḥ kaścic cāriputra kulaputro vā kuladuhitā vā

अस्यां गंभीरायां प्रज्ञापारमितायां चर्यां चर्तुकामस् तेनैवं शिक्शितव्यम् यदुत ॥ ८
asyāṁ gaṁbhīrāyāṁ prajñāpāramitāyāṁ caryāṁ cartukāmas tenaivaṁ śikśitavyam yaduta. 8

आर्यावलोकितेश्वरो बोधिसत्त्वो गम्भीरां प्रज्ञापारमिताचर्यां चरमाणो व्यवलोकयति स्म
āryāvalokiteśvaro bodhisattvo gambhīrāṁ prajñāpāramitācaryāṁ caramāṇo vyavalokayati sma

पञ्चस्कन्धास् स्वभावशून्याः ॥ ९
pañcaskandhās svabhāvaśūnyāḥ. 9

कथम् पञ्चस्कन्धाः स्वभावशून्याः ॥ १०
katham pañcaskandhāḥ svabhāvaśūnyāḥ. 10

इह शारिपुत्र रूपं एव शून्यता शूनयतैव रूपं
iha śāriputra rūpaṁ eva śūnyatā śūnayataiva rūpaṁ

न रूपं पृथक् शून्यतायाः नापि शून्यता पृथग् रूपात् ॥ ११
na rūpaṁ pṛthak śūnyatāyāḥ nāpi śūnyatā pṛthag rūpāt. 11

एवम् वेदनासंज्ञासंस्कारविज्ञानानि ॥ १२
evam vedanāsaṁjñāsaṁskāravijñānāni. 12

एवं शारिपुत्र स्वभावशून्यतालक्षणा अजाता अनुत्पन्ना अनिरुद्धा अमला अविमला अनूना असंपूर्णाः॥ १३
evaṁ śāriputra svabhāvaśūnyatālakṣaṇā ajātā anutpannā aniruddhā amalā avimalā anūnā asaṁpūrṇāḥ. 13

तस्मात् तर्हि शारिपुत्र शून्यतायां न रूपं न वेदना न संज्ञा न संस्काराः न विज्ञानं॥ १४
tasmāt tarhi śāriputra śūnyatāyāṁ na rūpaṁ na vedanā na saṁjñā na saṁskārāḥ na vijñānaṁ. 14

न चक्षुर् न श्रोत्रं न घ्राणं न जिह्वा न कायो न मनो न रूपं न शब्दो गंधो न रसो न स्प्रष्टव्यं न धर्म
na cakṣur na śrotraṁ na ghrāṇaṁ na jihvā na kāyo na mano na rūpaṁ na śabdo gaṁdho na raso na spraṣṭavyaṁ na dharma

न चक्षुर्धातु न मनोविज्ञानधातु यावन्
na cakṣurdhātu na manovijñānadhātu yāvan

नाविद्या नक्षयो नाविद्याक्षयो यावन् न जरामरणं न जरामरणक्षयो
nāvidyā nakṣayo nāvidyākṣayo yāvan na jarāmaraṇaṁ na jarāmaraṇakṣayo

न दुःखं न समुदयो न निरोधो न मार्गा न ज्ञानं न प्राप्तिर् नाप्राप्तिः॥ १५
na duḥkhaṁ na samudayo na nirodho na mārgā na jñānaṁ na prāptir nāprāptiḥ. 15

तस्मात् तर्हि शारिपुत्र न प्राप्तिर्नाप्राप्तिर् यावत् प्रज्ञापारमिताम् आश्रित्य विहरंश् अचित्तावरणः
tasmāt tarhi śāriputra na prāptirnāprāptir yāvat prajñāpāramitām āśritya viharaṁś acittāvaraṇaḥ

चित्तालम्बनं नास्तित्वाद् अत्रस्तो विपर्यासातिक्रांतो निष्ठानिर्वाणं प्राप्नोति॥ १६
cittālambanaṁ nāstitvād atrasto viparyāsātikrāṁto niṣṭhānirvāṇaṁ prāpnoti. 16

त्र्यध्वव्यवस्थितैर् अपि सम्यक्सम्बुद्धैः प्रज्ञापारमिताम् आश्रित्यानुतरां सम्यक्सम्बोधिः प्राप्ता॥ १७
tryadhvavyavasthitair api samyaksambuddhaiḥ prajñāpāramitām āśrityānutarāṁ samyaksambodhiḥ prāptā. 17

तस्माज् ज्ञातव्यं
tasmāj jñātavyaṁ

प्रज्ञापारमितामंत्रो विद्यामंत्रो ऽनुत्तरमन्त्रो ऽसमसममन्त्रः
prajñāpāramitāmaṁtro vidyāmaṁtro 'nuttaramantro 'samasamamantraḥ

सर्वदुःखप्रशमनो मंत्रः सम्यक्त्वं न मिथ्यत्वं प्रज्ञापारमितायुक्तो मन्त्रः॥ १८
sarvaduḥkhapraśamano maṁtraḥ samyaktvaṁ na mithyatvaṁ prajñāpāramitāyukto mantraḥ. 18

तद् यथा ॐ गते गते पारगते पारसंगते बोधि स्वाहा॥ १९
tad yathā om gate gate pāragate pārasaṁgate bodhi svāhā. 19

एवम् शारिपुत्र बोधिसत्त्वेन महासत्त्वेन प्रज्ञापारमितायां शिक्षितव्यं॥ २०
evam śāriputra bodhisattvena mahāsattvena prajñāpāramitāyāṁ śikṣitavyaṁ. 20

अथ खलु भगवान् तस्यां वेलायं तस्यास् समाधेर् व्युत्थायावलोकितेश्वराय
atha khalu bhagavān tasyāṁ velāyaṁ tasyās samādher vyutthāyāvalokiteśvarāya

बोधिसत्त्वाय महासत्त्वाय साधुकारम् अदात्॥ २१
bodhisattvāya mahāsattvāya sādhukāram adāt. 21

साधु साधु कुलपुत्र। एवम् एतत् कुलपुत्र एवम् एतद्। एवम् एवैषा प्रज्ञापारमिता
sādhu sādhu kulaputra, evam etat kulaputra evam etad, evam evaiṣā prajñāpāramitā

यथा त्वया निर्दिष्टम् अनुमोद्यते सर्वतथागतैर् अर्हद्भिः ॥ २२
yathā tvayā nirdiṣṭam anumodyate sarvatathāgatair arhadbhiḥ. 22

इदम् अवोचद् भगवान् ॥ २३
idam avocad bhagavān. 23

आत्तमनायुष्माञ्छारिपुत्र आर्यावलोकितेश्वरो बोधिसत्त्वो महासत्त्वस्
āttamanāyuṣmāñc chāriputra āryāvalokiteśvaro bodhisattvo mahāsattvas

ते च भिक्षवस् ते च बोधिसत्त्वा महासत्त्वाः स च
te ca bhikṣavas te ca bodhisattvā mahāsattvāḥ sa ca

सर्वावती पर्षत् सदेवमानुषासुरगंधर्वश् च लोको भगवतो भाषितम् अभ्यनंदन्न् इति ॥ २४
sarvāvatī parṣat sadevamānuṣāsuragaṁdharvaś ca loko bhagavato bhāṣitam abhyanaṁdann iti. 24

आर्यपञ्चाविंशतिका भगवती प्रज्ञापारमिताहृदयं समाप्तम् ॥ २५
āryapañcāviṁśatikā bhagavatī prajñāpāramitāhṛdayaṁ samāptam. 25

6.3.7. 중국 사본

ॐ नमो भगवत्यै आर्यप्रज्ञापारमितायै ॥ १
oṁ namo bhagavatyai āryaprajñāpāramitāyai. 1

एवं मया श्रुतम् ॥ २
evaṁ mayā śrutam. 2

एकस्मिन् समये ॥ ३
ekasmin samaye. 3

भगवान् राजगृहे विहरति स्म गृध्रकूट पर्वते ।
bhagavān rājagṛhe viharati sma gṛdhrakūṭa parvate,

महता भिक्षुगणेन सार्धं महता च बोधिसत्त्वगणेन ॥ ४
mahatā bhikṣugaṇena sārdhaṁ mahatā ca bodhisattvagaṇena. 4

तेन खलु पुनः समयेन भगवान् गंभीरावभासं नाम धर्मपर्यायं भाषित्वा समाधिं समापन्नः ॥ ५
tena khalu punaḥ samayena bhagavān gaṁbhīrāvabhāsaṁ nāma dharmaparyāyaṁ bhāṣitvā samādhiṁ samāpannaḥ. 5

तेन च समयेन आर्यावलोकितेश्वरो बोधिसत्त्वो महासत्त्वो
tena ca samayena āryāvalokiteśvaro bodhisattvo mahāsattvo

गंभीरावभासं नाम धर्मपर्यायं चर्यां चरमाण एवं व्यवलोकयति स्म
gaṁbhīrāvabhāsaṁ nāma dharmaparyāyaṁ caryāṁ caramāṇa evaṁ vyavalokayati sma

अथ खल्व् अयुष्माञ्चारिपुत्रो बुद्धानुभावेन आर्यावलोकितेश्वरं बोधिसत्त्वं महासत्त्वम् एतद् वोचत् ॥ ६
atha khalv ayuṣmāñc cāriputro buddhānubhāvena āryāvalokiteśvaraṁ bodhisattvaṁ mahāsattvam etad vocat. 6

यः कश्चित् कूलपुत्रो वा कूलदुहिता वा

yaḥ kaścit kūlaputro vā kūladuhitā vā

अस्यां गंभीरायां प्रज्ञापारमितायां चर्तायां चर्तुकामस् तेन कथं शिक्शितव्यम् ॥ ७

asyāṁ gaṁbhīrāyāṁ prajñāpāramitāyāṁ cartāyā cartukāmas tena kathaṁ śikśitavyam. 7

एवम् उक्त आर्यावलोकितेश्वरो बोधिसत्त्वो महासत्त्वो आयुष्मन्तं शारिपुत्रम् एतद् अवोचत्

evam ukta āryāvalokiteśvaro bodhisattvo mahāsattvo āyuṣmantaṁ śāriputram etad avocat

यः कश्चिच् चारिपुत्र कुलपुत्रो वा कुलदुहिता वा

yaḥ kaścic cāriputra kulaputro vā kuladuhitā vā

अस्यां गंभीरायां प्रज्ञापारमितायां चर्तुकामस् तेनैवं शिक्शितव्यम् यदुत ॥ ८

asyāṁ gaṁbhīrāyāṁ prajñāpāramitāyāṁ cartukāmas tenaivaṁ śikśitavyam yaduta. 8

आर्यावलोकितेश्वरो बोधिसत्त्वो गम्भीरां प्रज्ञापारमिताचर्यां चरमाणो व्यवलोकयति स्म

āryāvalokiteśvaro bodhisattvo gambhīrāṁ prajñāpāramitācaryāṁ caramāṇo vyavalokayati sma

पञ्चस्कन्धास् स्वभावशून्याः ॥ ९

pañcaskandhās svabhāvaśūnyāḥ. 9

कथम् पञ्चस्कन्धाः स्वभावशून्याः ॥ १०

katham pañcaskandhāḥ svabhāvaśūnyāḥ. 10

इह शारिपुत्र रूपं शून्यता शूनयतैव रूपं

śāriputra rūpaṁ śūnyatā śūnayataiva rūpaṁ

न रूपं पृथक् शून्यतायाः नापि शून्यता पृथग् रूपात् ॥ ११

na rūpaṁ pṛthak śūnyatāyāḥ nāpi śūnyatā pṛthag rūpāt. 11

यद् रूपं सा शून्यता या शून्यता तद् रूपं ॥ १२

yad rūpaṁ sā śūnyatā yā śūnyatā tad rūpaṁ. 12

एवम् एव वेदनासंज्ञासंस्कारविज्ञानम् ॥ १३

evam eva vedanāsaṁjñāsaṁskāravijñānam. 13

एवं शारिपुत्र स्वभावशून्यतालक्षणा अजाता अनुत्पन्ना अनिरुद्धा अमला अविमला अनूना असंपूर्णाः ॥ १४

evaṁ śāriputra svabhāvaśūnyatālakṣaṇā ajātā anutpannā aniruddhā amalā avimalā anūnā asaṁpūrṇāḥ. 14

तस्मात् तर्हि शारिपुत्र शून्यतायां न रूपं न वेदना न संज्ञा न संस्काराः न विज्ञानं ॥ १५

tasmāt tarhi śāriputra śūnyatāyāṁ na rūpaṁ na vedanā na saṁjñā na saṁskārāḥ na vijñānaṁ. 15

न चक्षुर् न श्रोत्रं न घ्राणं न जिह्वा न कायो न मनो

na cakṣur na śrotraṁ na ghrāṇaṁ na jihvā na kāyo na mano

न रूपं न शब्दो गंधो न रसो न स्प्रष्टव्यं न धर्म

na rūpaṁ na śabdo gaṁdho na raso na spraṣṭavyaṁ na dharma

न चक्षुर्धातुर् यावन् न मनोविज्ञानधातुः

na cakṣurdhātur yāvan na manovijñānadhātuḥ

नाविद्या नक्षयो नाविद्याक्षयो यावन् न जरामरणं न जरामरणक्षयो

nāvidyā nakṣayo nāvidyākṣayo yāvan na jarāmaraṇaṁ na jarāmaraṇakṣayo

न दुःखसमुदयनिरोधमार्गा न रूपं न ज्ञानं न प्राप्तिर् नाप्राप्तिः ॥ १६

na duḥkhasamudayanirodhamārgā na rūpaṁ na jñānaṁ na prāptir nāprāptiḥ. 16

तस्मात् तर्हि शारिपुत्र अप्राप्तिताप्राप्तिर्यावद्वत् बोधिसत्त्वो प्रज्ञापारमिताम् आश्रित्य विहरंश्

tasmāt tarhi śāriputra aprāptitāprāptiryāvavat bodhisattvo prajñāpāramitām āśritya viharaṁś

चित्तालम्बनं नास्तित्वाद् अत्रस्तो विपर्यासातिक्रांतो निष्ठानिर्वाणं प्राप्नोति ॥ १७

cittālambanaṁ nāstitvād atrasto viparyāsātikrāṁto niṣṭhānirvāṇaṁ prāpnoti. 17

त्र्यध्वव्यवस्थितैर् अपि सम्यक्सम्बुद्धैः प्रज्ञापारमिताम् आश्रित्यानुतरां सम्यक्सम्बोधिः प्राप्ता ॥ १८

tryadhvavyavasthitair api samyaksambuddhaiḥ prajñāpāramitām āśrityānutarāṁ samyaksambodhiḥ prāptā. 18

तस्माज् ज्ञातव्यं

tasmāj jñātavyaṁ

प्रज्ञापारमिता महामंत्रो विद्यामंत्रो ऽनुत्तरमन्त्रो ऽसमसममन्त्रः

prajñāpāramitā mahāmaṁtro vidyāmaṁtro 'nuttaramantro 'samasamamantraḥ

सर्वदुःखप्रशमनो मंत्रः सम्यक्त्वं न मिथ्यत्वं प्रज्ञापारमितायुक्तो मन्त्रः ॥ १९

sarvaduḥkhapraśamano maṁtraḥ samyaktvaṁ na mithyatvaṁ prajñāpāramitāyukto mantraḥ. 19

तद् यथा ॐ गते गते पारगते पारसंगते बोधि स्वाहा ॥ २०

tad yathā om gate gate pāragate pārasaṁgate bodhi svāhā. 20

एवम् शारिपुत्र बोधिसत्त्वेन महासत्त्वेन प्रज्ञापारमितायां शिक्षितव्यं ॥ २१

evam śāriputra bodhisattvena mahāsattvena prajñāpāramitāyāṁ śikṣitavyaṁ. 21

अथ खलु भगवान् तस्यां वेलायं तस्मात् समाधेर् व्युत्थायार्यावलोकितेश्वराय

atha khalu bhagavān tasyāṁ velāyaṁ tasmāt samādher vyutthāyāryāvalokiteśvarāya

बोधिसत्त्वाय महासत्त्वाय साधुकारम् अदात् ॥ २२

bodhisattvāya mahāsattvāya sādhukāram adāt. 22

साधु साधु कुलपुत्र । एवम् एतत् कुलपुत्र एवम् एतद् । एवम् एवैषा प्रज्ञापारमिता

sādhu sādhu kulaputra, evam etat kulaputra evam etad, evam evaiṣā prajñāpāramitā

यथा त्वया निर्दिष्टम् अनुमोद्यते सर्वतथागतैर् अर्हद्भिः ॥ २३

yathā tvayā nirdiṣṭam anumodyate sarvatathāgatair arhadbhiḥ. 23

इदम् अवोचद् भगवान् ॥ २४

idam avocad bhagavān. 24

आत्तमना आर्यावलोकितेश्वरो बोधिसत्त्वो महासत्त्वस्

āttamanā āryāvalokiteśvaro bodhisattvo mahāsattvas

ते च भिक्षवस् ते च बोधिसत्त्वा महासत्त्वाः सा च

te ca bhikṣavas te ca bodhisattvā mahāsattvāḥ sā ca

सर्वावती पर्षत् सदेवमानुषासुरगरुडगंधर्वश् च लोको भगवतो भाषितम् अभ्यनंदन्न् इति ॥ २५

sarvāvatī parṣat sadevamānuṣāsuragaruḍagaṁdharvaś ca loko bhagavato bhāṣitam abhyanaṁdann iti. 25

आर्यपञ्चाविंशतिका भगवती प्रज्ञापारमिताहृदयं समाप्तम् ॥ २६

āryapañcāviṁśatikā bhagavatī prajñāpāramitāhṛdayaṁ samāptam. 26

7. 사본들의 비교

위의 데바나가리문자-로마문자 결합본의 배열에서는 각 사본의 비교가 제대로 되지 않기 때문에, 여기에서는 각 사본의 공통점과 차이점이 무엇인지 한눈에 볼 수 있기 위해 텍스트가 번호 붙임과 함께 행별로 배열된다. 산디와 의미 해석에 영향을 주는 쉼표와 마침표의 차이를 포함하여 서로 다르게 나타나는 부분들은 텍스트 층위에서 ⬚ 로 표시되고, 이에 대한 설명과 찾아보기(▸)가 각각의 박스 아래에 [단어뭉치] [산디] [표지] [합성어] [그 밖의 사항들]의 순서로 주어진다.

7.1. 번호 붙임

번호 붙임은 대상 텍스트를 구(Phrase) 또는 문장(Sentence) 단위로 번호를 붙이는 기초 작업으로서 텍스트 내 단어들의 위치를 알려주는 인덱스(INDEX) 기능을 위한 것이다. 인덱스는 특히 '어원적 배열의 어휘 문법정보 DB'(16.2.)에서 반드시 갖추어야 사항이다.

7.2. 소본의 사본들

각 행의 오른쪽에 위치한 약어는 (法) = 법륭사본, (中) = 中村元본, (M) = MÜLLER-NANJIO본, (C) = CONZE본, (V) = VAIDYA본, (B) = BENVENISTE본을 가리킨다.

01.a	om namaḥ sarvajñāyaḥ.	(法)
01.b	namas sarvajñāya.	(中)
01.c	namas sarvajñāya.	(M)
01.d	om namo bhagavatyai āryaprajñāpāramitāyai.	(C)
01.e	namaḥ sarvajñāya.	(V)
01.f	ḥ	(B)

*(中)본과 (M)본에서 namas가 다른 사본들과 달리 -ḥ가 아닌 -s로 나타난다. [산디▸ 9.3.2)(1)]
*(法)본의 경우 마지막 단어에 b c e와 달리 -ḥ가 붙어 있다. [표지▸ 10.5.1.]
*(C)본에서만 유독 다른 어휘들이 나타난다.
*(B)본의 첫 행은 다른 사본들과 비교해 볼 때 특이하게도 유래를 알 수 없는 ḥ만이 나타난다.

02.a	āryāvalokiteśvarabodhisattvo	(法)
02.b	āryāvalokiteśvaro bodhisattvo	(中)
02.c	āryāvalokiteśvarabodhisattvo	(M)
02.d	āryāvalokiteśvaro bodhisattvo	(C)
02.e	āryāvalokiteśvarabodhisattvo	(V)
02.f	athāryāvalokiteśvaro bodhisatvo	(B)

*(B)본에는 불변화사 atha가 연결된 단어가 나타난다. [단어뭉치▸ 8.3.1)(2)]
*(法)(M)(V)본의 경우 독립적인 두 개의 단어가 아닌 결합된 하나의 단어로 나타난다. [합성어▸ 11.4.4)]

03.a	gambhīrāyāṁ prajñāpāramitāyāṁ caryāṁ caramāṇo vyavalokayati sma	(法)
03.b	gambhīrāyāṁ prajñāpāramitāyāṁ caryāṁ caramāṇo vyavalokayati sma	(中)
03.c	gambhīrāyāṁ prajñāpāramitāyāṁ caryāṁ caramāṇo vyavalokayati sma	(M)
03.d	gambhīrāṁ prajñāpāramitācaryāṁ caramāṇo vyavalokayati sma	(C)
03.e	gambhīrāyāṁ prajñāpāramitāyāṁ caryāṁ caramāṇo vyavalokayati sma,	(V)
03.f	gaṁbhīrāyām prajñāpāramitāyāṁ caryāṁ caramāno vyavalokayati sma	(B)

*(B)본의 경우 -m-과 권설음 -ṇ-이 아닌 -ṁ-과 -n-으로 나타난다. [산디▸ 12.2.와 13.5.2)(1)]
*C)본에서 처음 두 개의 단어는 나머지 사본들과 다른 격 형태를 보여준다. [표지▸ 10.4.1.2)(2)]

04.a	pañcaskandhās, tāṁś ca svabhāvaśūnyān paśyati sma.	(法)
04.b	pañcaskandhās, tāṁś ca svabhāvaśūnyān paśyati sma.	(中)
04.c	pañcaskandhās, tāṁś ca svabhāvaśūnyān paśyati sma.	(M)
04.d	pañcaskandhās tāṁś ca svabhāvaśūnyān paśyati sma.	(C)
04.e	pañca skandhāḥ tāṁśca svabhāvaśūnyān paśyati sma.	(V)
04.f	paṁcaskandhān svabhāvaśūnyān paśyanti sma iti,	(B)

*(V)본에는 두 개의 단어인 tāṁśca가 서로 연결되어 있다. [단어뭉치▸ 8.3.2)(1)]
*처음 세 개의 사본에서 첫 단어가 쉼표 앞에서 -s로 끝나며, (V)본에는 쉼표가 없고 음성적 환경이 (C)본과 같은 상황에서 -ḥ로 끝난다. [산디▸ 9.3.1) 6n]
*(B)본에서 [ ] 의 두 단어가 나머지 사본들과 다른 격 형태를 보여준다. [표지▸ 10.3.1.1)(11)과 10.5.2.1)]

*(V)본을 제외한 모든 사본의 첫 단어가 결합된 어형으로 나타난다. [합성어▸ 11.4.1)]
*(B)본의 경우 다른 사본들과 달리 paṁca로 나타나는데, 이는 교정의 대상이다. [아래 7.4. 참조]

05.a	iha śāriputra rūpaṁ śūnyatā, śūnyataiva rūpam.	(法)
05.b	iha śāriputra rūpaṁ śūnyatā, śūnyataiva rūpam.	(中)
05.c	iha śāriputra rūpaṁ śūnyatā, śūnyataiva rūpam.	(M)
05.d	iha śāriputra rūpaṁ śūnyatā śūnyataiva rūpaṁ	(C)
05.e	iha śāriputra rūpaṁ śūnyatā, śūnyataiva rūpam.	(V)
05.f	iha śāriputra rūpaṁ śūnyatā śūnyataiva rūpaṁ,	(B)

*모든 사본에서 두 개의 단어가 연결된 śūnyataiva가 나타난다. [단어뭉치▸ 8.3.1)(6)]
*(B)본에서 마지막 단어의 끝이 쉼표 앞에서 -ṁ으로 나타난다. [산디▸ 9.3.(2)]
*(C)본과 (B)본의 경우 쉼표와 마침표가 그 밖의 사본들과 다르게 나타난다.

06.a	rūpān na pṛthak śūnyatā, śūnyatāyā na pṛthag rūpam.	(法)
06.b	rūpān na pṛthak śūnyatā, śūnyatāyā na pṛthag rūpam.	(中)
06.c	rūpān na pṛthak śūnyatā, śūnyatāyā na pṛthag rūpam.	(M)
06.d	rūpān na pṛthak śūnyatā śūnyatāyā na pṛthag rūpaṁ.	(C)
06.e	rūpānna pṛthak śūnyatā, śūnyatāyā na pṛthag rūpam.	(V)
06.f	rūpaṁ na pṛthak śūnyatā śūnyatāyā na pṛthag rūpaṁ,	(B)

*(V)본의 경우 처음 두 개의 단어가 연결되어 나타난다. [단어뭉치▸ 8.3.2)(1)]
*(C)본과 (B)본의 경우 쉼표와 마침표가 나머지 사본들과 다르게 나타나고, 마지막 단어의 끝이 쉼표 앞에서 -ṁ으로 나타난다. [산디▸ 9.3.(2)]
*(B)본에서는 첫 단어의 끝이 다른 사본들과 달리 -ṁ으로 나타난다. [표지▸ 10.5.1.1)]

07.a	yad rūpaṁ sā śūnyatā, yā śūnyatā tad rūpam.	(法)
07.b	yad rūpaṁ sā śūnyatā, yā śūnyatā tad rūpam.	(中)
07.c	yad rūpaṁ sā śūnyatā, yā śūnyatā tad rūpaṁ.	(M)
07.d	yad rūpaṁ sā śūnyatā yā śūnyatā tad rūpam.	(C)
07.e	yadrūpaṁ sā śūnyatā, yā śūnyatā tadrūpam.	(V)
07.f	yad rūpaṁ tac śūnyatā, śūnyataiva sā rūpaṁ,	(B)

*(V)본의 경우 처음 두 개와 마지막 두 개의 단어가 연결되어 있고, (B)본의 경우도 이와 같은 성질의 연결형 śūnyataiva가 나타난다. [단어뭉치▸ 8.3.2)(2)와 8.3.1)(6)]
*(M)본과 (B)본의 경우 마지막 단어의 끝이 쉼표 앞에서 -ṁ이 오고, 후자의 사본에서 또한 산디에 맞지 않게 -c ś- 가 나타난다. [산디▸ 9.3.2)(2)와 9.4.1) 2)]
*(B)본에서 다른 사본들이 보여주는 yad...sā...yā...tad의 통사적 순서가 특이하게 나타난다. [17.2.1.1) 참조]
*(C)본의 경우 śūnyatā에 마침표가 찍혀있지 않다.

08.a	evam eva vedanāsaṁjñāsaṁskāravijñānāni.	(法)
08.b	evam eva vedanāsaṁjñāsaṁskāravijñānāni.	(中)
08.c	evam eva vedanāsaṁjñāsaṁskāravijñānāni.	(M)
08.d	evam eva vedanāsaṁjñāsaṁskāravijñānam.	(C)
08.e	evameva vedanāsaṁjñāsaṁskāravijñānāni.	(V)
08.f	evaṁ vedanāsaṁjñāsaṁskāravijñānāni,	(B)

*(V)본의 경우 처음 두 개의 단어가 연결되어 있다. [단어뭉치▶ 8.3.3)(2)]
*(C)본에는 합성어의 격 형태가 그 밖의 사본들과 다르게 단수로 나타난다. [표지▶ 10.3.1.1)(4)]
*(B)의 경우 eva가 빠져있고, 행의 끝이 마침표가 아닌 쉼표이다.

09.a	iha śāriputra sarvadharmāḥ śūnyatālakṣaṇā anutpannā aniruddhā	(法)
09.b	iha śāriputra sarvadharmāḥ śūnyatālakṣaṇā anutpannā aniruddhā	(中)
09.c	iha śāriputra sarvadharmāḥ śūnyatālakṣaṇā anutpannā aniruddhā	(M)
09.d	iha śāriputra sarvadharmāḥ śūnyatālakṣaṇā anutpannā aniruddhā	(C)
09.e	ihaṁ śāriputra sarvadharmāḥ śūnyatālakṣaṇā anutpannā aniruddhā	(V)
09.f	śāriputra sarvadharmāḥ śūnyatālakṣaṇānutpannā aniruddhā	(B)

*(B)본의 경우 다른 사본들과 달리 마지막 두 개의 단어가 연결되어 있다. [단어뭉치▶ 8.3.1)(3)]
*(V)본에서 첫 단어 iha에 -ṁ이 붙어있다.
*(B)본의 경우 iha가 빠져있다.

10.a	amalāvimalānonā na paripūrṇā.	(法)
10.b	amalāvimalānonā na paripūrṇā.	(中)
10.c	amalā na vimalā nonā na paripūrṇā.	(M)
10.d	amalā avimalā anūnā aparipūrṇāḥ.	(C)
10.e	amalā na vimalā nonā na paripūrṇāḥ,	(V)
10.f	amalā avimalā nonā na saṁpūrṇāḥ,	(B)

*(C)본을 제외한 모든 사본에서 두 개의 단어가 연결된 nonā가 나타나고, (法)본과 (中)본의 첫 번째 단어 역시 그러한 경우이다. [단어뭉치▶ 8.3.1)(7)과 8.3.1)(3)]
*(M)본과 (V)본에서는 부정(Negation)이 다른 사본들처럼 a- a-가 아닌 a- na로 나타나고, (C)본에서는 nonā가 아닌 anūnā이다.
*(V)본과 (B)본의 경우 행의 마지막이 쉼표로 끝난다.

11.a	tasmāc chāriputra śūnyatāyāṁ	(法)
11.b	tasmāc chāriputra śūnyatāyāṁ	(中)
11.c	tasmāc chāriputra śūnyatāyāṁ	(M)
11.d	tasmāc chāriputra śūnyatāyāṁ	(C)
11.e	tasmācchāriputra śūnyatāyāṁ	(V)
11.f	tasmāc chūnyatāyāṁ	(B)

*(V)본에서 처음 두 개의 단어가 연결되어 있다. [단어뭉치▶ 8.3.2)(1)]
*(B)본의 경우 śāriputra가 빠져있다.

12.a	na rūpaṁ na vedanā na saṁjñā na saṁskārā na vijñānaṁ.	(法)
12.b	na rūpaṁ na vedanā na saṁjñā na saṁskārā na vijñānaṁ.	(中)
12.c	na rūpaṁ na vedanā na saṁjñā na saṁskārā na vijñānaṁ.	(M)
12.d	na rūpaṁ na vedanā na saṁjñā na saṁskārāḥ na vijñānaṁ.	(C)
12.e	na rūpam, na vedanā, na saṁjñā, na saṁskārāḥ, na vijñānāni	(V)
12.f	na rūpaṁ na vedanā na saṁjñā na saṁskārā na vijñānaṁ	(B)

*처음 네 개의 사본에서 마지막 단어의 끝이 쉼표 앞에서 -ṁ으로 나타나고, 또한 (C)본의 경우 쉼표가 없고 유성자음 앞에서 -ḥ가 나타난다. [산디▸ 9.4.1)과 9.4.2)]
*(V)본의 경우 마지막 단어의 격 형태가 그 밖의 사본들과 다르게 복수로 나타난다. [표지▸ 10.3.1.1)(12)]
*(V)본에서 각각의 구(Phrase)에 쉼표가 찍혀있다.

13.a	na cakṣuḥśrotraghrāṇajihvākāyamanāṁsi,	(法)
13.b	na cakṣuḥśrotraghrāṇajihvākāyamanāṁsi,	(中)
13.c	na cakṣuḥśrotraghrāṇajihvākāyamanāṁsi,	(M)
13.d	na cakṣuḥśrotraghrāṇajihvākāyamanāṁsi	(C)
13.e	na cakṣuḥśrotraghrāṇajihvākāyamanāṁsi,	(V)
13.f	na cakṣur na śrotraṁ na ghrāṇaṁ na jihvā na kāyo na mano	(B)

*(B)본을 제외한 모든 사본에서 여러 개의 단어들이 결합된 어형이 나타난다. [합성어▸ 11.4.5)]
*(C)본의 경우 행의 마지막에 쉼표가 없다.

14.a	na duḥkhasamudayanirodhamārgā, na jñānaṁ na prāptitvaṁ.	(法)
14.b	na rūpaśabdagandharasaspraṣṭavyadharmāḥ,	(中)
14.c	na rūpaśabdagandharasaspraṣṭavyadharmāḥ,	(M)
14.d	na rūpaśabdagandharasaspraṣṭavyadharmāḥ	(C)
14.e	na rūpaśabdagandharasaspraṣṭavyadharmāḥ,	(V)
14.f	na rūpaśabdagandharasaspraṣṭavyadharmāḥ,	(B)

*(C)본에서는 쉼표가 나타나지 않기 때문에 마지막 단어의 끝인 -ḥ는 따라 나오는 단어의 음성적 영향을 받을 수 있다. [산디▸ 산디규칙(*부록03) 6d]

15.a	na cakṣurdhātur yāvan na manovijñānadhātuḥ.	(法)
15.b	na cakṣurdhātur yāvan na manovijñānadhātuḥ.	(中)
15.c	na cakṣurdhātur yāvan na manovijñānadhātuḥ.	(M)
15.d	na cakṣurdhātur yāvan na manovijñānadhātuḥ	(C)
15.e	na cakṣurdhāturyāvanna manodhātuḥ.	(V)
15.f	na caksurdhātur na rūpadhātuḥ, yāvan na manovijñānadhātuḥ,	(B)

*(V)본의 경우 세 개의 단어가 연결된 뭉치가 나타난다. [단어뭉치▸ 8.3.2)(1)]
*(C)본에서는 쉼표가 나타나지 않기 때문에 마지막 단어의 -ḥ는 따라 나오는 단어의 음성적 영향을 받을 수 있다. [산디▸ 산디규칙(*부록03) 6e]
*(V)본에는 마지막 단어에 -vijñāna-가 빠져있다.
*(B)본의 경우 na rūpadhātuḥ 다음에 쉼표가 나타나고, (B)본에서 행의 마지막이 쉼표로 끝난다.

16.a	na vidyā nāvidyā na vidyākṣayo nāvidyākṣayo	(法)
16.b	na vidyā nāvidyā na vidyākṣayo nāvidyākṣayo	(中)
16.c	na vidyā nāvidyā na vidyākṣayo nāvidyākṣayo	(M)
16.d	nāvidyā nāvidyākṣayo	(C)
16.e	na vidyā nāvidyā na vidyākṣayo nāvidyākṣayo	(V)
16.f	nāvidyā nāvidyākṣayo	(B)

*모든 사본에서 부정사 na가 연결된 뭉치가 나타난다. [단어뭉치▸ 8.3.1)(1)]
*(C)본과 (B)본의 경우 다른 사본들에 나타나는 na vidyā...na vidyākṣayo가 빠져있다.

17.a	yāvan na jarāmaraṇaṁ na jarāmaraṇakṣayo	(法)
17.b	yāvan na jarāmaraṇaṁ na jarāmaraṇakṣayo	(中)
17.c	yāvan na jarāmaraṇaṁ na jarāmaraṇakṣayo	(M)
17.d	yāvan na jarāmaraṇaṁ na jarāmaraṇakṣayo	(C)
17.e	yāvanna jarāmaraṇaṁ na jarāmaraṇakṣayo	(V)
17.f	yāvan na jarāmaraṇakṣayo	(B)

*(V)본에서 처음 두 개의 단어가 연결되어 나타난다. [단어뭉치▸ 8.3.2)(2)]
*(B)본의 경우 다른 사본들에 나타나는 jarāmaraṇaṁ이 빠져있다.

18.a	na duḥkhasamudayanirodhamārgā, na jñānaṁ na prāptitvaṁ.	(法)
18.b	na duḥkhasamudayanirodhamārgā, na jñānaṁ na prāptiḥ.	(中)
18.c	na duḥkhasamudayanirodhamārgā, na jñānaṁ na prāptiḥ.	(M)
18.d	na duḥkhasamudayanirodhamārgā na jñānaṁ na prāptir nāprāptiḥ.	(C)
18.e	na duḥkhasamudayanirodhamārgā na jñānaṁ na prāptitvam.	(V)
18.f	na duḥkhasamudayanirodhamārgā na jñānaṁ na prāptiś ca	(B)

*(C)본의 경우 마지막 단어가 부정어 na와 연결되어 나타난다. [단어뭉치▸ 8.3.1)(1)]
*처음 세 개의 사본은 쉼표 앞에서 -ḥ를 보여주지 않으며, (法)본의 경우 마지막 단어의 끝이 마침표 앞에서 -ṁ으로 나타난다. [산디▸ 9.4.1)과 9.4.2)]
*(法)본과 (V)본의 마지막 단어가 다른 사본들에는 없는 접미사 -tva-를 보여주고, (C)본과 (B)본의 경우 각각 nāprāptiḥ와 ca가 나타난다.
*(C)본과 (V)본에서 행의 마지막이 다른 사본들과 달리 마침표로 끝난다.

19.a	bodhisattvasya	(法)
19.b	tasmād aprāptitvād bodhisattvānāṁ	(中)
19.c	tasmād aprāptitvād bodhisattvānāṁ	(M)
19.d	tasmāc chāriputra aprāptitvād bodhisattvo	(C)
19.e	bodhisattvasya(śca?)	(V)
19.f	tasmād aprāptitvād bodhisatva	(B)

*(C)본과 (B)본의 경우 마지막 단어의 끝이 음성적 환경에 맞지 않게 -o와 -a로 나타난다. [산디▸ 9.4.1)]
*각각의 사본에 bodhisattva-가 공통으로 나타나지만, 이의 격 형태는 상이하게 나타난다. [표지▸ 10.3.1.1)]

*(V)본의 경우 (śca?)는 ca가 붙은 bodhisattvaś ca의 존재 가능성을 시사한다.
*(C)본에서는 śāriputra가 나타나고, (法)본과 (V)본에는 aprāptitvād가 존재하지 않는다.

20.a	prajñāpāramitām āśritya viharati cittavaraṇa (cittāvaraṇa).	(法)
20.b	prajñāpāramitām āśritya viharaty acittāvaraṇaḥ.	(中)
20.c	prajñāpāramitām āśritya viharaty acittāvaraṇaḥ.	(M)
20.d	prajñāpāramitām āśritya viharaty acittāvaraṇaḥ.	(C)
20.e	prajñāpāramitāmāśritya viharati cittāvaraṇaḥ,	(V)
20.f	prajñāpāramitāṁ niśṛtya viharati cittāvaraṇaḥ,	(B)

*(V)본에서 처음 두 개의 단어가 연결되어 나타난다. [단어뭉치▸ 8.3.3)(2)]
*(法)본에는 마지막 단어의 끝이 음성적 환경에 맞지 않게 -a로 나타난다. [산디▸ 9.4.1)]
*마지막 단어에서 부정 접두사 a-의 유무에 따라 사본들은 두 부류로 나뉜다.
*(法)본은 마지막 단어에서 cittavaraṇa, cittāvaraṇa 두 개의 형태 가능성을 제시한다.
*(B)본의 경우 두 번째 단어가 그 밖의 사본들과 다르게 ni-śṛtya로 나타난다. [14.4.4.]

21.a	cittāvaraṇanāstitvād atrasto viparyāsātikrānto tiṣṭhanirvāṇaḥ.	(法)
21.b	cittāvaraṇanāstitvād atrasto viparyāsātikrānto niṣṭhanirvāṇaḥ.	(中)
21.c	cittāvaraṇanāstitvād atrasto viparyāsātikrānto niṣṭhanirvāṇaḥ.	(M)
21.d	cittāvaraṇanāstitvād atrasto viparyāsātikrānto. niṣṭhānirvāṇaḥ.	(C)
21.e	cittāvaraṇanāstitvādatrasto viparyāsātikrānto niṣṭhanirvāṇaḥ,	(V)
21.f	cittāvaraṇanāstitvād atrastho viparyāsātikrānto niṣṭhanirvāṇaḥ,	(B)

*(V)본에서 처음 두 개의 단어가 연결된 뭉치가 나타난다. [단어뭉치▸ 8.3.3)(1)]
*모든 사본에서 세 번째 단어가 n을 보여주고 있고(대본39 -ṁ-비교), (C)본의 경우 특이하게도 -o.에 마침표가 찍혀있다. [7.4.와 14.4.4. 참조]
*(法)본에는 tiṣṭha-가 붙는 어형이, (B)본에는 기식이 있는 atrastho가 나타난다.
*(C)본을 제외한 모든 사본에 niṣṭha-가 나타난다.
*(V)본과 (B)본은 나머지 사본들과 달리 쉼표로 끝난다.

22.a	tryadhvavyavasthitāḥ sarvabuddhāḥ	(法)
22.b	tryadhvavyavasthitāḥ sarvabuddhāḥ	(中)
22.c	tryadhvavyavasthitāḥ sarvabuddhāḥ	(M)
22.d	tryadhvavyavasthitāḥ sarvabuddhāḥ	(C)
22.e	tryadhvavyavasthitāḥ sarvabuddhāḥ	(V)
22.f	tryadhvavyavasthitāḥ sarvabuddhāḥ	(B)

23.a	prajñāpāramitām āśrityānuttarāṁ samyaksambodhiṁ abhisambuddhāḥ.	(法)
23.b	prajñāpāramitām āśrityānuttarāṁ samyaksambodhiṁ abhisambuddhāḥ.	(中)
23.c	prajñāpāramitām āśrityānuttarāṁ samyaksambodhiṁ abhisambuddhāḥ.	(M)
23.d	prajñāpāramitām āśrityānuttarāṁ samyaksambodhim abhisambuddhāḥ.	(C)
23.e	prajñāpāramitāmāśritya anuttarāṁ samyaksaṁbodhimabhisaṁbuddhāḥ.	(V)
23.f	prajñāpāramitāṁ niśṛtyānuttarasamyaksaṁbuddhā abhisaṁbuddhāḥ,	(B)

*모든 사본에서 두 개의 단어가 연결되어 나타나는데, (V)본과 (B)본의 경우 āśritya가 각각 앞과 뒤의 단어와 연결되고 있다. [단어뭉치▶ 8.3.1)(1)와 8.3.3)(2)]
*처음 세 개의 사본의 경우 첫 단어의 끝이 모음 앞에서 -ṁ으로 나타난다. [산디▶ 9.4.2)]
*(B)본에서 anuttara-가 따라 나오는 단어와 결합되어 있다. [합성어▶ 11.4.2)]
*(B)본은 niśritya가 아닌 niśṛtya를 보여주고, 행이 쉼표로 끝난다.

24.a	tasmāj jñātavyaṁ prajñāpāramitāmahāmantro	(法)
24.b	tasmāj jñātavyaṁ prajñāpāramitāmahāmantro	(中)
24.c	tasmāj jñātavyo prajñāpāramitāmahāmantro	(M)
24.d	tasmāj jñātavyaṁ prajñāpāramitā mahāmantro	(C)
24.e	tasmājjñātavyaḥ prajñāpāramitāmahāmantro	(V)
24.f	tasmāj jñātavyo prajñāpāramitāmahāmantro	(B)

*(C)본을 제외한 모든 사본에는 마지막 단어가 뭉치로 나타난다. [단어뭉치▶ 8.3.2)(1)와 8.3.4)]
*(M)본과 (B)본의 경우 두 번째 단어의 끝이 음성적 환경에 맞지 않게 -o로 나타난다. [산디▶ 9.4.1)]
*jñātavya-가 모든 사본에 나타나지만, 격 형태(-m, -ḥ)에 따라 사본들은 두 부류로 나뉜다.

25.a	mahāvidyāmantro 'nuttaramantro 'samasamamantraḥ,	(法)
25.b	mahāvidyāmantro 'nuttaramantro 'samasamamantraḥ,	(中)
25.c	mahāvidyāmantro 'nuttaramantro 'samasamamantraḥ,	(M)
25.d	mahāvidyāmantro 'nuttaramantro 'samasamamantraḥ	(C)
25.e	mahāvidyāmantro 'nuttaramantro 'samasamamantraḥ	(V)
25.f	vidyāmantro 'samasamamantraḥ	(B)

*(B)본에서는 특이하게도 다른 사본들에 나타나는 단어들이 여러 개 빠져있다.
*(C)(V)(B)본의 경우 행의 끝에 쉼표가 찍혀있지 않다.

26.a	sarvaduḥkhapraśamanaḥ. satyam amithyatvāk	(法)
26.b	sarvaduḥkhapraśamanaḥ. satyam amithyatvāt	(中)
26.c	sarvaduḥkhapraśamanaḥ. satyam amithyatvāt	(M)
26.d	sarvaduḥkhapraśamanaḥ satyam amithyatvāt.	(C)
26.e	sarvaduḥkhapraśamanaḥ satyamamithyatvāt	(V)
26.f	sarvaduḥkhapraśamamantraḥ satyam amithyatvāt	(B)

*(V)본의 경우 마지막 두 개의 단어가 연결되어 나타난다. [단어뭉치▶ 8.3.3)(1)]
*(法)본에서 마지막 단어의 격 형태가 그 밖의 사본들과 다르게 나타난다. [아래 7.4. 참조]
*(B)본의 경우 첫 단어에 -mantra-가 나타난다.
*(法)(中)(M)본에는 첫 단어 다음에 마침표가 찍혀있는 반면, (C)본의 경우 행의 끝에 마침표가 있다. 나머지 사본들은 마침표도 쉼표도 보여주지 않는다.

27.a	prajñāpāramitāyām ukto mantraḥ, tad yathā	(法)
27.b	prajñāpāramitāyām ukto mantraḥ, tad yathā	(中)
27.c	prajñāpāramitāyām ukto mantraḥ, tad yathā	(M)

27.d	prajñāpāramitāyām ukto mantraḥ. tad yathā	(C)
27.e	prajñāpāramitāyāmukto mantraḥ, tadyathā	(V)
27.f	prajñāpāramitāyām ukto mantraḥ. tadyathā	(B)

*(V)본에서 처음 두 개의 단어가 연결되어 나타난다. [단어뭉치▸ 8.3.3)(2)]
*(V)본과 (B)본은 마지막 단어가 결합된 어형으로 나타난다. [합성어▸ 11.4.1)]
*(C)본과 (B)본의 경우 행의 끝에 다른 사본들과 달리 마침표가 찍혀있다.

28.a	gate gate pāragate pārasaṁgate bodhi svāhā	(法)
28.b	gate gate pāragate pārasaṁgate bodhi svāhā	(中)
28.c	gate gate pāragate pārasaṁgate bodhi svāhā	(M)
28.d	oṁ gate gate pāragate pārasaṁgate bodhi svāhā.	(C)
28.e	gate gate pāragate pārasaṁgate bodhi svāhā.	(V)
28.f	oṁ gate gate pāragate pārasaṁgate bodhi svāhā.	(B)

*(C)본과 (B)본의 경우 om이 나타난다.

29.a	iti prajñāpāramitāhṛdayaṁ samāptam.	(法)
29.b	iti prajñāpāramitāhṛdayaṁ samāptam.	(中)
29.c	iti prajñāpāramitāhṛdayaṁ samāptam.	(M)
29.d	ity āryaprajñāpāramitāhṛdayaṁ samāptam.	(C)
29.e	iti prajñāpāramitāhṛdayasūtraṁ samāptam.	(V)
29.f	×	(B)

*(C)본과 (B)본에는 각각 ārya-와 -sūtra-가 나타난다.

7.3. 대본의 사본들

각 행의 오른쪽에 위치한 약어는 (長) = 장곡사본, (中) = 中村元본, (M) = MÜLLER-NANJIO본, (C) =CONZE본, (V) = VAIDYA본, (F) = FEER본, (중) = 중국사본을 가리킨다.

01.a	namas sarvajñāya.	(長)
01.b	namas sarvajñāya.	(中)
01.c	namas sarvajñāya.	(M)
01.d	om namo bhagavatyai āryaprajñāpāramitāyai.	(C)
01.e	namaḥ sarvajñāya.	(V)
01.f	om namo bhagavatyai āryaprajñāpāramitāyai.	(F)
01.g	om namo bhagavatyai āryaprajñāpāramitāyai.	(중)

*(長)(中)(M)본에서 첫 단어의 끝이 (V)본에서의 -ḥ가 아닌 -s로 나타난다. [산디▸ 9.4.1)]

02.a	evaṁ mayā śrutam.	(長)
02.b	evaṁ mayā śrutam.	(中)
02.c	evaṁ mayā śrutam.	(M)
02.d	evaṁ mayā śrutam.	(C)
02.e	evaṁ mayā śrutam,	(V)
02.f	evaṁ mayā śrutam.	(F)
02.g	evaṁ mayā śrutam.	(중)

*(V)본을 제외한 나머지 모든 사본의 행은 마침표로 끝난다.

03.a	ekasmin samaye bhagavān rājagṛhe viharati sma gṛdhrakūṭe parvate	(長)
03.b	ekasmin samaye bhagavān rājagṛhe viharati sma gṛdhrakūṭe parvate	(中)
03.c	ekasmin samaye bhagavān rājagṛhe viharati sma gṛdhrakūṭe parvate	(M)
03.d	ekasmin samaye. bhagavān rājagṛhe viharati sma gṛdhrakūṭaparvate,	(C)
03.e	ekasmin samaye bhagavān rājagṛhe viharati sma gṛdhrakūṭe parvate	(V)
03.f	ekasmin samaye. bhagavān rājagṛhe viharati sma gṛdhrakūṭaparvate,	(F)
03.g	ekasmin samaye. bhagavān rājagṛhe viharati sma gṛdhrakūṭaparvate,	(중)

*(C)(F)(중)본의 경우 마지막 두 개의 단어가 연결되어 나타난다. [합성어▸ 11.4.3)]
*(C)(F)(중)본에서 두 번째 단어와 행의 끝에 마침표 또는 쉼표가 찍혀있다.

04.a	mahatā bhikṣusaṁghena sārdhaṁ ca mahatā bodhisattvasaṁghena.	(長)
04.b	mahatā bhikṣusaṁghena sārdhaṁ ca mahatā bodhisattvasaṁghena.	(中)
04.c	mahatā bhikṣusaṁghena sārdhaṁ ca mahatā bodhisattvasaṁghena.	(M)
04.d	mahatā bhikṣusaṁghena sārdhaṁ mahatā ca bodhisattvasaṁghena.	(C)
04.e	mahatā bhikṣusaṁghena sārdhaṁ mahatā ca bodhisattvasaṁghena,	(V)
04.f	mahatā bhikṣugaṇena sārdhaṁ mahatā ca bodhisattvagaṇena.	(F)
04.g	mahatā bhikṣugaṇena sārdhaṁ mahatā ca bodhisattvagaṇena.	(중)

*처음 세 개의 사본들의 경우 ca의 위치가 나머지 사본들과 다르게 나타난다.
*(F)본과 (중)본에서 두 번째 단어는 나머지 사본들과 다른 어형 =gaṇena를 포함하고 있다.
*(V)본에서만 행이 쉼표로 끝난다.

05.a	tena khalu samayena bhagavān gaṁbhīrāvasaṁbodhaṁ nāma	(長)
05.b	tena khalu samayena bhagavān gaṁbhīrāvasaṁbodhaṁ nāma	(中)
05.c	tena khalu samayena bhagavān gaṁbhīrāvasaṁbodhaṁ nāma	(M)
05.d	tena khalu punaḥ samayena bhagavān gaṁbhīrāvabhāsaṁ nāma	(C)
05.e	tena khalu samayena bhagavān gambhīrāvasaṁbodhaṁ nāma	(V)

05.f	tena khalu punaḥ samayena bhagavān gaṁbhīrāvabhāsaṁ nāma	(F)
05.g	tena khalu punaḥ samayena bhagavān gaṁbhīrāvabhāsaṁ nāma	(중)

*(V)본을 제외한 나머지 사본들에서 -ṁ이 나타난다. [아래 7.4. 참조]
*(C)(F)(중)본의 경우 다른 사본들에 없는 단어 punaḥ가 존재하고, 끝에서 두 번째 단어에도 -avabhāsa-가 나타난다.

06.a	samādhiṁ samāpannaḥ.	(長)
06.b	samādhiṁ samāpannaḥ.	(中)
06.c	samādhiṁ samāpannaḥ.	(M)
06.d	dharmaparyāyaṁ bhāṣitvā samādhiṁ samāpannaḥ.	(C)
06.e	samādhiṁ samāpannaḥ,	(V)
06.f	dharmaparyāyaṁ bhāṣitvā samādhiṁ samāpannaḥ.	(F)
06.g	dharmaparyāyaṁ bhāṣitvā samādhiṁ samāpannaḥ.	(중)

*(C)(F)(중)본에는 특이하게도 다른 사본들에 없는 두 개의 단어가 첨가되어 있다.
*(V)본에서만 행이 쉼표로 끝난다.

07.a	tena ca samayenāryāvalokiteśvaro bodhisattvo mahāsattvo	(長)
07.b	tena ca samayenāryāvalokiteśvaro bodhisattvo mahāsattvo	(中)
07.c	tena ca samayenāryāvalokiteśvaro bodhisattvo mahāsattvo	(M)
07.d	tena ca samayena āryāvalokiteśvaro bodhisattvo mahāsattvo	(C)
07.e	tena ca samayena āryāvalokiteśvaro bodhisattvo mahāsattvo	(V)
07.f	tena ca samayena āryāvalokiteśvaro bodhisattvo mahāsattvo	(F)
07.g	tena ca samayena āryāvalokiteśvaro bodhisattvo mahāsattvo	(중)

*(長)본과 (中)본의 경우 두 개의 단어가 연결되어 나타난다. [단어뭉치▸ 8.3.1)(2)]

08.a	gaṁbhīrāyāṁ prajñāpāramitāyāṁ caryāṁ caramāṇa	(長)
08.b	gaṁbhīrāyāṁ prajñāpāramitāyāṁ caryāṁ caramāṇa	(中)
08.c	gaṁbhīrāyāṁ prajñāpāramitāyāṁ caryāṁ caramāṇa	(M)
08.d	gaṁbhīrāyāṁ prajñāpāramitāyāṁ caryāṁ caramāṇa	(C)
08.e	gambhīrāyāṁ prajñāpāramitāyāṁ caryāṁ caramāṇaḥ	(V)
08.f	gaṁbhīrāvabhāsaṁ nāma dharmaparyāyaṁ	(F)
08.g	gaṁbhīrāvabhāsaṁ nāma dharmaparyāyaṁ caryāṁ caramāṇa	(중)

*(V)본의 경우 마지막 단어의 끝이 음성적 환경에 맞지 않게 -ḥ가 나타난다. [산디▸ 9.4.1)]
*(V)본을 제외한 모든 사본의 첫 단어에 -ṁ-가 나타난다. [아래 7.4. 참조]
*(F)본과 (중)본에서 첫 단어가 -avabhāsa-를 갖고 있고, 이를 따라 나오는 두 개의 단어 역시 나머지 사본들에 나타나지 않는 어형들이다.

09.a	evaṁ vyavalokayati sma.	(長)
09.b	evaṁ vyavalokayati sma.	(中)
09.c	evaṁ vyavalokayati sma.	(M)
09.d	evaṁ vyavalokayati sma	(C)
09.e	evaṁ vyavalokayati sma,	(V)
09.f	vyavalokayati sma	(F)
09.g	evaṁ vyavalokayati sma	(중)

*(F)본에서만 evaṁ이 빠져있다.
*처음 세 개의 사본들에는 행의 끝에 마침표, (V)본에는 쉼표가 찍혀있는 반면, (C)(F)(중)본은 그 어떤 것도 보여주지 않는다.

10.a	paṁca skaṁdhās tāṁś ca svabhāvaśūnyān vyavalokayati.	(長)
10.b	paṁca skaṁdhās tāṁś ca svabhāvaśūnyān vyavalokayati.	(中)
10.c	paṁca skaṁdhās tāṁś ca svabhāvaśūnyān vyavalokayati.	(M)
10.d	pañcaskandhās tāṁś ca svabhāvaśūnyān vyavalokayati.	(C)
10.e	pañca skandhāṁstāṁśca svabhāvaśūnyaṁ vyavalokayati.	(V)
10.f	pañcaskandhās tāṁś ca svabhāvaśūnyān vyavalokayati.	(F)
10.g	x	(중)

*(V)본의 경우 세 개의 단어가 연결되어 나타난다. [단어뭉치▸ 8.3.2)(1)]
*(V)본의 경우 세 번째 단어에 복수가 아닌 단수의 격 형태가 붙어 있다. [표지▸ 10.5.1.1)]
*(C)본과 (F)본에서 처음 두 개의 단어가 결합되어 나타난다. [합성어▸ 11.4.1)]
*처음 세 개의 사본에서 첫 단어가 paṁca로 나타난다. [아래 7.4. 참조]

11.a	āyuṣmān chāriputro buddhānubhāvenāryāvalokiteśvaraṁ	(長)
11.b	athāyuṣmān chāriputro buddhānubhāvenāryāvalokiteśvaraṁ	(中)
11.c	athāyuṣmān chāriputro buddhānubhāvenāryāvalokiteśvaraṁ	(M)
11.d	athāyuṣmāñc chāriputro buddhānubhāvena āryāvalokiteśvaraṁ	(C)
11.e	athāyuṣmān śāriputro buddhānubhāvena āryāvalokiteśvaraṁ	(V)
11.f	atha khalv ayuṣmāñc chāriputro buddhānubhāvena avalokiteśvaraṁ	(F)
11.g	atha khalv ayuṣmāñc chāriputro buddhānubhāvena āryāvalokiteśvaraṁ	(중)

*처음 세 개의 사본에는 두 개가 단어가 연결되어 나타나고, (中)(M)(V)(V)본의 첫 단어 역시 그러한 경우이다. [단어뭉치▸ 8.3.1)(2)]
*(長)(中)(M)(V)본의 경우 첫 단어의 끝이 음성적 환경에 맞지 않게 나타난다. [산디▸ 9.4.1)]
*마지막 두 개의 사본에서 khalu가 첨가되어 있다.

12.a	bodhisattvam etad avocat.	(長)
12.b	bodhisattvam etad avocat.	(中)
12.c	bodhisattvam etad avocat.	(M)
12.d	bodhisattvaṁ mahāsattvam etad avocat.	(C)
12.e	bodhisattvametadavocat.	(V)
12.f	bodhisattvaṁ mahāsattvam etad avocat.	(F)

12.g	bodhisattvaṁ mahāsattvam etad avocat.	(중)

*(V)본에는 세 개의 단어가 연결되어 나타난다. [단어뭉치▸ 8.3.3)(2)]
*(C)(F)(중)본의 경우 나머지 사본들에 없는 단어 mahāsattvam이 나타난다.

13.a	yaḥ kaścit kulaputro gaṁbhīrāyāṁ prajñāpāramitāyāṁ	(長)
13.b	yaḥ kaścit kulaputro gaṁbhīrāyāṁ prajñāpāramitāyāṁ	(中)
13.c	yaḥ kaścit kulaputro gaṁbhīrāyāṁ prajñāpāramitāyāṁ	(M)
13.d	yaḥ kaścit kūlaputro vā kūladuhitā vā asyāṁ gaṁbhīrāyāṁ prajñāpāramitāyāṁ	(C)
13.e	yaḥ kaścit kulaputro gambhīrāyāṁ prajñāpāramitāyāṁ	(V)
13.f	yaḥ kaścit kūlaputro vā kūladuhitā vā asyāṁ gaṁbhīrāyāṁ prajñāpāramitāyāṁ	(F)
13.g	yaḥ kaścit kūlaputro vā kūladuhitā vā asyāṁ gaṁbhīrāyāṁ prajñāpāramitāyāṁ	(중)

*(V)본을 제외한 나머지 사본들에서 –ṁ–이 나타난다. [아래 7.4. 참조]
*(C)(F)(중)본에는 나머지 사본들에 없는 단어들이 여러 개 나타난다.

14.a	caryāṁ cartukāmaḥ kathaṁ śikṣitavyaḥ.	(長)
14.b	caryāṁ cartukāmaḥ kathaṁ śikṣitavyaḥ.	(中)
14.c	caryāṁ cartukāmaḥ kathaṁ śikṣitavyaḥ.	(M)
14.d	caryāṁ cartukāmas tena kathaṁ śikṣitavyam.	(C)
14.e	caryāṁ cartukāmaḥ, kathaṁ śikṣitavyaḥ.	(V)
14.f	cartāyā cartukāmas tena kathaṁ śikṣitavyam.	(F)
14.g	cartāyā cartukāmas tena kathaṁ śikṣitavyam.	(중)

*마지막 단어의 격 형태가 –ḥ이냐 –m이냐에 따라 사본들이 두 부류로 나뉘고, (F)본과 (중)본의 경우 첫 단어에 –ṁ이 빠져있다. [표지 10.5.1.2)와 10.5.2.1)]
*(C)(F)(중)본의 경우 나머지 사본들에 없는 tena가 나타나고, (V)본의 두 번째 단어에 쉼표가 찍혀있다.

15.a	evam ukta āryāvalokiteśvaro bodhisattvo mahāsattva	(長)
15.b	evam ukta āryāvalokiteśvaro bodhisattvo mahāsattva	(中)
15.c	evam ukta āryāvalokiteśvaro bodhisattvo mahāsattva	(M)
15.d	evam ukta āryāvalokiteśvaro bodhisattvo mahāsattvo	(C)
15.e	evamukte āryāvalokiteśvaro bodhisattvo mahāsattvaḥ	(V)
15.f	evam ukta āryāvalokiteśvaro bodhisattvo mahāsattvo	(F)
15.g	evam ukta āryāvalokiteśvaro bodhisattvo mahāsattvo	(중)

*(V)본에는 두 개의 단어가 연결되어 나타난다. [단어뭉치▸ 8.3.3)(2)]
*마지막 네 개의 사본에서 마지막 단어의 끝이 나머지 사본들과 다른 형태를 보여준다. [산디▸ 9.4.1)]
*(V)본을 제외한 모든 사본에서 ukta가 나타난다. [표지▸ 10.5.1)]

16.a	āyuṣmaṁtaṁ śāriputram etad avocat.	(長)
16.b	āyuṣmaṁtaṁ śāriputram etad avocat.	(中)

16.c	āyuṣmaṁtaṁ śāriputram etad avocat.	(M)
16.d	āyuṣmantaṁ śāriputram etad avocat.	(C)
16.e	āyuṣmantaṁ śāriputrametadavocat.	(V)
16.f	āyuṣmantaṁ śāriputram etad avocat	(F)
16.g	āyuṣmantaṁ śāriputram etad avocat	(중)

*(V)본의 경우 세 개의 단어가 연결되어 나타난다. [단어뭉치▸ 8.3.3)(2)]
*처음 세 개의 본에서 첫 단어가 -ṁ-를 보여준다. [아래 7.4. 참조]

17.a	yaḥ kaścic chāriputra kulaputro vā kuladuhitā vā	(長)
17.b	yaḥ kaścic chāriputra kulaputro vā kuladuhitā vā	(中)
17.c	yaḥ kaścic chāriputra kulaputro vā kuladuhitā vā	(M)
17.d	yaḥ kaścic chāriputra kulaputro vā kuladuhitā vā	(C)
17.e	yaḥ kaściccāriputra kulaputro va kuladuhitā vā	(V)
17.f	yaḥ kaścic chāriputra kulaputro vā kuladuhitā vā	(F)
17.g	yaḥ kaścic chāriputra kulaputro vā kuladuhitā vā	(중)

*모든 사본에서 두 개 (이상)의 단어가 연결되어 나타난다. [단어뭉치▸ 8.3.2)(1)]

18.a	gaṁbhīrāyāṁ prajñāpāramitāyāṁ caryāṁ	(長)
18.b	gaṁbhīrāyāṁ prajñāpāramitāyāṁ caryāṁ	(中)
18.c	gaṁbhīrāyāṁ prajñāpāramitāyāṁ caryāṁ	(M)
18.d	asyāṁ gaṁbhīrāyāṁ prajñāpāramitāyāṁ caryāṁ	(C)
18.e	gambhīrāyāṁ prajñāpāramitāyāṁ caryāṁ	(V)
18.f	asyāṁ gaṁbhīrāyāṁ prajñāpāramitāyāṁ caryāṁ	(F)
18.g	asyāṁ gaṁbhīrāyāṁ prajñāpāramitāyāṁ	(중)

*(V)본을 제외한 모든 사본에서 -ṁ-가 나타난다. [아래 7.4. 참조]
*(C)(F)(중)본은 나머지 사본들에 없는 단어 asyāṁ을 보여준다.

19.a	cartukāmas tenaivaṁ vyavalokayitavyaṁ.	(長)
19.b	cartukāmas tenaivaṁ vyavalokayitavyaṁ.	(中)
19.c	cartukāmas tenaivaṁ vyavalokayitavyaṁ.	(M)
19.d	cartukāmas tenaivaṁ vyavalokayitavyaṁ.	(C)
19.e	cartukāmaḥ, tenaivaṁ vyavalokitavyam	(V)
19.f	cartukāmas tenaivaṁ śikṣitavyam yaduta.	(F)
19.g	cartukāmas tenaivaṁ śikṣitavyam yaduta.	(중)

*모든 사본에 공통적으로 두 개의 단어가 연결되어 나타나고, (F)본과 (중)본의 마지막 단어 역시 그러한 경우이다. [단어뭉치▸ 8.3.1)(5)와 8.3.3)(2)]
*(F)본과 (중)본에서 세 번째 단어의 끝이 음성적 환경에 맞지 않게 -m으로 나타난다. [산디▸ 9.4.2)]
*(V)본의 경우 세 번째의 단어가 형태적으로 처음 세 개의 사본과 다르게 나타난다. [14.4.4. 참조]
*(F)본과 (중)본에는 나머지 사본들에 없는 단어들이 나타난다.

*(V)본의 경우 첫 단어에 쉼표가 있지만 행의 끝에 마침표가 없으며, (F)본과 (중)본에는 행의 마지막에 쉼표가 찍혀있다.

20.d	āryāvalokiteśvaro bodhisattvo gambhīrāṁ prajñāpāramitācaryāṁ caramāṇo vyavalokayati sma	(C)
20.e	āryāvalokiteśvaro bodhisattvo gambhīrāṁ prajñāpāramitācaryāṁ caramāṇo vyavalokayati sma	(V)
20.f	āryāvalokiteśvaro bodhisattvo gambhīrāṁ prajñāpāramitācaryāṁ caramāṇo vyavalokayati sma	(F)
20.g	āryāvalokiteśvaro bodhisattvo gambhīrāṁ prajñāpāramitācaryāṁ caramāṇo vyavalokayati sma	(중)

*위의 행은 (長)(中)(M)본에 나타나지 않는다.

21.a	paṁca skaṁdhās tāṁś ca svabhāvaśūnyān samanupaśyati sma.	(長)
21.b	paṁca skaṁdhās tāṁś ca svabhāvaśūnyān samanupaśyati sma.	(中)
21.c	paṁca skaṁdhās tāṁś ca svabhāvaśūnyān samanupaśyati sma.	(M)
21.d	pañcaskandhās tāṁś ca svabhāvaśūnyān paśyati sma.	(C)
21.e	pañca skandhāṁstāṁśca svabhāvaśūnyān samanupaśyati sma,	(V)
21.f	pañcaskandhās svabhāvaśūnyāḥ. kathaṁ pañcaskandhāḥ svabhāvaśūnyāḥ.	(F)
21.g	pañcaskandhās svabhāvaśūnyāḥ. kathaṁ pañcaskandhāḥ svabhāvaśūnyāḥ.	(중)

*(V)본의 경우 각각 세 개의 단어가 연결되어 나타난다. [단어뭉치▸ 8.3.2)(1)]
*(F)본과 (중)본에는 첫 단어와 katham의 끝이 음성적 환경에 맞지 않게 나타난다. [산디▸ 9.4.1) 2)]
*(V)본에서 skandhāṁs가 특이하게도 어말에 -ṁ을 보여준다. [표지▸ 10.5.1.1)]
*(C)(F)(중)본의 첫 단어는 두 개의 단어가 결합되어 있는 어형이다. [합성어▸ 11.4.1)]
*(F)본과 (중)본에서 다른 사본들에 없는 katham이 나타난다.
*처음 세 개의 사본들에서 paṁca가 나타난다. [아래 7.4.]

22.a	rūpaṁ śūnyatā śūnyataiva rūpaṁ.	(長)
22.b	rūpaṁ śūnyatā śūnyataiva rūpaṁ.	(中)
22.c	rūpaṁ śūnyatā śūnyataiva rūpaṁ.	(M)
22.d	iha śāriputra rūpaṁ śūnyatā śūnayataiva rūpaṁ	(C)
22.e	rūpaṁ śūnyatā, śūnyataiva rūpam,	(V)
22.f	iha śāriputra rūpaṁ evaśūnyatā śūnayatā rūpaṁ	(F)
22.g	śāriputra rūpaṁ śūnyatā śūnayataiva rūpaṁ	(중)

*(F)본을 제외한 모든 사본에 두 개의 단어가 연결된 뭉치가 나타난다. [단어뭉치▸ 8.3.1)(6)]
*처음 세 개의 사본에서 마지막 단어가 마침표 앞에서 -ṁ으로 나타난다. [산디▸ 9.4.2)]
*(C)(F)(중)본에는 나머지 사본들에 없는 단어들이 여러 개 나타난다.
*(C)(F)(중)본의 경우 마침표나 쉼표가 없다.

23.a	rūpān na pṛthak śūnyatā śūnyatāyā na pṛthag rūpaṁ.	(長)
23.b	rūpān na pṛthak śūnyatā śūnyatāyā na pṛthag rūpaṁ.	(中)
23.c	rūpān na pṛthak śūnyatā śūnyatāyā na pṛthag rūpaṁ.	(M)
23.d	rūpān na pṛthak śūnyatā śūnyatāyā na pṛthag rūpaṁ	(C)

23.e	rūpānna pṛthak śūnyatā, śūnyatāyā na pṛthag rūpam,	(V)
23.f	na rūpaṁ pṛthak śūnyatāyāḥ nāpi śūnyatā pṛthag rūpāt.	(F)
23.g	na rūpaṁ pṛthak śūnyatāyāḥ nāpi śūnyatā pṛthag rūpāt.	(중)

*(V)본과 (중)본에서 두 개의 단어가 연결되어 나타난다. [단어뭉치▸ 8.3.2)(1)와 8.3.1)(1)]
*처음 세 개의 사본에서 마지막 단어가 마침표 앞에서 -ṁ으로 나타나고, (F)본과 (중)본은 음성적 환경에 맞지 않는 -ḥ를 보여준다. [산디▸ 9.4.1) 2)]
*마지막 두 사본의 경우 단어들의 순서가 나머지 사본들과 다르게 배열된다.
*(C)본에는 마침표나 쉼표가 없다.

24.a	yad rūpaṁ sā śūnyatā yā śūnyatā tad rūpaṁ.	(長)
24.b	yad rūpaṁ sā śūnyatā yā śūnyatā tad rūpaṁ.	(中)
24.c	yad rūpaṁ sā śūnyatā yā śūnyatā tad rūpaṁ.	(M)
24.d	yad rūpaṁ sā śūnyatā yā śūnyatā tad rūpaṁ.	(C)
24.e	yadrūpaṁ sā śūnyatā, yā śūnyatā tadrūpam,	(V)
24.f	x	(F)
24.g	yad rūpaṁ sā śūnyatā yā śūnyatā tad rūpaṁ.	(중)

*(V)본에서 두 개의 단어가 연결된 뭉치가 나타난다. [단어뭉치▸ 8.3.2)(2)]
*(V)본을 제외한 모든 사본의 경우 마지막 단어의 끝이 마침표 앞에서 -ṁ으로 나타난다. [산디▸ 9.4.2)]
*(V)본에는 두 개의 쉼표가 찍혀있다.

25.a	evaṁ vedanāsaṁjñāsaṁskāravijñānaṁ ca śūnyatā.	(長)
25.b	evaṁ vedanāsaṁjñāsaṁskāravijñānāni ca śūnyatā.	(中)
25.c	evaṁ vedanāsaṁjñāsaṁskāravijñānāni ca śūnyatā.	(M)
25.d	evam eva vedanāsaṁjñāsaṁskāravijñānam.	(C)
25.e	evaṁ vedanāsaṁjñāsaṁskāravijñānāni ca śūnyatā,	(V)
25.f	evaṁ vedanāsaṁjñāsaṁskāravijñānāni.	(F)
25.g	evam eva vedanāsaṁjñāsaṁskāravijñānam.	(중)

*(F)본에서 첫 단어의 끝이 음성적 환경에 맞지 않게 -ṁ으로 나타난다. [산디▸ 9.4.2)]
*합성어의 격 형태가 단수이냐 복수이냐에 따라 사본들이 두 부류로 구분된다. [표지▸ 10.3.1.1)(12)]
*(V)본에서 행이 쉼표로 끝난다.

26.a	evaṁ śāriputra sarvadharmā śūnyatālakṣaṇā anutpannā aniruddhā	(長)
26.b	evaṁ śāriputra sarvadharmā śūnyatālakṣaṇā anutpannā aniruddhā	(中)
26.c	evaṁ śāriputra sarvadharmā śūnyatālakṣaṇā anutpannā aniruddhā	(M)
26.d	iha śāriputra sarvadharmāḥ śūnyatālakṣaṇā anutpannā aniruddhā	(C)
26.e	evaṁ śāriputra sarvadharmāḥ śūnyatālakṣaṇā anutpannā aniruddhā	(V)
26.f	evaṁ śāriputra svabhāvaśūnyatālakṣaṇā ajātā anutpannā aniruddhā	(F)
26.g	evaṁ śāriputra svabhāvaśūnyatālakṣaṇā ajātā anutpannā aniruddhā	(중)

*처음 세 개의 사본에서 세 번째 단어의 끝이 음성적 환경에 맞지 않게 나타난다. [산디▸ 9.4.1)]

*(C)본에는 iha, (F)본과 (중)본에는 다른 사본들에 없는 단어들이 나타난다.

27.a	amalāvimalā anonā asaṁpūrṇāḥ.	(長)
27.b	amalāvimalā anūnā asaṁpūrṇāḥ.	(中)
27.c	amalāvimalā anūnā asaṁpūrṇāḥ.	(M)
27.d	amalā avimalā anūnā aparipūrṇāḥ.	(C)
27.e	amalā vimalā anūnā asaṁpūrṇāḥ,	(V)
27.f	amalā avimalā anūnā asaṁpūrṇāḥ.	(F)
27.g	amalā avimalā anūnā asaṁpūrṇāḥ.	(중)

*처음 세 개의 사본에는 두 개의 단어가 연결되어 나타난다. [단어뭉치▸ 8.3.1)(3)]
*(C)본의 경우 나머지 사본들과 다르게 aparipūrṇāḥ가 나타나고, (V)본의 세 번째 단어에는 부정사 a-가 결여되어 있다.
*(長)본에서만 두 번째 단어가 -o-를 보여준다. [14.4.4. 참조]
*(V)본에서 행의 마지막이 쉼표로 끝난다.

28.a	tasmāt tarhi śāriputra śūnyatāyāṁ	(長)
28.b	tasmāt tarhi śāriputra śūnyatāyāṁ	(中)
28.c	tasmāt tarhi śāriputra śūnyatāyāṁ	(M)
28.d	tasmāc chāriputra śūnyatāyāṁ	(C)
28.e	tasmāttarhi śāriputra śūnyatāyāṁ	(V)
28.f	tasmāt tarhi śāriputra śūnyatāyāṁ	(F)
28.g	tasmāt tarhi śāriputra śūnyatāyāṁ	(중)

*(V)본에는 두 개의 단어가 연결된 뭉치가 나타난다. [단어뭉치▸ 8.3.2)(2)]
*(C)본의 경우 tarhi가 빠져있다.

29.a	na rūpaṁ na vedanā na saṁjñā na saṁskārā na vijñānaṁ.	(長)
29.b	na rūpaṁ na vedanā na saṁjñā na saṁskārā na vijñānaṁ.	(中)
29.c	na rūpaṁ na vedanā na saṁjñā na saṁskārā na vijñānaṁ.	(M)
29.d	na rūpaṁ na vedanā na saṁjñā na saṁskārāḥ na vijñānaṁ.	(C)
29.e	na rūpam, na vedanā, na saṁjñā, na saṁskārāḥ, na vijñānam,	(V)
29.f	na rūpaṁ na vedanā na saṁjñā na saṁskārāḥ na vijñānaṁ.	(F)
29.g	na rūpaṁ na vedanā na saṁjñā na saṁskārāḥ na vijñānaṁ.	(중)

*(V)본을 제외한 모든 사본에서 마지막 단어의 끝이 마침표 앞에서 -ṁ으로 나타나고, (C)(F)(중)본의 경우 음성적 환경에 맞지 않게 -ḥ가 나타난다. [산디 9.4.1) 2)]
*(V)본에는 각각의 구(Phrase)에 쉼표가 찍혀있다.

30.a	na cakṣur na śrotraṁ na ghrāṇaṁ na jihvā na kāyo na mano	(長)
30.b	na cakṣur na śrotraṁ na ghrāṇaṁ na jihvā na kāyo na mano	(中)
30.c	na cakṣur na śrotraṁ na ghrāṇaṁ na jihvā na kāyo na mano	(M)

30.d	na caksuḥśrotraghrāṇajihvākāyamanāṁsi	(C)
30.e	na cakṣurna śrotraṁ na ghrāṇaṁ na jihvā na kāyo na mano	(V)
30.f	na cakṣur na śrotraṁ na ghrāṇaṁ na jihvā na kāyo na mano	(F)
30.g	na cakṣur na śrotraṁ na ghrāṇaṁ na jihvā na kāyo na mano	(중)

*(V)본에는 두 개의 단어가 연결된 뭉치가 나타난다. [단어뭉치▶ 8.3.2)(1)]
*(C)본의 경우 나머지 사본들과 달리 여섯 개의 단어가 결합되어 있는 어형이 나타난다. [합성어▶ 11.4.5)]

31.a	na rūpaṁ na śabdo na gaṁdho na raso na spraṣṭavyaṁ na dharma.	(長)
31.b	na rūpaṁ na śabdo na gaṁdho na raso na spraṣṭavyaṁ na dharmāḥ.	(中)
31.c	na rūpaṁ na śabdo na gaṁdho na raso na spraṣṭavyaṁ na dharmāḥ.	(M)
31.d	na rūpaśabdagandharasaspraṣṭavyadharmāḥ	(C)
31.e	na rūpaṁ na śabdo na gandho na raso na spraṣṭavyaṁ na dharmaḥ,	(V)
31.f	na rūpaṁ na śabdo gaṁdho na raso na spraṣṭavyaṁ na dharma	(F)
31.g	na rūpaṁ na śabdo gaṁdho na raso na spraṣṭavyaṁ na dharma	(중)

*(長)(C)(F)(중)본의 경우 마지막 단어의 끝이 음성적 환경에 맞지 않게 나타난다. [산디▶ 9.4.1)]
*(中)본과 (M)본에서 마지막 단어의 격 형태가 나머지 사본들과 다르게 복수로 나타난다.
[표지▶ 10.3.1.10)]
*(C)본에는 여섯 개의 단어가 결합되어 있는 어형이 나타난다. [합성어▶ 11.4.5)]
*처음 세 개와 마지막 두 개의 사본에서 -ṁ-가 나타난다. [아래 7.4. 참조]
*(C)(F)(중)본의 경우 행의 끝에 마침표나 쉼표가 찍혀있지 않다.

32.a	na cakṣurdhātur yāvan na manodhātur na dharmadhātur na manovijñānadhātuḥ.	(長)
32.b	na cakṣurdhātur yāvan na manodhātur na dharmadhātur na manovijñānadhātuḥ.	(中)
32.c	na cakṣurdhātur yāvan na manodhātur na dharmadhātur na manovijñānadhātuḥ.	(M)
32.d	na cakṣurdhātur yāvan na manovijñānadhātuḥ	(C)
32.e	na cakṣurdhāturyāvanna manodhāturna dharmadhāturna manovijñānadhātuḥ,	(V)
32.f	na cakṣurdhātu na manodhātu na manovijñānadhātu yāvan	(F)
32.g	na cakṣurdhātur yāvan na manovijñānadhātuḥ	(중)

*(V)본의 경우 두 개 이상의 단어들이 연결되어 나타난다. [단어뭉치▶ 8.3.2)(1)]
*(C)(F)(중)본의 경우 단어의 끝이 음성적 환경에 맞지 않게 나타난다. [산디▶ 9.4.1)]
*(C)(F)(중)본에는 다른 사본들에 나타나는 단어들이 빠져있다.
*(C)(F)(중)본의 경우 마침표도 쉼표도 찍혀있지 않다.

33.a	na vidyā nāvidyā na kṣayo	(長)
33.b	na vidyā nāvidyā na kṣayo	(中)
33.c	na vidyā nāvidyā na kṣayo	(M)
33.d	nāvidyā nāvidyākṣayo	(C)
33.e	na vidyā nāvidyā na kṣayo	(V)
33.f	nāvidyā nakṣayo nāvidyākṣayo	(F)
33.g	nāvidyā nakṣayo nāvidyākṣayo	(중)

*모든 사본에는 부정어 na가 연결되어 나타난다. [단어뭉치▸ 8.3.1)(1)]
*(C)(F)(중)본의 경우 첫 번째 단어가 나머지 사본들과 달리 부정어 a-를 보여준다.

34.a	yāvan na jarāmaraṇaṁ na jarāmaraṇakṣayaḥ.	(長)
34.b	yāvan na jarāmaraṇaṁ na jarāmaraṇakṣayaḥ.	(中)
34.c	yāvan na jarāmaraṇaṁ na jarāmaraṇakṣayaḥ.	(M)
34.d	yāvan na jarāmaraṇaṁ na jarāmaraṇakṣayo	(C)
34.e	yāvanna jarāmaraṇaṁ na jarāmaraṇakṣayaḥ,	(V)
34.f	yāvan na jarāmaraṇaṁ na jarāmaraṇakṣayo	(F)
34.g	yāvan na jarāmaraṇaṁ na jarāmaraṇakṣayo	(중)

*(V)본에서 두 개의 단어가 연결되어 나타난다. [단어뭉치▸ 8.3.2)(2)]
*(C)(F)(중)본에는 마침표나 쉼표가 없다.

35.a	na duḥkhasamudayanirodhamārgā	(長)
35.b	na duḥkhasamudayanirodhamārgā	(中)
35.c	na duḥkhasamudayanirodhamārgā	(M)
35.d	na duḥkhasamudayanirodhamārgā	(C)
35.e	na duḥkhasamudayanirodhamārgā	(V)
35.f	na duḥkhaṁ na samudayo na nirodho na mārgā	(F)
35.g	na duḥkhasamudayanirodhamārgā na rūpaṁ	(중)

*(F)본을 제외한 모든 사본에 네 개의 단어가 연결되어 있다. [합성어▸ 11.4.3)]
*(중)본에는 나머지 사본들에 없는 단어들이 나타난다.

36.a	na jñānaṁ na prāptir nāprāptiḥ.	(長)
36.b	na jñānaṁ na prāptir nāprāptiḥ.	(中)
36.c	na jñānaṁ na prāptir nāprāptiḥ.	(M)
36.d	na jñānaṁ na prāptir nāprāptiḥ.	(C)
36.e	na jñānaṁ na prāptirnāprāptiḥ,	(V)
36.f	na jñānaṁ na prāptir nāprāptiḥ.	(F)
36.g	na jñānaṁ na prāptir nāprāptiḥ.	(중)

*모든 사본에는 두 개 이상의 단어들이 연결되어 나타난다. [단어뭉치▸ 8.3.1)(1)와 8.3.2)(1)]
*(V)본의 경우 행의 끝에 쉼표가 찍혀있다.

37.a	tasmāc chāriputra aprāptitvena bodhisattvānāṁ	(長)
37.b	tasmāc chāriputra aprāptitvena bodhisattvānāṁ	(中)
37.c	tasmāc chāriputra aprāptitvena bodhisattvānāṁ	(M)
37.d	tasmāc chāriputra aprāptitvād bodhisattvo	(C)
37.e	tasmācchāriputra aprāptitvena bodhisattvānāṁ	(V)
37.f	tasmāt tarhi śāriputra na prāptirnāprāptir yāvat	(F)

37.g	tasmāt tarhi śāriputra aprāptitāprāptiryāvavat bodhisattvo	(중)

*(V)(F)(중)본에는 두 개 이상의 단어들이 연결되어 나타난다. [단어뭉치▸ 8.3.2)(2)]
*(C)본과 (중)본에서 마지막 단어의 끝이 음성적 환경에 맞지 않게 나타난다. [산디▸ 9.4.1)]
*(F)본과 (중)본에는 다른 사본들에 없는 단어들이 존재한다.

38a	prajñāpāramitām āśritya viharati cittāvaraṇa(cittavaraṇa).	(長)
38.b	prajñāpāramitām āśritya viharaty acittāvaraṇaḥ.	(中)
38.c	prajñāpāramitām āśritya viharati cittāvaraṇaḥ.	(M)
38.d	prajñāpāramitām āśritya viharaty acittāvaraṇaḥ.	(C)
38.e	prajñāpāramitāmāśritya viharati cittāvaraṇaḥ,	(V)
38.f	prajñāpāramitām āśritya viharaṁś acittāvaraṇaḥ.	(F)
38.g	prajñāpāramitām āśritya viharaṁś	(중)

*(V)본에서 처음 두 개의 단어가 연결되어 있다. [단어뭉치▸ 8.3.3)(2)]
*(長)본의 경우 마지막 단어의 끝이 음성적 환경에 맞지 않게 나타난다. [산디▸ 9.4.1)]
*(F)본과 (중)본의 경우 세 번째 단어의 끝이 특이하게 나타난다. [표지▸ 10.5.2.1)]
*(長)본은 마지막 단어에서 cittavaraṇa, cittāvaraṇa 두 개의 형태 가능성을 제시한다.
*(중)본을 제외한 모든 사본에서 마지막 단어가 부정 접두사 a-를 갖거나 갖지 않는다.
*(중)본에는 (a)cittāvaraṇaḥ가 빠져있고, 마침표나 쉼표도 없다.

39.a	cittāvaraṇanāstitvād atrasto viparyāsātikrāṁto niṣṭhanirvāṇaḥ.	(長)
39.b	cittāvaraṇanāstitvād atrasto viparyāsātikrāṁto niṣṭhanirvāṇaḥ.	(中)
39.c	cittāvaraṇanāstitvād atrasto viparyāsātikrāṁto niṣṭhanirvāṇaḥ.	(M)
39.d	cittāvaraṇanāstitvād atrasto viparyāsātikrānto. niṣṭhānirvāṇaḥ.	(C)
39.e	cittāvaraṇanāstitvādatrasto viparyāsātikrānto niṣṭhanirvāṇaḥ,	(V)
39.f	cittālambanaṁ nāstitvād atrasto viparyāsātikrāṁto. niṣṭhānirvāṇaṁ prāpnoti.	(F)
39.g	cittālambanaṁ nāstitvād atrasto viparyāsātikrāṁto. niṣṭhānirvāṇaṁ prāpnoti. (C) cittālambanaṁ nāstitvād atrasto viparyāsātikrāṁto. niṣṭhānirvāṇaṁ prāpnoti. (中)	(중)

*(V)본에서 처음 두 개의 단어가 연결되어 나타난다. [단어뭉치▸ 8.3.3)(1)]
*(F)본과 (중)본에서 niṣṭhānirvāṇa-의 표지가 -m으로 나타난다. [표지▸ 10.5.1.1)]
*(C)(F)(중)본의 경우 특이하게도 -o.에 마침표가 찍혀있고, (C)본과 (V)본에서 세 번째 단어가 다른 사본들과 달리 n을 보여준다. [아래 7.4. 참조]
*(F)본과 (중)본의 첫 번째 어형은 나머지 사본들에 없는 단어 =lambanaṁ을 갖고 있다.
*(F)본과 (중)본의 마지막 어형은 나머지 사본들에 존재하지 않는 단어이다.
*(V)(F)(중)본의 경우 다른 사본들과 달리 행이 쉼표로 끝난다.

40.a	tryadhvavyavasthitā sarvabuddhāḥ	(長)
40.b	tryadhvavyavasthitā sarvabuddhāḥ	(中)
40.c	tryadhvavya sthitā sarvabuddhāḥ	(M)
40.d	tryadhvavyavasthitāḥ sarvabuddhāḥ	(C)
40.e	tryadhvavyavasthitāḥ sarvabuddhāḥ	(V)

40.f	tryadhvavyavasthitair api samyaksambuddhaiḥ	(F)
40.g	tryadhvavyavasthitair api samyaksambuddhaiḥ	(중)

*처음 세 개의 사본에서 첫 단어의 끝이 음성적 환경에 맞지 않게 나타난다. [산디▶ 9.4.1)]
*(F)본과 (중)본의 경우 나머지 사본들과 다른 격 형태가 나타난다. [표지▶ 10.3.1.1)(13)]
*(M)본에는 가 빠져있고, (F)본과 (중)본의 경우 나머지 사본들에 없는 단어들이 나타난다.

41.a	prajñāpāramitām āśrityānuttarāṁ samyaksaṁbodhim abhisaṁbuddhāḥ.	(長)
41.b	prajñāpāramitām āśrityānuttarāṁ samyaksaṁbodhim abhisaṁbuddhāḥ.	(中)
41.c	prajñāpāramitām āśrityānuttarāṁ samyaksaṁbodhim abhisaṁbuddhāḥ.	(M)
41.d	prajñāpāramitām āśrityānuttarāṁ samyaksambodhim abhisambuddhāḥ.	(C)
41.e	prajñāpāramitāmāśritya anuttarāṁ samyaksaṁbodhimabhisaṁbuddhāḥ,	(V)
41.f	prajñāpāramitām āśrityānutarāṁ samyaksambodhiḥ prāptā.	(F)
41.g	prajñāpāramitām āśrityānutarāṁ samyaksambodhiḥ prāptā.	(중)

*모든 사본에 두 개의 단어들이 연결되어 나타난다. [단어뭉치▶ 8.3.1)(1)과 8.3.3)(2)]
*(F)본과 (중)본에서 anuttarāṁ가 나타나지만 문장 구조상 표지 -ṁ이 탈락되어야 한다. [표지▶ 10.5.1.1)]
*(F)본과 (중)본의 경우 abhisambuddhāḥ가 빠져있고, 나머지 사본들에 없는 단어 prāptā가 나타난다.
*마지막 세 개의 사본에는 행이 쉼표로 끝난다.

42.a	tasmāj jñātavyaḥ prajñāpāramitāmahāmaṁtro	(長)
42.b	tasmāj jñātavyaḥ prajñāpāramitāmahāmaṁtro	(中)
42.c	tasmāj jñātavyaḥ prajñāpāramitāmahāmaṁtro	(M)
42.d	tasmāj jñātavyaṁ prajñāpāramitā mahāmantro	(C)
42.e	tasmād jñātavyaḥ prajñāpāramitāmahāmantraḥ	(V)
42.f	tasmāj jñātavyaṁ prajñāpāramitāmaṁtro	(F)
42.g	tasmāj jñātavyaṁ mahāmaṁtro (C) etasmājjñātavyḥ prajñāpāramitāmaṁtro (中)	(중)

*(C)본과 (중)본의 (C)를 제외한 모든 사본에서 두 개의 단어가 연결되어 나타난다. [단어뭉치▶ 8.3.4)]
*(V)본의 경우 첫 단어와 세 번째 단어의 끝이 음성적 환경에 맞지 않게 나타난다. [산디▶ 9.4.1)]
*모든 사본에서 두 번째 단어의 끝이 -ṁ 또는 -ḥ로 나타난다. [표지▶ 10.5.2.1)]
*(C)본과 (V)본을 제외한 사본들의 마지막 단어가 -ṁ-를 보여준다. [아래 7.4. 참조]
*(F)본과 (중)본에서 마지막 단어, (중)본의 (중)에서 첫 단어가 나머지 사본들과 다르게 나타난다.

43.a	mahāvidyāmaṁtro 'nuttaramaṁtro 'samasamamaṁtraḥ	(長)
43.b	mahāvidyāmaṁtro 'nuttaramaṁtro 'samasamamaṁtraḥ	(中)
43.c	mahāvidyāmaṁtro 'nuttaramaṁtro 'samasamamaṁtraḥ	(M)
43.d	mahāvidyāmantro 'nuttaramantro 'samasamamantraḥ	(C)
43.e	anuttaramantraḥ asamasamamantraḥ	(V)
43.f	vidyāmaṁtro 'nuttaramantro 'samasamamantraḥ	(F)

43.g	vidyāmaṁtro 'nuttaramantro 'samasamamantraḥ (C) vidyāmaṁtro 'nuttaro mantraḥ (中)	(중)

*(V)본에서 첫 단어의 끝이 음성적 환경에 맞지 않게 나타난다. [산디▸ 9.4.1)]
*(C)본과 (V)본을 제외한 모든 사본에서 -maṁtra-가 나타난다. [아래 7.4. 참조]
*(F)본과 (중)본의 경우 첫 단어에 mahā-가 빠져있고, (V)본과 (중)본에는 나머지 사본들에 있는 첫 단어와 마지막 단어가 나타나지 않는다.

44.a	sarvaduḥkhapraśamanamaṁtraḥ	(長)
44.b	sarvaduḥkhapraśamanamaṁtraḥ	(中)
44.c	sarvaduḥkhapraśamanamaṁtraḥ	(M)
44.d	sarvaduḥkhapraśamanaḥ	(C)
44.e	sarvaduḥkhapraśamanamantraḥ	(V)
44.f	sarvaduḥkhapraśamano maṁtraḥ	(F)
44.g	sarvaduḥkhapraśamano maṁtraḥ	(중)

*(C)본과 (V)본을 제외한 모든 사본에서 -maṁtra-가 나타난다. [아래 7.4. 참조]
*(C)본의 경우 나머지 사본들에 있는 -mantraḥ 또는 -maṁtraḥ가 빠져있다.

45.a	satyam amithyatvāt prajñāpāramitāyām ukto maṁtraḥ, tadyathā,	(長)
45.b	satyam amithyatvāt prajñāpāramitāyām ukto maṁtraḥ, tadyathā,	(中)
45.c	satyam amithyatvāt prajñāpāramitāyām ukto maṁtraḥ, tadyathā,	(M)
45.d	satyam amithyatvāt. prajñāpāramitāyām ukto mantraḥ. tad yathā	(C)
45.e	satyamamithyatvāt prajñāpāramitāyāmukto mantraḥ, tadyathā	(V)
45.f	samyaktvaṁ na mithyatvaṁ prajñāpāramitāy[ ]ukto mantraḥ. tad yathā	(F)
45.g	samyaktvaṁ na mithyatvaṁ prajñāpāramitāy[ ]ukto mantraḥ. tad yathā (C) samyaktvaṁ na ithyātvaṁ prajñāpāramitāy[ ]ukto mantraḥ. tad yathā (中)	(중)

*마지막 네 개의 사본에서 두 개 이상의 단어가 연결되어 나타난다. (단어뭉치▸ 8.3.3)(2)
*(F)본과 (중)본의 경우 -[m]이 빠져있다. [표지▸ 10.5.1.2)]
*처음 세 개의 사본에는 -maṁtra-가 나타나고, (中)본의 (중)에서는 m이 빠진 ithyātvaṁ이 나타난다. [아래 7.4. 참조]
*(F)본과 (중)본의 경우 첫 단어가 나머지 사본들과 다르게 나타난다.
*각 사본은 행의 끝에 마침표 또는 쉼표가 온다.

46.a	gate gate pāragate pārasaṁgate bodhi svāhā.	(長)
46.b	gate gate pāragate pārasaṁgate bodhi svāhā.	(中)
46.c	gate gate pāragate pārasaṁgate bodhi svāhā.	(M)
46.d	oṁ gate gate pāragate pārasaṁgate bodhi svāhā.	(C)
46.e	gate gate pāragate pārasaṁgate bodhi svāhā,	(V)
46.f	oṁ gate gate pāragate pārasaṁgate bodhi svāhā.	(F)
46.g	oṁ gate gate pāragate pārasaṁgate bodhi svāhā.	(중)

*(C)(F)(중)본의 경우 om이 나타나고, 처음 세 개의 사본에서 첫 단어 다음에 쉼표가 찍혀있다.

47.a	evaṁ śāriputra gaṁbhīrāyāṁ prajñāpāramitāyāṁ	(長)
47.b	evaṁ śāriputra gaṁbhīrāyāṁ prajñāpāramitāyāṁ	(中)
47.c	evaṁ śāriputra gaṁbhīrāyāṁ prajñāpāramitāyāṁ	(M)
47.d	evaṁ śāriputra gambhīrāyāṁ prajñāpāramitāyāṁ	(C)
47.e	evaṁ śāriputra gambhīrāyāṁ prajñāpāramitāyāṁ	(V)
47.f	evam śāriputra bodhisattvena mahāsattvena prajñāpāramitāyāṁ	(F)
47.g	evam śāriputra bodhisattvena mahāsattvena prajñāpāramitāyāṁ	(중)

*처음 세 개의 사본에서 -ṁ이 나타나고, (F)본과 (중)본에서 첫 단어의 끝이 음성적 환경에 맞지 않게 나타난다. [산디▸ 9.4.2)]

*(F)본과 (중)본의 경우 다른 사본들에 없는 단어들이 나타나고, gambhīrāyāṁ이 빠져있다.

48.a	caryāyāṁ śikṣitavyaṁ bodhisattvena.	(長)
48.b	caryāyāṁ śikṣitavyaṁ bodhisattvena.	(中)
48.c	caryāyāṁ śikṣitavyaṁ bodhisattvena.	(M)
48.d	caryāyāṁ śikṣitavyaṁ bodhisattvena.	(C)
48.e	caryāyāṁ śikṣitavyaṁ bodhisattvena.	(V)
48.f	śikṣitavyaṁ.	(F)
48.g	śikṣitavyaṁ.	(중)

*(F)본과 (중)본에서 단어의 끝이 음성적 환경에 맞지 않게 나타난다. [산디▸ 9.4.2)]

49.a	atha khalu bhagavān	(長)
49.b	atha khalu bhagavān	(中)
49.c	atha khalu bhagavān	(M)
49.d	atha khalu bhagavān	(C)
49.e	atha khalu bhagavān	(V)
49.f	atha khalu bhagavān	(F)
49.g	atha khalu bhagavān	(중)

50.a	tasmāt samādher vyutthāyāryāvalokiteśvarasya	(長)
50.b	tasmāt samādher vyutthāyāryāvalokiteśvarasya	(中)
50.c	tasmāt samādher vyutthāyāryāvalokiteśvarasya	(M)
50.d	tasmāt samādher vyutthāyāryāvalokiteśvarāya	(C)
50.e	tasmātsamādhervyutthāya āryāvalokiteśvarasya	(V)
50.f	tasyāṁ velāyaṁ tasyās samādher vyutthāyā[ ]āvalokiteśvarāya	(F)
50.g	tasyāṁ velāyaṁ tasmāt samādher vyutthāyāryāvalokiteśvarāya	(중)

*모든 사본에서 두 개의 단어가 연결되어 나타난다. [단어뭉치▸ 8.3.1)(2)와 8.3.2)(2)]

*(F)본에서 세 번째 단어의 끝이 음성적 환경에 맞지 않게 나타난다. [산디▸ 9.4.1)]

*(F)본과 (중)본의 경우 나머지 사본들에 없는 단어들이 나타나고, (F)본에서 [ ]의 부분이 빠져있다.

51.a	bodhisattvasya sādhukāram adāt.	(長)
51.b	bodhisattvasya sādhukāram adāt.	(中)
51.c	bodhisattvasya sādhukāram adāt.	(M)
51.d	bodhisattvāya mahāsattvāya sādhukāram adāt.	(C)
51.e	bodhisattvasya sādhukāramadāt.	(V)
51.f	bodhisattvāya mahāsattvāya sādhukāram adāt.	(F)
51.g	bodhisattvāya mahāsattvāya sādhukāram adāt.	(중)

*(V)본에서 두 개의 단어가 연결되어 나타난다. [단어뭉치▸ 8.3.3)(2)]
*(C)(F)(중)본의 경우 나머지 사본들에 없는 단어가 나타난다.

52.a	sādhu sādhu kulaputra evam etat kulaputra.	(長)
52.b	sādhu sādhu kulaputra evam etat kulaputra.	(中)
52.c	sādhu sādhu kulaputra evam etat kulaputra.	(M)
52.d	sādhu sādhu kulaputra, evam etat kulaputra	(C)
52.e	sādhu sādhu kulaputra, evametat kulaputra,	(V)
52.f	sādhu sādhu kulaputra, evam etat kulaputra	(F)
52.g	sādhu sādhu kulaputra, evam etat kulaputra	(중)

*(V)본의 경우 두 개의 단어가 연결되어 나타난다. [단어뭉치▸ 8.3.3)(2)]
*처음 세 개의 사본에는 행의 끝에 마침표가 찍혀있는 반면, (V)본을 제외한 나머지 사본들에는 행의 중간에 쉼표가 찍혀있다. (V)본의 경우 행의 중간과 끝 모두에 쉼표가 온다.

53.a	evam etad gaṁbhīrāyāṁ prajñāpāramitāyāṁ caryāṁ cartavyaṁ yathā tvayā	(長)
53.b	evam etad gaṁbhīrāyāṁ prajñāpāramitāyāṁ caryāṁ cartavyaṁ yathā tvayā	(中)
53.c	evam etad gaṁbhīrāyāṁ prajñāpāramitāyāṁ caryāṁ cartavyaṁ yathā tvayā	(M)
53.d	evam etad, gaṁbhīrāyāṁ prajñāpāramitāyāṁ caryāṁ cartavyaṁ yathā tvayā	(C)
53.e	evametad gambhīrāyāṁ prajñāpāramitāyāṁ caryaṁ cartavyaṁ yathā tvayā	(V)
53.f	evam etad, evam evaiṣā prajñāpāramitā yathā tvayā	(F)
53.g	evam etad, evam evaiṣā prajñāpāramitā yathā tvayā	(중)

*마지막 세 개의 사본에서 두 개의 단어가 연결되어 나타난다. [단어뭉치▸ 8.3.3)(2)과 8.3.1)(5)]
*처음 네 개의 사본에서 -ṁ-가 나타난다. [아래 7.4. 참조]
*(V)본에는 처음 네 개의 사본과 달리 두 번째 음절에 단모음 -a-를 보여주는 caryaṁ이 나타난다.
*(F)본과 (중)본에는 다른 사본들에 있는/없는 단어들이 빠져/나타나 있다.
*(C)(F)(중)본의 경우 두 번째 단어에 쉼표가 찍혀있다.

54.a	nirdiṣṭam anumodyate sarvatathāgatair arhadbhiḥ.	(長)
54.b	nirdiṣṭam anumodyate sarvatathāgatair arhadbhiḥ.	(中)
54.c	nirdiṣṭam anumodyate sarvatathāgatair arhadbhiḥ.	(M)
54.d	nirdiṣṭam anumodyate sarvatathāgatair arhadbhiḥ.	(C)

54.e	nirdiṣṭam, anumodyate tathāgatairarhadbhiḥ.	(V)
54.f	nirdiṣṭam anumodyate sarvatathāgatair arhadbhiḥ.	(F)
54.g	nirdiṣṭam anumodyate sarvatathāgatair arhadbhiḥ. (C) nirdiṣṭānumodyate sarvatathāgatair arhadbhiḥ. (中)	(중)

*(V)본에서 두 개의 단어가 연결되어 나타난다. [단어뭉치▸ 8.3.3)(1)]
*(중)본의 경우 첫 단어가 그 밖의 사본들과 달리 합성어로 나타난다. [합성어▸ 11.4.1)]
*(V)에는 첫 단어와 마지막 단어에 쉼표가 찍혀있다.

55.a	idam avocad bhagavān. ānaṁdamanā āyuṣmāñ chāriputra āryāvalokiteśvaraś ca	(長)
55.b	idam avocad bhagavān. ānaṁdamanā āyuṣmāñ chāriputra āryāvalokiteśvaraś ca	(中)
55.c	idam avocad bhagavān. ānaṁdamanā āyuṣmāñ chāriputra āryāvalokiteśvaraś ca	(M)
55.d	idam avocad bhagavān. āttamanāyuṣmāñc chāriputra āryāvalokiteśvaro	(C)
55.e	idamavocadbhagavān, ānandamanā āyuṣmān śāriputraḥ āryāvalokiteśvaraśca	(V)
55.f	idam avocad bhagavān. āttamanāyuṣmāñc chāriputra āryāvalokiteśvaro	(F)
55.g	idam avocad bhagavān. āttamanā āryāvalokiteśvaro	(중)

*(C)(V)(F)본에서 두 개의 단어가 연결되어 나타난다. [단어뭉치▸ 8.3.1)(4), 8.3.2)(1), 8.3.3)(2)]
*(長)(中)(M)(V)본의 경우 다섯 번째 단어의 끝이 (C)본과 다르게 나타나고, (V)본은 나머지 사본들과 달리 음성적 환경에 맞지 않는 śāriputra-ḥ를 보여준다. [산디▸ 9.4.1)]
*처음 세 개의 사본에는 -ṁ-가 나타난다. [아래 7.4. 참조]
*(중)본에는 다른 사본들에 있는 단어들이 빠져있다.

56.a	bodhisattvaḥ	(長)
56.b	bodhisattvaḥ	(中)
56.c	bodhisattvaḥ	(M)
56.d	bodhisattvo mahāsattvas te ca bhikṣavas te ca bodhisattvā mahāsattvāḥ	(C)
56.e	bodhisattvaḥ	(V)
56.f	bodhisattvo mahāsattvas te ca bhikṣavas te ca bodhisattvā mahāsattvāḥ	(F)
56.g	bodhisattvo mahāsattvas te ca bhikṣavas te ca bodhisattvā mahāsattvāḥ	(중)

*(C)(F)(중)본의 경우 나머지 사본들에 없는 단어들이 나타난다.

57.a	sā ca sarvāvatī	(長)
57.b	sā ca sarvāvatī	(中)
57.c	sā ca sarvāvatī	(M)
57.d	sā ca sarvāvatī	(C)
57.e	sā ca sarvāvatī	(V)
57.f	sa ca sarvāvatī	(F)
57.g	sā ca sarvāvatī	(중)

*(F)본에서만 장모음이 아닌 단모음 sa가 나타난다.

58.a	parṣat sadevamānuṣāsuragaṁdharvaś ca loko bhagavato	(長)
58.b	parṣat sadevamānuṣāsuragaṁdharvaś ca loko bhagavato	(中)
58.c	parṣat sadevamānuṣāsuragaṁdharvaś ca loko bhagavato	(M)
58.d	parṣat sadevamānuṣāsuragaruḍagandharvaś ca loko bhagavato	(C)
58.e	pariṣat sadevamānuṣāsuragandharvaśca loko bhagavato	(V)
58.f	parṣat sadevamānuṣāsuragaṁdharvaś ca loko bhagavato	(F)
58.g	parṣat sadevamānuṣāsuragaruḍagaṁdharvaś ca loko bhagavato	(중)

*(V)본에서 두 개의 단어가 연결되어 나타난다. [단어뭉치▸ 8.3.2)(1)]
*(C)본과 (V)본을 제외한 모든 사본에서 -gaṁdha-가 나타난다. [아래 7.4. 참조].
*(C)본과 (중)본의 경우 다른 사본들에 없는 -garuḍa-가 나타나고, (V)본의 경우 첫 단어에 -i-가 들어있다.

59.a	bhāṣitam abhyanaṁdann iti.	(長)
59.b	bhāṣitam abhyanaṁdann iti.	(中)
59.c	bhāṣitam abhyanaṁdann iti.	(M)
59.d	bhāṣitam abhyanandann iti.	(C)
59.e	bhāṣitamabhyanandan,	(V)
59.f	bhāṣitam abhyanaṁdann iti.	(F)
59.g	bhāṣitam abhyanaṁdann iti.	(중)

*(V)본에서 두 개의 단어가 연결되어 나타난다. [단어뭉치▸ 8.3.3)(2)]
*(C)본과 (V)본을 제외한 모든 사본에서 두 번째 단어가 -ṁ-가 나타난다. [아래 7.4. 참조]
*(V)본에서만 iti가 빠져있고, 행이 쉼표로 끝난다.

60.a	prajñāpāramitāhṛdayasūtraṁ samāptaṁ.	(長)
60.b	prajñāpāramitāhṛdayasūtraṁ samāptaṁ.	(中)
60.c	prajñāpāramitāhṛdayasūtraṁ samāptaṁ.	(M)
60.d	ity āryaprajñāpāramitāhṛdayaṁ samāptam.	(C)
60.e	iti prajñāpāramitāhṛdayasūtraṁ samāptam.	(V)
60.f	āryapañcāviṁśatikā bhagavatī prajñāpāramitāhṛdayaṁ samāptam.	(F)
60.g	āryapañcāviṁśatikā bhagavatī prajñāpāramitāhṛdayaṁ samāptam.	(중)

*처음 세 개의 사본에서 마지막 단어의 끝이 마침표 앞에서 -ṁ으로 나타난다. [산디▸ 9.4.2)]
*마지막 네 개의 사본의 경우 나머지 사본들에 없는 단어들이 나타난다.

7.4. 단어 교정

<반야심경> 산스크리트 사본들의 비교를 통해 (문법적 범위 내에서 설명될 수 없기 때문에) 교정해야 할 부분들이 드러나는데, 거의 대부분이 원래의 자음 -n-이 아닌 -ṁ-으로 나타나는 경우이고, 나머지는 철자가 잘못 쓰이거나 빠져있는 경우이다.

ānaṁdamanā (대본55.) ⇒ ānandamanā

gaṁdho (대본31.) ⇒ gandho

devamānuṣāsuragaṁdharvaś (대본 58.) ⇒ devamānuṣāsuragandharvaś

devamānuṣāsuragaruḍagaṁdharvaś (대본 58.) ⇒ devamānuṣāsuragaruḍagandharvaś

paṁca (대본10.21.) ⇒ pañca

paṁcaskandhān (소본04.) ⇒ pañcaskandhān

prajñāpāramitāmaṁtro (대본42.) ⇒ prajñāpāramitāmantro

maṁtraḥ (대본44.45.) ⇒ mantraḥ

mahāmaṁtro (대본42.) ⇒ mahāmantro

vidyāmaṁtro (대본43.) ⇒ vidyāmantro

sarvaduḥkhapraśamanamaṁtraḥ (대본44.) ⇒ sarvaduḥkhapraśamanamantraḥ

skaṁdhās (대본21.) ⇒ skandhās

2) 철자가 잘못 쓰인 경우

atrastho (소본21.f) ⇒ atrasto

3) 철자가 빠져있는 경우

[ ]ithyatvaṁ (대본45.g) ⇒ mithyatvaṁ

*이 밖에도 viparyāsātikrānto. (소21.대39.)에 찍혀있는 마침표는 제거되어야 한다.

*마지막으로 Benveniste의 소본 01.의 위사르가 ḥ는 그 유래를 알 수 없는 상황이기 때문에 교정이 필요한 단어라고만 말해 두기로 한다.

이렇게 교정된 부분들은 '텍스트 기반 문법정보 DB'(15.)에 반영된다. 이제 위의 사본들을 비교를 바탕으로 문법정보 DB의 구축에 근간이 되는 언어학적 가공을 본격적으로 시작해보기로 한다.

III
언어학적 가공

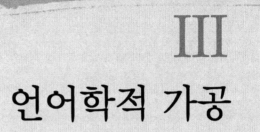

불경으로 이해하는
산스크리트

III 언어학적 가공

8. 단어뭉치의 절단

언어학적 분석의 첫 번째 단계는 산스크리트 불전들에서 활발하게 나타나는 단어뭉치에 대한 가공이다. 단어뭉치는 특정 환경이 주어지면 독립적 단어들이 결합되는 현상이고, 사전에 직접적으로 등재되어 있지도 않다. 따라서 본래의 어형을 부여하기 위해서뿐만 아니라 사전 찾기를 위해서도 뭉치를 구성하는 단어들의 절단, 즉 '단어뭉치의 절단'은 우선적으로 수행되어야 하는 작업이다.

8.1. 단어뭉치

'단어뭉치'란 실사와 동사와 같은 변화사(變化詞, Inflectional Words)와 불변화사(不變化詞, Non-Inflectional Words)가 두 개 이상 결합되어 있는 것을 말한다. <반야심경>의 소본과 대본에서 나타나는 단어뭉치들을 몇 개 소개하면 다음과 같다:

소본 02. athāryāvalokiteśvaro	대본 07. samayenāryāvalokiteśvaro
소본 04. tāṁśca	대본 10. skandhāṁstāṁśca
소본 05. śūnyataiva	대본 11. athāyuṣmān
소본 06. rūpānna	대본 12. bodhisattvametadavocat

↑

소본 02. atha āryāvalokiteśvaro	대본 07. samayena āryāvalokiteśvaro
소본 04. tāṁś ca	대본 10. skandhāṁs tāṁś ca
소본 05. śūnyatā eva	대본 11. atha āyuṣmān
소본 06. rūpān na	대본 12. bodhisattvam etad avocat

단어뭉치의 조합은 ① [변화사 + 불변화사](04.05.06.), ② [변화사 + 변화사](07.10.12.), ③ [불변화사 + 변화사](02.11.)의 세 경우가 일반적이며, 이에 비해 활발하지는 않지만 ④ [불변화사 + 불변화사]의 조합(소본 08. evameva ⇦ evam eva)도 존재한다. 실제로 이와 같은 결합을 인지하기 위해서는 표지가 붙은 변화사와 그렇지 않은 불변화사를 알아 볼 수 있는 능력이 요구되며, 더 나아가 표지의 경우 음성적 환경에 따라 그 모습이 변할 수 있기 때문에 산디(9. 참조)에 대한 지식 또한 필요하다.

8.2. 단어뭉치의 음성적 환경

단어뭉치의 현상은 선행단어의 마지막 소리(A)와 후행단어의 첫 소리(B)가 자음$^{(C)}$이냐 모음$^{(V)}$이냐에 따라 일어날 수도 일어나지 않을 수도 있다. 일반적으로 뭉치는 (A)$^{(V)}$ (B)$^{(C)}$의 환경을 제외한 나머지 환경들에서 잘 나타나는 경향이 있지만, (A)$^{(V)}$ (B)$^{(V)}$와 (A)$^{(C)}$ (B)$^{(C/V)}$의 환경에서도 A가 −o, −ṁ, −ḥ 인 경우 단어 결합은 일어나지 않는다.

8.3. 단어뭉치 절단

이제 <반야심경> 사본들에 나타나는 단어뭉치들을 찾아 절단하되, 위의 네 가지의 환경에 따라 분류해보기로 한다. 절단된 단어뭉치들(소본 02. atha āryāvalokiteśvaro)은 밑줄(atha āryāvalokiteśvaro)로 표시되고, 작업의 결과는 '텍스트 기반의 문법정보 DB'(15.)에 저장된다.

1) (A)[(V)] (B)[(V)]

위의 athāryāvalokiteśvaro에서처럼 모음으로 끝나는 단어와 모음으로 시작하는 단어가 결합되어 뭉치가 되는 경우 (외부)산디(9.2.와 *부록 03 참조)가 작용할 수 있고, 이에 따라 하나의 모음(−ā−)으로 나타나기 때문에, 나머지 환경들에서처럼, 그대로 절단하기가 어렵다. 이러한 경우 각각의 모음에 대한 원래 모습의 복원(−a ā−)이 필요하다.

(1) [−ā− ↠ −a + a−] (*부록 03 1a 참조)

소본

16	nāvidyā nāvidyākṣayo	↠	<u>na avidyā</u> <u>na avidyākṣayo</u>
18	nāprāptiḥ	↠	<u>na aprāptiḥ</u>
23	āśrityānuttarāṁ	↠	<u>āśritya anuttarāṁ</u>
23	niśṛtyānuttarasamyaksaṁbuddhā	↠	<u>niśṛtya anuttarasamyaksaṁbuddhā</u>

대본

07	samayenāryāvalokiteśvaro	↠	<u>samayena āryāvalokiteśvaro</u>
23	nāpi	↠	<u>na api</u>
23	nāvidyā nāvidyākṣayo	↠	<u>na avidyā</u> <u>na avidyākṣayo</u>
36	nāprāptiḥ	↠	<u>na aprāptiḥ</u>
36	prāptirnāprāptiḥ	↠	<u>prāptirna aprāptiḥ</u>
37	prāptirnāprāptir	↠	<u>prāptirna aprāptir</u>
41	āśrityānuttarāṁ	↠	<u>āśritya anuttarāṁ</u>

(2) [−ā− ↠ −a + ā−] (*부록 03 1a 참조)

소본

02	athāryāvalokiteśvaro	↠	<u>atha āryāvalokiteśvaro</u>

대본

07	samayenāryāvalokiteśvaro	↠	<u>samayena āryāvalokiteśvaro</u>
11	buddhānubhāvenāryāvalokiteśvaraṁ	↠	<u>buddhānubhāvena āryāvalokiteśvaraṁ</u>
11	athāyuṣmān athāyuṣmāñc	↠	<u>atha āyuṣmān</u> <u>atha āyuṣmāñc</u>
50	vyutthāyāryāvalokiteśvarasya	↠	<u>vyutthāya āryāvalokiteśvarasya</u>
50	vyutthāyā[ry]āvalokiteśvarāya	↠	<u>vyutthāya ā[ry]āvalokiteśvarāya</u>

(3) [−ā− ↠ −ā + a−] (*부록 03 1a 참조)

소본

09	śūnyatālakṣaṇānutpannā	↠	<u>śūnyatālakṣaṇā anutpannā</u>
10	amalāvimalā	↠	<u>amalā avimalā</u>

대본

27	amalāvimalā	↠	<u>amalā avimalā</u>

(4) [−ā− ↠ −ā + ā−] (*부록 03 1a 참조)

대본

55	āttamanāyuṣmāñc	↠	<u>āttamanā āyuṣmāñc</u>

(5) [−ai− ↠ −a + e−] (*부록 03 2a 참조)

대본

19	tenaivaṁ	↠	<u>tena evaṁ</u>
53	evaiṣā	↠	<u>eva eṣā</u>

(6) [−ai− ↠ −ā + e−] (*부록 03 2a 참조)

소본

05.07	śūnyataiva	↠	<u>śūnyatā eva</u>

대본

22	śūnyataiva	↠	<u>śūnyatā eva</u>

(7) [−o− ↠ −a + ū−] (*부록 03 2a 참조)

소본

05.07	nonā	↠	<u>na ūnā</u>

2) (A)[(C)] (B)[(C)]

자음으로 끝나는 단어와 자음으로 시작하는 단어가 연결될 경우 또한 (외부) 산디 (9.2.와 *부록 03 참조)가 작용할 수 있기 때문에 여기에서는 산디가 일어난 경우(1)와 일어나지 않은 경우(2)를 나누어 살펴보기로 한다.

(1) 자음 결합의 단어뭉치 (산디 작용 있음)

소본

04	tāṁśca	→	tāṁś ca
06	rūpānna	→	rūpān na
11	tasmācchāriputra	→	tasmāc chāriputra
15	cakṣurdhāturyāvanna	→	cakṣurdhātur yāvan na
24	tasmājjñātavyaḥ	→	tasmāj jñātavyaḥ

대본

10	skandhāṁstāṁśca	→	skandhāṁs tāṁś ca
17	kaścic	→	kaś cic
17	kaścicchāriputra	→	kaś cic chāriputra
21	skandhāṁstāṁśca	→	skandhāṁs tāṁś ca
23	rūpānna	→	rūpān na
30	cakṣurna	→	cakṣur na
32	cakṣurdhāturyāvanna	→	cakṣurdhātur yāvanna
32	manodhāturna dharmadhāturna	→	manodhātur na dharmadhātur na
36	prāptirnāprāptiḥ	→	prāptir nāprāptiḥ
37	tasmācchāriputra	→	tasmāc chāriputra
37	prāptirnāprāptir	→	prāptir nāprāptir
37	aprāptitāprāptiryāvavat	→	aprāptitāprāptir yāvavat
50	tasmātsamādhervyutthāya	→	tasmātsamādher vyutthāya
55	āryāvalokiteśvaraśca	→	āryāvalokiteśvaraś ca
55	idamavocadbhagavān	→	idamavocad bhagavān
58	sadevamānuṣāsuragandharvaśca	→	sadevamānuṣāsuragandharvaś ca

(2) 자음 결합의 단어뭉치 (산디 작용 없음)

소본

04	yāvanna	→	yāvan na
07	yadrūpaṁ tadrūpam	→	yad rūpaṁ tad rūpam

대본

24	yadrūpaṁ tadrūpam	→	yad rūpaṁ tad rūpam
28	tasmāttarhi	→	tasmāt tarhi
32	cakṣurdhāturyāvanna	→	cakṣurdhāturyāvan na
34	yāvanna	→	yāvan na
50	tasmātsamādhervyutthāya	→	tasmāt samādhervyutthāya

3) (A)$^{(C)}$ (B)$^{(V)}$

자음으로 끝나는 단어와 모음으로 시작하는 단어가 연결될 경우 (외부) 산디(유성음화, *부록 03 참조)가 작용할 수 있기 때문에 여기에서도 산디가 일어난 경우(1)와 일어나지 않은 경우(2)를 나누어 살펴보기로 한다.

(1) 자음과 모음 결합의 단어뭉치 (산디 작용 있음)

소본

21	cittāvaraṇanāstitvādatrasto	→	cittāvaraṇanāstitvād atrasto

대본

39	cittāvaraṇanāstitvādatrasto	→	cittāvaraṇanāstitvād atrasto
54	tathāgatairarhadbhiḥ	→	tathāgatair arhadbhiḥ

(2) 자음과 모음 결합의 단어뭉치 (산디 작용 없음)

소본

08	evameva	→	evam eva
20	prajñāpāramitāmāśritya	→	prajñāpāramitām āśritya
23	prajñāpāramitāmāśritya	→	prajñāpāramitām āśritya
23	samyaksaṁbodhimabhisaṁbuddhāḥ	→	samyaksaṁbodhim abhisaṁbuddhāḥ

26	satyamamithyatvāt	→	satyam amithyatvāt
27	prajñāpāramitāyāmukto	→	prajñāpāramitāyām ukto

대본

12	bodhisattvametadavocat	→	bodhisattvam etad avocat
15	evamukte	→	evam ukte
16	śāriputrametadavocat	→	śāriputram etad avocat
19	yaduta	→	yad uta
38	prajñāpāramitāmāśritya	→	prajñāpāramitām āśritya
41	prajñāpāramitāmāśritya	→	prajñāpāramitām āśritya
41	samyaksaṁbodhimabhisaṁbuddhāḥ	→	samyaksaṁbodhim abhisaṁbuddhāḥ
45	satyamamithyatvāt	→	satyam amithyatvāt
45	prajñāpāramitāyāmukto	→	prajñāpāramitāyām ukto
45	prajñāpāramitāy[ām]ukto	→	prajñāpāramitāyām ukto
51	sādhukāramadāt	→	sādhukāram adāt
52	evametat	→	evam etat
53	evametad	→	evam etad
55	idamavocadbhagavān	→	idam avocadbhagavān
59	bhāṣitamabhyanandan	→	bhāṣitam abhyanandan

4) (A)$^{(V)}$ (B)$^{(C)}$

모음으로 끝나는 단어와 자음으로 시작하는 단어가 연결될 경우 매우 드물지만 뭉치가 나타날 수 있으며, 산디는 작용하지 않는다.

소본

21	prajñāpāramitāmahāmantro	→	prajñāpāramitā mahāmantro

대본

33	nakṣayo	→	na kṣayo
42	prajñāpāramitāmahāmaṁtro	→	prajñāpāramitā mahāmaṁtro
42	prajñāpāramitāmahāmantraḥ	→	prajñāpāramitā mahāmantraḥ
42	prajñāpāramitāmaṁtro	→	prajñāpāramitā maṁtro

9. 산디 표시

단어뭉치가 절단되고 텍스트를 구성하는 모든 단어가 독립적으로 분명하게 드러난 다음에 수행되는 언어학적 가공의 두 번째 단계는 '산디 표시'이다. 산스크리트에서 활발하게 작용하는 산디, 특히 외부 산디는 단어(A)와 단어(B) 사이에서 일어나는 음운론적 현상으로서 A의 끝 부분(또는 B의 첫 부분)을 본래의 모습과 다르게 만들어 내는 문제를 야기한다. 불변화사와 실사나 동사의 변화사들에서 이렇게 변화된 부분들(특히, 변화사에서 문법적 기능을 수행하는 표지 부분들)은 사전이나 문법서(의 곡용과 활용 패러다임)에 표시되지 않기 때문에 어형과 사전・문법서와의 올바른 연계를 위해서 산디가 적용된 형태를 본래의 모습으로 복원시키는 '산디 표시'의 작업이 수행된다.

9.1. 산디

대부분의 언어들에서 음운론적 변화가 일어나는 경우 일반적으로 음성이 변화해도 철자(법)는 그대로인 반면, 산스크리트의 경우 산디가 일어나면 음성 변화에 따라 철자(법)가 달라지는 특징을 보여 준다. 이 언어에서 작용하는 산디 현상은 세상의 그 어떤 언어보다 복잡하지만, 그 세부적인 대부분의 규칙들은 발음의 편이성을 위한 동화(同化, Assimilation) 현상으로 이해될 수 있기 때문에 논리적이고 상식적이라고 말할 수 있다. 산디(saṁ-dhi-)는 부사에서 유래하는 접두사 sam- ('함께; together')과 어근 dhā- ('두다; to put')의 (어근)명사 *dhi- ('둠, 두기; putting')가 결합한 형태소 구조를 통해 대략 '(단어들을) 함께 두기, 나란히 두기; putting together'의 어원을 보여 준다.

산스크리트에서 산디의 유형은 작용 범위와 작용 대상에 따라 각각 두 개의 부류로 나누어 볼 수 있다. 작용 범위에 따른 유형에서는 단어의 내부에서 작용하는 '내부 산디'(antar-saṁdhi-)와 단어와 단어 사이에서 작용하는 '외부 산디'(bahir-saṁdhi-, bahir- '밖・외부의; external')가 있고, 작용 대상에 따른 유형에서는 모음들이 연접할 때 일어나는 '모음 산디'와 자음들이 연접할 때 일어나는 자음 산디가 구분된다. '내부 산디'는 '표지 추출', '합성어 분리', '단일어 분류'에서 작용하기 때문에서, 아래의 해당 항목들에서 다루기로 한다.

9.2. 외부 산디

<반야심경>에서 작용하는 '외부 산디'의 경우 '모음 산디'와 '자음 산디'가 모두 나타나고 있지만, 자음 산디가 절대적으로 많이 일어난다. '자음 산디'에서도 '위사르가 ḫ 산디'와 '아누스와라 ṁ 산디'가 가장 큰 비중을 차지하고, 그 다음으로 성(聲, Voicing)과 조음위치의 동화 산디이다.

9.3. 산디 표시와 형태 복원

이제 <반야심경>에서 나타나는 '외부 산디'를 '모음 산디'와 '자음 산디'로 나누어 살펴보고, 산디가 작용한 부분은 _ (A_B)로 표시하고 복원된 형태는 → A' B'로 나타내기로 한다. 여기에서 수행된 작업의 결과는 '텍스트 기반의 문법정보 DB'(15.)와 'AtoH 배열의 어휘 DB'(16.1.)에 저장된다. 아래의 산디규칙들은 *부록 03에 체계적으로 소개되어 있다.

1) 모음 산디

표현 그대로 모음(A)과 모음(B)이 연접할 때 일어나는 산디로서 (1) 같은 성질의 모음이 부딪힐 때의 산디와 (2) 다른 성질의 모음이 부딪힐 때의 산디로 나누어 볼 수 있다.

(1) 동종(同種)의 모음 산디

	+	a/ā
1)a	a/ā	ā

위의 표에서 종렬(縱列)이 A, 행렬(行列)이 B에 해당되는데, 같은 성질의 모음이 연접하여 하나의 모음으로 되는 산디이기 때문에 모음축약(Vowel Contraction)이라고 말할 수 있다. <반야심경>에서 1)a의 산디에 속하는 예들은 '단어뭉치 절단' 8.3.의 1) (A)$^{(V)}$(B)$^{(V)}$의 (1) (2) (3) (4)에서 볼 수 있다.

(2) 이종(異種)의 모음 산디

	+	i/ī	u/ū	e/ai
2)a	a/ā	e	o	ai

a 또는 ā가 다른 성질의 모음들과 연접하여 이중모음이 되는 산디로서 <반야심경>에서는 이 가운데 -e- -o- -ai-가 나타나는데, 이의 예들은 '단어뭉치 절단' 8.3.의 1) (A)$^{(V)}$(B)$^{(V)}$의 (5) (6) (7)에서 확인할 수 있다.

	+	a/ā
3)a	i/ī	ya/ā

단어의 끝에 오는 i가 a- 또는 ā-로 시작하는 단어와 연접할 때 자음 y-가 되는 산디로서 <반야심경>은 이에 대해 두 개의 예를 보여준다.

ity_ārya° → iti_ārya° [소29 대60] ; viharaty_acittā° → viharati_acittā° [소20 대38]

	+	a
4)j	o	o'

또한 -o 다음에 a- 가 오는 경우 a- 모음이 탈락되어 ' (아와그라하)로 나타나는데, <반야심경>에서는 두 개의 예가 나타난다.

°mantro_'nuttaramantro → °mantro_anuttaramantro (소25 대43)
°mantro_'samasamamantraḥ → mantro_asamasamamantraḥ (소25 대43)

2) 자음 산디

자음(A)과 자음(B)이 연접할 때 일어나는 자음 산디는 대부분 A의 위치에 위사르가 ḥ와 m이 오는 경우이고, 나머지는 성(Voicing), 조음위치, 복자음화 등의 동화 산디이다.

(1) 위사르가 산디

6)a	-aḥ + 유성자음 ↠ -o + 유성자음/모음

발생 빈도가 매우 높은 산디이면서 -o가 단어뭉치의 조건에 반하는 모음(8.2.참조)이기 때문에 텍스트 내에서 쉽게 관찰된다. 용이하게 파악되는 만큼 문제 단어의 음성적 환경(B)과 텍스트 내 위치 표시는 주어져있지 않고, -o는 거의 기계적으로 -aḥ로 복원된다(주의할 사항은 u-어간의 호격이 음성적 환경에 상관없이 항상 -o로 나타난다는 점이다).

atrasto → atrastaḥ ; anuttaramantro → anuttaramantraḥ ; anuttaro → anuttaraḥ
avidyākṣayo → avidyākṣayaḥ ; āryāvalokiteśvarabodhisattvo → āryāvalokiteśvarabodhisattvaḥ
āryāvalokiteśvaro → āryāvalokiteśvaraḥ ; ukto → uktaḥ ; kāyo → kāyaḥ
kulaputro → kulaputraḥ ; kṣayo → kṣayaḥ ; gandho → gandhaḥ ; caramāṇo → caramāṇaḥ
jarāmaraṇakṣayo → jarāmaraṇakṣayaḥ ; jñātavyo → jñātavyaḥ ; namo → namaḥ
nirodho → nirodhaḥ ; prajñāpāramitāmahāmantro → prajñāpāramitāmahāmantraḥ
bodhisattvo → bodhisattvaḥ ; bhagavato → bhagavataḥ ; mano → manaḥ
mahāmantro → mahāmantraḥ ; mahāvidyāmantro → mahāvidyāmantraḥ
mahāsattvo → mahāsattvaḥ ; raso → rasaḥ ; loko → lokaḥ ; vidyākṣayo → vidyākṣayaḥ
vidyāmantro → vidyāmantraḥ ; viparyāsātikrānto → viparyāsātikrāntaḥ ; śabdo → śabdaḥ
samudayo → samudayaḥ ; sarvaduḥkhapraśamano → sarvaduḥkhapraśamanaḥ

6)c	-aḥ + (a를 제외한) 모음 ↠ -a[ ] + (a를 제외한) 모음

이에 반해 B의 환경에 a-를 제외한 모든 모음이 오는 경우 위사르가만 탈락하는 산디도 존재한다.

ukta[ ]_āryā° → uktaḥ āryā° (대15)
caramāṇa[ ]_evaṁ → caramāṇaḥ (대08)
mahāsattva[ ]_āyuṣ° → mahāsattvaḥ (대15)

6)d	-āḥ + 유성자음/모음 ↠ -ā[ ] + 유성자음/모음

또한 장모음 ā를 따라 나오는 위사르가도 유성음의 환경 앞에서 탈락된다.

ajātā[ ]_anut° → ajātāḥ (대26) ;
aniruddhā[ ]_amalā → aniruddhāḥ (소09 대26)
anuttarasamyaksaṁbuddhā[ ]_abhi° → anuttarasamyaksaṁbuddhāḥ (소23)
anutpannā[ ]_aniruddhā → anutpannāḥ (소09 대26) ;
anūnā[ ]_apari°/asaṁ° → anūnāḥ (소10 대27) ;
amalā[ ]_avimalā → amalāḥ (소10 대27)
avimalā[ ]_na/a° → avimalāḥ (소10 대27) ;
āttamanā[ ]_ā° → āttamanāḥ (대55) ;
ānandamanā[ ]_ā° → ānandamanāḥ (대55) ;
ūnā[ ]_na → ūnāḥ (소10)
duḥkhasamudayanirodhamārgā[ ]_na → duḥkhasamudayanirodhamārgāḥ (소18 대35)
bodhisattvā[ ]_mahā° → bodhisattvāḥ (대55) ;
mārgā[ ]_na → mārgāḥ (대35)
vimalā[ ]_na → vimalāḥ (소10 대27) ;
śūnyatāyā[ ]_na → śūnyatāyāḥ (대23)
śūnyatālakṣaṇā[ ]_anut° → śūnyatālakṣaṇāḥ (소09 대26)
saṁskārā[ ]_na → saṁskārāḥ (소12 대29)
svabhāvaśūnyatālakṣaṇā[ ]_ajātā → svabhāvaśūnyatālakṣaṇāḥ (대26)

6)e	(a/ā를 제외한) 모음 + ḥ + 유성자음/모음 ↠ (a/ā를 제외한) 모음 + r + 유성자음/모음

그런데 동일한 환경의 B라고 할지라도 위사르가 뒤에 –a–가 아닌 다른 모음 또는 유성자음이 놓이는 경우 –ḥ는 –r 로 변화한다.

aprāptitāprāptir_yāvavat → aprāptitāprāptiḥ (대37)
cakṣur_na → cakṣuḥ (소13 대30)
cakṣurdhātur_yāvan → cakṣurdhātuḥ (소15 대32)
tathāgatair_arhad° → tathāgataiḥ (대54)
tryadhvavyavasthitair_api → tryadhvavyavasthitaiḥ (대40)
dharmadhātur_na → dharmadhātuḥ (대32)
prāptir_na → prāptiḥ (소18 대36)
manodhātur_na → manodhātuḥ (대32)
samādher_vyu° → samādheḥ (대50)
sarvatathāgatair_arhad° → sarvatathāgataiḥ (대54)

	6)g	6)h	6)i	6)j	6)k	6)l	6)m	6)n
+	k/kh	c/ch	ṭ/ṭh	t/th	p/ph	ś	ṣ	s
–ḥ	ḥ	ś	ṣ	s	ḥ	ḥ/ś	ḥ/ṣ	ḥ/s

마지막으로 위사르가는 따라 나오는 무성의 경구개음(c/ch), 권설음(ṭ/ṭh), 치조음(t/th) 앞에서 각각 ś, ṣ, s로 바뀐다. 위의 표에서 보면 ś, ṣ, s 의 환경 앞에서 ḥ가 한편으로 변화하지 않고 그대로 나타나거나 다른 한편으로 마찰음의 경구개음들로 바뀌어 나타난다. 산스크리트의 산디에 따르면 전자가 고유의 규칙이고 텍스트에서 빈도가 높게 나타나는 반면, 후자는 조음위치의 동화에 따른 이차적인 규칙으로서 드물게 나타난다. <반야심경>에서 간헐적으로 나타나는 이와 같은 산디는 이 책에서 교정 대상(9.4.)으로 간주된다.

(6h) āryāvalokiteśvaraś_ca → āryāvalokiteśvaraḥ (대55)
(6h) kaś_c° → kaḥ (소13 대17)
(6h) sadevamānuṣāsuragandharvaś_ca → devamānuṣāsuragandharvaḥ (대58)
(6h) sadevamānuṣāsuragaruḍagandharvaś_ca → devamānuṣāsuragaruḍagandharvaḥ (대58)
(6h) prāptiś_ca → prāptiḥ (소18)
(6j) cartukāmas_tena → cartukāmaḥ (소14 대19)
(6j) pañcaskandhās_t° → pañcaskandhāḥ (소04 대21)
(6j) bhikṣavas_te → bhikṣavaḥ (대56)
(6j) mahāsattvas_te → mahāsattvaḥ (대56)
(6j) skandhās_t° → skandhāḥ (대21)

(2) 아누스와라 산디

규칙	–m + 자음 ↠ ṁ (단, 문장 휴지나 끝에 올 경우 바뀌지 않고 m 그대로 쓰인다)

*어말의 –m은 변화 없이 그대로 –m으로 나타난다.

	변화전		환경		변화후	발음	환경
7)a	m	+	k/kh/g/gh/ṅ	↠	ṁ	[ŋ]	+ k/kh/g/gh
7)b	m	+	c/ch/j/jh/ñ	↠	ṁ	[ñ]	+ c/ch/j/jh
7)c	m	+	ṭ/ṭh/ḍ/ḍh/ṇ	↠	ṁ	[ṇ]	+ ṭ/ṭh/ḍ/ḍh
7)d	m	+	t/th/d/dh/n	↠	ṁ	[n]	+ t/th/d/dh
7)e	m	+	p/ph/b/bh/m	↠	ṁ/n	[m]	+ p/ph/b/bh
7)f	m	+	y/l/r/v, ś/ṣ/s, h	↠	ṁ	[ŋ]	+ y/l/r/v, ś/ṣ/s, h

어말의 –m이 모든 자음 앞에서 아누스와라로 변한다는 이 현상은 산디들 가운데 가장 높은 발생빈도를 보여주고, 위사르가 산디의 6a)와 같이 텍스트 내에서 쉽게 파악된다. 주의할 사항은 변화된 형태가 항상 –ṁ 으로 나타나지만, 이의 발음은 따라

나오는 자음의 조음과 동일하다는 점이다. 쉽게 관찰되는 산디이기 때문에 단어의 음성적 환경과 텍스트 내 위치 번호는 주어져있지 않다. -ṁ은 기계적으로 -m으로 복원된다.

anuttarāṁ → anuttarām ; avalokiteśvaraṁ → avalokiteśvaram ; asyāṁ → asyām
āyuṣmantaṁ → āyuṣmantam ; āryaprajñāpāramitāhṛdayaṁ → āryaprajñāpāramitāhṛdayam
āryaprajñāpāramitāhṛdayasūtraṁ → āryaprajñāpāramitāhṛdayasūtram
āryāvalokiteśvaraṁ → āryāvalokiteśvaram ; evaṁ → evam ; kathaṁ → katham
gambhīrāṁ → gambhīrāṁ ; gambhīrāyāṁ → gambhīrāyām ;
gambhīrāvasaṁbodhaṁ → gambhīrāvasaṁbodham ; ghrāṇaṁ → ghrāṇam
cartavyaṁ → cartavyam ; caryāṁ → caryām ; caryāyāṁ → caryāyām
jarāmaraṇaṁ → jarāmaraṇam ; jñātavyaṁ → jñātavyam ; jñānaṁ → jñānam
tasyāṁ → tasyām ; duḥkhaṁ → duḥkham ; dharmaparyāyaṁ → dharmaparyāyam
niṣṭhānirvāṇaṁ → niṣṭhānirvāṇam ; prajñāpāramitācaryāṁ → prajñāpāramitācaryām
prajñāpāramitāyāṁ → prajñāpāramitāyām ;
prajñāpāramitāhṛdayaṁ → prajñāpāramitāhṛdayam
prajñāpāramitāhṛdayasūtraṁ → prajñāpāramitāhṛdayasūtram
bodhisattvaprajñāpāramitāṁ → bodhisattvaprajñāpāramitām
bodhisattvaṁ → bodhisattvam ; bodhisattvānāṁ → bodhisattvānām
mithyatvaṁ → mithyatvam ; rūpaṁ → rūpam ; vijñānaṁ → vijñānam
vedanāsaṁjñāsaṁskāravijñānaṁ → vedanāsaṁjñāsaṁskāravijñānam
śikṣitavyaṁ → śikṣitavyam ; śūnyaṁ → śūnyam ; śūnyatāyāṁ → śūnyatāyām
śrotraṁ → śrotram ; samādhiṁ → samādhim ; samāptaṁ → samāptam
samyaktvaṁ → samyaktvam ; sārdhaṁ → sārdham ; spraṣṭavyaṁ → spraṣṭavyam

§ tāṁś ca → tān (소04 대10.21)의 경우 두 가지 산디가 관여하는데, 먼저 기저형태인 *tāmḥ(지시대명사 남성 복수 목적격 < *tāms, m 목적격 표지 s 복수 표지)에서 m이 ṁ으로 변하고 난 뒤(7)에, ca 앞에서 ḥ가 ś로 바뀌는 산디(6h)가 적용된다.

(3) 동화 산디

① 성(Voicing)의 동화

9)a	무성무기음 +유성무기유기음/모음 ↠ 유성무기음 + 유성무기유기음/모음
9)b	유성무기음 + 무성무기음 ↠ 무성무기음 + 무성무기음

산스크리트에서 성의 동화 역시 매우 빈번하게 일어나는 산디이고, 거의 대부분이 역행동화(Regressive Assimilation)이다. <반야심경>에서는 9)a의 유성음화 현상이 나

타난다.

aprāptitvād_b° → aprāptitvāt (소19 대37)
avocad_bh° → avocat (대55)
cittāvaraṇanāstitvād_a° → cittāvaraṇanāstitvāt (소21 대39)
tasmād_a° → tasmāt (소19)
nāstitvād_a° → nāstitvāt (대39)
pṛthag_r° → pṛthak (소06 대23)

② 조음위치의 동화

10)a	무기치조음 + 경구개음 ↠ 경구개음 + 경구개음

성의 동화 외에도 따라 나오는 자음의 조음위치에 동화되는 현상도 일어난다. 여기에서 산디는 무기치조음(t d n)의 조음위치가 경구개음(c ch j jh ñ) 앞에서 c, j, ñ로 되는데, 경우에 따라 앞서 소개한 성의 동화도 함께 작용한다. 형태 복원은 오른쪽 방향으로 진행되지만 산디의 적용은 왼쪽의 방향에서 시작한다.

etasmāj_j° (10a) → etasmād_j° (9a) → etasmāt (대42)
tasmāc_ch° → tasmāt (소11.19 대28.37)
cic_ch° (10a) → cit_ch° (9b, 위의 무성음화 산디) → cid (대17)
tac_ś° (10a) → tat_ś° (9a) → tad (소07)
tasmāj_j° (10a) → tasmād_j° (9a) → tasmāt (소24 대42)

10)b	t/d + ś ↠ cch 또는 cś

그런데 A_B의 조음위치 동화에서 역행동화로 변한 A가 위의 환경에 부합하는 경우 순행동화(Progressive Assimilation)로 B까지 변하게 할 수 있다.

tasmāc_chāriputra (10b) → tasmāt_śāriputra (소11.19 대28.37)
cic_chāriputra (10b) → cit_śāriputra (9b) → cid_śāriputra (대17)

이 밖에도 <반야심경>은 다음의 두 예를 더 보여준다.

āyuṣmāñc_chāriputro (10b) → āyuṣmānc_śāriputro (10a) → āyuṣmān_śāriputro (대11) (*āyuṣmān의 기저형태는 āyuṣmān[t]이다.) tasmāc_chūnyatāyāṁ (10b) → tasmāc_śūnyatāyāṁ (9b) → tasmāt_śūnyatāyām (소11)

(3) 조음위치와 조음방법의 완전동화

11)a	무성무기음 + 비음 ↠ (해당 자음 열의) 비음 + 비음

B에 비음 n이 놓이는 A_B에서 A(k c ṭ t p)가 B에 완전동화가 되는, 즉 n으로 바뀌는 산디이다.

rūpān_na → rūpāt (소06 대23)

(4) 복자음화

14)a	단모음 + n + 모음 ↠ 단모음 + nn + 모음

−n이 단어의 끝에 오고 따라 나오는 단어의 첫 소리가 모음인 경우, 비음은 −nn으로 바뀐다. 단, −n에 선행하는 모음이 단음이어야 한다는 조건이 붙는다.

abhyanandann_iti → abhyanandan (대59)

9.4. 산디 교정

위와 같은 산디 규칙을 살펴본 결과, <반야심경>의 사본들에는 산디에 맞지 않아 교정되어야 할 어형들이 찾아지는데, 대부분이 위사르가 산디와 관련된다. 이 밖에도 아누스와라 산디, 조음위치의 동화에 반하는 예들이 존재한다. 교정 이전과 이후의 산디 형태들 역시 '텍스트 기반의 문법정보 DB'(15.)와 'AtoH 배열의 어휘 DB'(16.1.)에 저장된다.

1) 위사르가의 변화

다음의 단어들은 –o, –aḥ, –uḥ로 끝나고 있지만, 텍스트의 음성적(유성음) 환경은 이와 다른 산디 형태를 요구한다.

규칙 6a
'nuttaramantraḥ_'sam° ⇒ 'nuttaramantro_'sam° → anuttaramantraḥ_'sam° (대43)
mahāmantraḥ_'n° ⇒ mahāmantro_'n° → mahāmantraḥ_'n° (대42)
jñātavyo_p° ⇒ jñātavyaḥo_p° (소24.)
bodhisattvo_p° ⇒ bodhisattvaḥ_p° (소본19.대본37.)
dharma[ ]_na ⇒ dharmo_na → dharmaḥ_na (대본31.fg)
규칙 6e
manovijñānadhātuḥ_na ⇒ =dhātur_na → manovijñānadhātuḥ_na (소15.대32.)

다른 한편으로 다음의 어형들은 텍스트 내에서 –ḥ 가 붙여져 있지 않은 채 나타나고 있지만, 문제의 음성적 환경은 위사르가를 필요로 한다.

규칙 6a / 6c
cittavaraṇa[ ]_# (문장 끝) ⇒ cittāvaraṇaḥ _#(대본38a)
cittāvaraṇa[ ]_# (문장 끝) ⇒ cittāvaraṇaḥ_# (대본38a)
bodhisattva[ ]_p° ⇒ bodhisattvaḥ_p° (소본19.)

규칙 6d
tryadhvavyavasthitā[ ]_sarva° ⇒ tryadhvavyavasthitāḥ sarva° (대40a)
duḥkhasamudayanirodhamārgā[ ]_# (문장 끝) ⇒ =mārgāḥ_# (문장 끝) (소18.)
paripūrṇā[ ]_# (문장 끝) ⇒ paripūrṇāḥ_# (소10)
sarvadharmā[ ]_śūnyatā° ⇒ sarvadharmāḥ śūnyatā° (대26)

규칙 6e
cakṣurdhātu[ ]_na ⇒ cakṣurdhātuḥ na → cakṣurdhātur na (대32f)
manodhātu[ ]_na ⇒ manodhātuḥ na → manodhātur na (대32f)
manovijñānadhātu[ ]_yā° ⇒ manovijñānadhātuḥ yā° → manovijñānadhātur yā° (대32f)

이에 반해 다음의 예들에서는 –ḥ가 탈락되어야 한다.

규칙 6c
caramāṇaḥ_evaṁ ⇒ caramāṇa[ ]_evaṁ → caramāṇaḥ_evaṁ (대08.e)
mahāsattvaḥ_āryā° ⇒ mahāsattva[ ]_āryā° → mahāsattvaḥ_āryā° (대15)
śāriputraḥ_āryā° ⇒ śāriputra[ ]_āryā° → śāriputraḥ_āryā° (대55e)

규칙 6d
rūpaśabdagandharasaspraṣṭavyadharmāḥ_na ⇒ =dharmā[ ]_ na → =dharmāḥ_na (소14.대31.)
saṁskārāḥ_na ⇒ saṁskārā[ ]_na → saṁskārāḥ_na (소12.대29)
śūnyatāyāḥ_na ⇒ śūnyatāyā[ ]_na → śūnyatāyāḥ_na (대23)

또한 -ḥ는 따라 나오는 무성자음의 성질에 따라 바뀔 수 있지만, <반야심경>에 나타나는 다음의 어형들은 교정이 필요하다. 쉼표나 마침표 앞의 환경(#)에서도 ḥ는 변화 없이 그대로 나타나야 한다.

규칙 6j / 6n
tasyās_sam° ⇒ tasyāḥ_sam° (대50)
namas_sarva° ⇒ namaḥ_sarva° (소01 대01)
pañcaskandhās_# ⇒ pañcaskandhāḥ_# (소11.abc)
pañcaskandhās_sva° ⇒ pañcaskandhāḥ_sva° (대21.fg)
skandhāḥ t° ⇒ skandhās t° → skandhāḥ t° (소04.e)

마지막으로 경구개음화 산디의 규칙에 따라 다음의 예들 역시 교정을 받아야 한다.

규칙 10a) / 10b)
āyuṣmāñ_chāri° ⇒ āyuṣmāñc_chāri° → āyuṣmān[ ]_śāri° (대55)
āyuṣmān_chāri° ⇒ āyuṣmāñc_chāri° → āyuṣmān[ ]_śāri° (대11)
āyuṣmān_śāri° ⇒ āyuṣmāñc_chāri° → āyuṣmān[ ]_śāri° (대11.52)
tac śūnyatā ⇒ tac chūnyatā → tad_śūnyatā (소07)
tasmād_jñātavyaḥ ⇒ tasmāj_jñātavyaḥ → tasmāt_jñātavyaḥ (대42)

2) 아누스와라 산디

-m 역시 주어진 음성적 환경(모음 앞, 휴지[休止, Pause])에서 산디에 맞지 않게 -ṁ으로 나타나거나 자음 앞에서 -m으로 나타나는 예들이 존재하기 때문에 이 형태들 역시 교정의 대상이다.

규칙 7
prāptitvaṁ ⇒ prāptitvam (소18)
vijñānaṁ ⇒ vijñānam (소12.대29. 대22.23.24.)
rūpaṁ ⇒ rūpam (소05.06.07. 대22.23.24.)
samyaksaṁbodhiṁ ⇒ samyaksaṁbodhim (소23)

evam ⇒ evaṁ → evam (대47.)
katham ⇒ kathaṁ → katham (대21)
śikṣitavyam ⇒ śikṣitavyaṁ → śikṣitavyam (대본19)

10. 표지 추출

산디 표시와 형태 복원의 작업이 끝난 다음의 언어학적 가공은 변화사인 실사(명사·형용사·대명사·수사)의 곡용(Declination)과 동사의 활용(Conjugation)에서 사용되는 표지들을 추출하는 작업이다. 이 분석의 목적은 한편으로 텍스트를 구성하는 단어들의 문법적 기능을 정확하게 파악하고, 다른 한편으로 사전의 표제어로서 의미적 정보를 담고 있는 어간의 올바른 형태를 제시하는데 있다. 표지에 관한 정보는 'AtoH 배열의 어휘 DB'(16.1.)와 '어원적 배열의 어휘 DB'(16.2.)에 저장된다.

10.1. 문법적 범주

실사와 동사의 표지는 각각의 문법적 범주에 따라 주어지는데, 전자의 경우 성(Gender)·수(Number)·격(Case)의 세 가지 범주가 존재하고, 후자의 경우 태(Voice)·법(Mood)·시제(Tense)·수(Number)·인칭(Person)의 다섯 가지 범주가 있다.

10.1.1. 곡용의 문법적 범주

'곡용'이란 명사와 대명사의 어간, 대명사적·수사적 형용사를 포함한 모든 형용사 어간이 성, 수, 격'에 따라 표지를 부여 받는 문법적 현상을 말한다.

1) 성 (Gender)

일반적으로 사전들이 제공하는 문법정보 '성'에는 남성(Masculine), 여성(Feminine), 중성(Neutral)이 존재한다. 명사 어간의 경우 성은 고유적으로 주어지거나 이 어간에 붙는 접미사(13.3.1.)에 따라 결정되는 반면, 나머지 품사들의 성은 수식 또는 대용(代用)하는 명사들의 성에 따라 정해진다. 때때로 하나의 명사에 두 개의 성이 부여될 때가 있는데, 그 대표적인 예가 padma- [남성/중성]이고, 이는 padma-가 남성 또는 중성으로 곡용된다는 것을 의미한다. 그러나 남성과 중성 명사의 표지는 주격 호격 목적격에서만 차이가 날 뿐 나머지 격들에서는 동일하다. 이에 반해 남성/중성 명사와 여성 명사는 (*부록 04 a에서 보는 것처럼 실제로 어간 모음의 변화 때문에 나타나는) 외견상 매우 다른 표지 체계를 보여준다.

2) 수 (Number)

문법서들에서 확인할 수 있는 문법정보 '수'는 단수(Singular), 복수(Plural), 쌍수(Dual)를 포함하며, 각각의 수는 고유의 표지 체계를 갖고 있다. <반야심경>의 사본들에는 단수와 복수가 가장 큰 비중을 차지하며 사용되는 반면, 쌍수는 나타나지 않는다.

3) 격 (Case)

'수'와 더불어 문법서들이 제공하는 문법정보 '격'에는 주격(Nominative), 호격(Vocative), 목적격(Accusative), 도구격(Instrumental), 여격(Dative), 탈격(Ablative), 소유격(Genitive), 장소격(Locative) 등 여덟 개가 존재한다. 역사비교언어학은 일반적으로 주격 · 호격 · 목적격을 강격(强格: Strong Case)으로, 나머지 격들을 약격(弱格: Weak Case)으로 분류하고 있는데, 이는 표지가 붙을 때 (a-어간을 제외한 모든) 어간들의 형태 변화와 관련이 있는 분류이다. '강격'이라 함은 변화요인이 주어져도 고유의 형태를 유지할 만큼 강하다는 것을 의미하고, '약격'이라 함은 이를 견디지 못하고 쉽게 변한다는 것을 의미한다. 산스크리트의 표지 체계에서 중심적인 위치를 차지하는 n-어간 rājan- [남성]과 nāman- [중성]을 예로 들어 보면 다음과 같다:

	단수		복수	
주격	rājā[n]-Ø	nāma[n]-Ø	rājān-aḥ	nāmān-i
호격	rājan-Ø	nāma[n]-Ø	rājān-aḥ	nāmān-i
목적격	rājān-am	nāma[n]-Ø	rājñ-aḥ	nāmān-i
도구격	rājñ-ā	nāmn-ā	rāja-bhiḥ	nāma-bhiḥ
여격	rājñ-e	nāmn-e	rāja-bhyaḥ	nāma-bhyaḥ
탈격	rājñ-aḥ	nāmn-aḥ	rāja-bhyaḥ	nāma-bhyaḥ
속격	rājñ-aḥ	nāmn-aḥ	rājñ-ām	nāma-ām
장소격	rājñ-i	nāmn-i	rāja-su	nāma-su

4) 표지 체계 (Marker System)

여러 (전통적) 문법서들에서 볼 수 있듯이 실사의 경우 명사(형용사)의 곡용 패러다임은 모음(a/ā–. i/ī–, u/ū–)으로 끝나는 어간과 자음으로 끝나는 어간으로 분류되어 하나하나 소개되고, 대명사의 표지도 그 종류(인칭 · 지시 · 관계 · 의문)에 따라 개별적으로 설명되는 것이 일반적이다. 기술적 성격의 이러한 표지 체계에 따르면 외견상 표지가 각각의 어간마다 다르게 나타난다고 생각할 수 있겠지만, 실제로 명사와 대명사 모두 단수, 복수, 쌍수 등 각 수에 따른 한 세트의 표지를 보여준다. 하지만 표면적으로 그렇게 보이지 않는 이유들 가운데 첫째는 표지가 붙을 때 (i/u–어간과 같은) 어간말의 모음 또는 음절의 다양한 변화 때문이고, 둘째는 (모음으로 시작하는) 표지와 (a–어간과 같은) 어간말 모음이 부딪힐 때 일어나는 축약(Contraction)의 산디 때문이다 (남성 agni– 'fire' śatru– 'enemy' deva– 'god').

	단수		단수	
어간변화	i e ay ā[y]	u o av au	a	
주격	agni–ḥ	śatru–ḥ	deva–ḥ	
호격	agne–Ø	śatro–Ø	deva–Ø	
목적격	agni–m	śatru–m	deva–m	
도구격	agni–nā	śatru–ṇā	deva~ena	
여격	agnay–e	śatrav–e	deva–aya	> °āya
탈격	agne–ḥ	śatro–ḥ	deva–at	> °āt
속격	agne–ḥ	śatro–ḥ	deva–sya	
장소격	agnā[y]–Ø	śatrau–Ø	deva–y	> °e

표지를 인지하기 힘들게 하는 이러한 요인들이 이해된다면, 표지의 추출은 용이해지고 위에서 이야기한대로 각각의 성에 따른 한 세트의 표지 체계(*부록 04.)가 세워질 수 있는데, 여기에서는 이 체계에 따라 <반야심경>의 실사 표지들이 조망된다.

10.1.2. 활용의 문법적 범주

활용이란 동사의 어간이 태(Voice) · 법(Mood) · 시제(Tense) · 수(Number) · 인칭(Person)의 다섯 가지 문법적 범주에 따라 고유의 표지를 부여받는 현상을 가리킨다.

1) 태 (Voice)

① 능동태 (Active) : 주어가 수행하는 동사의 행위가 목적(보)어에 미치게 하는 기능의 범주로서 '타동사'(他動詞, Transitive)에 대응하며 산스크리트 용어로는 *Parasmaipada('남 · 타인을 위한 형태; form for the other')이다.

*para-smai=pada- [한정 합성어 Tatpuruṣa] '저쪽에 (멀리 있는) 사람/대상에게 감' (para- [(대명사적) 형용사] '멀리 있는, 저쪽의; far, distant, remote', -smai [대명사 여격 표지], pad-a- [명사 중성] '걸음, 보행; step', pad- '걷다, 가다; to walk, go')

② 중간태 (Medium) : 주어가 수행하는 행위가 주어 자신에게 미치게 하는 기능의 범주로서 '자동사'(自動詞, Intransitive)에 대응하며 산스크리트 용어로는 *Ātmanepada '자신/스스로를 위한 형태; form for one's self'이다.

*ātman-e=pada- [한정 합성어 Tatpuruṣa] '자신/스스로에게 감' (ātman- [명사 남성] '숨, 호흡, 영혼; breath, soul', -e [명사 여격], pad-a- [명사 중성])

③ 수동태 (Passive) : 타인에 의해 수행되는 행위를 주어에 미치게 하는 기능의 범주로서 능동태나 중간태와 달리 고유의 표지 체계가 없고, 접미사 -ya- (anu-mod-ya-te, 7.3. 대본 55행)에 의해 형성되고 °a-어간 중간태의 표지를 사용한다.

2) 법 (Mood)

산스크리트에는 대표적으로 직설법(直說法, Indicative), 명령법(命令法, Imperative), 희구법(希求法, Optative)이 있으며, 이 밖에도 가정법(假定法, Subjunctive), 금지법(禁止法: Injunctive) 등이 있다.

3) 시제 (Tense)

산스크리트의 시제로는 현재(Presnt), 미래(Future), 과거에 대응하는 아오리스트(Aorist), 미완료(Imperfect), 완료(Perfect)가 있는데, 다른 시제들과 달리 미래시제는 고유의 표지 체계가 없으며, 접미사 -(i)sya-에 의해 표현된다.

4) 인칭 (Person) · 수 (Number)

인칭에는 1인칭 2인칭 3인칭, 모두 세 개의 인칭이 있으며, 각 인칭에 대해 단수 복수 쌍수가 존재한다.

	단수	복수	쌍수
1 인칭	'나; I'	'우리; we'	'우리 둘; we two'
2 인칭	'너; you'	'너희 당신(들); you'	'너희 둘; you two'
3 인칭	'그(녀)(것); he, she, it'	'그(녀)(것)들; they'	'그(녀)(것) 둘, they two'

5) 표지 체계

동사의 표지 체계는 전통적으로 동사에 붙는 접미사의 종류와 현재시제를 만드는 방식에 따라 분류된 10개의 부류 하에 소개되는 것이 일반적이다. 실사의 경우처럼 어간말의 형태에 따른 분류와 이에 대한 기술이기 때문에 표면상 특정의 패턴이 없는 것처럼 보일 수 있지만, 실제로는 각각의 문법적 범주에 따른 한 세트의 표지 체계가 존재한다. 그러나 문법적 범주가 (두 개가) 더 많음에도 불구하고 동사는 실사보다 더 단순한 표지 체계를 지니고 있다. 대부분이 자음으로 시작하는 표지이기 때문에 동사 어간말 모음과 축약되는 현상이 일어나지도 않고, 표지의 형태가 일정하기 때문에 동사 어간과 표지를 분리하는 작업은 실사보다 훨씬 더 용이하다. *부록 04 표지d에서 제시하는 동사 표지의 체계는 10개의 어간 부류가 아닌 능동태와 중간태의 대분류 하에 세워지며, <반야심경>의 경우 동사들이 그리 많이 나타나지 않는 관계로 여기에서는 현재 · 미완료 · 아오리스트의 시제 표지와 비인칭 표지(Impersonal Marker)로 나누어 살펴보기로 한다.

10.2. 내부 산디

실사이든 동사이든 모음/자음으로 끝나는 어간과 모음/자음으로 시작하는 표지가 연접할 때 모음축약/동화의 산디가 일어난다. 이 음운론적 현상은 텍스트를 구성하는 단어와 단어의 사이가 아니라 단어의 내부, 즉 형태소 경계에서 일어나기 때문에 '내부 산디'(= 내부 연음법칙, antarsandhi = antar(−) '안/내부의; internal')로 불린다. 표지의 추출 과정에서 내부 산디가 일어나는 경우 *부록 03의 산디 번호가 주어진다.

10.3. 곡용 표지의 추출과 기능

이제 실사의 표지들이 산디 표시를 통해 복원된 어형들(9.)에서 추출되어 (필요한 경우 기호와 조합된) 대문자로 표시되고, 이의 기능들이 성 수 격의 문법적 범주들에 따라 규정된다. 이 가공은 편의상 품사(대분류)와 어간(중분류)에 따라 진행되고, 표지에 관한 문법 정보는 'AtoH 배열의 어휘 DB'(16.1.)과 '어원적 배열의 어휘 DB'(16.2.)에 저장된다.

10.3.1. 명사 형용사

1) A-어간

(1) 남성(M) 단수(S) 주격(N) : 표지 -a-Ḥ [40개]

acittāvaraṇaḥ ⇨ -a-Ḥ (MS.A.N.)
atrastaḥ ⇨ -a-Ḥ (MS.A.N.)
anuttaraḥ ⇨ -a-Ḥ (MS.A.N.)
anuttaramantraḥ ⇨ -a-Ḥ (MS.A.N.)
avidyākṣayaḥ ⇨ -a-Ḥ (MS.A.N.)
asamasamamantraḥ ⇨ -a-Ḥ (MS.A.N.)
āryāvalokiteśvaraḥ ⇨ -a-Ḥ (MS.A.N.)
āryāvalokiteśvarabodhisattvaḥ ⇨ -a-Ḥ (MS.A.N.)
uktaḥ ⇨ -a-Ḥ (MS.A.N.)
kāyaḥ ⇨ -a-Ḥ (MS.A.N.)
kulaputraḥ ⇨ -a-Ḥ (MS.A.N.)
kṣayaḥ ⇨ -a-Ḥ (MS.A.N.)
gandhaḥ ⇨ -a-Ḥ (MS.A.N.)
caramāṇaḥ ⇨ -a-Ḥ (MS.A.N.)
cartukāmaḥ ⇨ -a-Ḥ (MS.A.N.)
cittāvaraṇaḥ ⇨ -a-Ḥ (MS.A.N.)
jarāmaraṇakṣayaḥ ⇨ -a-Ḥ (MS.A.N.)
devamānuṣāsuragandharvaḥ ⇨ -a-Ḥ (MS.A.N.)
devamānuṣāsuragaruḍagandharvaḥ ⇨ -a-Ḥ (MS.A.N.)
dharmaḥ ⇨ -a-Ḥ (MS.A.N.)
nirodhaḥ ⇨ -a-Ḥ (MS.A.N.)
niṣṭhnirvāṇaḥ ⇨ -a-Ḥ (MS.A.N.)
prajñāpāramitāmantraḥ ⇨ -a-Ḥ (MS.A.N.)
prajñāpāramitāmahāmantraḥ ⇨ -a-Ḥ (MS.A.N.)
bodhisattvaḥ ⇨ -a-Ḥ (MS.A.N.)
mantraḥ ⇨ -a-Ḥ (MS.A.N.)
mahāmantraḥ ⇨ -a-Ḥ (MS.A.N.)
mahāvidyāmantraḥ ⇨ -a-Ḥ (MS.A.N.)
mahāsattvaḥ ⇨ -a-Ḥ (MS.A.N.)
lokaḥ ⇨ -a-Ḥ (MS.A.N.)
rasaḥ ⇨ -a-Ḥ (MS.A.N.)
vidyākṣayaḥ ⇨ -a-Ḥ (MS.A.N.)
vidyāmantraḥ ⇨ -a-Ḥ (MS.A.N.)
viparyāsātikrāntaḥ ⇨ -a-Ḥ (MS.A.N.)
śabdaḥ ⇨ -a-Ḥ (MS.A.N.)
śāriputraḥ ⇨ -a-Ḥ (MS.A.N.)
samāpannaḥ ⇨ -a-Ḥ (MS.A.N.)
samudayaḥ ⇨ -a-Ḥ (MS.A.N.)
sarvaduḥkhapraśamanaḥ ⇨ -a-Ḥ (MS.A.N.)
sarvaduḥkhapraśamanamantraḥ ⇨ -a-Ḥ (MS.A.N.)

§ jñātavyaḥ(소24 대32)와 śikṣitavyaḥ(대14)의 경우 -a-Ḥ로 분석되는 것이 아니라 다른 사본들처럼 -a-m으로 교정(10.5)되어야 하는 어미이다.

(2) 남성(M) 단수(S) 호격(V) : 표지 –a–Ø [2개]

§ Ø : 표지가 없음을 의미한다.

kulaputra ⇨ –a–Ø (MS.A.V.)
śāriputra ⇨ –a–Ø (MS.A.V.)

(3) 남성(M) 단수(S) 목적격(A) : 표지 –a–M [10개]

avalokiteśvaram ⇨ –a–M (MS.A.N.)
āryāvalokiteśvaram ⇨ –a–M (MS.A.A.)
gaṁbhīrāvabhāsam ⇨ –a–M (MS.A.A.)
gaṁbhīrāvasaṁbodham ⇨ –a–M (MS.A.A.)
dharmaparyāyam ⇨ –a–M (MS.A.A.)
bodhisattvam ⇨ –a–M (MS.A.A.)
bhāṣitam ⇨ –a–M (MS.A.A.)
mahāsattvam ⇨ –a–M (MS.A.A.)
śāriputram ⇨ –a–M (MS.A.A.)
sādhukāram ⇨ –a–M (MS.A.A.)

§ 이 밖에도 목적격 표지가 붙지만 그 기능은 쇠퇴하고 부사적으로 사용되기도 하는데, 이 경우(2개)의 표지는 대문자가 아닌 소문자로 표시된다.

satyam ⇨ –a–m
sārdham ⇨ –a–m

(4) 중성(N) 단수(S) 주격(S)·목적격(A) : 표지 –a–M [19개]

āryaprajñāpāramitāhṛdayam ⇨ –a–M (NS.A.N.)
āryaprajñāpāramitāhṛdayasūtram ⇨ –a–M (NS.A.N.)
ghrāṇam ⇨ –a–M (NS.A.N.)
cartavyam ⇨ –a–M (NS.A.N.)
caryam ⇨ –a–M (NS.A.A.)
cittālambanam ⇨ –a–M (NS.A.N.)
jarāmaraṇam ⇨ –a–M (NS.A.N.)
jñānam ⇨ –a–M (NS.A.N.)
duḥkham ⇨ –a–M (NS.A.N.)
prajñāpāramitāhṛdayam ⇨ –a–M (NS.A.N.)
prajñāpāramitāhṛdayasūtram ⇨ –a–M (NS.A.N.)
prāptitvam ⇨ –a–M (NS.A.N.)
mithyatvam ⇨ –a–M (NS.A.N.)
rūpam ⇨ –a–M (NS.A.N.)
vijñānam ⇨ –a–M (NS.A.N.)
vedanāsaṁjñāsaṁskāravijñānam ⇨ –a–M (NS.A.N.)
śūnyam ⇨ –a–M (NS.A.N.)
samyaktvam ⇨ –a–M (NS.A.N.)
spraṣṭavyam ⇨ –a–M (NS.A.N.)

(5) 남성(M)·중성(N) 단수(S) 도구격(I) : 표지 –a~ENA / –a–^{L} [9개]

§ ~ : A~B에서 B가 붙을 때 선행하는 모음의 탈락을 의미한다.
§ ^{L} : 선행하는 모음의 장음화(Lengthening)를 의미하며, 가시적이지는 않지만 표지에 속한다.

§ ENA는 a-어간의 고유 표지가 아니라 지시대명사(예, tena 등)에서 전이된 표지이다.
§ 베다어에서 유래하는 $-^{L}$은 a-어간 고유의 도구격 표지이다.

aprāptitvena ⇨ -a~ENA (NS.A.I.)	bhikṣugaṇena ⇨ -a~ENA (MS.A.I.)
buddhānubhāvena ⇨ -a~ENA (MS.A.I.)	bhikṣusaṁghena ⇨ -a~ENA (MS.A.I.)
bodhisattvagaṇena ⇨ -a~ENA (MS.A.I.)	mahāsattvena ⇨ -a~ENA (MS.A.I.)
bodhisattvena ⇨ -a~ENA (MS.A.I.)	svāhā ⇨ $-a-^{L}$ (MS.A.I.)
bodhisattvasaṁghena ⇨ -a~ENA (MS.A.I.)	

(6) 남성(M) · 중성(N) 단수(S) 여격(D) : 표지 -a-AYA [5개]

§ 어간모음 -a-와 a로 시작하는 표지가 연접하기 때문에 (1a)의 축약 산디(-ā-)가 일어난다.
§ -AYA의 어원: 여격 고유의 표지 -E에 -E가 한 번 더 붙어 생성된 이차적 표지이다. a-어간의 여격 표지는 어간모음 -a-와 표지 -E가 결합(산디 2a)하여 ai가 된다. 그런데 -ai는 a-어간을 제외한 나머지 어간들의 고유 표지 -E와 형태적으로 다르게 느껴지기 때문에 인도유럽어학은 -e(ay)에 -e(ay)가 첨가되어 -ay-ay가 만들어지고 이화(異化, Dissimilation) 현상을 통해 두 번째 y가 탈락하면서 -AYA가 형성된 것이라는 입장이다. 이와 같은 '중복 표지'는 아래의 복수 주격과 속격, 자음어간의 단수 목적격에서도 나타난다.

avalokiteśvarāya ⇨ -a-AYA (MS.A.D.) (1a)	mahāsattvāya ⇨ -a-AYA (MS.A.D.) (1a)
āryāvalokiteśvarāya ⇨ -a-AYA (MS.A.D.) (1a)	sarvajñāya ⇨ -a-AYA (MS.A.D.) (1a)
bodhisattvāya ⇨ -a-AYA (MS.A.D.) (1a)	

(7) 남성(M) · 중성(N) 단수(S) 탈격(Ab) : 표지 -a-AT [5개]

§ 어간모음 -a-와 a로 시작하는 표지가 연접하기 때문에 (1a)의 축약 산디(-ā-)가 일어난다.
§ -AT는 a-어간의 고유 표지가 아니라 지시대명사(예, tasma-at 등)에서 전이된 표지이다.

aprāptitvāt ⇨ -a-AT (NS.A.Ab.) (1a)	nāstitvāt ⇨ -a-AT (NS.A.Ab.) (1a)
amithyatvāt ⇨ -a-AT (NS.A.Ab.) (1a)	rūpāt ⇨ -a-AT (NS.A.Ab.) (1a)
cittāvaraṇanāstitvāt ⇨ -a-AT (NS.A.Ab.) (1a)	

(8) 남성(M) · 중성(N) 단수(S) 속격(G) : 표지 -a-SYA [2개]

§ -SYA 역시 a-어간의 고유 표지가 아니라 지시대명사(예, ta-sya 등)에서 전이된 표지이다.

āryāvalokiteśvararasya ⇨ −a−SYA (MS.A.G.)
bodhisattvasya ⇨ −a−SYA (MS.A.G.)

(9) 남성(M) · 중성(N) 단수(S) 장소격(L) : 표지 -a-I [6개]

§ 어간모음 −a−와 표지 i 가 연접하기 때문에 (2a)의 산디(−a−i > −ay > −e−)가 일어난다.

ukte ⇨ ukta−I (MN.S.A.L.)
gṛdhrakūṭaparvate ⇨ −a−I (MS.A.L.) (2a)
gṛdhrakūṭe ⇨ −a−I (NS.A.L.) (2a)
parvate ⇨ −a−I (MS.A.L.) (2a)
rājagṛhe ⇨ −a−I (MS.A.L.) (2a)
samaye ⇨ −a−I (MS.A.L.) (2a)

(10) 남성(M) 복수(P) 주격(N) : 표지 -a-AḤ [28개]

§ 어간모음 −a−와 a로 시작하는 표지가 연접하기 때문에 (1a)의 축약 산디(−ā−)가 일어난다.

§ −a−AḤ 외에도, <반야심경>에는 나타나지 않지만, −a−AS−AḤ도 많이 사용된다. 이는 원래의 −a−AḤ에 −AḤ가 한 번 더 붙여져 만들어진 새로운 형태의 표지이다. −aḥ가 첨가된 이유는 축약을 통해 생성된 −āḥ가 복수 표지를 충분히 나타내주지 못하기 때문이다: 예) devāḥ / devāsaḥ.

ajātāḥ ⇨ −a−AḤ (MP.A.N.) (1a)
aniruddhāḥ ⇨ −a−AḤ (MP.A.N.) (1a)
anutpannāḥ ⇨ −a−AḤ (MP.A.N.) (1a)
anūnāḥ ⇨ −a−AḤ (MP.A.N.) (1a)
aparipūrṇāḥ ⇨ −a−AḤ (MP.A.N.) (1a)
abhisaṁbuddhāḥ ⇨ −a−AḤ (MP.A.N.) (1a)
amalāḥ ⇨ −a−AḤ (MP.A.N.) (1a)
avimalāḥ ⇨ −a−AḤ (MP.A.N.) (1a)
asaṁpūrṇāḥ ⇨ −a−AḤ (MP.A.N.) (1a)
ūnāḥ ⇨ −a−AḤ (MP.A.N.) (1a)
tryadhvavyavasthitāḥ ⇨ −a−AḤ (MP.A.N.) (1a)
duḥkhasamudayanirodhamārgāḥ ⇨ −a−AḤ (MP.A.N.) (1a)
dharmāḥ ⇨ −a−AḤ (MP.A.N.) (1a)
pañcaskandhāḥ ⇨ −a−AḤ (MP.A.N.) (1a)
paripūrṇāḥ ⇨ −a−AḤ (MP.A.N.) (1a)
bodhisattvāḥ ⇨ −a−AḤ (MP.A.N.) (1a)
mahāsattvāḥ ⇨ −a−AḤ (MP.A.N.) (1a)
mārgāḥ ⇨ −a−AḤ (MP.A.N.) (1a)
rūpaśabdagandharasaspraṣṭavyadharmāḥ ⇨ −a−AḤ (MP.A.N.) (1a)
vimalāḥ ⇨ −a−AḤ (MP.A.N.) (1a)
śūnyatālakṣaṇāḥ ⇨ −a−AḤ (MP.A.N.) (1a)
saṁpūrṇāḥ ⇨ −a−AḤ (MP.A.N.) (1a)
saṁskārāḥ ⇨ −a−AḤ (MP.A.N.) (1a)
sarvadharmāḥ ⇨ −a−AḤ (MP.A.N.) (1a)
sarvabuddhāḥ ⇨ −a−AḤ (MP.A.N.) (1a)
skandhāḥ ⇨ −a−AḤ (MP.A.N.) (1a)
svabhāvaśūnyatālakṣaṇāḥ ⇨ −a−AḤ (MP.A.N.) (1a)
svabhāvaśūnyāḥ ⇨ −a−AḤ (MP.A.N.) (1a)

(11) 남성(M) 복수(P) 목적격(A) : 표지 -a-^{L}N[Ḥ] [2개]

§ [Ḥ] : 기저에 존재하지만 특정의 환경에서만 산디를 통해 발현된다.

§ 이에 대한 예로 tāṁś ca → tān[ḥ](소04 대10.21)를 들 수 있다[9.3.2)(2) 아누스와라 산디 참조].
§ −N[Ḥ]이 붙으면 선행하는 모음이 장음화된다.

pañcaskandhān ⇨ −a−^{L}N[Ḥ] (MP.A.A.)
svabhāvaśūnyān ⇨ −a−^{L}N[Ḥ] (MP.A.A.)

(12) 중성(N) 복수(P) 주격(N) : 표지 -a-^{L}nI [2개]

§ 이 표지는 A−어간의 고유 표지가 아니라 중성의 자음 n−어간(10.1.1. 3)과 부록 *04 표지a 참조)에서 차용된 것이다.

vijñānāni ⇨ −a−^{L}nI (NP.A.N.)
vedanāsaṁjñāsaṁskāravijñānāni ⇨ −a−^{L}nI (NP.A.N.)

(13) 남성(M) · 중성(N) 복수(P) 도구격(I) : 표지 -a-EḤ [4개]

§ 어간모음 −a−와 E로 시작하는 표지가 연접하기 때문에 (2a)의 축약 산디(−ai−)가 일어난다.
§ −EḤ는 a−어간의 고유 표지가 아니라 지시대명사(예, ta−eḥ 등)에서 전이된 표지이다.

tathāgataiḥ ⇨ −a−EḤ (2a)
samyaksaṁbuddhaiḥ ⇨ −a−EḤ (MP.A.I.) (2a)
tryadhvavyavasthitaiḥ ⇨ −a−EḤ (MP.A.I.) (2a)
sarvatathāgataiḥ ⇨ −a−EḤ (MP.A.I.) (2a)

(14) 남성(M) · 중성(N) 복수(P) 속격(G) : 표지 -a-ANĀM [1개]

§ 어간모음 −a−와 a로 시작하는 표지가 연접하기 때문에 (1a)의 축약 산디(−ā−)가 일어난다.
§ −ANĀM은 고유의 −AN(< −AM)에 속격임을 분명하게 하기 위해 자음어간의 표지 −ĀM이 붙여져 생성된 이차적 형태의 표지이다. −AM−ĀM은 이화(異化) 작용을 통해 −AN−ĀM으로 바뀐 형태이다.
§ 자음어간의 −ĀM(−a−AM)은, <반야심경>에 나타나지 않지만, a−어간의 고유 표지이다: 예) devām / devānām.

bodhisattvānām ⇨ −a−ANĀM (MP.A.G.) (1a)

2) Ā-어간

(1) 여성(F) 단수(S) 주격(N) : 표지 -ā-Ø [11개]

anuttarā ⇨ –ā–Ø (FS.Ā.N.)	prāptā ⇨ –ā–Ø (FS.Ā.N.)
avidyā ⇨ –ā–Ø (FS.Ā.N.)	vidyā ⇨ –ā–Ø (FS.Ā.N.)
āryapañcāviṁśatikā ⇨ –ā–Ø (FS.Ā.N.)	vedanā ⇨ –ā–Ø (FS.Ā.N.)
kuladuhitā ⇨ –ā–Ø (FS.Ā.N.)	śūnyatā ⇨ –ā–Ø (FS.Ā.N.)
jihvā ⇨ –ā–Ø (FS.Ā.N.)	saṁjñā ⇨ –ā–Ø (FS.Ā.N.)
prajñāpāramitā ⇨ –ā–Ø (FS.Ā.N.)	

(2) 여성(F) 단수(S) 목적격(A) : 표지 -ā-M [4개]

gambhīrām ⇨ –ā–M (FS.Ā.A.)	prajñāpāramitācaryām ⇨ –ā–M (FS.Ā.A.)
caryām ⇨ –ā–M (FS.Ā.A.)	prajñāpāramitām ⇨ –ā–M (FS.Ā.A.)

(3) 여성(F) 단수(S) 여격(D) : 표지 -ā-YAI [1개]

§ –YAI는 ā–어간의 고유 표지가 아니라 지시대명사(예, tasyai 등)에서 전이된 어미이다.

āryaprajñāpāramitāyai ⇨ –ā–YAI (FS.Ā.D.) (2a)

(4) 여성(F) 단수(S) 탈격(Ab) : 표지 -ā-YĀḤ [1개]

§ –YĀḤ는 ā–어간의 고유 표지가 아니라 지시대명사(예, tasyāḥ 등)에서 전이된 어미이다.

śūnyatāyāḥ ⇨ –ā–YĀḤ (FS.Ā.Ab.) (2a)

(5) 여성(F) 단수(S) 장소격(L) : 표지 -ā-YĀM [6개]

§ –YĀM은 ā–어간의 고유 표지가 아니라 지시대명사(예, tasyām 등)에서 전이된 어미이다.

gaṁbhīrāyām ⇨ −ā−YĀM (FS.Ā.L.)
cartāyām ⇨ −ā−YĀM (FS.Ā.L.)
caryāyām ⇨ −ā−YĀM (FS.Ā.L.)
śūnyatāyām ⇨ −ā−YĀM (FS.Ā.L.)
prajñāpāramitāyām ⇨ −ā−YĀM (FS.Ā.L.)
velāyām ⇨ (FS.Ā.L.)

3) I−어간

(1) 여성(F) 단수(S) 주격(N) : 표지 −i−Ḥ [3개]

aprāptiḥ ⇨ −i−Ḥ (FS.I.N.)
aprāptitāprāptiḥ ⇨ −i−Ḥ (FS.I.N.)
prāptiḥ ⇨ −i−Ḥ (FS.I.N.)

(2) 여성(F) 단수(S) 호격(V) : 표지 −e−Ø [3개]

gate ⇨ −Ø (FS.I.V.?)
pāragate ⇨ −Ø (FS.I.V.?)
pārasaṁgate ⇨ −Ø (FS.I.V.?)

(3) 남성(M)·여성(F) 단수(S) 목적격(M) : 표지 −i−M [2개]

samādhim ⇨ −i−M (MS.I.A.)
samyaksaṁbodhim ⇨ −i−M (FS.A.M.)

(4) 남성(M) 단수(S) 속격(G) : 표지 −e−Ḥ [1개]

§ 표지가 주격과 동일하게 나타나지만, 속격에서는 어간모음이 −e−로 나타난다.

samādheḥ ⇨ −e−Ḥ (MS.I.Ab.)

4) Ī−어간

(1) 여성(F) 단수(S) 주격(N) : 표지 −ī−Ø [2개]

bhagavatī ⇨ −ī−Ø (FS.Ī.A.)
sarvāvatī ⇨ −ī−Ø (FS.Ī.N.)

(2) 여성(F) 단수(S) 여격(D) : 표지 -yā-E [1개]

§ 어간말 -yā-와 모음 -E의 표지가 연접하기 때문에 (2a)의 축약 산디(-ai-)가 일어난다.

bhagavatyai ⇨ -yā-E (FS.Ī.D.)

5) U-어간

(1) 남성(M) 단수(S) 주격(N) : 표지 -u-Ḥ [5개]

cakṣurdhātuḥ ⇨ -u-Ḥ (MS.U.N.)
dharmadhātuḥ ⇨ -u-Ḥ (MS.U.N.)
manodhātuḥ ⇨ -u-Ḥ (MS.U.N.)
manovijñānadhātuḥ ⇨ -u-Ḥ (MS.U.N.)
rūpadhātuḥ ⇨ -u-Ḥ (MS.U.N.)

(2) 남성(M) 단수(P) 주격(N) : 표지 -av-AḤ [1개]

bhikṣavas → bhikṣavaḥ ⇨ -av-AḤ (MP.U.N.)

6) 자음어간

(1) 남성(M) 단수(S) 주격(N) : 표지 -^{L}Ø [4개] / -Ø [1개]

§ r-어간과 n-어간에서 표지가 없는 대신 선행하는 모음이 장음화된다.

āttamanāḥ ⇨ -as-^{L}Ø (MS.CONS.N.)
ānandamanā → =manāḥ ⇨ -as-^{L}Ø (MS.CONS.N.)
āyuṣmān ⇨ -^{L}Ø (MS.CONS.N.)
bhagavān ⇨ -^{L}Ø (MS.CONS.N.)

§ 나머지 자음어간(-ant-)에서는 표지와 장음화, 모두가 나타나지 않는다.

yāvan ⇨ -Ø (MS.CONS.N.)

(2) 중성(N) · 여성(F) 단수(S) 주격(N) : 표지 -Ø [3개]

cakşuḥ ⇨ −us−Ø (NS.CONS.N.)	manaḥ ⇨ −as−Ø (NS.CONS.N.)
namaḥ ⇨ −as−Ø (NS.CONS.A.)	parşat ⇨ −a−Ø (FS.CONS.N.)

(3) 남성(M) 단수(S) 목적격(A) : 표지 -aM [1개]

§ 모음 어간에서처럼 자음의 목적격 표지 또한 −M이다. 그런데 M 앞에 있는 a 또한 M이 모음화한 표지이다(a < *m̥, *표시는 재구형태, Brugmann법칙). 원래 −C−M에서 자음(C) 뒤의 M은 *M̥을 거쳐 a가 되었고, 일반적인 표지 M과 형태적으로 다르기 때문에 M이 한 번 더 붙여진 것이다.

āyuşmantam ⇨ −aM (MS.CONS.A.)

(4) 남성(M) 단수(S) 도구격(I) : 표지 -Ā [1개]

§ −Ā는 자음어간의 고유 표지가 아니라 위에서 언급한 A−어간의 −a−ᴸ에서 전이된 것이다.

mahatā ⇨ −Ā (MS.CONS.I.)

(5) 남성(M) 단수(S) 속격(G) : 표지 -AḤ [1개]

bhagavataḥ ⇨ −AḤ (MS.CONS.G.)

(6) 중성(N) 단수(P) 주격(N) : 표지 -ᴸI [1개]

§ 표지 I 가 붙으면서 선행하는 모음이 장음화 되고, −as−어간의 경우 아누스와라가 나타난다.

cakşuḥśrotraghrāṇajihvākāyamanāṁsi ⇨ −as−ᴸI (NP.CONS.N.)

(7) 남성(M) 단수(P) 도구격(I) : 표지 -BHIḤ [1개]

§ -BHIḤ가 붙으면서 arhat-의 어간말 자음이 유성음화(*부록 03 9a 참조)된다.

arhadbhiḥ ⇨ -BHIḤ (MP.CONS.I.)

10.3.2. 대명사 수사

대명사의 경우 부분적으로 가능하지만 전체적으로 보면 표지 추출이 명사나 형용사처럼 매끄럽지 않기 때문에 *부록 04b에서 추출에 따른 표시는 하지 않기로 한다. 그러나 분명한 사실은 부록에서 볼 수 있는 것처럼 대명사들이 성(Gender)과 수(Number)에 따라 각 한 세트의 표지 체계를 공유한다는 것이다. <반야심경>에 나타나는 아래의 대명사들에 대한 추출 및 표시, 문법적 기능은 각각 'AtoH 배열의 어휘 DB(16.1.)'와 '어원적 배열의 어휘 DB(16.2.)'에 저장된다.

1) 의문대명사 · 관계대명사

(1) 남성(M) 단수(S) 주격(N) [2개]

kaḥ ⇨ ka-Ḥ (②.M.S.N.)　　yaḥ ⇨ ya-Ḥ (②.M.S.N.)

(2) 중성(N) 단수(S) 주격(N) [1개]

yad ⇨ ya-d (②.N.S.N.)

(3) 여성(F) 단수(S) 주격(N) [1개]

yā ⇨ ya-^{L}Ø (②.F.S.N.)

2) 지시대명사

(1) 중성(M) 단수(S) 주격(N) [2개]

etad ⇨ eta−d (②.N.S.N.)

tad ⇨ ta−d (②.N.S.N.)

(2) 여성(F) 단수(S) 주격(N) [2개]

eṣā ⇨ esa−^{L}Ø (②.F.S.N.)

sā ⇨ sa−^{L}Ø (②.F.S.N.)

(3) 남성(M)·중성(N) 단수(S) 도구격(I) [1개]

tena ⇨ ta~ENA (②.MN.S.I.)

(4) 남성(M)·여성(F) 단수(S) 탈격(Ab) [3개]

etasmāt ⇨ etasma−AT (②.MN.S.Ab.)

tasmāt ⇨ tasma−AT (②.MN.S.Ab.)

tasyāḥ ⇨ tas−YĀḤ (②.F.S.Ab.)

(5) 여성(M) 단수(S) 장소격(L) [2개]

asyām ⇨ as−YĀM (③.F.S.L.)

tasyām ⇨ tas−YĀM (②.F.S.L.)

(6) 남성(M) 복수(P) 주격(N) [1개]

te ⇨ ta−Y (②.M.Pl.N.)

(7) 남성(M) 복수(P) 목적격(A) [1개]

tān ⇨ ta~^{L}N[Ḥ] (②.M.Pl.A.)

3) 인칭대명사

(1) 1인칭 · 2인칭 단수(S) 도구격(I) [2개]

tvayā ⇨ tva~AYĀ ⇨ (①.S.2.I.)	mayā ⇨ ma~AYĀ ⇨ (①.S.1.I.)

4) 수사

(1) 남성(M) · 중성(N) 단수(S) 장소격(L) [1개]

ekasmin ⇨ eka-SMIN (②.M.S.L.)

10.4. 활용 표지의 추출과 기능

다음으로 동사의 표지들이 추출되어 대문자로 표시되고, 이의 기능들이 문법적 범주들(태 법 시제 수 인칭)에 따라 규정된다. 동사는 실사보다 더 단순한 표지 체계(*부록 04 표지d)를 지니고 있고, 자음으로 시작하는 표지가 대부분이기 때문에 어간말 모음과 축약되는 현상이 일어나지도 않고, 표지의 형태가 일정하기 때문에 표지를 추출하는 작업은 실사보다 훨씬 더 쉽다. 동사 표지에 관한 문법 정보는 실사처럼 'AtoH 배열의 어휘 DB'(16.1.)과 '어원적 배열의 어휘 DB'(16.2.)에 저장된다.

10.4.1. 현재 시제

1) 능동태

(1) 직설법 단수 3인칭 : 표지 -TI [5개]

paśyati ⇨ -TI (ACT.03)	vyavalokayati ⇨ -TI (ACT.03)
prāpnoti ⇨ -TI (ACT.03.)	samanupaśyati ⇨ -TI (ACT.03)
viharati ⇨ -TI (ACT.03)	

2) 수동태

(1) 직설법 단수 3인칭 : -TE [1개]

anumodyate ⇨ TE (PASS.03)	> (MED.03) 수동태는 중간태의 표지를 사용한다.

10.4.2. 미완료 시제

§ 미완료 시제의 경우 표지 외에도 어두에 a-가 붙는다.

1) 능동태

(1) 직설법 복수 3인칭 : -(A)N [1개]

abhyanandan (14a) ⇨ (a-)AN (ACT.16)

10.4.3. 아오리스트 시제

§ 산스크리트에서 아오리스트는 미완료나 완료 시제와 구분 없이 과거시제로 사용된다. 이 시제는 다양한 방식으로 형성(부록 *04 표지d 참조)될 수 있으며, 미완료처럼 어두에 a-가 붙고 능동태 희구법(Optative) 현재시제의 표지를 사용한다.

1) 능동태

(1) 직설법 단수 3인칭 : -(A)T [2개]

adāt ⇨ (a-)T (ACT.15)	avocat ⇨ (a-)T (AOR.30)

10.4.4. 비인칭 표지

이 밖에도 비인칭구문(Impersonal Sentence)에서 동사 범주에 속하는 분사(-ta,

−tavya− 아래 13.4. 2) (3)(7) 참조) 어형에 비인칭 표지(Impersonal Marker) −m이 붙는다. 실사의 (중성 단수 주격/목적격 등의) 표지와 형태적으로 같지만 기능이 다르기 때문에 대문자가 아닌 소문자로 표시한다.

jñātavyam ⇨ −a−m (비인칭 표지)	śikṣitavyam ⇨ −a−m (비인칭 표지)
nirdiṣṭam ⇨ −a−m (비인칭 표지)	śrutam ⇨ −a−m (비인칭 표지)
vyavalokitavyam ⇨ −a−m (비인칭 표지)	samāptam ⇨ −a−m (비인칭 표지)

10.5. 표지 교정

실사와 동사의 표지에 오류가 있거나 고유의 표지 형태에 부합하게 나타나지 않는 경우 교정의 대상이 된다. 교정된 부분들은 '텍스트 기반의 문법정보 DB'(15.)과 'AtoH 배열의 어휘 DB'(16.1)에 저장된다.

10.5.1. 곡용 표지

1) 표지의 오류

anuttarām (대41f.g) ⇒ anuttarā[ ] ⇨ −a−^{L}Ø	sa (대57f) ⇒ sā ⇨ sa−^{L}Ø
amithyatvāk (소26a) ⇒ amithyatvāt ⇨ −a−AT	sarvajñāyaḥ (소01a) ⇒ sarvajñāya ⇨ −a−AYA
ukta (대15) ⇒ ukte ⇨ −a−I	skandhāṁs (대21e) ⇒ skandhās → skandhāḥ ⇨ −a−AḤ
tasyāḥ (대50f) ⇒ tasmāt ⇨ −a−AT (17.3. 참조)	svabhāvaśūnyam (대10e) ⇒ svabhāvaśūnyāḥ ⇨ −a−AḤ
niṣṭhānirvāṇam (대39f.g) ⇒ niṣṭhānirvāṇaḥ ⇨ −a−Ḥ	
rūpaṁ (소06f) ⇒ rūpāt ⇨ −a−AT	
velāyaṁ (대50fg) ⇒ velāyāṁ → velāyām ⇨ −a−YĀM	

§ 굵은체 표시는 다른 사본들과 비교해 볼 때 고유의 표지들이 잘못 발현되어있는 경우이다. ukta는, ukta[ḥ] ā°의 환경에서 ḥ가 탈락된 것(산디규칙 6c)으로 보일 수 있지만, 문맥상 Vaidya본의 ukte로 교정되어야 한다(17.3.4). 참조). niṣṭhānirvāṇa−m은 어휘적으로 볼 때 중성과 남성 모두가 가능하지만 <반야심경>에서는 통사적으로 남성으로 간주되어야 하기 때문에 표지의 교정이 필요하다(17.3. 참조). 또한 skandhāṁs에서 ṁ은 중성 as−어간의 복수 주격(예, manāṁsi)에 따라 첨가된 것으로 보인다. 마지막으로 svabhāvaśūnyam은 문장 내에서 선행하는 복수 목적격 목적어의 목적보어로서 사용되기 때문에 통사적 일치(17.1.1. 17.3.1) 참조)에 따라 이의 표지 역시 복수 목적격으로 나타나야 한다.

2) 표지의 탈락

cartāyā[ ] (대14fg) ⇒ cartāyāṁ → cartāyām ⇨ -ā-YĀM	bodhi (소28 대46) ⇨ -? (FS.I.?)
prajñāpāramitāy[ ] (대45fg) ⇒ prajñāpāramitāyām ⇨ -ā-YĀM	sādhu (대52) ⇨ -? (MS.U.?)

§ 텍스트 내에서 순수 어간형으로 나타나는 bodhi와 sādhu도 산스크리트의 표지 문법에 비추어 보면 잘못된 경우라고 말할 수 있다. 또한 나머지 두 단어에서도 다른 사본들과 비교해 볼 때 표지가 완전하게 나타나지 않고 있다.

10.5.2. 활용 표지

1) 표지의 오류

paśyanti (소04f) ⇒ paśyati ⇨ -a-TI (ACT.03)	viharaṁś ca (대38fg) ⇒ viharan? ⇨ ?

§ paśyanti가 나오는 문장에서 주어가 단수이기 때문에 통사적 일치(17.1.1. 17.3.1) 참조)에 따라 동사 역시 단수 형태로 나타나야 한다.
§ 다른 사본들에 viharati로 나와 있는 것으로 보면 위의 동사 형태 역시 오류로 판단된다. 교정이 된다면, 굵은체 부분은 산디 규칙에 따라 -n일 가능성이 높고 (어두모음 a-가 빠져있지만) -an은 미완료 시제의 표지로 해석할 수 있다.

jñātavyaḥ (소24 대42) ⇒ jñātavyaṁ → jñātavyam ⇨ -a-m	śikṣitavyaḥ ⇒ śikṣitavyam ⇨ -a-m

§ 다른 사본들과 비교해 볼 때 비인칭표지가 붙은 어형이 요구되는 상황이기 때문에 -m이 더 적절하다고 말할 수 있다.

11. 합성어 분리

표지가 추출된 상황에서 단일어의 경우 사전 찾기가 쉬운 편이지만, 두 개 이상의 어간들로 구성되는 합성어(prajñāpāramitāhṛdayasūtra-, cakṣurdhātu-)는 사전에 표제어로 등재되어 있지 않거나 산디가 작용하여 본래의 어간 형태가 제대로 드러나지 않기 때문에 사전 찾기에 어려움이 있다. 언어학적 가공의 네 번째 단계인 '합성어 분리'는 바로 합성어를 구성하는 어간들을 분리하는 작업(prajñā=pāramitā=hṛdaya=sūtra-, cakṣur=dhātu-)이다.

11.1. 합성어

'합성어'(Compound)란 두개 이상의 어간이 결합되는 합성 어간을 말하며, 이의 품사는 명사 또는 형용사이다. 단일어보다 더 많은 양의 의미적 정보를 지니는 합성어의 일반적 특징은 이를 구성하는 마지막 구성 성분에 표지가 붙고 선행하는 구성성분(들)은 어간의 상태를 그대로 유지(prajñā=pāramitā=hṛdaya=sūtra-)한다는 점이다. 어근 또는 어간에 접사를 붙여 단어를 만들어내는 것이 일차적 단어형성(12.1.3. 참조)이라고 한다면, 단어와 단어를 결합시켜 합성어를 만들어 내는 방식은 이차적 단어형성이라고 말할 수 있다. 접사에 의한 단어 생성은 활발하지만 수적인 면에서 유한하다고 볼 때, 합성에 의한 단어의 창출은 무한하다고 말할 수 있다. 산스크리트는 세계에 현존하는 많은 고대 언어들 가운데 합성적 단어형성이 가장 발달되어 있는 언어이다.

합성어는 특히 산스크리트 불전에서 더 활발하게 나타나기 때문에 합성어의 구성성분들을 분리하고 이의 구조와 유형에 대한 이해는 매우 중요하다. 예를 들어 rāja-와 gṛha- 두 개의 어간으로 구성되는 합성어 rāja=gṛha- ([명사/남성] '왕궁(王宮); palace')의 경우 그 의미가 구성성분(들)이 지니는 격 관계(rājñaḥ[속격] gṛha- > rājagṛha- '왕의 집, king's palace')에 의해 파악되고, mahā=sattva- ([명사/남성 '위대한 존재; great creature')의 경우 두 번째 구성성분이 첫 번째 구성성분에 의해 속성적 한정을 받는 방식(mahānt-[형용사] + sattva-[명사])으로 의미가 규정된다. 이와 같은 예들에서처럼 합성어의 유형은 격 관계, 기술적·속성적 (피)수식어 등의 측면에서 규정되기 때문에 엄밀하게 말하면 단일어가 속한 단어의 층위가 아니라 문장이 속해있는 통사적 층위에서 다루어져야 하지만, 다른 한편으로 합성어가 하나의 긴 단어라고 보는 시각도 일반적이기 때문에 합성어의 분리와 유형은 V. '통사적 문법정보'가 아닌 여기 형태론적 가공의 '합성어 분리'에서 다루어진다.

11.2. 합성어의 유형

두 개 이상의 어간들로 구성되는 합성어들은 구성 성분 간의 의미적·문법적 관계를 고려하여 Dvandva(연결 합성어), Tatpuruṣa/Karmadhāraya/Dvigu(한정 합성어), Bahuvrīhi(소유 합성어), 부사 합성어, (산스크리트의 명칭은 없지만) 반복 합성어 등 모두 다섯 가지의 합성어로 분류되며, 이에 따라 의미가 규정된다.

1) 연결 합성어 (Dvandva = Copulative Compound)

'밤낮으로 일하다'에서 '밤낮'이 '밤과 낮'으로 분해되는 합성어인 것처럼 등위(等位) 접속사 '와/과'로 연결되는 합성어를 '연결 합성어'라고 부른다. dvan=dva-는 '쌍; pair'를 의미하는 중성 명사로서 '밤'과 '낮'처럼 구성성분이 쌍을 이룬다고 해서 붙여진 이름이다: 예) putra=pautra- [명사] '아들과 손자; son and grandson', śukla=kṛṣṇa- [형용사] '명암(明暗)의; bright and dark'

2) 한정 합성어 (Determinative Compound)

두개의 어간으로 구성되는 합성어에서 첫 구성성분이 따라 나오는 두 번째 구성성분을 한정하는 경우를 가리켜 '한정 합성어'라고 하며, 이는 일반적으로 세 가지 종류의 합성어 유형으로 구별된다.

(1) Tatpuruṣa

tat=puruṣa-는 지시대명사 tad- '그(녀)(것); he, she, it')와 puruṣa- [명사/남성] '사람, 하인; man, servant'로 구성되는 합성어이고, tad- (d가 t로 변한 것은 p에 의한 유성음화 산디 *부록 03 9a 참조)는 표면적으로 순수 표제어 형태이지만 문법적으로 볼 때 속격 tasya '그의; his'를 나타내기 때문에 이 합성어의 의미는 '그의 사람·하인; his man·servant'이다. 이러한 명칭이 나타내는 바는 합성어의 의미가 첫 구성성분의 격 관계에 따라 규정된다는 것이다: 예) 목적격 go=ghna- [명사] '소를 죽이는 것; cow-slaying' (표제어 go-, han-), 도구격 agni=dagdha- [형용사] '불에 탄; burnt with fire' (표제어 agni-, da[g]h-), 여격 aśva=kovida- [형용사] '말을 다루는데 능숙한; skilled in horses' (표제어 aśva−, kovida−), 탈격 go=jā− [형용사] '소에서 만들어진; produced from cows' (표제어 go−, jan−), 소유격 rāja=putra− [명사] '왕의 아들; king's son' (표제어 rājan−, putra−), 장소격 ahar=jāta− [형용사] '낮에 태어난; born in the day' (표제어 ahan−, jan−).

*합성어의 첫 구성성분이 격 표지를 갖는 경우들도 있다: 예) 목적격 dhanaṁ=jaya− [형용사] '전리품을 획득하는; winning booty' (dhana− [명사] '전리품; booty', ji−), 도구격 girā=vṛdh− [형용사] '찬양으로 번영하는; thriving/delighting by praise' (gir− [명사] '찬양; praise', vṛdh− '커가게 하다, 증식하다, 번영시키다; to increase, thrive'), 소유격 divas=pati− [명사] '하늘의 지배자, 하느님; lord of heaven' (div− [명사] '하늘, 하느님, 하루, 날; (lord of) heaven, day', pati− [명사] '남자, 남편, 영주; man, husband, lord'), 장소격 divi=kṣay−a− [형용사] '하늘에 거주하는; dwelling in heaven' (div−, kṣi− '살다, 거주하다; to dwell') 등.

(2) Karmadhāraya

karma=dhāraya−는 kar−man− [명사 중성] '행위, 일; action, work'과 dhār−aya− [명사/남성] '배열 · 조정 · 준비하는 (것); arranging, arrangement'로 구성되는 합성어이다. '일을 준비하는 (것)'의 의미 규정이 가능하지만, 아직까지 이에 대한 분명한 번역이 제시되고 있지는 않다. 이 합성어의 특징은 첫 번째 구성성분이 두 번째 구성성분에 의해 기술적으로 속성적으로 한정을 받는 것이다: 예) mahā=rājan− [명사] '위대한 왕, 대왕(大王); great king' (표제어 mahā(n)t−, rājan−), priya=sakhī− [명사] '사랑스러운 여자친구; dear girlfriend' (표제어 priya−, sakhī−), su−deva− [명사] '진실한/좋은 신; good god' (표제어 su−, deva−), rāja=rṣi− [명사] '왕과 같은 현자(賢者); sage like a king' (표제어 rājan−, ṛṣi−).

(3) Dvigu

dvi=gu−는 dva− [수사] '2'와 go− [명사 남성/여성] '소; cow'로 구성되는 합성어로서 '두 마리의 소로 구성되어 있는 (것)'을 의미한다. 여기에 속하는 합성어들의 첫 구성성분은 거의 예외 없이 수사이다: 예) tri=loka− [명사] '세 가지 세계(의 공동체); (community of) three worlds' (표제어 tri−, loka−).

*dva−와 go−는 합성어의 구성성분으로 사용될 때 dvi−와 gu−로 나타나기도 한다.

3) 소유 합성어 (Bahuvrīhi = Possessive Compound)

합성어의 의미가 소유의 관계로 규정되는 경우를 '소유 합성어'라고 한다. bahu=vrīhi-는 bahu- [형용사] '많은, 풍부한; much, plenty'와 vrīhi- [명사/남성] '쌀; rice'로 구성되는 합성어로서 '많은 · 풍부한 쌀을 갖고 있는; possessing much rice'를 의미한다. 소유 합성어는 기본적으로 형용사이고, 이의 의미는 일반적으로 '어떤 속성을 갖고 있는' 또는 '어떤 상태에 놓여 있는'이다: 예) su-manas- [형용사] '진실한 · 좋은 생각을 갖고 있는; having a good mind' (표제어 su-, manas-), prajā=kāma- [형용사] '아이들을 갖고 싶어 하는; desiring children' (표제어 prajā-, kāma-), śastra=pāṇi- [형용사] '손에 칼이 있는 > 손에 칼을 갖고 · 쥐고 있는; having a sword in one's hand' (표제어 śastra-, pāṇi-).

4) 부사 합성어 (Avyayībhāva = Adverbial Compound)

합성어를 구성하는 두 개의 어간에서 첫 번째 어간이 불변화사이고, 두 번째 어간이 중성 단수 목적격인 경우를 가리켜 '부사 합성어'라고 한다. 부사 합성어의 품사는 명칭 그대로 부사이고, 부정 접두사 a-, vya-yī- [형용사] '덮는, 감싸는; covering' (어근 vyā-), bhāv-a- [형용사] '존재하는; existing' (어근 bhū-)로 구성되는 avyayī=bhāva-의 의미는 '덮여 · 감싸지지 않는, 굴절하지 않는, 불변화적인; indeclinable'이다: 예) yathā=kāma-m '욕망에 따라; according to desire' (표제어 yathā, kāma-), sa-kopam '노하여; in · with anger' (표제어 sam-, kopa-).

5) 반복 합성어 (Iterative Compound)

명사, 대명사, 수사, 형용사, 부사 등이 중복되어 만들어지는 합성어를 가리켜 '반복 합성어'라고 한다: 예) 명사 ahar=ahar '날마다; every day' (표제어 ahan-), 대명사 yad=yad '무엇이든; whatever' (표제어 yad-), 수사 sapta=sapta '매 일곱 개씩; seven in each case' (표제어 sapta-).

11.3. 내부 산디

합성어 내부에서도 음성적 환경이 충족되면 언제든지 산디가 작용한다. 이 현상은 텍스트를 구성하는 단어와 단어의 사이가 아니라 합성어의 내부, 즉 어간의 경계에서 일어나기 때문에 '내부 산디'이다. 합성어의 구성성분인 어간들을 분리하는 과정에서 내부 산디가 일어나는 경우 *부록 03의 산디 번호가 주어지고, 모음 산디의 경우 avalokita=īśvara-에서처럼 밑줄로 표시되고 자음산디의 경우 cakṣur(us)=dhātu-(6e)처럼 복원된 부분은 ( ) 안에 넣어지고 밑줄로 표시된다.

11.4. 합성어 분리

<반야심경>의 합성어들에서 [mahā=sattva-] Karmadhāraya처럼 각 어간의 경계는 = 로 표시되고, 합성어의 구조→는 [ ]로 나타내어지고 이어서 유형↠이 (첫 어간의 격 제시와 함께) 제시된다. 세 개 이상의 어간으로 구성된 합성어 $[[A=B]^1=C]^2$의 경우 번호 매김 1-2는 의미 규정의 순서를 가리킨다. 각괄호 외에도 [A={B=C}]에서 { }의 기호가 사용되기도 하는데, 이는 A=B와 A=C의 합성어 구조를 의미한다. 합성어들은 구성성분의 개수에 따라 배열된다. 구조와 유형에 따른 합성어들의 의미는 성(Gender)에 대한 정보와 함께 '어원적 배열의 어휘 DB'(16.2.)에 저장된다.

1) 두 개의 어간으로 구성된 합성어

acitttāvaraṇa- → $[a-[cittā=varaṇa-]^1]^2$ ↠ Tatpuruṣa^1 (목적격)
anuttaramantra- → [anuttara=mantra-] ↠ Karmadhāraya
aprāptitāprāpti- → $[a-[prāptitā=prāpti-]^1]^2$ ↠ Tatpuruṣa^1 (장소격)
amala- → [a=mala-] ↠ Bahuvrīhi
avalokiteśvara- → [avalokita=īśvara-] (2a) ↠ Karmadhāraya
avidyākṣaya- → [avidyā=kṣaya-] ↠ Tatpuruṣa (목적격)
avimala- → $[a=[vimala-]^1]^2$ ↠ Bahuvrīhi^2
āttamanas- → [ātta=manas-] ↠ Bahuvrīhi
ānandamanas- → [ānanda=manas-] ↠ Bahuvrīhi
āryapañcāviṁśatika- → [ārya=pañcāviṁśatika-] ↠ Karmadhāraya
kuladuhitar- → [kula=duhitar-] ↠ Tatpuruṣa (탈격)

kulaputra- → [kula=putra-] ↠ Tatpuruṣa (탈격)
gaṁbhīrāvabhāsa- → [gaṁbhīra=avabhāsa-] ↠ Karmadhāraya
gaṁbhīrāvasaṁbodha- → [gaṁbhīra=avasaṁbodha-] ↠ Karmadhāraya
gṛdhrakūṭa- → [gṛdhra=kūṭa-] ↠ Tatpuruṣa (속격)
cakṣurdhātu- → [cakṣur=dhātu-] (6e) ↠ Tatpuruṣa (여격)
cartukāma- → [cartu=kāma-] ↠ Tatpuruṣa (목적격)
cittālambana- → [cittā=lambana-] ↠ Tatpuruṣa (여격)
cittāvaraṇa- → [cittā=varaṇa-] ↠ Tatpuruṣa (목적격)
jarāmaraṇa- → [jarā=maraṇa-] ↠ Dvandva
tathāgata- → [tathā=gata-] ↠ Karmadhāraya
tadyathā → [tad=yathā] ↠ Avyayībhāva
dharmadhātu- → [dharma=dhātu-] ↠ Tatpuruṣa (여격)
dharmaparyāya- → [dharma=paryāya-] ↠ Tatpuruṣa (여격)
niṣṭhānirvāṇa- → [niṣṭhā=nirvāṇa-] ↠ Karmadhāraya
pañcaskandha- → [pañca=skandha-] ↠ Dvigu
pañcaviṁśatika- → [pañca=viṁśatika-] ↠ Dvandva
pāragati- → [pāra=gati-] ↠ Tatpuruṣa (목적격)
pārasaṁgati- → [pāra=saṁgati-] ↠ Tatpuruṣa (목적격)
prajñāpāramitā- → [prajñā=pāramitā-] ↠ Tatpuruṣa (여격)
buddhānubhāva- → [buddha=anubhāva-] (1a) ↠ Tatpuruṣa (도구격)
bodhisattva- → [bodhi=sattva-] ↠ Tatpuruṣa (여격)
bhikṣugaṇa- → [bhikṣu=gaṇa-] ↠ Tatpuruṣa (도구격)
bhikṣusaṁgha- → [bhikṣu=gaṇa-] ↠ Tatpuruṣa (도구격)
manodhātu- → [mano(as)=dhātu-] (6a) ↠ Tatpuruṣa (여격)
mahāmantra- → [mahā=mantra-] ↠ Karmadhāraya
mahāsattva- → [mahā=sattva-] ↠ Karmadhāraya
rājagṛha- → [rāja=gṛha-] ↠ Tatpuruṣa (속격)
rūpadhātu- → [rūpa=dhātu-] ↠ Tatpuruṣa (여격)
vidyākṣaya- → [vidyā=kṣaya-] ↠ Tatpuruṣa (목적격)
vidyāmantra- → [vidyā=mantra-] ↠ Tatpuruṣa (목적격)
viparyāsātikrānta- → [viparyāsa=atikrānta-] (1a) ↠ Tatpuruṣa (목적격)
śāriputra- → [śāri=putra-] ↠ Tatpuruṣa (도구격?)
śūnyatālakṣaṇa- → [śūnyatā=lakṣaṇa-] ↠ Tatpuruṣa (도구격)
samyaksaṁbuddha- → [samyak=saṁbuddha-] ↠ Karmadhāraya
samyaksaṁbodhi- → [samyak=saṁbodhi-] ↠ Karmadhāraya
sarvajña- → [sarva=jña-] ↠ Bahuvrīhi
sarvadharma- → [sarva=dharma-] ↠ Karmadhāraya
sarvabuddha- → [sarva=buddha-] ↠ Karmadhāraya
sādhukāra- → [sādhu=kāra-] ↠ Tatpuruṣa (목적격)

2) 세 개의 어간으로 구성된 합성어

anuttarasamyaksaṁbuddha- → [anuttara=[samyak=saṁbuddha-]]$^{1.2.}$ ↠ Karmadhāraya$^{1.2.}$

asamasamamantra- → [[a-[sama=sama]^{1}]^{2}=mantra-]^{3} ↠ 반복 합성어^{2} & Karmadhāraya^{3}

āryaprajñāpāramitā- → [ārya=[prajñā=pāramitā-]^{1}]^{2} ↠ Tatpuruṣa^{1} (여격) & Karmadhāraya^{2}

āryāvalokiteśvara- → [ārya=[avalokita=īśvara-]^{1}]^{2} ↠ Karmadhāraya$^{1.2.}$

gṛdhrakūṭaparvata- → [[gṛdhra=kūṭa]^{1}=parvata-]^{2} ↠ Tatpuruṣa$^{1.2.}$ (속격^{1} 도구격^{2})

cittāvaraṇanāstitva- → [[cittā=varaṇa]^{1}=nāstitva-]^{2} ↠ Tatpuruṣa$^{1.2.}$ (도구격^{1} 여격^{2})

jarāmaraṇakṣaya- → [[jarā=maraṇa]^{1}=kṣaya-]^{2} ↠ Dvandva^{1} & Tatpuruṣa^{2} (목적격)

tryadhvavyavasthita- → [[try=adhva]^{1}=vyavasthita-]^{2} (3a) ↠ Dvigu^{1} & Tatpuruṣa^{2} (장소격)

prajñāpāramitācaryā- → [[prajñā=pāramitā]^{1}=caryā-]^{2} ↠ Tatpuruṣa$^{1.2.}$ (여격^{1} 목적격^{2})

prajñāpāramitāhṛdaya- → [[prajñā=pāramitā]^{1}=hṛdaya-]^{2} ↠ Tatpuruṣa$^{1.2.}$ (여격)

bodhisattvagaṇa- → [[bodhi=sattva]^{1}=gaṇa-]^{2} ↠ Tatpuruṣa$^{1.2.}$ (여격^{1} 도구격^{2})

bodhisattvasaṁgha- → [[bodhi=sattva]^{1}=saṁgha-]^{2} ↠ Tatpuruṣa$^{1.2.}$ (여격^{1} 도구격^{2})

manovijñānadhātu- → [[mano(as)=vijñāna]^{1}=dhātu-]^{2} ↠ Dvandva^{1} & Tatpuruṣa^{2} (여격)

mahāvidyāmantra- → [[mahā=vidyā]^{1}=mantra-]^{2} ↠ Karmadhāraya^{1} & Tatpuruṣa^{2} (여격)

sarvatathāgata- → [sarva=[tathā=gata-]^{1}]^{2} ↠ Karmadhāraya$^{1.2.}$

sarvaduḥkhapraśamana- → [[sarva=duḥkha]^{1}=praśamana-]^{2} ↠ Karmadhāraya^{1} & Tatpuruṣa^{2} (목적격)

svabhāvaśūnya- → [[sva=bhāva]^{1}=śūnya-]^{2} ↠ Karmadhāraya^{1} & Tatpuruṣa^{2} (탈격?)

3) 네 개의 어간으로 구성된 합성어

āryaprajñāpāramitāhṛdaya- → [[ārya=[prajñā=pāramitā]^{1}]^{2}=hṛdaya-]^{3} ↠ Tatpuruṣa$^{1.3.}$ (여격) & Karmadhāraya^{2}

duḥkhasamudayanirodhamārga- → [[duḥkha={samudaya=nirodha}]^{1}=mārga-]^{2} ↠ Tatpuruṣa^{1} (목적격) & Tatpuruṣa^{2} (여격)

prajñāpāramitāhṛdayasūtra- → [[prajñā=pāramitā]^{1}=[hṛdaya=sūtra-]^{2}]^{3} ↠ Tatpuruṣa$^{1.3.}$(여격$^{1.3.}$ 도구격^{2})

vedanāsaṁjñāsaṁskāravijñāna- → [vedanā=saṁjñā=saṁskāra=vijñāna-] ↠ Dvandva

sarvaduḥkhapraśamanamantra- → [[[sarva=duḥkha]^{1}=praśamana]^{2}=mantra-]^{3} ↠ Karmadhāraya^{1} & Tatpuruṣa$^{2.3.}$ (목적격^{2} 여격^{3})

svabhāvaśūnyatālakṣaṇa- → [[[sva=bhāva]^{1}=śūnyatā]^{2}=lakṣaṇa-]^{3} ↠ Karmadhāraya^{1} & Tatpuruṣa$^{2.3.}$ (탈격^{2} 도구격^{3})

4) 다섯 개의 어간으로 구성된 합성어

āryāvalokiteśvarabodhisattva- → [[ārya=[avalokita=īśvara]^{1}]^{2}=[bodhi=sattva-]^{3}]^{4} ↠ Karmadhāraya$^{1.2.}$ & Tatpuruṣa^{3} (여격) & Dvandva^{4}

sadevamānuṣāsuragandharva- → [sa=deva=mānuṣa=asura=gandharva-] (1a) ↠ Dvandva

5) 여섯 개의 어간으로 구성된 합성어

cakṣuḥśrotraghrāṇajihvākāyamanas- → [cakṣuḥ=śrotra=ghrāṇa=jihvā=kāya=manas-] (6l) ↠ Dvandva
rūpaśabdagandharasaspraṣṭavyadharma- → [rūpa=śabda=gandha=rasa=spraṣṭavya=dharma-] ↠ Dvandva
sadevamānuṣāsuragaruḍagandharva- → [sa=deva=mānuṣa=asura=garuḍa=gandharva-] (1a) ↠ Dvandva

11.5. 합성어 교정

합성의 원칙에 벗어나는 경우도 교정의 대상이 된다. 中村 元(1971)의 중국사본(대54g)에는 nirdiṣṭānumodyate(nirdiṣṭa=anumodyate)가 나타나는데, 동사가 합성어의 구성성분이 되는 것은 산스크리트 문법에 부합하지 않기 때문에 다른 사본들의 nirdiṣṭam anumodyate처럼 교정되어야 한다. 교정된 부분들은 'AtoH 배열의 어휘 DB'(16.1.)에 저장된다.

12. 단일어간 분류

단어뭉치의 절단, 산디 표시, 표지 추출, 합성어 분리의 언어학적 가공들이 순서대로 진행된 후에 이제 <반야심경>을 구성하는 단일어의 불변화사와 (실사와 동사) 단일어간의 변화사들만이 남게 되는데, 다섯 번째 단계의 가공은 이 어형들을 계속적인 분석 가능성 여부에 따라, 즉 토대 형태소(Base Morpheme)의 유무에 따라 분류하는 작업이다.

12.1. 토대 형태소의 유무에 따른 분류

'토대 형태소'란 어간의 근간이 되는 핵심적 형태소를 가리키는 명칭이다. 이것은 불변화사와 명사 parvata-나 수사 pañca와 같이 더 이상의 분석이 불가능한, 어간 I로 규정되는 어형들에는 존재하지 않는다. 이에 반해 계속적인 분석이 가능한, 어간 II로 규정되는 어형들은 토대 형태소를 갖고 있는데, 여기에는 명사 ardha-나 āyuṣ-와 같은 어간 I에 접사가 붙는 단일어간들(형용사 sārdha-, āyuṣmant-)과 접사 외에도 어근(ay, har)이 포함되어 있는 단일어간들(명사 samaya-, 동사 vihara-)이 속한다.

아래의 가공에서 불변화사와 어간 I은 이탤릭체로 표시되고, 어간 II에서 각 형태소는 – 로 연결(sa-ardha-, āyuṣ-mant-, sam-ay-a-, vi-har-a-)되며, 이의 분석 결과는 '어원적 배열의 어휘 DB'(16.2.)에 저장된다. 형태소 분석이 더 이상 불가능한 어간 I은 표제어로서 사전 찾기가 용이한 반면, 어간 II는 근간이 되는 형태소 아래에 배열되기 때문에 이 어형들을 사전에서 찾는데 다소의 수고로움이 필요하다. 이 토대 형태소를 찾는 작업은 '어근 추출'(14.)에서 계속된다.

12.1.1. 불변화사

토대 형태소를 갖지 않는 어형으로 (표지가 붙지 않는) 불변화사가 대표적이고, 이것은 순수 불변화사(Pure-Indeclinable)와 유사 불변화사(Pseudo-Indeclinable)로 구분된다.

1) 순수 불변화사 (18개)

§ <반야심경>에 나타나는 순수 불변화사들은 대부분이 접속사(Conjunction)이고, 그 다음으로 부사, 감탄사(Interjection) 등인데, 이것들은 '어휘 DB'(16.2.)에서 이탤릭체로 표시된다.

atha	*uta*	*eva*	*khalu*	*tarhi*	*pṛthak*
api	*idam*	*evam*	*ca*	*na*	*vā*
iti	*iha*	*om*	*cid*	*punas*	*sma*

2) 유사 불변화사 (6개)

§ 문법(·사전)상 불변화사로 간주되지만 (표지가 붙어 화석화된) 어간 I에서 유래하는 어형이 유사 불변화사이다. 대명사에서 유래하는 불변화사들에서 tasmāt, tena, -thā 어형들은 각각 tasma-AT(탈격), ta~ENA(도구격), -tha-ᴸ(도구격)로 분석되는데, 대명사에서만 나타나는 -tha-의 어원은 아직까지 명확하게 밝혀져 있지 않다. nāma는 nāman-의 단수 목적격 형태가 부사적으로 사용되는 경우이다. 또한 드물지만 불변화사가 satya-m(목적격)의 경우처럼 어간 II에서 생성되기도 한다. 따라서 <반야심경>에 나타나는 유사 불변화사들은 해당 어간☞ 아래에 배열되며, 순수 불변화사와 달리 기본체로 표시된다.

katham ☞ kad	tena ☞ tad	yathā ☞ yad	satyam ☞ satya- / AS
tasmāt ☞ tad	nāma ☞ nāman-	yāvat ☞ yāvant-	

12.1.2. 어간 I

토대 형태소가 존재하지 않아 더 이상의 분석이 불가능한 어간 I에는 명사 · 형용사 · 대명사 · 수사 등이 속하고, 이 어형들은 사전에서 독립적인 표제어의 위치를 차지한다.

1) 명사 · 형용사 (24개)

adhvan-	gaṇa-	garuḍa-	deva-	yāvant-	velā-
asura-	gandha-	gṛha-	parṣat-	rasa-	śāri-
kula-	gandharva-	jihvā-	parvata-	rūpa-	sūtra-
kūṭa-	gambhīrā-	duhitar-	putra-	viṁśatika-	skandha-

2) 대명사 · 수사 (12개)

aham	*kim*	*sva-* (재귀대명사)
idam	*tad*	*eka*
etad	*tvam*	*tri*
kad	*yad*	*pañca*

12.1.3. 어간 II

근간이 되는 형태소가 존재하여 계속적인 분석이 가능한 어간 II에는 어간 I에 접사가 붙어 형성되는 단일어간과 어근에 토대하여 형성되는 단일어간의 두 부류가 구분된다. 이러한 단일어간들은 사전에서 토대 형태소 아래에 배열된다.

1) 어간 I 토대의 단일어간 (13개 < 11개)

anuttara-	☞	ud(-)	ārya-	☞	*ari-*
anuttarā-	☞	ud(-)	duḥkha-	☞	*kha-*
āyuṣmant-	☞	*āyuṣ-*	pāramitā-	☞	*para-*

mānuṣa−	☞	*manu−*	sarvāvatī−	☞	*sarva−*
vimala−	☞	*mala−*	sārdha−	☞	*ardha−*
śūnya−	☞	*śūna−*	hṛdaya−	☞	*hṛd−*
śūnyatā−	☞	*śūna−*			

2) 어근 토대의 단일어간 (79개 < 48개)

(1) 명사 · 형용사

anubhāva−	☞	BHAV^{I}	pāra−	☞	PAR
aprāpti−	☞	ĀP	paryāya−	☞	AY
aprāptitva−	☞	ĀP	prajñā−	☞	JÑĀ^{I}
amithyatva−	☞	METH	praśamana−	☞	ŚAM
avabhāsa−	☞	BHĀS	prāpti−	☞	ĀP
avalokita−	☞	LOK	prāptitā−	☞	ĀP
avasaṁbodha−	☞	BODH	prāptitva−	☞	ĀP
avidyā−	☞	VED	bodhi−	☞	BODH
ānanda−	☞	NAND	bhagavatī−	☞	BHAG
īśvara−	☞	EŚ	bhagavant−	☞	BHAG
−kāma−	☞	KĀ^{I}	bhāva−	☞	BHAV^{I}
kāya−	☞	KAY	bhikṣu−	☞	BHEKṢ
−kāra−	☞	(S)KAR	manas−	☞	MAN
kṣaya−	☞	KṢAY	mantra−	☞	MAN
gati−	☞	GAM	maraṇa−	☞	MAR
gṛdhra−	☞	GARDH	mahā−	☞	MAH
ghrāṇa−	☞	GHRĀ^{I}	mārga−	☞	MARG
cakṣus−	☞	CAKṢ	mithyatva−	☞	METH
cartā−	☞	CAR	rājan−	☞	RĀG
cartu−	☞	CAR	lakṣaṇa−	☞	LAKṢ
carya−	☞	CAR	lambana−	☞	LAMB
caryā−	☞	CAR	loka−	☞	LOK
cittā−	☞	CET	varaṇa−	☞	VAR
jarā−	☞	JAR^{I}	vijñāna−	☞	JÑĀ^{I}
−jña−	☞	JÑĀ^{I}	vidyā−	☞	VED
jñāna−	☞	JÑĀ^{I}	viparyāsa−	☞	AS^{2}
dharma−	☞	DHAR	vedanā−	☞	VED
dhātu−	☞	DHĀ^{I}	śabda−	☞	ŚAP
namas−	☞	NAM	śrotra−	☞	ŚRAV
nirodha−	☞	RODH	saṁgati−	☞	GAM
nirvāṇa−	☞	VĀ^{I}	saṁgha−	☞	GHAN
niṣṭhă−	☞	STHĀ^{I}	saṁskāra−	☞	(S)KAR

saṁjñā−	☞	JÑĀ^{I}	samudaya−	☞	AY
saṁbodhi−	☞	BODH	samyak−	☞	ANK
sattva−	☞	AY	samyaktva−	☞	ANK
satya−	☞	AS^{1}	sādhu−	☞	SĀDH^{I}
samaya−	☞	AY	svāha−	☞	AH
samādhi−	☞	DHĀ^{I}			

§ 위의 표에는 nāstitva− ☞ AS 가 제외되어 있는데, na−astitva−(소21 대39)가 a(n)−가 아닌 문법에 맞지 않는 부정사 na(불변화사)를 접두사(13.2. 참조)로 갖고 있기 때문이다.

(2) 동사 (43개 < 28개)

ajāta−	☞	JAN^{I}	niśṛ[tya]	☞	ŚRAY
atikrāṁta−	☞	KRAM^{I}	paripūrṇa−	☞	PAR^{I}
atrasta−	☞	TRAS	paśya−	☞	PAŚ
aniruddha−	☞	RODH	prāpta−	☞	ĀP
anutpanna−	☞	PAD	prāpno−	☞	ĀP
anumodya−	☞	MOD	buddha−	☞	BODH
anūna−	☞	VĀ^{I}	bhāṣ[itvā]	☞	BHĀṢ
aparipūrṇa−	☞	PAR^{I}	bhāṣita−	☞	BHĀṢ
abhisaṁbuddha−	☞	BODH	mahānt−	☞	MAH
abhy[a]nand[an]	☞	NAND	vihara−	☞	HAR
arhant−	☞	ARH	[a]voc[at]	☞	VAC
asaṁpūrṇa−	☞	PAR^{I}	vyavalokitavya−	☞	LOK
ātta−	☞	DĀ^{I}	vyavasthita−	☞	STHĀ^{I}
āśri[tya]	☞	ŚRAY	vyutthā[ya]	☞	STHĀ^{I}
ukta−	☞	VAK	śikṣitavya−	☞	ŚEKṢ
ūna−	☞	VĀ^{I}	śruta−	☞	ŚRAV
caramāṇa−	☞	CAR	saṁpūrṇa−	☞	PAR^{I}
cartavya−	☞	CAR	samanupaśya−	☞	PAŚ
citta−	☞	CET	samāpanna−	☞	PAD
jñātavya−	☞	JÑĀ^{I}	samāpta−	☞	ĀP
[a]dā[t]	☞	DĀ^{I}	spraṣṭavya−	☞	SPARŚ
nirdiṣṭa−	☞	DEŚ			

§ 위에서 < 표시(A<B)는 A의 개수가 B의 (토대 형태소) 개수에서 나왔다는 것을 의미한다. 어근의 표제어는 구나(Guṇa)의 표준단계(Normal Grade) 형태이다(표제어 설정에 대해서는 16.2.3. 참조). 또한 어근에 붙여진 ^{I} 표시는 SET 어근(14.1. 참조)을 의미한다.

§ 이 밖에도 [A] 표시는 문법적 기능을 수행하는 형태소 A가 빠져있는 어형이 단일어간이라는 것을 의미한다.

12.2. 단일어간 교정

정상적인 산스크리트 어휘가 아니거나 문법(산디)적으로 문제가 있는 <반야심경>에 나타나는 다음의 어형들은 교정이 필요하고, 교정의 결과는 'AtoH 배열의 어휘 DB'(16.1.)에 저장된다.

iham [소09e] ⇒ iha[ ] (불변화사)
gaṁbhīra(=avabhāsaṁ) [대05.08.] ⇒ gambhīra(=avabhāsaṁ) (어간 I 1))
gaṁbhīra(=avasaṁbodhaṁ) [대05] ⇒ gambhīra(=avasaṁbodhaṁ) (어간 I 1))
(samyaksambodhi=)gaṁbhīrā(yāṁ) [소03.대08.13.18.47.53.] ⇒ (samyaksambodhi=)gambhīrāyāṁ (어간 I 1))
yāvavat [대37g] ⇒ yāvat (유사 불변화사)
(vyutthāya) ā[ ]a(=avalokiteīśvarāya) [대50] ⇒ (vyutthāya) ā[ry]a(=avalokiteśvarāya) (어간 II 1))

13. 접사 분리

언어학적 가공의 여섯 번째 단계인 접사 분리는 어간 II에 붙는 접두사(Prefix)와 접미사(Suffix)의 접사(Affix)를 분리하는 작업이다. 이 분석의 목적은 한편으로 계속적인 형태소 분석이 가능한 단일어간의 토대 형태소를 찾는데 있고, 다른 한편으로 분리된 접사들의 기능, 즉 접두사의 의미적 기능과 접미사의 문법적 기능을 정확하게 파악하여 단일어간의 의미와 문법적 정보를 올바르게 이해하는데 있다. 접사는 서양의 여러 고전어들에서 공통적으로 잘 발달되어 있지만, 그 가운데에서도 산스크리트에 가장 활발하게 나타나는 문법 범주이다. 접사의 형태와 기능에 익숙해지면 실제 텍스트에서 단어들을 조우할 때 표제어인 토대 형태소가 눈에 잘 띄게 되고 해당 단어의 기본적인 문법 정보가 제대로 파악 될 수 있다.

13.1. 접두사

접두사란 토대 형태소인 어간 I 또는 어근의 앞에 붙어 그 의미를 변화시키는 의존형태소(Dependent Morpheme)를 가리킨다. 부사에서 유래하는 접두사는 사전의 표제어로서 크게 두 부류로 구분될 수 있는데, 한 부류는 방향(Direction) · 이동(Movement) · 위치(Location)의 의미에 관계하는 접두사들이고, 다른 한 부류는 존재의 유무 또는 상태의 좋고 나쁨 등을 나타내는 접두사들이다. 대부분의 접두사들이 전자에 속하고, 후자의 경우 수는 적지만 매우 활발하게 나타난다.

13.2. 접두사 분리

어간 II의 어형들을 대상으로 분리된 접두사는 일차적으로 붙는 개수에 따라 이차적으로 표제어 순서에 따라 배열된다. 산디가 작용할 수 있는 경우 산디 번호(*부록 03 참조)가 주어진다. 최대 3개(A-B-C)까지 접두사가 붙을 수 있는데, 이 경우 A의 위치에 13.1.에서 소개한 두 번째 부류의 접두사들이 온다. <반야심경>의 단일어간들은 두 개까지 붙는 접두사만을 보여준다. 접두사가 붙은 단일어간들의 의미는 '어원적 배열의 어휘 DB(16.2.)'에서 볼 수 있다.

1) 한 개의 접두사 + 어간 II

(1) an- / a- '불(不)/비(非)- ; un- a- in-'

§ 부정(Negation)을 의미하는 접두사 a(n)- 는 모음 앞에서 an-, 자음 앞에서 a-로 나타난다. 이러한 변화 양상은 산디라기보다 '형태변화'의 원칙(13.6.)에 의한 것이다.

an-uttara-	☞	an-	a-jāta-	☞	an-
an-uttarā-	☞	an-	a-trasta-	☞	an-
an-ūna-	☞	an-	a-mithyatva-	☞	an-
			a-vidyā-	☞	an-

§ na-astitva-의 경우 위의 접두사(an-astitva-)가 아닌 불변화사인 na가 접두사로 나타나는데, 이는 산스크리트 문법에 맞지 않는 결합이기 때문에 교정(13.5.)이 필요하다.

(2) anu- / anv- (3b) ① '뒤 · 나중에; afterwards' ② '다시, 재차; again'

anu-bhāva-	☞	anu-	anu-modya-	☞	anu-

(3) ati- / aty- (3a) '(...을) 넘어서 · 건너서; over, beyond, cross'

ati-krāṁta-	☞	ati-			

(4) abhi- / abhy- (3a) ① '...(쪽)에 · 까지; unto' ② '가까이, 근접하여 ; near'

abhy-[a]nand[an]	☞	abhi-			

(5) ava- ① '(아래로 · 밑으로) 내려; down' ② '떨어져서, 멀리; away, off'

ava-bhāsa-	☞	ava-	ava-saṁbodha-	☞	ava-
ava-lokita-	☞	ava-			

(6) ā- ① '(...)안에; (in)to' ② '가까이; at near (to)'

ā-tta-	☞	ā-	ā-śri[tya]	☞	ā-
ā-nanda-	☞	ā-			

(7) dus- / duḥ- / dur- (6) '나쁜, 좋지 않은; bad'

duḥ-kha-	☞	dus-			

(8) ni- / ny- (3a) '아래로, 뒤로; down, back'

ni-rodha-	☞	ni-	ni-ṣṭha-	☞	ni-
ni-śṛ[tya]	☞	ni-			

(9) nis- /niḥ- / nir- (6) '밖으로, 결여된, 부족한; out, away, lacking of'

nir-diṣṭa-	☞	nis-	nir-vāṇa-	☞	nis-

(10) pari– / pary– (3a) ① '주위에; around' ② '충분히, 완전히; fully, entirely'

pari–pūrṇa–	☞	pari–	pary–āya–	☞	pari–

(11) pra– ① '앞에(서), 앞으로; 'in front of, before' ② '철저히; perfectly'

§ 따라 나오는 모음이 동종의 a/ā–인 경우(–a + a/ā–) 산디(1a)에 의해 –ā–로 나타난다.

pra–jñā–	☞	pra–	pra–āpti–	☞	pra–
pra–śamana–	☞	pra–	pra–āptitā–	☞	pra–
pra–āpta–	☞	pra–	pra–āptitva–	☞	pra–

(12) vi– / vy– (3a) ① '떨어져서, 별개로; apart, away' ② '철저히, 완전하게; out, perfectly'

vi–jñāna–	☞	vi–	vi–hara–	☞	vi–
vi–mala–	☞	vi–			

(13) sam– / saṁ– / sa– (7) '함께, 같이; with, together'

§ sam– / saṁ–은 산디에 의한 것이지만, sa–는 '형태변화'의 원칙(13.6.)에 따라 나타난 접두사이다.

saṁ–gati–	☞	sam–	sam–aya–	☞	sam–
saṁ–gha–	☞	sam–	sam–āpta–	☞	sam–
saṁ–jñā–	☞	sam–	sa–ardha–	☞	sam–
saṁ–pūrṇa–	☞	sam–	sam–y–ak–	☞	sam–
saṁ–bodhi–	☞	sam–	sam–y–aktva–	☞	sam–
saṁ–skāra–	☞	sam–			

§ sam–y–a°에서 –y–는 자음의 m과 모음 사이에서 나타나는 일종의 연결자음으로 보인다.

(14) su- / sv- (3b) '좋은 ; good'

sv-āha- ☞ su-	

2) 두 개의 접두사 + 어간 II

§ 위와 같은 접두사들 가운데 두 개가 조합되는 경우 첫 성분은 대체적으로 a(n)- 또는 sam-이다.

a-ni-ruddha-	☞	an- ni-	a-pra-āpti-	☞	an- pra-
an-ut-panna-	☞	an- ud-	a-pra-āptitva-	☞	an- pra-
a-pari-pūrṇa-	☞	an- pari-	a-saṁ-pūrṇa-	☞	an- sam-

sam-anu-paśya-	☞	sam- anu-	sam-ā-panna-	☞	sam- ā-
sam-ā-dhi-	☞	sam- ā-	sam-ud-aya-	☞	sam- ud-

§ 위에서 소개되지 않은 (15) ud- / ut- (9b) ① '위(쪽으)로, up(on), upward' ② '밖 · 외부에; out(side)'의 접두사가 새로이 나타난다.
§ 이 밖에도 위와 다른 방식으로 조합된 접두사들이 나타나기도 한다.

abhi-saṁ-buddha-	☞	abhi- sam-	vy-ava-sthita-	☞	vi- ava-
vi-pary-āsa-	☞	vi- pari-	vy-ut-thā[ya]	☞	vi- ud-
vy-ava-lokitavya-	☞	vi- ava-			

13.3. 접미사

접미사는 표제어에 속하지는 않지만 어간 I 또는 어근 뒤에 붙는 의존형태소로서 일반적으로 단일어간의 품사(명사 · 형용사 · 동사)와 성을 부여하는 중요한 문법적 기능을 수행한다. 접미사는 최대 세 개(-A-B-C)까지 붙을 수 있으며, A는 일차 접미사(Primary Suffix), B와 C는 이차 접미사(Secondary Suffix)로 불리는데, 해당 어간의 품사와 성은 마지막에 오는 접미사가 결정한다. 또한 파생시키는 품사에 따라 두 종류의 접미사로 구분된다.

13.3.1. 명사/형용사 파생 접미사

그 가운데 하나가 토대 형태소의 품사를 명사 또는 형용사로 파생시키는 접미사이고, 이 의존형태소는 더 나아가 해당 어간을 '(...을/를) 하는 것 · 하기 · 함'의 추상 명사(Abstract Noun)와 '(...)하는 사람'으로 해석되는 행위주 명사(行爲主, Nomina agentis), 그리고 '(...을/를) 하는'의 행위 · 추상 형용사를 만들어 낸다. <반야심경>의 어간 II에서 분리된 28개의 접미사들을 기능과 품사, 성에 따라 개관하면 다음과 같으며, 접미사 오른쪽의 번호는 일차접미사(1)와 이차접미사(2)를 의미한다.

	토대형태소		접미사	기능 / 품사	성
(1)	어근	+	a (1)	1 추상 명사 2 행위 형용사	1 남성 2 남성 · 중성
(2)	어근	+	an (1)	1 행위주 명사	1 남성
(3)	어근	+	ana (1)	1 추상 명사 2 행위 형용사	1 중성 2 남성 · 중성
(4)	어근		anā (2)	1 추상 명사	1 여성
(5)	어간 I	+	aya (1)	1 추상 명사	1 중성
(6)	어근	+	as (1)	1 추상 명사	1 중성
(7)	어근	+	ā (2)	1 추상 명사	1 여성
	어간 I		ā (1)	1 추상 형용사	1 여성
(8)	어근	+	i (1)	1 추상 명사	1 여성
(9)	어근	+	ita (2)	1 추상 형용사	1 남성 · 중성
(10)	어근	+	ī (2)	1 행위주 명사	1 여성
	어간 I		ī (2)	1 추상 형용사	1 여성
(11)	어근	+	u (1)	1 행위주 명사 2 행위 형용사	1 남성 2 남성 · 중성
(12)	어근	+	us (1)	1 행위주 명사	1 중성
(13)	어간 I	+	tara (1)	1 추상 형용사 (비교급)	1 남성 · 중성
(14)	어간 I		tarā (2)	1 추상 형용사 (비교급)	1 여성
(15)	어근		tā (1)	1 추상 명사	1 여성
	어근	+	tā (2)	1 추상 명사	1 여성
	어간 I		tā (2)	1 추상 명사	1 여성
(16)	어근	+	ti (1)	1 추상 명사	1 여성
(17)	어근	+	tu (1)	1 추상 명사	1 남성
(18)	어근	+	tra (1)	1 추상 명사	1 남성 · 중성
(19)	어근	+	tva (2)	1 추상 명사	1 중성 > 남성
(20)	어근	+	da (1)	1 추상 명사	1 남성
(21)	어근	+	ma (1)	1 행위 형용사	1 남성·중성
	어근	+	ma (1)	1 추상 명사	1 여성

	토대형태소		접미사	기능 / 품사	성
(22)	어간 I	+	mant (2)	1 추상 형용사 > 2 보통명사	1 남성 · 중성 2 명사
(23)	어근	+	ya (2)	1 추상 형용사	1 여성 2 남성 · 중성
(24)	어근	+	yā (1)	1 추상 명사	1 여성
(25)	어근	+	ra (1)	1 추상 형용사 > 2 보통명사	1 남성 · 중성 2 명사
(26)	어근	+	vant (2)	1 추상 형용사 > 2 보통명사	1 남성 · 중성 2 명사
(27)	어근	+	vara (1)	1 행위주 명사	1 남성
(28)	어간 I	+	sa (1)	1 추상 명사	1 남성

이와 달리 어근의 경우 접미사 없이도 명사나 형용사로 파생될 수 있다.

(29)	어근	+	Ø (1)	1 추상 명사 2 추상 형용사	1 남성 · 여성 2 남성 · 중성

13.3.2. 동사 파생 접미사

또 다른 종류는 토대 형태소인 어근을 동사적 범주들로 파생시키는 일차 접미사이다. <반야심경>에서 나타나는 동사적 범주들로는 분사, 절대사(Absolutiva), 필연 분사(Partizipium Necessitatis), 현재 시제의 어간 등이 있다.

	접미사	동사적 범주	품사 전성	성
(1)	ant	능동태 현재분사	> 형용사 > 명사	> 남성 · 중성 > 남성
(2)	māna	중간태 현재분사	> 형용사	
(3)	(i)ta	과거분사	> 형용사 > 명사	> 남성 · 중성 > 남성
(4)	na	과거분사	> 형용사	> 남성 · 중성
(5)	(t)ya	절대사		
(6)	(i)tvā	절대사		
(7)	(i)tavya	필연분사	> 형용사	> 남성·중성
(8)	a	현재 어간 형성소 (제 1부류)		
(9)	no	현재 어간 형성소 (제 5부류)		
(9)	ya	현재 어간 형성소 (제 4부류)		
(10)	Ø	미완료 시제 어간		

동명사(Gerundive)로도 불리는 절대사는 대략 '...할 때, ...한 후에'의 분사 구문의 형식으로 해석되고, 미래분사(Partizipium Futuri)로도 불리는 필연 분사는 '(반드시)...해야 되는 · 할, ...되어야 하는 · 할'의 의미로 표현된다. 동사적 범주에 속하지만 분사는

언제든지 품사 전성을 통해 형용사 > 명사가 될 수 있다.

13.4. 접미사 분리

위에서 소개한 순서대로 '접두사 분리'(13.2.)의 어간 II에서 나타나는 접미사들을 분리하면 다음과 같으며, 이의 정보는 '어원적 배열의 어휘 DB'(16.2.)에 저장된다.

1) 명사/형용사 파생 접미사

(1) -a- : [명사/남성] [형용사/남성 · 중성]

anu-bhāv-a-	kṣay-a-	lok-a-
ava-bhās-a-	ni-rodh-a-	vi-pary-ās-a-
ava-saṁbodh-a-	pary-āy-a-	saṁ-skār-a-
ā-nand-a-	pār-a-	sam-ay-a-
kāy-a-	bhāv-a-	sam-ud-ay-a-
-kār-a-	mārg-a-	sv-āh-a-

§ 예) kram-a- [명사/남성] '걸음, 보행; step' (KRAM), kram-a- [형용사] '걷는, 보행하는; stepping, going' (KRAM).

(2) -an- : [명사/남성]

rāj-an-

§ 산스크리트에서 매우 드물게 나타나는 접미사이고, 더군다나 어근에 붙는 예는 rāj-an-을 제외하고 찾아보기 힘들다.

(3) -ana- : [명사/중성] [형용사/남성 · 중성]

ghrā-aṇa-	mar-aṇa-	var-aṇa-
jñā-ana-	lakṣ-aṇa-	vi-jñā-ana-
pra-śam-ana-	lamb-ana-	

§ −aṇa−에서 나타나는 권설음은 선행하는 음성적 환경에 따라 적용된 산디(8a) 때문이다. 예) sthā−ana− (산디규칙 1a) [명사/중성] '머무름, 체류; stay' (STHĀ), har−aṇa− [명사/중성] '나르기, 옮기기; taking away, remove' (HAR). 드물지만 행위주 남성 명사 되기도 한다: 예) kar−aṇa− [명사/남성] '생산자; producer' (KAR). kar−aṇa− [형용사] '숙련된, 능숙한; skilled, expert' (KAR), man−ana− [형용사] '생각이 깊은, 신중한; deliberated' (MAN).

(4) −anā− : [명사/여성]

ved−ana−ᴸ− > ved−anā−

§ ved−ana− [명사/중성] '지각; perception'에서 장음화 ᴸ (= Lengthening)을 통해 여성 명사가 된 경우인데, −ana−와 관련해서는 매우 드물게 일어나는 현상이다.

(5) −aya− : [명사/중성]

hṛd−aya−

§ 예) gav−aya− [명사/남성] '소와 같은 것, 소의 일종; a kind of cow' (go− [명사 남성/여성] '소; cow'), druv−aya− [명사/남성] '나무로 된 상자; a wooden case' (dāru− [명사/중성]).

(6) −as− : [명사/중성]

nam−as−	man−as−

§ 예) kar−as− [명사/중성] '활동, 행위; action, deed' (KAR), sādh−as− [명사/중성] '실행, 수행; carrying out, execution' (SĀDH). 드물지만 '...하는 사람'의 의미를 나타내기도 한다: 예) dveṣ−as− [명사/중성] '증오(자), 적대(자); hatred, hater, enemy' (DVEṢ).

(7) −ā− : [명사/여성]

anut−tara−ᴸ −> anuttarā	gambhīra−ᴸ −> gambhīrā−	jar−a−ᴸ −> jar−ā−

§ 토대 형태소가 a−로 끝나는 남성 · 중성의 형용사는 여성으로 될 때 어간모음이 장음화되는

데, 이 ^{L} (= Lengthening)이 여성 접미사이고, anut−tara−와 jar−ā−의 경우 이차접미사로 사용되고 있다.

(8) −i− : [명사/여성]

bodh−i−	saṁ−bodh−i−

§ 예) van−i− [명사/여성] '바람, 소원, 욕망; wish, desire' (VAN), vart−i− [명사/여성] '(양초, 램프 등의) 심지; wick' (VART). <반야심경>에 나타나지 않지만 형용사가 만들어지기도 한다: 예) kar−i− '(수)행하는; doing, making, accomplishing' (KAR).

(9) −ī− : [명사/여성] [형용사/여성]

bhag−a−vat−ī−	sarvā−vat−ī−

§ 자음으로 끝나는 일차접미사에 붙어 해당 어간을 여성으로 파생시키는 산스크리트의 전형적인 형용사(> 명사) 여성 접미사이다.

(10) −ita− : [형용사/남성 · 여성]

ava−lok−a~ita− > ava−lok−Ø−ita−

§ 접미사 −ita−가 토대 형태소에 붙을 때 선행하는 모음은 탈락된다. 예) bhāma~ita− > bhāmita− '성난, 엄(격)한; furious, grim' (bhā−ma− [명사/남성] '격노, 엄(격)함; fury, grimness', BHĀ '비추다, 빛나게 하다; to shine'), roga~ita− > rogita− '아픈, 고통스러운; sick, afflicted' (rog−a− [명사/남성] '병, 고통; illness, affliction', ROG '깨뜨리다, 어기다, 고통/아픔을 야기하다; to break; to cause pain, afflict').

(11) −u− : [명사/남성] [형용사/남성 · 여성]

bhikṣ−u−	sādh−u−

§ 위의 예들처럼 어근에 접미사 −u−가 일차적으로 붙는 경우는 매우 드물다: 예) pād−u− [명

사/남성] ‘발; foot’.

(12) -us- : [명사/중성]

cakṣ-us-

§ 예) jan-us- [명사/중성] ‘탄생, 생산, 후손; birth, production, descent’ 또한 이 접미사는 형용사를 파생시키기도 한다: 예) jay-us- [형용사] ‘이기는, 승리의; victorious’

(13) -tara- : [형용사/남성 · 여성]

an-ut-tara-

§ 토대 형태소인 ud-가 ut-로 나타나나는 것은 무성음화(산디 9b)에 의한 현상이다. 비교급 접미사이기 때문에 부사, 형용사 등에 활발히 연결된다.

(14) -tarā- : [형용사/여성] [비교급]

an-ut-tara-ᴸ- > an-ut-tarā-

§ 비교급 접미사 -tara-에 여성형을 만드는 이차접미사ᴸ이 붙어있다.

(15) -tā- : [명사/여성]

A	B	C
car-tā- cit-tā-	pra-āp-ti-tā-	pāra-mi-tā- śūna~ya-tā- > śūnya-tā-

§ A의 경우 접미사가 어근에 바로 붙어있지만, 이는 매우 드물게 나타나는 현상이다. 대부분의 경우 B와 C에서처럼 -tā-는 이차접미사로 사용된다.

(16) -ti- : [명사/여성]

a-pra-āp-ti-	pra-āp-ti-
ga-ti-	saṁ-ga-ti-

§ 예) s-ti- [명사/여성] '존재; (good) being' (AS), i-ti- [명사/여성] '가기, 보행; going, walking' (AY), kṛ-ti- [명사/여성] '(행)함, 실행; doing, activity' (KAR), diṣ-ṭi- [명사/여성] '지도, 훈련; direction, instruction' (DEŜ), dhṛ-ti- [명사/여성] '고수, 지지; adherence' (DHAR).

(17) -tu- : [명사/남성]

car-tu-	dhā-tu-

§ 예) man-tu- [명사/남성] '조언(자), 충고; adviser, advice' (MAN). <반야심경>에 나타나지 않지만 형용사로 파생시키기도 한다: dhar-tu- [형용사] '유지/지지하는; holding, supporting' (DHAR).

(18) -tra- : [형용사/남성 · 중성]

man-tra- (남성)	śro-tra- (중성)

§ -tra-가 붙는 경우 해당 어간은 거의 전적으로 중성이 된다: 예) kar-tra- [명사/중성] '마력, 주문; charm, spell' (KAR), cari-tra- [명사/중성] '발; foot' (CAR), deṣ-ṭra- [명사/중성] '지도, 지시; direction, instruction' (DEŜ), dhar-tra- [명사/중성] '버팀, 지지; supporting' (DHAR), bhavi-tra- [명사/중성] '피조물; creature' (BHAV[I]).

(19) -tva- : [명사/중성]

a-pra-āp-ti-tva-	pra-āp-ti-tva-	sam-y-ak-Ø-tva-
a-mith-ya-tva-	mith-ya-tva-	
na-as-ti-tva-	s-at-tva-	

§ 예) a-mṛt-a-tva- [명사/중성] '불멸(성); immortality' (MAR), garbha-tva- [명사/중성] '임신; pregnancy' (garbha- [명사/남성] '자궁; womb'), jani-tva- [명사/중성] '여성적임;

belonging to woman' (jan-i- [명사/여성] '여자; woman', JAN '만들다, 낳다; to create, give birth to'). 일차접미사로도 활발히 사용되는데, 이 경우 기본적으로 형용사를 만들어낸다: 예) nan-tva- [형용사] '(목, 허리 등을) 구부리는, 인사하는; bending, saluting' (NAM), bhavī-tva- [형용사] '(앞으로) 다가오는, 미래의; future' (BHAV^{I}).

(20) -da- : [명사/남성]

śab-da-

§ 위의 단어를 제외하고는 산스크리트에서 찾아보기 힘든 접미사이다.

(21) -ma- : [명사/남성] [형용사/남성 · 중성]

-kā-ma-	dhar-ma-

§ 예) yudh-ma- [명사/남성] '싸우는 사람; fighter' (YODH), sar-ma- [명사/남성] '서둘러 가기, 뛰기; hurrying, running' (SAR), sto-ma- [명사/남성] '찬송가; song of praise' (stu-). bhī-ma- [형용사] '두려운, 무서운; awful, frightful' (BHAY^{I}), sidh-ma- [형용사] '성공적인; successful' (SĀDH).

(22) -mant- : [형용사/남성 · 중성] > [명사/남성]

āyuṣ-mant-

§ '(...을/를) 갖추고 있는'의 의미를 지닌 형용사로 만드는 접미사로 품사 전성을 통해 명사가 된다. 아래의 -vant-와 거의 같은 기능의 접미사이다.

(23) -ya- : [형용사/남성 · 중성 > 명사/중성]

āyuṣ-mant-

§ car-ya-처럼 어근에 -ya-가 직접 붙는 예는 찾기 매우 어려운 반면, 어간 I에 붙는 접미사 ya-는 '(...에) 속하는'의 의미로 매우 생산적으로 사용된다: 예) aśva~ya- > aśvya- [형용사]

'말에 속하는; belonging to horse' (aśva- [명사/남성] '말; horse'), nava~ya- > navya- [형용사] '새로운, 젊은; new, young' (nava- '새로운, 젊은; new, young'), ratha~ya- > rathya- [형용사] '(마)차에 속해있는; belonging to cart' (ratha- [명사/남성] '(마)차, 손수레; cart, carriage').

(24) -yā- : [명사/여성]

a-vid-yā-	car-yā-	vid-yā-

§ -ya-에서 파생된 접미사로서 형용사가 아닌 추상명사를 주로 나타낸다.

(25) -ra- : [형용사/남성 · 중성] > [명사/남성]

gṛdh-ra-

§ 형용사를 파생시키는 전형적인 접미사로서 품성 전성을 통해 명사가 되기도 한다: 예) ug-ra- [형용사] '강한, 힘이 센, 전능하신; strong, mighty' (OG), pat-a-ra- [형용사] '날 수 있는; flying' (PAT).

(26) -vant- : [형용사/남성 · 중성] > [명사/남성]

bhag-a-vant-

§ '(...을/를) 갖추고 있는'의 의미를 지닌 형용사로 만드는 접미사로 품사 전성을 통해 명사가 된다.

(27) -vara- : [명사/남성]

īś-vara-

§ 행위주 명사보다 추상명사가 더 일반적으로 사용된다: 예) kar-vara- [명사/중성] '행위, 일; activity, work' (KAR). 또한 행위 형용사가 만들어지기도 한다: 예) i-(t)vara- [형용사] '가(고 있)는, 보행의; going, walking' (AY). -vara-는 -vala-로 나타나기도 한다: 예) vid-vala- [형용사] '영리한, 현명한; wise' (VED), ūrjas-vala- [형용사] '강한; strong' (ūrj-as- [명사/중성] '힘; strength', ūrj- [명사/여성] '음식, 힘나게 하는 것; food, strengthening').

(28) -sa- : [형용사/남성 · 중성] > [명사/남성]

mānu-ṣa-

§ -ṣa-에서의 권설음은 산디(8b)에 따른 변화이다. 이 접미사는 토대 형태소에 붙어 형용사와 명사를 파생시키는데, 명사의 경우 남성 또는 중성으로 나타난다: 예) mah-i-ṣa- [형용사] '강한, 힘이 센, 전능하신; strong, mighty' (MAH), ut-sa- [명사/남성] '분수; fountain' (udan- [명사/중성] '물, water').

(29) -Ø- : [명사/남성 · 여성] [형용사/남성 · 중성]

-jña-Ø-	pra-jñā-Ø-	saṁ-jñā-Ø-
ni-ṣṭha-Ø-	saṁ-gha-Ø-	sam-ā-dhi-Ø-
		sam-y-ak-Ø-

§ 접미사가 붙지 않고 어근이 바로 명사나 형용사가 될 수 있는데, 이런 현상을 영-파생(Zero-Derivation)이라 부른다. 단, 어근이 장모음으로 끝나는 경우 단모음으로 나타날 수 있고, 자음으로 끝나는 경우 어근의 형태가 모음교체상 감소단계(Reduction Grade)로 나타난다.

2) 동사 파생 접미사

(1) -ant- : [능동태 현재 분사] > [형용사/남성 · 중성] > [명사/남성]

arh-ant-	mah-ānt-

§ mah-ānt-에서 장모음은 mah^{X}-ant-의 구조에서 형태적으로 드러나지 않지만 어근 mah-에 속해 있는 ^{X}(원래의 어근 구조 mahX-)와 모음 a가 결합하여 생성된 것이다.

(2) -māna- : [중간태 현재 분사] > [형용사/남성 · 중성]

car-a-māṇa-

§ -māṇa-에서의 권설음은 산디(8a)에 따른 변화이다. 중간태의 기능에 대해서는 10.1.2. 참조.

(3) –(i)ta– : [능동태 · 수동태 과거 분사] > [형용사/남성 · 중성] > [명사/남성]

a–jā–ta–	uk–ta–	bhāṣ–i–ta–
ati–krāṁ–ta–	cit–ta–	vy–ava–sthi–ta–
a–tras–ta–	nir–diṣ–ṭa–	śru–ta–
ā–t–ta–	pra–āp–ta–	sam–āp–ta–

§ –i–ta–에서 –i–는 보통 선행하는 어근이 자음일 때 나타난다. 자동사에 붙는 경우 능동적 의미로 해석되고, 타동사에 붙는 경우 수동적 의미로 해석된다. –ṭa–에서의 권설음은 diś–ta– > dis–ta– > diṣta– (산디 8b) > diṣṭa–의 과정을 거쳐 생성된 것이다.

다른 한편으로 접미사 –ta–가 기식(Aspiration)의 유성자음을 갖는 어근에 붙을 때 다른 모습으로 나타나는 현상으로 독일의 언어학자 바르톨로마에가 찾아냈고 현재 그의 이름을 따서 '바르톨로마에 법칙'(Bartolomae' Law)으로 불리는데, 이 변화의 공식은 다음과 같다:

gh dh bh + ta > gtha dtha btha (음위전환) > gdha ddha bdha (유성음화)

a–ni–ruddha– (RODH)	abhi–saṁ–buddha– (BODH)	buddha– (BODH)

§ 음위전환(Metathesis)에 따라 음소의 위치 ght dht에서 gth dth로 바뀌고 유성음화가 일어나 gdh ddh로 변한다는 법칙이다: 예) dagh + ta –> dagdha– '(불에) 탄; burnt' (표제어 dagh– '타다; to burn'), budh + ta –> buddha– '깨달은; awakened' (표제어 budh– '깨닫다; to awaken'), labh + ta –> labdha– '잡은; grasped' (표제어 labh– '잡다; to grasp').

(4) –na– : [능동태 · 수동태 과거 분사] > [형용사/남성 · 중성] > [명사/남성]

an–ut–pan–na–	a–saṁ–pūr–ṇa–	pari–pūr–ṇa–
an–ū–na–	ū–na–	saṁ–pūr–ṇa–
a–pari–pūr–ṇa–	nir–vā–ṇa–	sam–ā–pan–na–

§ –ta–와 동일한 기능의 접미사이다. –ṇa–에서의 권설음은 산디(8a)에 따른 현상이다. nir–vā–ṇa–의 경우 <반야심경>에서 '열반'(涅槃)으로 번역되며, 기본적으로 중성이지만 남성도 가능하다.

(5) –(t)ya– : [절대사] [동명사]

ā–śri–tya	ni–śṛ–tya	vy–ut–thā–ya

§ 절대사(Absolutiva) 또는 동명사(Gerundive)로 불리는 이 접미사는 불변화사로서 '...할 때, ...한 후에'의 의미로 번역된다.

(6) –(i)tvā– : [절대사] [동명사]

bhāṣ–i–tvā

§ –i–tvā에서 –i–는 보통 선행하는 어근이 자음으로 끝날 때 나타난다.

(7) –(i)tavya– : [필연 분사] [미래분사] [동명사] > [형용사/남성·중성]

car–tavya–	vy–ava–lok–i–tavya–	spraṣ–ṭavya–
jñā–tavya–	śikṣ–i–tavya–	

§ 필연 분사(Partizipium Necessitatis), 미래분사(Partizipium Futuri) 또는 동명사(Gerundive)로도 불리는 이 접미사는 '(반드시...을/를) 해야 하는, 되어야 하는; (...을/를) 할, (...이/가) 될'로 해석된다.

(8) –a– : 현재 / 미완료 어간 형성소 (제 1부류)

vi–har–a–	abhy–[a]nand–a–[n]

§ –a–는 현재 시제의 어간을 만들 때 어근과 표지 사이에 놓이는 형성소(Formant)로서 제 1부류의 동사들(*부록 04 표지e)이 필요로 한다. 미완료 시제는 현재 어간에 토대하여 만들어진다.

(9) –no– : 현재 어간 형성소 (제 4부류)

pra–āp–no–

§ -no-는 현재 시제의 어간을 만들 때 어근과 표지 사이에 필요한 형성소로서 제 5부류의 동사들(*부록 04 표지e)이 여기에 해당한다.

(10) -ya- : 현재 어간 형성소 (제 4부류)

paś-ya-　　　　　　　　　　sam-anu-paś-ya-

§ -ya-는 현재 시제의 어간을 만들 때 어근과 표지 사이에 필요한 형성소로서 제 4부류의 동사들(*부록 04 표지e)이 여기에 해당한다.

(11) -a-ya- : 현재 어간 형성소 (제 10부류)

vyavalok-a-ya-

§ -a-ya-는 현재 시제의 어간을 만들 때 어근과 표지 사이에 필요한 형성소(Formant)로서 제 10부류의 동사들(*부록 04 표지e)이 여기에 해당한다.

(12) -ya- : 수동태 현재 어간 형성소

anu-mod-ya-

§ 수동태는 접미사 -ya-가 붙어 형성되고, 중간태의 표지를 사용한다. 이 밖에도 어근은 일반적으로 구나(Guṇa)인 감소단계이지만 표준단계일 경우도 많다. 수동태는 : 예) yuj-ya- '공양 · 찬양되다; to be sacrificed', dviṣ-ya- '싫어지다, 증오의 대상이 되다; to be hatred' ; khād-ya- '먹어지다; to be eaten', jñā-ya- '알아지다; to be known'

(13) -Ø- : 아오리스트 시제

[a]dā-Ø-[t]　　　　　　　　　　[a]voc-Ø-[at]

§ 위와 달리 아오리스트 시제는 어근과 표지 사이에 특정한 형성소를 필요로 하지 않는다.

13.5. 접사 교정

<반야심경>에서 접사와 관련하여 교정이 필요한 경우는 원래의 기능에 맞게 않게 사용되거나 산디가 잘못 적용되어 있는, 또한 철자가 제대로 표기되지 못한 어형들이다. 교정된 접사들은 'AtoH 배열의 어휘 DB'(16.1.)와 '어원적 배열의 어휘 DB'(16.2.)에 저장된다.

1) 접두사 교정

(1) 기능의 교정

(cittāvaraṇa=)na–astitva– (소21 대39) ⇒ (cittāvaraṇa=)an–astitva–

§ 명사나 형용사의 단일어간의 경우 부정은 접두사 a(n)–가 사용되기 때문에 위의 어형에서 구(Phrase)나 문장 부정의 불변화사 na–는 an–으로 교정되어야 한다.

(2) 산디 교정

(samyak=)sam–bodhim (소23 대40.41.) ⇒ samyaksaṁbodhim

§ 접두사 sam–은 자음으로 시작하는 단일어간에 붙을 때 산디(7)에 따라 saṁ–으로 나타나야 한다.

(3) 철자 교정

(tryadhva=)vy–a[ ]–sthitāḥ (대40c) ⇒ (tryadhva=)vy–ava–sthitāḥ

§ 나머지 사본들과 비교해 볼 때 vi–와 ava– 두 개의 접두사가 붙어있기 때문에 위의 어형은 a[ ]가 아닌 ava–로 교정되어야 한다.

2) 접미사 교정

(1) 산디 교정

cara-māno (소본03.f) ⇒ cara-māṇo

§ 접미사 -māna-는 선행하는 음절의 음성적 환경(8a)에 따라 산디 형태인 -māṇa-로 나타나야 한다.

13.6. 접사의 형태 변화

접사들은 산디와 무관하게 형태가 변화할 수도 있다. <반야심경>에서 나타나는 접두사의 경우 m과 n으로 끝나는 sam과 an이 이러한 변화의 대상이고, 접미사의 경우 a와 ā를 제외한 모든 음성으로 끝나는 접미사들이 형태의 변화를 겪을 수 있다. 전자의 경우 음운론적 환경에 기인하는 변화이고, 후자는 문법적 범주에 따라 변화하는 형태론적 현상이다.

1) 접두사의 형태 변화

n으로 끝나는 부정의 접두사 an-은 바로 따라 나오는 음성이 모음이면 본래의 형태 그대로 나타난다. 그러나 자음 앞에 놓이는 경우 각각 a-로 나타나는데, 외견상 n이 탈락되어 있는 것처럼 보이지만, 이 형태는 *n̥-으로 소급되고 이 소난트(Sonant)가 모음 a로 변한 것이다. 이 음운론적 변화는 독일의 언어학자 부르크만)이 찾아낸 것에 기인하여 '부르크만 법칙'(Brugmann's Law)으로 불린다. <반야심경>에서 an-과 a-가 붙은 어형들은 다음과 같다:

an-uttara-	☞	an-	a-mithyatva-	☞	an-
an-uttarā-	☞	an-	a-vidyā-	☞	an-
an-ūna-	☞	an-	a-jāta-	☞	an-
			a-trasta-	☞	an-

sam-의 형태변화 역시 a(n)-과 같이 음운론적 환경에 기인하지만, 변화의 발현은

다르게 나타난다. 모음 앞에서 sam－은 변화 없이 그대로 나타나지만, 자음 앞에서는 예상되는 sa－ (< *sṇ－) 대신 산디에 의한 saṁ－(सं)으로 나타난다. 문자적으로 완전하게 표현되지 않지만 그 음가는 유지된다(산디규칙 7 참조).

saṁ－gati－	☞	sam－	sam－anu－paśya－	☞	sam－
saṁ－gha－	☞	sam－	sam－aya－	☞	sam－
saṁ－jñā－	☞	sam－	sam－ā－panna－	☞	sam－
saṁ－bodhi－	☞	sam－	sam－ā－dhi－	☞	sam－
saṁ－skāra－	☞	sam－	sam－āpta－	☞	sam－
saṁ－pūrṇa－	☞	sam－	sam－ud－aya－	☞	sam－

이 밖에도 연결자음인 －y－ 앞에서 saṁ－이 아닌 sam－으로 나타나고, 모음 앞에서도 sam－이 아닌 sa－로 나타나는 예외들이 존재한다.

sam－y－ak－	☞	sam－	sa－ardha－	☞	sam－
sam－y－aktva－	☞	sam－			

2) 접미사의 형태 변화

이에 비해 접미사의 변화는 더 복잡한 양상으로 일어난다. 그러나 명사와 형용사에 붙는 (－a/ā－로 끝나는 경우를 제외한) 접미사들은 수와 격에 따라 일정한 변화를 보여주고, 동사에 붙는 (－a－로 끝나는 경우를 제외한) 접미사들은 수와 인칭에 따라 규칙적인 변화를 보여준다. <반야심경>에 나타나는 접미사들을 대상으로 그 변화를 살펴보면 다음과 같다.

(1) 명사 · 형용사의 접미사 변화

§ AS－어간을 제외한 접미사는 곡용의 패러다임에서 증가단계, 구나(Guṇa)인 표준단계, 감소단계로 나타나는데, 이 두 단계는 접미사의 종류, 수와 격(강격[Strong Case: 주격 호격 목적격]과 약격[Weak Case: 나머지 격들])에 따라 다르게 나타난다.

§ <반야심경>에서 여성의 i－어간 bodh－i－와 saṁ－bodh－i－, 여성의 ti－어간 a－pra－āp－ti－, ga－ti－, pra－āp－ti－, saṁ－ga－ti－, 남성의 u－어간 bhikṣ－u－와 sādh－u－, 남성의 tu－어간

car−tu−와 dhā−tu−, 여성의 ī−어간 bhag−a−vat−ī−와 sarvā−vat−ī−, 남성의 an−어간 rāj−an−, 남성의 ant−어간 arh−ant−와 mah−ānt−, 남성의 mant−어간 āyuṣ−mant−, 남성의 vant−어간 bhag−a−vant−, 중성의 as−어간 nam−as−와 (−)man−as−가 나타난다. 아래에서 ANT는 −ant− 외에도 −mant−와 −vant− 어간을 포함한다.

	여성	남성	여성	남성	남성 중성	중성 남성
	(T)I	(T)U	Ī	AN	ANT	AS
	단수					
주격	i	u	ī	ā[n]	an[t] ān[t]	as ās
호격	e	o	i	an	an[t]	as
목적격	i	u	ī	ān	ant	as
도구격	i	u	yā	n	at	as
여격	ay	av	yā	n	at	as
탈격	e	o	yā	n	at	as
속격	e	o	yā	n	at	as
장소격	ā[y]	au	yā	n	at	as

§ 모음으로 끝나는 접미사의 경우 강격에서 감소단계, 약격에서 증가단계(장소격)와 표준단계가 나타나는 반면, −AS−를 제외한 자음으로 끝나는 접미사들은 이와 반대로 나타나는 경향이 있다. 단, (t)i−와 (t)u−의 강격인 호격과 약격인 도구격은 나머지 접미사들에 따라 각각 표준단계와 감소단계로 나타난다. AS의 어간에서 주격의 ās는 −man−as−(대본 55행)에서처럼 형용사 남성(또는 여성)일 경우이다.

	복수					
주격	ay	av	y	ān	ant	āṁs as
호격	ay	av	y	ān	ant	āṁs as
목적격	i	u	ī	n	at	āṁs as
도구격	i	u	ī	a	at	o
여격	i	u	ī	a	at	o
탈격	i	u	ī	a	at	o
속격	i	u	ī	n	at	as
장소격	i	u	ī	a	at	aḥ

§ 단수에 비해 복수는 강격의 주격에서 증가단계, 강격인 목적격을 포함한 약격의 나머지 격들에서 감소단계로 나타나는, 더 단순하고 깔끔한 접미사의 형태변화를 보여준다.

§ 접미사 AN에서 a는 nam−a−bhiḥ(도구격), nam−a−bhyaḥ(여격 탈격)에서처럼 (자음사이에 놓인) n에서 변화한 것이다(13.6. 1) 참조).

§ 이에 반해 AS의 경우 단수보다 더 다양한 형태들을 보여준다. 주격은 증가단계의 ās에 아누스와라가 끼어든 불분명한 형태 āṁs를 보여주는데 반해, o와 aḥ는 manobhiḥ(도구격)과 man−o−bhyaḥ(여격 탈격), man−aḥ−su(장소격)에서처럼 각각 산디 규칙 (6a)와 (6n)에 따라 나타나는 형태이다.

	여성	남성	여성	남성	남성 중성	중성 남성
	(T)I	(T)U	Ī	AN	ANT	AS
	쌍수					
주격	i	u	y	ān	ant	as
호격	i	u	y	ān	ant	as
목적격	i	u	y	ān	ant	as
도구격	i	u	ī	a	at	o
여격	i	u	ī	a	at	o
탈격	i	u	ī	a	at	o
속격	y	v	y	n	at	as
장소격	y	v	y	n	at	as

§ 쌍수의 경우는 복수보다 더 단순하게 나타난다. 자음으로 끝나는 접미사들은 복수와 같은 형태변화를 보여주는데 반해, 모음으로 끝나는 접미사들은 모든 격에서 감소단계로 나타난다.

실제로 베다어와 산스크리트에서 접미사 음절은 위에서 보여준 것보다 더 다양한 변이 형태들을 보여준다(*부록 04 표지a를 참조).

(2) 동사의 접미사 변화

		제 5부류		제 7부류		제 8부류		제 9부류	
		표준	감소	표준	감소	표준	감소	표준	감소
단수	1인칭	no		na		o		nā	
	2인칭	no		na		o		nā	
	3인칭	no		na		o		nā	

<table>
<tr><td>복수</td><td>1인칭</td><td rowspan="3">−nu−
−nv−</td><td rowspan="3">n</td><td rowspan="3">u</td><td rowspan="3">n(ī)</td></tr>
<tr><td></td><td>2인칭</td></tr>
<tr><td></td><td>3인칭</td></tr>
<tr><td>쌍수</td><td>1인칭</td><td rowspan="3">−nu−
−nv−</td><td rowspan="3">n</td><td rowspan="3">u</td><td rowspan="3">n(ī)</td></tr>
<tr><td></td><td>2인칭</td></tr>
<tr><td></td><td>3인칭</td></tr>
</table>

명사와 형용사의 접미사와 비교해 볼 때 동사의 접미사들은 훨씬 더 단순한 변화 양상을 보여줄 뿐만 아니라 변화의 범위 역시 매우 제한적이다. a로 끝나는 접미사들이 제외된 상황에서 형태변화가 가능한 경우는 10개의 활용부류(*부록 표지 04e) 가운데 위의 표에서 보는 것처럼 V, VII, VIII, IX 네 부류의 현재 시제 형성소들(Formants)이고, 표준단계와 감소단계는 단수 대 복수·쌍수이다. 제 5부류에서 −nu− 과 −nv−는 각각 자음 앞과 모음 앞(*부록 03 산디 규칙 3b)에서 나타나는 교체 형태이다. 그러나 <반야심경>에서 이와 같은 변화를 보여주는 예들은 존재하지 않는다.

14. 어근 추출

'단일어간 분류'의 어간 II에서 접두사와 접미사가 분리되면 토대 형태소인 어근만이 남게 되는데, 언어학적 가공의 마지막 단계는 바로 어근을 추출하는 작업이다. 산스크리트 문법에 있어 어근은 매우 중요한 개념이다. 사전의 표제어로서 단어의 의미를 결정하는 가장 핵심적인 부분일 뿐만 아니라 하나의 어근에서 의미적으로 서로 연관 있는 여러 단어들이 만들어지기 때문이다. Stiehl(2007, p.305)에 따르면 산스크리트에 1,200여개의 어근들이 존재하고 이것들에 기초하여 약 200,000여개의 단어들이 만들어진다고 한다. <반야심경>의 사본들의 경우 190여개의 단어들 가운데 116개가 64개의 어근에 토대하고 있다.

이러한 상황에서 텍스트를 구성하는 어휘들에서 어근을 인지하고 올바르게 추출하는 능력은 해당 단어들이 속해있는 어근의 표제어 찾기와 이에 따른 의미 파악에 직결되는 것이기 때문에 다른 문법적 지식들 가운데에서 가장 필수적이라고 말할 수 있다. 그런데 한 가지 문제는 추출된 어근 형태가 사전의 표제어로 바로 연결되지 않는다는 것이다. 표제어는 어근이 가질 수 있는 변이형태들 가운데 하나일 뿐이기 때문이다. 따라서 접사에서처럼 어근의 형태변화의 원칙에 대한 이해도 반드시 필요하다.

14.1. 어근

어근은 예외 없이 하나의 모음을 지니는 일음절의 형태로서 단어의 의미를 결정하는 중심적 형태소이고, 어원적 관계를 전제로 동일하거나 비슷한 의미를 지니는 명사, 형용사, 동사 등에서 추출되는 공통의 요소이다. 예를 들어, 아직 곡용과 활용의 표지가 붙지 않아 텍스트에서 사용될 수 없는 형태들인 nam−as− (명사) '경배(敬拜), 귀의(歸依)', nam−a− (동사 현재 어간) '경배 · 귀의하다', nam−ana− (형용사) '경배 · 귀의하는'에서 공통적으로 나타나는 어근은 nam−이고 이의 의미는 '(목, 허리 등을) 굽히다, 구부리다'이다. 위의 단어들은 사전에서 이 어근 표제어 아래에 배열된다.

14.2. 어근의 추출

<반야심경>에서 나타나는 112개의 어간 II(12.1.3.)를 대상으로 토대 형태소인 어근을 추출하여 굵은체로 표시하면 다음과 같다:

a−**jā**−ta−	a−**vid**−yā−	**car**−tavya−
ati−**krāṁ**−ta−	[a−]**voc**−[at]*	**car**−tā−
a−**tras**−ta−	a−saṁ−**pūr**−ṇa−	**car**−tu−
[a]−**dā**−[t]	**as**−ti−tva−	**car**−yā−
a−ni−**ruddha**−	ā−**nand**−a−	**cit**−ta−
an−ut−**pan**−na−	ā−**t**−ta−	**cit**−tā−
anu−**bhāv**−a−	ā−**śri**−[tya]	**jar**−ā−
anu−**mod**−ya−	**īś**−vara−	−**jña**−
an−ū−na−	**uk**−ta−	**jñā**−tavya−
a−pari−**pūr**−ṇa−	**ū**−na−	**jñā**−ana−
a−pra−**āp**−ti−	−**kā**−ma−	**dhar**−ma−
a−pra−**āp**−ti−tva−	**kāy**−a−	**dhā**−tu−
abhi−saṁ−**buddha**−	−**kār**−a−	**nam**−as−
abhy[a]−**nand**−[an]	**kṣay**−a−	ni−**rodh**−a−
a−**mith**−ya−tva−	**ga**−ti−	nir−**diṣ**−ṭa−
arh−ant−	**gṛdh**−ra−	nir−**vā**−ṇa−
ava−**bhās**−a−	**ghrā**−aṇa−	ni−**śṛ**−[tya]
ava−**lok**−a~ita−	**cakṣ**−us−	ni−**ṣṭha**−
ava−saṁ−**bodh**−a−	**car**−a−māṇa−	pari−**pūr**−ṇa−

pary−**āy**−a−	**mith**−ya−tva−	saṁ−**gha**−
paś−ya−	**rāj**−an−	saṁ−**jñā**−
pār−a−	**lakṣ**−aṇa−	saṁ−**pūr**−ṇa−
pra−**āp**−ta−	**lamb**−ana−	saṁ−**bodh**−i−
pra−**āp**−ti−	**lok**−a−	saṁ−**skār**−a−**
buddha−	**var**−aṇa−	s−at−tva−
bodh−i−	vi−**jñā**−ana−	s−at−ya−
bhag−a−vat−ī−	**vid**−yā−	sam−**ay**−a−
bhag−a−vant−	vi−pary−**ās**−a−	sam−ā−**dhi**−
bhāv−a−	vi−**har**−a−	sam−anu−**paś**−ya−
bhāṣ−ita−	**ved**−anā−	sam−ā−**pan**−na−
bhāṣ−[itvā]	vy−ava−**lok**−itavya−	sam−**āp**−ta−
bhikṣ−u−	vy−ava−**sthi**−ta−	sam−ud−**ay**−a−
man−as−	vy−ut−**thā**−[ya]	sam−y−**ak**−
man−tra−	**śab**−da−	sam−y−**ak**−tva−
mar−aṇa−	**śikṣ**−itavya−	**sādh**−u−
mah−ā−	**śru**−ta−	**spraṣ**−ṭavya−
mah−ānt−	**śro**−tra−	sv−**āh**−a−
mārg−a−	saṁ−**ga**−ti−	

* avocat(< a−va−uc−at, 산디규칙 2a)의 어근은 중복법(Reduplication)에 의해 형성된 것이다.

** −skār−에서 어근 kṛ−에 s−가 나타나기도 나타나지 않기도 하는데, 이러한 어근들은 s−mobile 어근으로 불린다.

14.3. 어근의 형태 변화

이렇게 추출된 어근들 가운데 한 부류는 사전의 표제어로 등재되어 바로 찾을 수 있는 반면, 다른 한 부류는 그렇지 못하다. 위에서 언급한 것처럼 Monier(1889)와 같은 일반적인 산스크리트 사전들에서 표제어는 어근이 가질 수 있는 변이형태들 가운데 하나이고, 추출된 어근이 이 형태에 부합하지 않는다면 다른 변이 형태로 등재되어 있기 때문이다. 한 어근이 나타낼 수 있는 변이 형태의 수는 기본적으로 세 개이고, 이는 모음교체에 따라 감소단계, 표준단계, 증가단계로 나타나는데, <반야심경>에 나타나는 64개의 어근들(굵은체)을 대상으로 (음영으로 표시된) Monier의 표제어를 제시하면 다음과 같다:

	어근의 형태변화			MONIER
	감소단계	표준단계	증가단계	표제어
01	ac > ak	añc	āñc	añc
02	i	ay	āy	i
03	ṛh	arh	ārh	arh
04	(a)s	as	ās	as[1]
05	(a)s	as	ās	as[2]
06	(a)h	ah	āh	ah
07	ip > āp	āp	āp	āp
08	īś	eś	aiś	īś
09	ki > ci	kay	kāy	ci
10	ki > ci	ka	kā	kā
11	krā[ṁ]	kram	krām	kram
12	kṣi	kṣay	kṣāy	kṣi
13	ga	gam	gām	gam
14	gṛdh	gardh	gārdh	gṛdh
15	gha	han	hān	han
16	ghri > ghrā	ghra	ghrā	ghrā
17	c[a]kṣ	cakṣ	cākṣ	cakṣ
18	cṛ > car	car	cār	car
19	cit	cet	cait	cit
20	jā	jan	jān	jan
21	jṝ > jari	jar	jār	jṝ
22	jñi > jñā	jña	jñā	jñā
23	tṛs	tras	trās	tras
24	d(i) > t	da	dā	dā
25	diś > diṣ	deś	daiś	diś
26	dhṛ	dhar	dhār	dhṛ
27	dhi	dha	dhā	dhā
28	nad	nand	nānd	nand
29	na	nam	nām	nam
30	p[a]d	pad > pan	pād	pad
31	pṛ	par	pār	pṛ
32	pṝ > pūr	par	pār	pṝ
33	p[a]ś	paś	pāś	paś
34	budh	bodh	baudh	budh
35	bh[a]j	bhag	bhāj	bhaj
36	bhū	bhav	bhāv	bhū

	어근의 형태변화			MONIER
	감소단계	표준단계	증가단계	표제어
37	bh[a]ṣ	bhaṣ	bhāṣ	bhāṣ
38	bh[a]s	bhas	bhās	bhās
39	bhikṣ	bhekṣ	bhaikṣ	bhikṣ
40	ma	man	mān	man
41	mṛ	mar	mār	mṛ
42	mṛj	marj	mārg	mṛj
43	m[a]h	mah	māh	mah
44	mith	meth	maith	mith
45	mud	mod	maud	mud
46	ṛij	raj	rāj	rāj
47	rudh	rodh	raudh	rudh
48	l[a]kṣ	lakṣ	lākṣ	lakṣ
49	lab	lamb	lāmb	lamb
50	luk	lok	lauka	lok
51	uk / uc	vac	vāc	vac
52	vṛ	var	vār	vṛ
53	vi > ū	va	vā	vā
54	vid	ved	vaid	vid
55	śa	śam	śām	śam
56	ś[a]p	śap > śab	śāp	śap
57	śikṣ	śekṣ	śaikṣ	śikṣ
58	śri	śray	śrāy	śri
59	śru	śro	śrau	śru
60	sidh	sadh	sādh	sādh
61	<s>kṛ	(s)kar	<s>kār	<s>kṛ
62	spṛś	spraś > spraṣ	sprāś	spṛś
63	sthi	ṣṭha	(s)thā	sthā
64	hṛ	har	hār	hṛ

§ 위에서 사용된 괄호 (A)는 A가 나타나야 하는데 그렇지 못하다는 것을 의미하고, <B>는 나타날 수도 나타나지 않을 수도 있음을 가리킨다. 각괄호 [B]는 원래 없어야 할 B가 나타난다는 것을 의미하고, > (A > B)는 A가 원래의 형태이지만 B로 변하여 나타난다는 것을 뜻한다. 마지막으로 / (A / B)는 이중형태를 나타낸다.

14.3.1. 모음의 변화

위의 표에서 보는 것처럼 어근의 모음은 고정되어있는 것이 아니라 모음교체(Ablaut)에 따라 음량(Sound Quantity)이 줄어드는 감소단계(Reduction Grade), 고유의 음량이 유지되는 표준단계(Normal Grade), 음량이 늘어나는 증가단계(Lengthened Grade) 등 이론적으로 세 단계의 형태로 나타날 수 있다. 이론적이라고 말하는 이유는 위의 표에 적힌 어근들 모두가 문법적으로 가능하지만 이 가운데 (특히 증가단계의) 형태들이 문헌에 존재하지 않을 수도 있기 때문이다. 일반적인 여러 산스크리트 사전들에서처럼 볼 수 있는 것처럼 어근의 표제어는 기본적으로 감소단계이고, 감소단계가 문헌에 나타나지 않으면 표준단계, 이 단계도 존재하지 않으면 증가단계로 설정된다.

순위	표제어 ①	표제어 ②	표제어 ③
단계	감소단계	표준단계	증가단계

1) 형태 변화의 원칙

형태변화와 관련하여 어근은 Seṭ-어근과 Aniṭ-어근으로 분류되기도 한다. Seṭ는 접두사 sam-의 감소단계 sa-에 i가 붙은 형태로서 (자음으로 시작하는 접미사가 붙을 때) 'i가 함께 나타날 수 있는 (어근)'을 가리키고, Aniṭ는 부정의 접두사 an-과 i가 결합한 형태로서 (Seṭ와 동일한 환경에서) 'i가 없는 (어근)'을 의미한다. 공통적으로 나타나는 ṭ (< t 산디규칙 8b)는 아무런 의미 없이 단지 자음으로 끝나는 단어를 만들기 위해 사용된 것이다. 그런데 Seṭ-어근에서 i 대신 어근의 모음이 장음화되어 나타나기도 하는데, 이 (비)가시적인 요소는 아래의 표에서 괄호 안 X로 표시되어 있다. 일반적으로 감소와 표준의 단계에서 장모음을 포함하는 어근들이 Seṭ-어근에 속한다. 산스크리트의 어근과 그 음성적 구조를 고려하여 01)에서 14)까지 모두 14개의 원칙이 존재한다.

(1) 단일모음 a ā (+ 자음 [유음/비음 제외])의 어근

		감소단계		표준단계		증가단계	
01)	Aniṭ	∅	(< ∅)	a	(< a)	ā	(< aa)
02)	Seṭ	i / ∅	(< X / ∅)	a	유추생성	ā	(< aX)

§ 1)에 속하는 <반야심경>의 어근들은 as^1 as^2 ah cakṣ pad paś bhaj mah lakṣ vac śap이다.

§ 1)의 원칙에 따르면 감소단계는 a를 탈락시킨다. vac의 경우 감소단계가 되면 a가 사라지고 vc가 남는데, 두 개의 자음 중 v가 u로 변하여 uc(위의 표 51번)가 된다. 아오리스트의 어근 형태 −voc−는 중복법(−va−uc− 산디규칙 2a)에 의한 형성이다. 그러나 위와 같은 구조에서 어근의 첫 자음이 v y m n r l인 경우를 제외한 거의 대부분의 어근들(as^1 04번 예외)은 a가 그대로 유지된다.

§ 2)에 속하는 <반야심경>의 어근들은 āp kā jñā dā dhā bhās bhāṣ rāj vā sādh sthā이다.

§ 그런데 장모음 ā를 갖더라도 자음으로 끝나는 어근들의 감소단계는 sādh(60번)를 제외하고 증가단계와 동일하게 나타나는 경향이 있다.

§ 이에 반해 나머지 자음들은 2)의 원칙에 맞게 나타난다. dā−의 경우 감소단계가 di−로 나타날 수도 모음이 완전히 탈락된 d− (> t− 24번)로도 나타날 수 있다.

§ 2)의 경우 표준과 증가의 단계가 동일하게 나타나는 것이 보통이지만, 표준단계가 1)의 a : ā에 따른 유추로 jña(22번)처럼 단모음 a가 생성되기도 한다.

§ 2)의 모든 어근은 위에서 언급한 X 요소를 갖고 있다. dā− (24번)의 감소단계는 이 요소가 i로 나타난 경우이고, vā(53번)의 감소단계 ū는 X 요소가 vaX(vā) > vX > uX(ū)의 과정에서 보는 것처럼 장음화를 통해 나타나는 경우이다.

(2) 이중모음 (+ 자음 [유음/비음 제외])의 어근

		감소단계		표준단계		증가단계	
		모음앞 / 자음앞		모음앞 / 자음앞		모음앞 / 자음앞	
03)	Aniṭ	i / iy	(< i)	ay/e	(< ay)	āy/ai	(< aay)
04)	Seṭ	ī / iy	(< iX)	ay/e	(< ayX)	āy/ai	(< aayX)

		감소단계		표준단계		증가단계	
		모음앞 / 자음앞		모음앞 / 자음앞		모음앞 / 자음앞	
05)	Aniṭ	u / u	(< u)	av/o	(< av)	āv/au	(< aav)
06)	Seṭ	ū / uv	(< uX)	av/o	(< avX)	āv/au	(< aavX)

§ 3)에 속하는 <반야심경>의 어근들은 i ci kṣi cit diś bhikṣ mith vid sikṣ śri이다.

§ 4)에 속하는 <반야심경>의 어근들은 īś이다.

§ 5)에 속하는 <반야심경>의 어근들은 budh mud rudh śru이다. 이 밖에도 표준단계인 lok가 표제어로 설정되는데, 감소단계가 문헌에 나타나지 않기 때문이다.

§ 6)에 속하는 <반야심경>의 어근들은 bhū이다.

§ 4)와 6)의 감소단계에서 각각의 장모음(ī ū)은 두 개의 모음(ii uu)으로 나뉘면서 두 번째 모음이 자음으로 변한다(iy uv).

(3) 모음 + 유음 / 유음 + 모음

		감소단계		표준단계		증가단계	
07)	Aniṭ	ṛ	(< i)	ar / ra	(< ar / ra)	ār	(< aar / raa)
08)	Seṭ	ṝ / ūr	(< iX)	ar	(< arX)	ār	(< aarX)
09)	Aniṭ	ḷ	(< u)	al	(< al)	āl	(< aal)
10)	Seṭ	(ḹ)	(< uX)	(al)	(< alX)	(āl)	(< aalX)

§ 7)에 속하는 <반야심경>의 어근들은 gṛdh dhṛ pṛ mṛ mṛj vṛ (s)kṛ spṛś hṛ이다. 이 밖에도 표준단계인 arh car tras가 표제어로 설정되는데, 이것들의 감소단계가 나타나지 않기 때문이다.

§ 이 가운데 자음으로 끝나는 어근인 경우 표준단계가 ar (gardh 14번) 또는 ra (spraś 62번)로 나타난다.

§ 8)에 속하는 <반야심경>의 어근들은 jṝ pṝ이다.

§ pṝ의 경우처럼 첫 자음이 양순음(Balabial)인 어근의 감소단계는 이 자음의 영향을 받아 ūr (pūr 32번)로 나타난다.

§ 9)에 속하는 어근은 고대인도의 문헌을 통틀어 kḷp만이 존재한다.

§ 10)의 구조는 이론적으로만 존재할 뿐 실제 문헌에 존재하지 않는다.

(4) 모음 + 비음

		감소단계		표준단계		증가단계	
11)	Aniṭ	a	(< ṃ)	am	(< am)	ām	(< aam)

		감소단계		표준단계		증가단계	
12)	Seṭ	ā	(< m̥X)	am	(< amX)	ām	(< aamX)
13)	Aniṭ	a	(< n̥)	an	(< an)	ān	(< aan)
14)	Seṭ	ā	(< n̥X)	an	(< anX)	ān	(< aanX)

§ 11)에 속하는 <반야심경>의 어근들은 gam nam lamb śam이다.
§ 12)에 속하는 <반야심경>의 어근은 kram이다.
§ 13)에 속하는 <반야심경>의 어근들은 añc nand man han
§ 14)에 속하는 <반야심경>의 어근은 jan이다.
§ 12)와 14)에서 감소단계의 모음은 각각 소난트(Sonant)인 n̥과 m̥에서 유래하는 것이다.

2) 형태 변화의 요인

이와 같은 모음의 변화는 어근의 자율적인 변화라기보다 접미사와의 관계에서 이해될 수 있는 부분이다. 다시 말해서 일련의 접미사들이 어근의 모음교체 단계들을 결정하는데 관여하고 있다는 것이다. 어근에 생산적 일차접미사만이 붙는 <반야심경>의 단일어간들을 대상으로 살펴보면 다음과 같다.

(1) 어근의 감소단계 + 접미사

어근의 감소단계를 유발하는 대표적인 접미사는 분사를 만들어내는 접미사들이다. 현재분사 −ant−, 과거분사 −ta−와 −na− 외에도 추상명사로 이끄는 −ti− 역시 산스크리트에서 매우 활발하게 사용되는 접미사들로서 어근의 감소단계를 유발한다. 이러한 현상은 분사의 접미사에 강세 악센트가 놓이고(−ánt−, −tá−, −ná−), 이에 따라 주변 음절이 약화된다는 언어의 일반적인 규칙에서 그 원인을 찾을 수 있다.

① 현재분사

13)	13)
arh−ant−	mah−ānt−

§ <반야심경>의 s−at−tva−, s−at−ya− (어근 as[1]) 에서처럼 13)의 형태변화 원칙에 따라 어

근의 감소단계가 예상되나 *ṛh-ant-는 존재하지 않고 mah-ānt-는 형태변화의 원칙 01) 때문에 표준단계로 나타난다.

§ 그러나 이와 같은 예외들을 제외한 대부분의 경우 현재분사 -ant-는 어근의 감소단계를 유발시키는 매우 생산적인 접미사이다: 예) tuj-at- '(전방으로) 모는, 쫓는; driving on・along' (tuj- '몰다, 쫓다; to drive on・along'), bṛh-at- '강하게・튼튼하게 하는, 원기를 북돋는; fortifying, invigorating' (bṛh- '강하게・튼튼하게 하다, 원기를 북돋다; to fortify, invigorate')

② 과거분사

01)	02)	03)	05)	07)	08)	14)
uk-ta-	-sthi-ta- -t-ta- -ū-na-	cit-ta- -diṣ-ṭa-	śru-ta-		-pūr-ṇa-	-jā-ta-

-pan-na-	-āp-ta- bhāṣ-i-ta- -vā-ṇa-		-ruddha- buddha-	-tras-ta-		-krāṁ-ta-

§ 첫 번째 박스에서 보는 것처럼 -ta-와 -na-가 붙는 과거분사들은 각각의 형태변화 원칙(번호)에 따라 어근의 감소단계를 보여준다. 두 번째 박스에서 05)의 두 어형 역시 13.4. 2) (3)에서 언급한 '바르톨로마에 법칙'(Bartholomae's Law)에 의해 다르게 보일 뿐 그 어근들(ruddha-buddha-)역시 감소단계로 나타난다. 또한 14)에서 krāṁ-ta-(어근 kram)는 *krā-ta-에서 -m-의 복원을 통해 생성된 어형이다.

§ 다른 한편으로 두 번째 박스의 01) 02) 07) 어형들은 각각의 음성 구조 때문에 감소 대신 표준단계를 보여준다: 예) 01) rak-ta- '물・색깔이 들여진, 빨간; dyed, red' (raj-), śap-ta- '저주를 받은; cursed' [명사/중성] '저주; curse' (śap-) ; 02) trā-ta- '보호한, 보호되는; protected' (trā-) ; 07) cari-ta- [명사/중성] '걸음, 변화; walk, change' (car-).

③ ti-추상명사

02)	11)
-āp-ti-	-ga-ti-

§ 분사 외에도 <반야심경>에서는 사용 빈도가 매우 낮지만 추상명사를 만드는 생산적인 접미

사 −ti−는 11)에서처럼 어근의 모음을 감소 단계로 이끈다: 예) bhū−ti− '(처음 그대로의) 존재, 상태, 안녕; well−being' (bhū−), mi−ti− '세우기, 조립; erection' (mi−), mṛṣ−ṭi− '깨끗이 하기, 정화; cleansing, purification' (mṛj−), vṛt−ti− '행위. 절차; action, procedure' (vṛt−), smṛ−ti− '기억, 회상; remember, recall' (smṛ−).

§ āp와 같은 어근 구조는 감소단계로 이끄는 그 어떤 접미사가 붙어도 고유의 형태를 유지하려는 경향이 강하다: 예) ghrā−ti− '냄새, 향기; smell, odor' (ghrā−), darś−a−ti− '외관, 양상; appearance, aspect' (dṛś−).

이 밖에도 <반야심경>에서−vid−ya−, car−ya−, vid−ya−, gṛh−ra−, is−vara−, car−ta−, cit−ta− 등이 대체적으로 어근의 감소단계를 보여준다. 하지만 여기에 붙는 접미사들(−yā− −ra− −vara− −tā−)이 위에서 소개한 생산적 접미사들과 달리 (어근에 붙는) 활동성이 그리 좋지 않기 때문에 감소단계의 접미사로서 간주되기에는 무리가 있다.

(2) 어근의 표준 형태 + 접미사

어근의 모음을 표준단계로 이끄는 생산적 접미사들은 수적인 측면에서 볼 때 감소단계의 접미사들보다 훨씬 더 많다. <반야심경>에 나타나는 이의 접미사들로는 명사와 형용사에서 −a−, −an−, −ana−, −as−, −i−, −u−, −tu−, −tra−, −ma− 등이 있고, 동사에서는 −a−, −tavya−, −ya− 등이 있다. 이 가운데 사용빈도가 가장 높은 접미사는 테마모음(Thematic Vowel)으로 불리는 −a−이다.

① a−접미사

03)	05)	07)	13)
−ud−ay−a− kṣay−a−	−bodh−a− −rodh−a− lok−a−	vi−har−a− (동사)	−nand−a− (형용사 동사)

§ 예) bodh−a− [명사/남성] '눈뜸, 깸; wakening' (budh−), yodh−a− [명사/남성] '전사, 군인; fighter, soldier' (yudh−). 그러나 표준이 아닌 감소단계로 나타나는 예외들도 존재한다: 예) īś−a− [명사/남성] '영주, 지배자; master, ruler, lord' (īś−).

② ana-접미사

1)	2)	7)	11)
lakṣ-aṇa-	ghrā-aṇa- jñā-ana-	mar-aṇa- var-aṇa-	lamb-ana- -śam-ana-

§ 예) ay-aṇa- [명사/중성] '보도, 길; walk, way' (i-), car-aṇa- [명사/중성] '걷기, 걸어서 돌아다님, 산책; walking, wander' (car-), dhar-aṇa- [명사/중성] '안전, 보호; securing, protection' (dhṛ-). 하지만 표준이 아닌 감소단계로 나타나는 예외도 존재한다: 예) bhuv-ana- [명사/중성] '존재, 세계; being, nature, world' (bhū-). -aṇa-에서 권설음은 산디 규칙 8a)에 따른 것이다.

§ ved-ana-에서 장음화를 통해 생성된 여성명사 ved-anā-에서도 표준단계의 어근이 나타난다.

③ 그 밖의 접미사들

as	i	tu	tra	ma	ya	(i)tavya
nam-as- man-as-	bodh-i-	car-tu- dhā-tu-	man-tra- śro-tra-	-kā-ma- dhar-ma-	-mod-ya- paś-ya	car-tavya- jñā-tavya- -lok-i-tavya- śikṣ-i-tavya- spraṣ-ṭavya-

§ 예) kar-as- [명사/중성] '활동, 행위; action, deed' (kṛ-), sādh-as- [명사/중성] '실행, 수행; carrying out, execution' (sādh-).

§ 예) van-i- [명사/여성] '바람, 소원, 욕망; wish, desire' (van-), vart-i- [명사/여성] '(양초, 램프 등의) 심지; wick' (vṛt-).

§ 예) man-tra- [명사/남성] '(종교적) 모토, 격언, 소견; motto, maxim, remark' (man-), yok-tra- [명사/중성] '줄, 노끈; rope' (yuj-), vas-tra- [명사/중성] '의복, 옷; clothes, robe' (vas-), sthā-tra- [명사/중성] '위치, 장소; (standing) place' (sthā-).

§ 이에 반해 -tu-, -ma-, -ya-는 <반야심경>에서 어근의 표준단계만을 보여주지만 실제로 표준단계와 감소단계를 요구하는 비율이 비슷한 접미사들이다: 예) man-tu- (표준) [명사/남성] '조언(자), 충고; adviser, advice' : ma-tu-tha- (감소) [형용사] '독실한, 경건한;

devout, reverent' (man−) ; sar−ma− (표준) [명사/남성] '서둘러가기, 뛰기; hurrying, running' (sr̥−) sto−ma− (표준) [명사/남성] '찬송가; song of praise' (stu−) : yudh−ma− (감소) [명사/남성] '싸우는 사람; fighter' (yudh−) bhī−ma− (감소) [형용사] '두려운, 무서운; awful, frightful' (bhī−) sidh−ma− (감소) [형용사] '성공적인; successful' (sādh−) ; gam−ya− (표준) [gam−] smar−ya− (표준) [smr̥−] : badh−ya− (감소) [bandh−] uc−ya− (감소) [vac−] us−ya− (감소) [vas−].

§ 이 밖에도 <반야심경>에서 −u− (bhikṣ−u− sādh−u−), −da− (śab−da−), −an− (rāj−an−)이 나타나는데, 이것들은 문헌에서 사용빈도가 매우 낮은 접미사들로서 전반적으로 표준단계를 요구한다.

(4) 어근의 증가단계 + 접미사

어근의 모음을 증가단계로 이끄는 접미사들 가운데 <반야심경>에 나타나는 접미사는 테마모음 −a− 하나뿐이다.

1)	3)	6)	7)
−āh−a− −ās−a−	kāy−a− −āy−a−	bhāv−a−	−kār−a− pār−a− mārg−a− −skār−a−

§ −a−는 위의 (1)에서처럼 표준단계와 증가단계 모두를 생산적으로 유발시키는 접미사이다: 예) bhāv−a− (증가) [명사/남성] '나타남, 출현, 대상; appearing, object' bhāv−a− (증가) [형용사] '존재하는, 변화하는; existing, changing (in)to' : bhav−a− (표준) [명사/남성] '일어나는 것, 발생하는 것 > 발생, 출현, 존재; occurrence, appearance, existence' (bhū−)

§ 위의 표준단계에서 소개한 접미사들도 간헐적이지만 어근의 증가단계를 요구한다: 예) mār−aṇa− (증가) [명사/중성] '죽이기, 파멸; kill, destruction' : mar−aṇa− [명사/중성] '죽음, 사라짐; death, disappearance' (mr̥−) mārj−ana− (증가) [명사/중성] '깨끗이 함, 청소; cleaning' (mr̥j−) ; vās−as− (증가) [명사/중성] '옷, 의복, 식탁보; clothes, tablecloth' (vas−). 이 밖에도 동사의 사역(Causative) 접미사도 증가단계를 유발시킨다: 예) kār−aya− (kr̥−), bhāv−aya− (bhū−), sād−aya− (sad−)

§ <반야심경>에서 −bhās−a−는 이미 증가되어있는 어근 bhās−에 −a−가 붙은 경우이다.

§ 어근 모음의 증가 현상은 산스크리트 단어인 브릿띠(Vṛddhi)로 불리는데, 이는 '증가; increasing'을 의미한다. 브릿띠는 특정의 어근 내지 어간에서 모음의 음량을 최대한 증가시키는 현상으로 a i/e u/o가 이 현상을 겪으면 ā ai au로 된다. 이와 같은 음량의 증가가 일어나는 경우는 크게 두 가지로 나누어 볼 수 있다. 하나는 위에서 본 것처럼 의미와 크게 상관없이 일어나는 경우이고, 다른 하나는 어근을 포함하지 않는 어간들에서 의미와 관련하여 일어나는 경우이다. 의미의 변화와 관련된 브릿띠는 접미사 없이도 일어날 수 있다: 예) putra- [명사/남성] '아들; son' : pautra- [명사/남성] '손자; grandson', (의미의 차이가 뚜렷하지는 않지만) deva- : daiva- [명사/남성] '하늘의; 하느님, 신; heavenly, God' ari- : ārya-의 경우 접미사 -ya-가 붙으면서 -i-가 탈락하고 어두 모음이 장모음으로 된다.

접미사가 붙지 않는 경우도 형태변화의 원칙 02)와 13)에 속하는 어근들은 증가 표준 감소의 단계로 나타날 수 있는데, 일반적으로 증가단계는 명사, 표준과 감소의 단계는 (sam-ā-dhi-Ø- [명사/여성]를 제외하고) 형용사로 사용된다.

감소단계	표준단계	증가단계
sam-ā-dhi-Ø- (dā-) saṁ-gha-Ø- (han-) sam-y-ak-Ø- (añc-)	sarva-jña-Ø- (jñā-) ni-ṣṭha-Ø- (sthā-)	pra-jñā-Ø- (jñā-) saṁ-jñā-Ø- (jñā-)

14.3.2. 자음의 변화

어근의 모음 변화 외에도 자음 역시 변할 수 있는데, 자음의 변화는 모음의 변화보다 훨씬 더 단순한 편이고 바로 인접하는 음성적 환경에 기인하여 일어난다. 자음 변화는 거의 전적으로 역행동화(Regressive Assimilation)이며, <반야심경>에 나타나는 변화에 한하여 살펴보면 다음과 같다.

1) 자음의 변화 : c ↔ k

01	ac > ak	añc	āñc
51	uk / uc	vac	vāc
09	ki > ci	kay	kāy

§ 표제어인 어근의 끝 자음이 -c로 끝나는 경우 모음(V) a 앞에서 -cV로 나타나지만 무성 또

는 유성의 자음(C) 앞에서는 –kC (sam–y–ak=saṁ–bobh–i–, uk–ta–) 또는 –gC로 나타난다.

§ 다른 한편으로 표제어인 어근 ci–는 위의 09에서 보는 것처럼 k–(kāya–)로도 나타나는데, ci–는 모음 i에 의한 구개음화(*ki–)의 결과이다.

2) 자음의 변화 : j ↔ g

35	bh[a]j	bhag	bhāj
42	mṛj	marj	mārg

§ 표제어인 어근의 끝 자음이 –j로 끝나는 경우 모음(V) a 앞에서 –jV 또는 –gV(bhag–a–vant–, mārg–a–)가 나타날 수 있다. a라는 동일한 환경에서 j와 g 모두 나타날 수 있다는 것은 이해하기 힘든 현상이지만, 사실 역사비교언어학의 관점에서 보면 이 두 환경에서의 a는 똑같은 a가 아니다. 산스크리트에서는 a 하나로 합류(Merger)되어 나타나지만, 이 각각의 모음을 시간을 거슬러 소급시키면 –jV에서의 a는 *e이고 –gV에서의 a는 *o이다. 따라서 전자의 경우 선행하는 자음이 구개음화되는 것이고, 후자의 경우는 그렇게 되지 못하는 것이다.

3) 자음의 변화 : 성의 동화

24	d(i) > t	da	dā

§ 표제어인 어근 dā–는 형태변화의 원칙 02)에 따라 감소단계에서 d–로 나타날 수 있고, 따라 나오는 자음이 무성(–ta–)일 때 무성음화되어 t–가 될 수도 있다(–d–ta– > –t–ta–).

4) 자음의 변화 : 조음위치의 동화

25	diś > diṣ	deś	daiś
62	spṛś	spraṣ < spraś	sprāś
30	p[a]d	pan < pad	pād

§ 어근의 끝 자음은 따라 나오는 자음의 조음위치에 동화되어 변할 수 있는데, 25와 62에서의 권설음은 산디규칙 8b)를 통해 나타난 것이다: diś–ta– > dis–ta– > diṣ–ta– (i 모음에 의한 권설음화) > diṣ–ṭa– (t에 까지 이르는 권설음화 [순행]동화), spraś–tavya– > spras–tavya– > spraṣ–tavya– (r에 의한 권설음화) > spraṣ–ṭavya– (t에 까지 이르는 권설음화 [순행]동화).

§ 30에서는 어근 끝 자음인 -d가 따라 나오는 n에 (완전)동화되는 경우이다: pad-na- > pan-na-.

5) 자음의 변화 : 조음위치의 동화

15	gha	han	hān

§ 15에서 일어난 자음의 변화는 위에서 본 동화적 변화와 전혀 다른 경우이다. 기식 h를 갖는 gh가 첫 자음으로 오는 어근의 표제어는 g가 빠진 형태로 설정되는데, 매우 드물게 일어나지만, han이 바로 그러한 경우이다. 하지만 감소단계에서 g는 복원되고 위와 같이 gha (saṁ-gha-)가 나타나게 되는 것이다.

14.4. 어근 교정

위에서 기술한 어근의 형태변화 원칙에 맞지 않을 뿐만 아니라 다른 사본과 비교해 볼 때에도 다르게 나타나는 어근 형태들이 <반야심경>에 나타나는데, 이것들은 교정이 필요한 대상들이다. 교정된 형태들은 'AtoH 배열의 어휘 DB(16.1.)'에 저장된다.

an-o-nā (대27a) ⇒ an-ū-nā	ni-śṛ-tya (소20.23) ⇒ ni-śri-tya

§ '형태변화의 요인' (1)에서 기술한 것처럼 과거분사 접미사 -na-는 어근의 감소단계를 유발시키기 때문에, 또한 다른 사본들에서도 그렇게 나타나기 때문에 an-o-nā가 아닌 an-ū-nā (어근 vā 형태변화 원칙 (2))로 교정되어야 한다. 또한 절대사 -tya가 붙는 경우 역시 śṛ-가 아닌 śri-로 교정된다.

viparyāsātikrānto (소21 대39d.e) ⇒ viparyāsākrāṁto

§ 마찬가지로 '형태변화의 요인' (1)에서 언급한 것처럼 고유의 어근 형태 kram에 맞게, 또한 다른 사본들에 입각하여 n이 아닌 m으로 나타나야 한다.

vy-ava-lokay-itavyaṁ (대19) ⇒ vy-ava-lok-i-tavyaṁ

§ '형태변화의 요인' (2))에서 기술한 예들에서 볼 수 있는 것처럼, 접미사 -tavya-는 어근에 직접 붙는 것이 일반적이기 때문에, 또한 다른 사본들에 따라 lokay는 lok로 교정되어야 한다.

14.5. 어근의 표제어

어근은 기본적으로 모음교체에 따라 감소 표준 증가의 세 단계로 나타날 수 있고, 이 모든 단계가 표제어의 모음으로 나타날 수 있지만 감소와 표준의 단계가 거의 대부분을 차지한다. 그러나 표제어의 모음이 하나의 단계로 고정되지 않고 유동적이라는 것은 실제로 사전 찾기에 있어 큰 부담이 된다. 감소 단계의 어근이 사전에 없으면 표준단계로 찾아야하고 이것조차 나타나지 않는다면 증가단계로 찾아야 하기 때문이다.

이러한 상황에서 어근을 특정 단계의 한 형태로 고정시켜 표제어로 설정한다면 사전 찾기는 훨씬 더 수월해진다는 것은 분명하다. 이러한 이유에서, 기존의 거의 모든 사전에서는 앞선 방식을 취하고 있지만, 이 책이 대상으로 하는 <반야심경>의 어휘사전(16.2.)은 아래에서와 같이 세 단계 가운데 가장 고유의 본래의 단계라고 말할 수 있는 표준단계의 모음을 기본으로 하는, 더 나아가 자음의 변화 가능성에 있어서도 그 본래의 자음이 설정되는 어근들을 표제어로 설정한다. 이에 따라 14.3.에서 Monier식으로 제시된 <반야심경>의 64개 어근들을 다시 제시하면 다음과 같다:

01	ANK	añc	17	CAKṢ	cakṣ	33	PAŚ	paś	49	LAMB	lamb
02	AY	i	18	CAR	car	34	BODH	budh	50	LOK	lok
03	ARH	arh	19	CET	cit	35	BHAG	bhaj	51	VAK	vac
04	AS^{1}	as^{1}	20	JANI	jan	36	BHAV^{I}	bhū	52	VAR	vṛ
05	AS^{2}	as^{2}	21	JARI	jṝ	37	BHĀṢ	bhāṣ	53	VĀ^{I}	vā
06	AH	ah	22	JÑĀI	jñā	38	BHĀS	bhās	54	VED	vid
07	ĀP	āp	23	TRAS	tras	39	BHEKṢ	bhikṣ	55	ŚAM	śam
08	EŚ	īś	24	DĀI	dā	40	MAN	man	56	ŚAP	śap
09	KAY	ci	25	DEŚ	diś	41	MAR	mṛ	57	ŚEKṢ	śikṣ
10	KĀ^{I}	kā	26	DHAR	dhṛ	42	MARG	mṛj	58	ŚRAY	śri
11	KRAM^{I}	kram	27	DHĀ^{I}	dhā	43	MAH	mah	59	ŚRAV	śru
12	KṢAY	kṣi	28	NAND	nand	44	METH	mith	60	SĀDH^{I}	sādh
13	GAM	gam	29	NAM	nam	45	MOD	mud	61	(S)KAR	(s)kṛ
14	GARDH	gṛdh	30	PAD	pad	46	RĀG	rāj	62	SPARŚ	spṛś
15	GHAN	han	31	PAR	pṛ	47	RODH	rudh	63	STHĀ^{I}	sthā
16	GHRĀ^{I}	ghrā	32	PARI	pṝ	48	LAKṢ	lakṣ	64	HAR	hṛ

$\S^{I}$ 는 Set 어근을 의미한다. 표제어 설정의 구체적인 원칙은 16.2.3.에서도 기술되어 있다.

이상으로 언어학적 가공 각각의 분석 단계에서 얻어지는 결과들은 크게 '텍스트 기반 DB'와 '어휘 DB'로 구축되며, 후자는 'AtoH 배열의 어휘 DB'와 '어원적 배열의 어휘 문법 DB'로 구성된다. 언어학적 가공과 문법정보 DB의 전체적인 개관은 '들어가기'에서 기술한 바 있지만 이를 다시 한 번 소개하면 다음과 같다:

	언어학적 가공		표시 방법		문법정보 DB
①	단어뭉치 절단	→	<u>밑줄</u>	⇨	텍스트 기반 DB
②	산디표시(/형태복원)	→	_	⇨	텍스트 기반 DB
	산디 규칙	→	(규칙 번호)	⇨	AtoH 배열 어휘 DB
③	표지추출 표시		대문자	⇨	AtoH 배열 어휘 DB
	표지 찾기 (실사/동사)	→	(문법적 정보/표지 번호)	⇨	AtoH 배열 어휘 DB
	표지 기능				어원 배열 어휘 DB
④	합성어 분리	→	=	⇨	어원 배열 어휘 DB
⑤	단일어간 분류 — 어간 I	→	이탤릭체	⇨	어원 배열 어휘 DB
	단일어간 분류 — 어간 II		- (형태소 경계)		
⑥	접사 분리	→		⇨	어원 배열 어휘 DB
⑦	어근 추출	→	대문자	⇨	어원 배열 어휘 DB

IV

문법정보 데이터베이스

불경으로 이해하는
산스크리트

IV

문법정보 데이터베이스

15. 텍스트 기반의 문법정보 DB

'텍스트 기반의 문법정보 데이터베이스'란 텍스트 층위에 단어뭉치 절단, 산디가 일어난 부분과 환경 등이 표시되고 변화가 일어난 부분에 대해 형태가 복원되어 있는 저장소를 말한다.

<반야심경>의 각 사본에서 독립적인 단어로 절단된 단어뭉치들은 밑줄로 표시되고, 산디가 일어난 부분 A와 이 현상을 야기한 환경 B가 _ 로 연결된다. 교정이 필요한 부분은 점선의 네모 박스로 표시되어 있고, 단어 사이에 표시된 = 는 독립적 단어들로 나타나지만 합성어가 되어야 함을 나타낸다.

산디와 관련된 A_B의 경우 거의 대부분 A의 위치에서 (또는 간헐적으로 B의 위치에서) 표시되고, 복원된 형태와 일련의 교정된 사항들은 음영으로 표기된 행에서 표시되는데, 여기에는 ↑, =, 이 두 개가 결합된 ↑ = 의 기호들이 사용된다. ↑ 는 문제의 표기가 적용되는 행이 위에 두 개 이상 존재하고, 이 행들이 모두 동일한 구조이면서 변화된 부분이 있다는 것을 의미한다. = 는 문제의 표기가 바로 위의 한 행에만 적용되면서 바뀐 부분이 없다는 것을 가리킨다. ↑ = 는 상단에 동일한 구조의 행이 두 개 이상 존재하면서 변화된 부분이 없다는 것을 나타낸다. 마지막으로 음영(陰影)으로 표시된 행에 그 어떤 기호도 나타나지 않는 경우인데, 이는 문제의 표기가 바로 위의

한 행에만 적용되면서 형태 복원이나 교정된 부분이 있다는 것을 뜻한다.

15.1. 소본

각 행의 오른쪽에 위치한 약어는 (法) = 법륭사본, (中) = 中村元본, (M) = MÜLLER-NANJIO본, (C) = CONZE본, (V) = VAIDYA본, (B) = BENVENISTE본을 가리킨다.

01.a	oṁ namaḥ sarvajñāyaḥ.	(法)
	oṁ namaḥ sarvajñāya.	
01.b	namas_sarvajñāya.	(中)
01.c	namas_sarvajñāya.	(M)
	namaḥ_sarvajñāya. ↑	
01.d	oṁ namo_bhagavatyai āryaprajñāpāramitāyai.	(C)
	oṁ namaḥ_bhagavatyai āryaprajñāpāramitāyai.	
01.e	namaḥ sarvajñāya.	(V)
	namaḥ sarvajñāya. =	
01.f	ḥ	(B)
	?	

02.a	āryāvalokiteśvarabodhisattvo_	(法)
02.b	āryāvalokiteśvaro_bodhisattvo_	(中)
02.c	āryāvalokiteśvarabodhisattvo_	(M)
02.d	āryāvalokiteśvaro_bodhisattvo_	(C)
	āryāvalokiteśvaraḥ_bodhisattvaḥ_ ↑	
02.e	āryāvalokiteśvarabodhisattvo_	(V)
	āryāvalokiteśvarabodhisattvaḥ_ ↑	
02.f	atha_āryāvalokiteśvaro_bodhisatvo_	(B)
	atha_āryāvalokiteśvaraḥ_bodhisatvaḥ_	

03.a	_gambhīrāyāṁ_prajñāpāramitāyāṁ_caryāṁ_caramāṇo_vyavalokayati sma	(法)
03.b	_gambhīrāyāṁ_prajñāpāramitāyāṁ_caryāṁ_caramāṇo_vyavalokayati sma	(中)
03.c	_gambhīrāyāṁ_prajñāpāramitāyāṁ_caryāṁ_caramāṇo_vyavalokayati sma	(M)
03.d	_gambhīrāṁ_prajñāpāramitācaryāṁ_caramāṇo_vyavalokayati sma	(C)
	_gambhīrām_prajñāpāramitācaryām_caramāṇaḥ_vyavalokayati sma	
03.e	_gambhīrāyāṁ_prajñāpāramitāyāṁ_caryāṁ_caramāṇo_vyavalokayati sma,	(V)
	_gambhīrāyām_prajñāpāramitāyām_caryām_caramāṇaḥ_vyavalokayati sma ↑	
03.f	_gaṁbhīrāyāṁ_prajñāpāramitāyāṁ_caryāṁ_caramāṇo_vyavalokayati sma	(B)
	_gambhīrāyām_prajñāpāramitāyām_caryām_caramāṇaḥ_vyavalokayati sma	

04.a	pañcaskandhās_, tāṁś_ca svabhāvaśūnyān paśyati sma.	(法)
04.b	pañcaskandhās_, tāṁś_ca svabhāvaśūnyān paśyati sma.	(中)
04.c	pañcaskandhās_, tāṁś_ca svabhāvaśūnyān paśyati sma.	(M)
	pañcaskandhāḥ_, tān_ca svabhāvaśūnyān paśyati sma. ↑	
04.d	pañcaskandhās_tāṁś_ca svabhāvaśūnyān paśyati sma.	(C)
	pañcaskandhāḥ_tān_ca svabhāvaśūnyān paśyati sma.	
04.e	pañca skandhāḥ tāṁś_ca svabhāvaśūnyān paśyati sma.	(V)
	pañcaskandhāḥ_tān_ca svabhāvaśūnyān paśyati sma.	
04.f	paṁcaskandhān svabhāvaśūnyān paśyanti sma iti,	(B)
	pañcaskandhān svabhāvaśūnyān paśyati sma iti,	

05.a	iha śāriputra rūpaṁ_śūnyatā, śūnyatā_eva rūpam.	(法)
05.b	iha śāriputra rūpaṁ_śūnyatā, śūnyatā_eva rūpam.	(中)
05.c	iha śāriputra rūpaṁ_śūnyatā, śūnyatā_eva rūpam.	(M)
05.d	iha śāriputra rūpaṁ_śūnyatā śūnyatā_eva rūpaṁ_	(C)
	iha śāriputra rūpam_śūnyatā śūnyatā_eva rūpam_	
05.e	iha śāriputra rūpaṁ_śūnyatā, śūnyatā_eva rūpam.	(V)
	iha śāriputra rūpam_śūnyatā(,) śūnyatā_eva rūpam. ↑	
05.f	iha śāriputra rūpaṁ_śūnyatā śūnyatā_eva rūpaṁ_,	(B)
	iha śāriputra rūpam_śūnyatā śūnyatā_eva rūpam_,	

06.a	rūpān_na pṛthak śūnyatā, śūnyatāyā na pṛthag_rūpam.	(法)
06.b	rūpān_na pṛthak śūnyatā, śūnyatāyā na pṛthag_rūpam.	(中)
06.c	rūpān_na pṛthak śūnyatā, śūnyatāyā na pṛthag_rūpam.	(M)
06.d	_rūpān_na pṛthak śūnyatā śūnyatāyā na pṛthag_rūpaṁ_.	(C)
06.e	rūpān_na pṛthak śūnyatā, śūnyatāyā na pṛthag_rūpam.	(V)
	rūpāt_na pṛthak śūnyatā(,) śūnyatāyā na pṛthak_rūpam. ↑	
06.f	rūpaṁ_na pṛthak śūnyatā śūnyatāyā na pṛthag_rūpaṁ_,	(B)
	rūpāt_na pṛthak śūnyatā śūnyatāyā na pṛthak_rūpam_, ↑	

07.a	yad rūpaṁ_sā śūnyatā, yā śūnyatā tad rūpam.	(法)
07.b	yad rūpaṁ_sā śūnyatā, yā śūnyatā tad rūpam.	(中)
07.c	yad rūpaṁ_sā śūnyatā, yā śūnyatā tad rūpaṁ_.	(M)
	yad rūpam_sā śūnyatā, yā śūnyatā tad rūpam_.	
07.d	yad rūpaṁ_sā śūnyatā yā śūnyatā tad rūpam.	(C)
07.e	yad rūpaṁ_sā śūnyatā, yā śūnyatā tad rūpam.	(V)
	yad rūpam_sā śūnyatā(,) yā śūnyatā tad rūpam. ↑	
07.f	yad rūpaṁ_tac_śūnyatā, śūnyatā_eva sā rūpaṁ_,	(B)
	yad rūpam_tad_śūnyatā, śūnyatā_eva sā rūpam_,	

08.a	evam eva vedanāsaṁjñāsaṁskāravijñānāni.	(法)
08.b	evam eva vedanāsaṁjñāsaṁskāravijñānāni.	(中)
08.c	evam eva vedanāsaṁjñāsaṁskāravijñānāni.	(M)
08.d	evam eva vedanāsaṁjñāsaṁskāravijñānam.	(C)
	evam eva vedanāsaṁjñāsaṁskāravijñānam. =	
08.e	evam eva vedanāsaṁjñāsaṁskāravijñānāni.	(V)
	evam eva vedanāsaṁjñāsaṁskāravijñānāni. ↑ =	
08.f	evaṁ_vedanāsaṁjñāsaṁskāravijñānāni,	(B)
	evam_vedanāsaṁjñāsaṁskāravijñānāni,	

09.a	iha śāriputra sarvadharmāḥ śūnyatālakṣaṇā_anutpannā_aniruddhā_	(法)
09.b	iha śāriputra sarvadharmāḥ śūnyatālakṣaṇā_anutpannā_aniruddhā_	(中)
09.c	iha śāriputra sarvadharmāḥ śūnyatālakṣaṇā_anutpannā_aniruddhā_	(M)
09.d	iha śāriputra sarvadharmāḥ śūnyatālakṣaṇā_anutpannā_aniruddhā_	
	iha śāriputra sarvadharmāḥ śūnyatālakṣaṇāḥ_anutpannāḥ_aniruddhāḥ_ ↑	(C)
09.e	ihaṁ śāriputra sarvadharmāḥ śūnyatālakṣaṇā_anutpannā_aniruddhā_	(V)
	iha śāriputra sarvadharmāḥ śūnyatālakṣaṇāḥ_anutpannāḥ_aniruddhāḥ_	
09.f	śāriputra sarvadharmāḥ śūnyatālakṣaṇā_anutpannā_aniruddhā_	(B)
	śāriputra sarvadharmāḥ śūnyatālakṣaṇāḥ_anutpannāḥ_aniruddhāḥ_	

10.a	_amalā_avimalā_na_ūnā_na paripūrṇā_.	(法)
10.b	_amalā_avimalā_na_ūnā_na paripūrṇā_.	(中)
	_amalāḥ_avimalāḥ_na_ūnāḥ_na paripūrṇāḥ_.	
10.c	_amalā_na vimalā_na_ūnā_na paripūrṇā_.	(M)
	_aniruddhāḥ_amalāḥ_na vimalāḥ na_ūnāḥ_na paripūrṇāḥ_.	
10.d	_amalā_avimalā_anūnā_aparipūrṇāḥ.	(C)
	_amalāḥ_avimalāḥ_anūnāḥ_aparipūrṇāḥ.	
10.e	_amalā_na vimalā_na_ūnā_na paripūrṇāḥ,	(V)
	_amalāḥ_na vimalāḥ_na_ūnāḥ_na paripūrṇāḥ,	
10.f	_amalā_avimalā_na_ūnā_na saṁpūrṇāḥ,	(B)
	_amalāḥ_avimalāḥ_na_ūnāḥ_na saṁpūrṇāḥ,	

11.a	tasmāc_chāriputra śūnyatāyāṁ_	(法)
11.b	tasmāc_chāriputra śūnyatāyāṁ_	(中)
11.c	tasmāc_chāriputra śūnyatāyāṁ_	(M)
11.d	tasmāc_chāriputra śūnyatāyāṁ_	(C)
11.e	tasmāc_chāriputra śūnyatāyāṁ_	(V)
	tasmāt_śāriputra śūnyatāyām_ ↑	
11.f	tasmāc_chūnyatāyāṁ_	(B)
	tasmāt_śūnyatāyām_	

12.a	_na rūpaṁ_na vedanā na saṁjñā na saṁskārā_na vijñānaṁ_,	(法)
12.b	_na rūpaṁ_na vedanā na saṁjñā na saṁskārā_na vijñānaṁ_.	(中)
12.c	_na rūpaṁ_na vedanā na saṁjñā na saṁskārā_na vijñānaṁ_.	(M)
	_na rūpam_na vedanā na saṁjñā na saṁskārāḥ_na vijñānam_. ↑	
12.d	_na rūpaṁ_na vedanā na saṁjñā na saṁskārāḥ na vijñānaṁ_.	(C)
	_na rūpam_na vedanā na saṁjñā na saṁskārāḥ na vijñānam_.	
12.e	_na rūpam, na vedanā, na saṁjñā, na saṁskārāḥ, na vijñānāni	(V)
	_na rūpam, na vedanā, na saṁjñā, na saṁskārāḥ, na vijñānāni =	
12.f	_na rūpaṁ_na vedanā na saṁjñā na saṁskārā_na vijñānaṁ_	(B)
	_na rūpam_na vedanā na saṁjñā na saṁskārāḥ_na vijñānam_	

13.a	na cakṣuḥśrotraghrāṇajihvākāyamanāṁsi,	(法)
13.b	na cakṣuḥśrotraghrāṇajihvākāyamanāṁsi,	(中)
13.c	na cakṣuḥśrotraghrāṇajihvākāyamanāṁsi,	(M)
13.d	na cakṣuḥśrotraghrāṇajihvākāyamanāṁsi	(C)
13.e	na cakṣuḥśrotraghrāṇajihvākāyamanāṁsi,	(V)
	na cakṣuḥśrotraghrāṇajihvākāyamanāṁsi(,) ↑ =	
13.f	_na cakṣur_na śrotraṁ_na ghrāṇaṁ_na jihvā na kāyo_na mano_	(B)
	_na cakṣuḥ_na śrotram_na ghrāṇam_na jihvā na kāyaḥ_na manaḥ_	

14.a	na rūpaśabdagandharasaspraṣṭavyadharmāḥ,	(法)
14.b	na rūpaśabdagandharasaspraṣṭavyadharmāḥ,	(中)
14.c	na rūpaśabdagandharasaspraṣṭavyadharmāḥ,	(M)
14.d	na rūpaśabdagandharasaspraṣṭavyadharmāḥ_	(C)
	na rūpaśabdagandharasaspraṣṭavyadharmāḥ_	
14.e	na rūpaśabdagandharasaspraṣṭavyadharmāḥ,	(V)
14.f	_na rūpaśabdagandharasaspraṣṭavyadharmāḥ,	(B)
	_na rūpaśabdagandharasaspraṣṭavyadharmāḥ, ↑ =	

15.a	na cakṣurdhātur_yāvan na manovijñānadhātuḥ.	(法)
15.b	na cakṣurdhātur_yāvan na manovijñānadhātuḥ.	(中)
15.c	na cakṣurdhātur_yāvan na manovijñānadhātuḥ.	(M)
	na cakṣurdhātuḥ_yāvan na manovijñānadhātuḥ. ↑	
15.d	_na cakṣurdhātur_yāvan na manovijñānadhātuḥ_	(C)
	_na cakṣurdhātuḥ_yāvan na manovijñānadhātuḥ_	
15.e	na cakṣurdhātur_yāvan_na manodhātuḥ.	(V)
	na cakṣurdhātuḥ_yāvan_na manodhātuḥ.	
15.f	na caksurdhātur_na rūpadhātuḥ, yāvan na manovijñānadhātuḥ,	(B)
	na caksurdhātuḥ_na rūpadhātuḥ, yāvan na manovijñānadhātuḥ,	

16.a	na vidyā na_avidyā na vidyākṣayo_na_avidyākṣayo_	(法)
16.b	na vidyā na_avidyā na vidyākṣayo_na_avidyākṣayo_	(中)
16.c	na vidyā na_avidyā na vidyākṣayo_na_avidyākṣayo_	(M)
16.d	_na_avidyā na_avidyākṣayo_	(C)
16.e	na vidyā na_avidyā na vidyākṣayo_na_avidyākṣayo_	(V)
	na vidyā na_avidyā na vidyākṣayaḥ_na_avidyākṣayaḥ_ ↑	
16.f	na_avidyā na_avidyākṣayo_	(B)
	na_avidyā na_avidyākṣayaḥ_ ↑	
17.a	_yāvan na jarāmaraṇaṁ_na jarāmaraṇakṣayo_	(法)
17.b	_yāvan na jarāmaraṇaṁ_na jarāmaraṇakṣayo_	(中)
17.c	_yāvan na jarāmaraṇaṁ_na jarāmaraṇakṣayo_	(M)
17.d	_yāvan na jarāmaraṇaṁ_na jarāmaraṇakṣayo_	(C)
17.e	_yāvan na jarāmaraṇaṁ_na jarāmaraṇakṣayo_	(V)
	_yāvan na jarāmaraṇam_na jarāmaraṇakṣayaḥ_ ↑	
17.f	_yāvan na jarāmaraṇakṣayo_	(B)
	yāvan na jarāmaraṇakṣayaḥ	
18.a	_na duḥkhasamudayanirodhamārgā, na jñānaṁ_na prāptitvaṁ.	(法)
	_na duḥkhasamudayanirodhamārgāḥ, na jñānam_na prāptitvam.	
18.b	_na duḥkhasamudayanirodhamārgā, na jñānaṁ_na prāptiḥ.	(中)
18.c	_na duḥkhasamudayanirodhamārgā, na jñānaṁ_na prāptiḥ.	(M)
	_na duḥkhasamudayanirodhamārgāḥ, na jñānam_na prāptiḥ. ↑	
18.d	_na duḥkhasamudayanirodhamārgā_na jñānaṁ_na prāptir_na aprāptiḥ.	(C)
	_na duḥkhasamudayanirodhamārgāḥ_na jñānam_na prāptiḥ_na_aprāptiḥ.	
18.e	_na duḥkhasamudayanirodhamārgā_na jñānaṁ_na prāptitvam.	(V)
	_na duḥkhasamudayanirodhamārgāḥ_na jñānam_na prāptitvam.	
18.f	_na duḥkhasamudayanirodhamārgā_na jñānaṁ_na prāptiś_ca	(B)
	_na duḥkhasamudayanirodhamārgāḥ_na jñānam_na prāptiḥ_ca	
19.a	bodhisattvasya	(法)
	bodhisattvasya =	
19.b	tasmād_aprāptitvād_bodhisattvānāṁ_	(中)
19.c	tasmād_aprāptitvād_bodhisattvānāṁ_	(M)
	tasmāt_aprāptitvāt_bodhisattvānām_ ↑	
19.d	tasmāc_chāriputra aprāptitvād_bodhisattvo	(C)
	tasmāt_śāriputra aprāptitvāt_bodhisattvaḥ	
19.e	bodhisattvasya / bodhisattvaś_ca?	(V)
	bodhisattvasya / bodhisattvaḥ_ca?	
19.f	tasmād_aprāptitvād_bodhisatva	(B)
	tasmāt_aprāptitvāt_bodhisatvaḥ	

20.a	prajñāpāramitām āśritya viharati cittavaraṇa / cittāvaraṇa.	(法)
	prajñāpāramitām āśritya viharati cittavaraṇaḥ / cittāvaraṇaḥ.	
20.b	_prajñāpāramitām āśritya viharaty_acittāvaraṇaḥ.	(中)
20.c	_prajñāpāramitām āśritya viharaty_acittāvaraṇaḥ.	(M)
20.d	prajñāpāramitām āśritya viharaty_acittāvaraṇaḥ.	(C)
	prajñāpāramitām āśritya viharati_acittāvaraṇaḥ.	
20.e	prajñāpāramitām āśritya viharati cittāvaraṇaḥ,	(V)
	prajñāpāramitām āśritya viharati cittāvaraṇaḥ,	
20.f	prajñāpāramitāṁ_niśṛtya viharati cittāvaraṇaḥ,	(B)
	prajñāpāramitām_niśritya viharati cittāvaraṇaḥ,	

21.a	cittāvaraṇanāstitvād_atrasto_viparyāsātikrānto_tiṣṭhanirvāṇaḥ.	(法)
21.b	cittāvaraṇanāstitvād_atrasto_viparyāsātikrānto_niṣṭhanirvāṇaḥ.	(中)
	cittāvaraṇanāstitvāt_atrastaḥ_viparyāsātikrāṁtaḥ_niṣṭhanirvāṇaḥ. ↑	
21.c	cittāvaraṇanāstitvād_atrasto_viparyāsātikrānto_niṣṭhanirvāṇaḥ.	(M)
21.d	cittāvaraṇanāstitvād_atrasto_viparyāsātikrānto._niṣṭhānirvāṇaḥ.	(C)
	cittāvaraṇanāstitvāt_atrastaḥ_viparyāsātikrāṁtaḥ._niṣṭhānirvāṇaḥ.	
21.e	cittāvaraṇanāstitvād_atrasto_viparyāsātikrānto_niṣṭhanirvāṇaḥ,	(V)
	cittāvaraṇanāstitvāt_atrastaḥ_viparyāsātikrāṁtaḥ_niṣṭhanirvāṇaḥ(.,) ↑	
21.f	cittāvaraṇanāstitvād_atrastho_viparyāsātikrānto_niṣṭhanirvāṇaḥ,	(B)
	cittāvaraṇanāstitvāt_atrastaḥ_viparyāsātikrāṁtaḥ_niṣṭhanirvāṇaḥ,	

22.a	tryadhvavyavasthitāḥ sarvabuddhāḥ	(法)
22.b	tryadhvavyavasthitāḥ sarvabuddhāḥ	(中)
22.c	tryadhvavyavasthitāḥ sarvabuddhāḥ	(M)
22.d	tryadhvavyavasthitāḥ sarvabuddhāḥ	(C)
22.e	tryadhvavyavasthitāḥ sarvabuddhāḥ	(V)
22.f	tryadhvavyavasthitāḥ sarvabuddhāḥ	(B)
	tryadhvavyavasthitāḥ sarvabuddhāḥ ↑ =	

23.a	prajñāpāramitām āśritya anuttarāṁ_samyaksaṁbodhiṁ abhisaṁbuddhāḥ.	(法)
23.b	prajñāpāramitām āśritya anuttarāṁ_samyaksaṁbodhiṁ abhisaṁbuddhāḥ.	(中)
23.c	prajñāpāramitām āśritya anuttarāṁ_samyaksaṁbodhiṁ abhisaṁbuddhāḥ.	(M)
	prajñāpāramitām āśritya anuttarām_samyaksaṁbodhim abhisaṁbuddhāḥ. ↑	
23.d	prajñāpāramitām āśritya anuttarāṁ_samyaksaṁbodhim abhisaṁbuddhāḥ.	(C)
23.e	prajñāpāramitām āśritya anuttarāṁ_samyaksaṁbodhim abhisaṁbuddhāḥ.	(V)
	prajñāpāramitām āśritya anuttarām_samyaksaṁbodhim abhisaṁbuddhāḥ. ↑	
23.f	prajñāpāramitāṁ_niśṛtya anuttarasamyaksaṁbuddhā_abhisaṁbuddhāḥ,	(B)
	prajñāpāramitām_niśritya anuttarasamyaksaṁbuddhāḥ_abhisaṁbuddhāḥ,	

24.a	tasmāj_jñātavyaṁ_prajñāpāramitā mahāmantro_	(法)
24.b	tasmāj_jñātavyaṁ_prajñāpāramitā mahāmantro_	(中)
24.c	tasmāj_jñātavyo_prajñāpāramitā mahāmantro_	(M)
24.d	tasmāj_jñātavyaṁ_prajñāpāramitā mahāmantro_	(C)
	tasmāt_jñātavyam_prajñāpāramitā mahāmantraḥ_ ↑	
24.e	tasmāj_jñātavyaḥ prajñāpāramitā mahāmantro_	(V)
	tasmāt_jñātavyam_prajñāpāramitā mahāmantraḥ_	
24.f	tasmāj_jñātavyo_prajñāpāramitā mahāmantro_	(B)
	tasmāt_jñātavyam_prajñāpāramitā mahāmantraḥ_ ↑	

25.a	_mahāvidyāmantro_'nuttaramantro_'samasamamantraḥ,	(法)
25.b	_mahāvidyāmantro_'nuttaramantro_'samasamamantraḥ,	(中)
25.c	_mahāvidyāmantro_'nuttaramantro_'samasamamantraḥ,	(M)
25.d	_mahāvidyāmantro_'nuttaramantro_'samasamamantraḥ	(C)
25.e	_mahāvidyāmantro_'nuttaramantro_'samasamamantraḥ	(V)
	_mahāvidyāmantraḥ_anuttaramantraḥ_asamasamamantraḥ(,) ↑	
25.f	_vidyāmantro_'samasamamantraḥ	(B)
	_vidyāmantraḥ_asamasamamantraḥ	

26.a	sarvaduḥkhapraśamanaḥ. satyam amithyatvāk	(法)
	sarvaduḥkhapraśamanaḥ. satyam amithyatvāt	
26.b	sarvaduḥkhapraśamanaḥ. satyam amithyatvāt	(中)
26.c	sarvaduḥkhapraśamanaḥ. satyam amithyatvāt	(M)
26.d	sarvaduḥkhapraśamanaḥ satyam amithyatvāt.	(C)
26.e	sarvaduḥkhapraśamanaḥ satyam amithyatvāt	(V)
	sarvaduḥkhapraśamanaḥ(.) satyam amithyatvāt(.) ↑ =	
26.f	sarvaduḥkhapraśamamantraḥ satyam amithyatvāt	(B)
	sarvaduḥkhapraśamamantraḥ satyam amithyatvāt =	

27.a	prajñāpāramitāyām ukto_mantraḥ,	(法)
27.b	prajñāpāramitāyām ukto_mantraḥ,	(中)
27.c	prajñāpāramitāyām ukto_mantraḥ,	(M)
27.d	prajñāpāramitāyām ukto_mantraḥ.	(C)
27.e	prajñāpāramitāyām ukto_mantraḥ,	(V)
27.f	prajñāpāramitāyām ukto_mantraḥ.	(B)
	prajñāpāramitāyām uktaḥ_mantraḥ(,.) ↑	

28.a	tad = yathā gate gate pāragate pārasaṁgate bodhi svāhā	(法)
28.b	tad = yathā gate gate pāragate pārasaṁgate bodhi svāhā	(中)
28.c	tad = yathā gate gate pāragate pārasaṁgate bodhi svāhā	(M)
	tadyathā gate gate pāragate pārasaṁgate bodhi svāhā ↑	
28.d	tad = yathā oṁ gate gate pāragate pārasaṁgate bodhi svāhā.	(C)
	tadyathā oṁ gate gate pāragate pārasaṁgate bodhi svāhā.	
28.e	tadyathā gate gate pāragate pārasaṁgate bodhi svāhā.	(V)
	tadyathā gate gate pāragate pārasaṁgate bodhi svāhā. =	
28.f	tadyathā oṁ gate gate pāragate pārasaṁgate bodhi svāhā.	(B)
	tadyathā oṁ gate gate pāragate pārasaṁgate bodhi svāhā.	

29.a	iti prajñāpāramitāhṛdayaṁ_samāptam.	(法)
29.b	iti prajñāpāramitāhṛdayaṁ_samāptam.	(中)
29.c	iti prajñāpāramitāhṛdayaṁ_samāptam.	(M)
	iti prajñāpāramitāhṛdayam_samāptam. ↑	
29.d	ity_āryaprajñāpāramitāhṛdayaṁ_samāptam.	(C)
	iti_āryaprajñāpāramitāhṛdayam_samāptam.	
29.e	iti prajñāpāramitāhṛdayasūtraṁ_samāptam.	(V)
	iti prajñāpāramitāhṛdayasūtram_samāptam.	
29.f	×	(B)

15.2. 대본

소본과 마찬가지로 단어뭉치의 절단은 밑줄, 산디가 일어난 부분은 _ (A_)로 표시되어 있다. 교정이 필요한 부분들은 (박스 내에 동일한 환경에서 그렇지 않은 부분이 있다면, 그것과 같아져야 한다는 의도에서) 점선 네모 박스로 표시해 놓았다. 단어 사이에서 표시된 = 는 텍스트에 독립적 단어들로 나타나지만 합성어가 되어야 함을 의미한다. 각 행의 오른쪽에 위치한 약어는 (長) = 장곡사본, (中) = 中村元본, (M) = MÜLLER-NANJIO본, (C) = CONZE본, (V) = VAIDYA본, (F) = FEER본, (중) = 중국사본을 가리킨다.

01.a	namas_sarvajñāya.	(長)
01.b	namas_sarvajñāya.	(中)
01.c	namas_sarvajñāya.	(M)
	namaḥ sarvajñāya. ↑	
01.d	oṁ namo_bhagavatyai āryaprajñāpāramitāyai.	(C)
01.e	namaḥ sarvajñāya.	(V)
	namaḥ sarvajñāya. =	
01.f	oṁ namo_bhagavatyai āryaprajñāpāramitāyai.	(F)
01.g	oṁ namo_bhagavatyai āryaprajñāpāramitāyai.	(중)
	oṁ namaḥ_bhagavatyai āryaprajñāpāramitāyai. ↑	

02.a	evaṁ_mayā śrutam.	(長)
02.b	evaṁ_mayā śrutam.	(中)
02.c	evaṁ_mayā śrutam.	(M)
02.d	evaṁ_mayā śrutam.	(C)
02.e	evaṁ_mayā śrutam,	(V)
02.f	evaṁ_mayā śrutam.	(F)
02.g	evaṁ_mayā śrutam.	(중)
	evam_mayā śrutam(.,) ↑	

03.a	ekasmin samaye bhagavān rājagṛhe viharati sma gṛdhrakūṭe parvate	(長)
03.b	ekasmin samaye bhagavān rājagṛhe viharati sma gṛdhrakūṭe parvate	(中)
03.c	ekasmin samaye bhagavān rājagṛhe viharati sma gṛdhrakūṭe parvate	(M)
03.d	ekasmin samaye. bhagavān rājagṛhe viharati sma gṛdhrakūṭaparvate,	(C)
03.e	ekasmin samaye bhagavān rājagṛhe viharati sma gṛdhrakūṭe parvate	(V)
	ekasmin samaye(.) bhagavān rājagṛhe viharati sma gṛdhrakūṭe parvate(.) ↑ =	
03.f	ekasmin samaye. bhagavān rājagṛhe viharati sma gṛdhrakūṭaparvate,	(F)
03.g	ekasmin samaye. bhagavān rājagṛhe viharati sma gṛdhrakūṭaparvate,	(중)
	ekasmin samaye. bhagavān rājagṛhe viharati sma gṛdhrakūṭaparvate, ↑ =	

04.a	mahatā bhikṣusaṁghena sārdhaṁ_ca mahatā bodhisattvasaṁghena.	(長)
04.b	mahatā bhikṣusaṁghena sārdhaṁ_ca mahatā bodhisattvasaṁghena.	(中)
04.c	mahatā bhikṣusaṁghena sārdhaṁ_ca mahatā bodhisattvasaṁghena.	(M)
	mahatā bhikṣusaṁghena sārdham_ca mahatā bodhisattvasamghena. ↑	
04.d	mahatā bhikṣusaṁghena sārdhaṁ_mahatā ca bodhisattvasaṁghena.	(C)
04.e	mahatā bhikṣusaṁghena sārdhaṁ_mahatā ca bodhisattvasaṁghena,	(V)
	mahatā bhikṣusaṁghena sārdham_mahatā ca bodhisattvasamghena(.,) ↑	
04.f	mahatā bhikṣugaṇena sārdhaṁ_mahatā ca bodhisattvagaṇena.	(F)
04.g	mahatā bhikṣugaṇena sārdhaṁ_mahatā ca bodhisattvagaṇena.	(중)
	mahatā bhikṣugaṇena sārdham_mahatā ca bodhisattvagaṇena. ↑	

05.a	tena khalu samayena bhagavān gaṁbhīrāvasaṁbodhaṁ_nāma	(長)
05.b	tena khalu samayena bhagavān gaṁbhīrāvasaṁbodhaṁ_nāma	(中)
05.c	tena khalu samayena bhagavān gaṁbhīrāvasaṁbodhaṁ_nāma	(M)
05.d	tena khalu punaḥ samayena bhagavān gaṁbhīrāvabhāsaṁ_nāma	(C)
05.e	tena khalu samayena bhagavān gambhīrāvasaṁbodhaṁ_nāma	(V)
	tena khalu samayena bhagavān gambhīrāvasaṁbodham_nāma ↑	
05.f	tena khalu punaḥ samayena bhagavān gaṁbhīrāvabhāsaṁ_nāma	(F)
05.g	tena khalu punaḥ samayena bhagavān gaṁbhīrāvabhāsaṁ_nāma	(중)
	tena khalu punas samayena bhagavān gambhīrāvabhāsam_nāma ↑	

06.a	samādhiṁ_samāpannaḥ.	(長)
06.b	samādhiṁ_samāpannaḥ.	(中)
06.c	samādhiṁ_samāpannaḥ.	(M)
06.d	dharmaparyāyaṁ_bhāṣitvā samādhiṁ_samāpannaḥ.	(C)
06.e	samādhiṁ_samāpannaḥ,	(V)
	samādhim_samāpannaḥ(,.) ↑	
06.f	dharmaparyāyaṁ_bhāṣitvā samādhiṁ_samāpannaḥ.	(F)
06.g	dharmaparyāyaṁ_bhāṣitvā samādhiṁ_samāpannaḥ.	(중)
	dharmaparyāyam_bhāṣitvā samādhim_samāpannaḥ. ↑	

07.a	tena ca samayena_āryāvalokiteśvaro_bodhisattvo_mahāsattvo_	(長)
07.b	tena ca samayena_āryāvalokiteśvaro_bodhisattvo_mahāsattvo_	(中)
07.c	tena ca samayena_āryāvalokiteśvaro_bodhisattvo_mahāsattvo_	(M)
	tena ca samayena_āryāvalokiteśvaraḥ_bodhisattvaḥ_mahāsattvaḥ_ ↑	
07.d	tena ca samayena āryāvalokiteśvaro_bodhisattvo_mahāsattvo_	(C)
07.e	tena ca samayena āryāvalokiteśvaro_bodhisattvo_mahāsattvo_	(V)
07.f	tena ca samayena āryāvalokiteśvaro_bodhisattvo_mahāsattvo_	(F)
07.g	tena ca samayena āryāvalokiteśvaro_bodhisattvo_mahāsattvo_	(중)
	tena ca samayena āryāvalokiteśvaraḥ_bodhisattvaḥ_mahāsattvaḥ_ ↑	

08.a	_gaṁbhīrāyāṁ_prajñāpāramitāyāṁ_caryāṁ_caramāṇa_	(長)
08.b	_gaṁbhīrāyāṁ_prajñāpāramitāyāṁ_caryāṁ_caramāṇa_	(中)
08.c	_gaṁbhīrāyāṁ_prajñāpāramitāyāṁ_caryāṁ_caramāṇa_	(M)
08.d	_gaṁbhīrāyāṁ_prajñāpāramitāyāṁ_caryāṁ_caramāṇa_	(C)
08.e	_gambhīrāyāṁ_prajñāpāramitāyāṁ_caryāṁ_caramāṇaḥ_	(V)
	_gambhīrāyām_prajñāpāramitāyām_caryām_caramāṇaḥ_ ↑	
08.f	_gaṁbhīrāvabhāsaṁ_nāma dharmaparyāyaṁ_	(F)
	_gambhīrāvabhāsam_nāma dharmaparyāyam_	
08.g	_gaṁbhīrāvabhāsaṁ_nāma dharmaparyāyaṁ_caryāṁ_caramāṇa_	(중)
	_gambhīrāvabhāsam_nāma dharmaparyāyam_caryām_caramāṇaḥ_	

09.a	_evaṁ_vyavalokayati sma.	(長)
09.b	_evaṁ_vyavalokayati sma.	(中)
09.c	_evaṁ_vyavalokayati sma.	(M)
09.d	_evaṁ_vyavalokayati sma	(C)
09.e	_evaṁ_vyavalokayati sma,	(V)
	_evam_vyavalokayati sma,	
09.f	_vyavalokayati sma	(F)
	_vyavalokayati sma =	
09.g	_evaṁ_vyavalokayati sma	(중)
	_evam_vyavalokayati sma ↑	

10.a	paṁca skaṁdhās_tāṁś_ca svabhāvaśūnyān vyavalokayati.	(長)
10.b	paṁca skaṁdhās_tāṁś_ca svabhāvaśūnyān vyavalokayati.	(中)
10.c	paṁca skaṁdhās_tāṁś_ca svabhāvaśūnyān vyavalokayati.	(M)
	pañca skandhāḥ_tān_ca svabhāvaśūnyān vyavalokayati. ↑	
10.d	pañcaskandhās_tāṁś_ca svabhāvaśūnyān vyavalokayati.	(C)
10.e	pañca skandhāṁs_tāṁś_ca svabhāvaśūnyaṁ_vyavalokayati.	(V)
	pañca skandhāḥ_tān_ca svabhāvaśūnyān_vyavalokayati.	
10.f	pañcaskandhās_tāṁś ca svabhāvaśūnyān vyavalokayati.	(F)
	pañcaskandhāḥ_tān_ca svabhāvaśūnyān vyavalokayati. ↑	
10.g	x	(중)

11.a	āyuṣmān_chāriputro_buddhānubhāvena_	(長)
	āyuṣmān_śāriputraḥ_buddhānubhāvena_	
11.b	atha_āyuṣmān_chāriputro_buddhānubhāvena_	(中)
11.c	atha_āyuṣmān_chāriputro_buddhānubhāvena_	(M)
	atha_āyuṣmān_śāriputraḥ_buddhānubhāvena_ ↑	
11.d	atha_āyuṣmāñc_chāriputro_buddhānubhāvena	(C)
	atha_āyuṣmān_śāriputraḥ_buddhānubhāvena	
11.e	atha_āyuṣmān_śāriputro_buddhānubhāvena	(V)
	atha_āyuṣmān_śāriputraḥ_buddhānubhāvena	
11.f	atha khalv_ayuṣmāñc_chāriputro_buddhānubhāvena	(F)
	atha khalu_ayuṣmān_śāriputraḥ_buddhānubhāvena	
11.g	atha khalv_ayuṣmāñc_chāriputro_buddhānubhāvena	(중)
	atha khalu_ayuṣmān_śāriputraḥ_buddhānubhāvena	

12.a	āryāvalokiteśvaraṁ_bodhisattvam etad avocat.	(長)
12.b	āryāvalokiteśvaraṁ_bodhisattvam etad avocat.	(中)
12.c	āryāvalokiteśvaraṁ_bodhisattvam etad avocat.	(M)
12.d	āryāvalokiteśvaraṁ_bodhisattvaṁ_mahāsattvam etad avocat.	(C)
12.e	āryāvalokiteśvaraṁ_bodhisattvam etad avocat.	(V)
	āryāvalokiteśvaram_bodhisattvam etad avocat. ↑	
12.f	avalokiteśvaraṁ_bodhisattvaṁ_mahāsattvam etad avocat.	(F)
	avalokiteśvaram_bodhisattvam_mahāsattvam etad avocat.	
12.g	āryāvalokiteśvaraṁ_bodhisattvaṁ_mahāsattvam etad avocat.	(중)
	āryāvalokiteśvaram_bodhisattvam_mahāsattvam etad avocat. ↑	

13.a	yaḥ kaś_cit_kulaputro_gaṁbhīrāyāṁ_prajñāpāramitāyāṁ_	(長)
13.b	yaḥ kaś_cit_kulaputro_gaṁbhīrāyāṁ_prajñāpāramitāyāṁ_	(中)
13.c	yaḥ kaś_cit_kulaputro_gaṁbhīrāyāṁ_prajñāpāramitāyāṁ_	(M)
13.d	yaḥ kaś_cit_kūlaputro_vā kūladuhitā vā asyāṁ_gaṁbhīrāyāṁ_prajñāpāramitāyāṁ_	(C)
13.e	yaḥ kaś_cit_kulaputro_gambhīrāyāṁ_prajñāpāramitāyāṁ_	(V)
	yaḥ kaḥ_cid_kulaputraḥ_gambhīrāyām_prajñāpāramitāyām_ ↑	
13.f	yaḥ kaś_cit_kūlaputro_vā kūladuhitā vā asyāṁ_gaṁbhīrāyāṁ_prajñāpāramitāyāṁ_	(F)
13.g	yaḥ kaś_cit_kūlaputro_vā kūladuhitā vā asyāṁ_gaṁbhīrāyāṁ_prajñāpāramitāyāṁ_	(중)
	yaḥ kaḥ_cid_kūlaputraḥ_vā kūladuhitā vā asyām_gambhīrāyām_prajñāpāramitāyām_ ↑	

14.a	_caryāṁ_cartukāmaḥ kathaṁ_śikṣitavyaḥ.	(長)
14.b	_caryāṁ_cartukāmaḥ kathaṁ_śikṣitavyaḥ.	(中)
14.c	_caryāṁ_cartukāmaḥ kathaṁ_śikṣitavyaḥ.	(M)
14.d	_caryāṁ_cartukāmas_tena kathaṁ_śikṣitavyam.	(C)
	_caryām_cartukāmaḥ_tena katham_śikṣitavyam.	
14.e	_caryāṁ_cartukāmaḥ, kathaṁ_śikṣitavyaḥ.	(V)
	_caryām_cartukāmaḥ(,) katham_śikṣitavyam. ↑	
14.f	_cartāyā̩_cartukāmas_tena kathaṁ_śikṣitavyam.	(F)
14.g	_cartāyā̩_cartukāmas_tena kathaṁ_śikṣitavyam.	(중)
	_cartāyām_cartukāmaḥ_tena katham_śikṣitavyam. ↑	

15.a	evam ukta_āryāvalokiteśvaro_bodhisattvo_mahāsattva_	(長)
15.b	evam ukta_āryāvalokiteśvaro_bodhisattvo_mahāsattva_	(中)
15.c	evam ukta_āryāvalokiteśvaro_bodhisattvo_mahāsattva_	(M)
	evam ukte āryāvalokiteśvaraḥ_bodhisattvaḥ_mahāsattvaḥ_ ↑	
15.d	evam ukta_āryāvalokiteśvaro_bodhisattvo_mahāsattvo_	(C)
15.e	evam ukte āryāvalokiteśvaro_bodhisattvo_mahāsattvaḥ_	(V)
	evam ukte āryāvalokiteśvaraḥ_bodhisattvaḥ_mahāsattvaḥ_	
15.f	evam ukta_āryāvalokiteśvaro_bodhisattvo_mahāsattvo_	(F)
15.g	evam ukta_āryāvalokiteśvaro_bodhisattvo_mahāsattvo_	(중)
	evam ukte āryāvalokiteśvaraḥ_bodhisattvaḥ_mahāsattvaḥ_ ↑	

16.a	_āyuşmaṁtaṁ_śāriputram etad avocat.	(長)
16.b	_āyuşmaṁtaṁ_śāriputram etad avocat.	(中)
16.c	_āyuşmaṁtaṁ_śāriputram etad avocat.	(M)
	_āyuşmantam_śāriputram etad avocat. ↑	
16.d	_āyuşmantaṁ_śāriputram etad avocat.	(C)
16.e	_āyuşmantaṁ_śāriputram etad avocat.	(V)
16.f	_āyuşmantaṁ_śāriputram etad avocat	(F)
16.g	_āyuşmantaṁ_śāriputram etad avocat	(중)
	_āyuşmantam_śāriputram etad avocat. ↑	

17.a	yaḥ kaś_cic_chāriputra kulaputro_vā kuladuhitā vā	(長)
17.b	yaḥ kaś_cic_chāriputra kulaputro_vā kuladuhitā vā	(中)
17.c	yaḥ kaś_cic_chāriputra kulaputro_vā kuladuhitā vā	(M)
17.d	yaḥ kaś_cic_chāriputra kulaputro_vā kuladuhitā vā	
17.e	yaḥ kaś_cic_chāriputra kulaputro_va kuladuhitā vā	(C)
17.f	yaḥ kaś_cic_chāriputra kulaputro_vā kuladuhitā vā	(V)
17.g	yaḥ kaś_cic_chāriputra kulaputro_vā kuladuhitā vā	(F)
	yaḥ kaḥ_cid_chāriputra kulaputraḥ_vā kuladuhitā vā ↑	(중)

18.a	gaṁbhīrāyāṁ_prajñāpāramitāyāṁ_caryāṁ_	(長)
18.b	gaṁbhīrāyāṁ_prajñāpāramitāyāṁ_caryāṁ_	(中)
18.c	gaṁbhīrāyāṁ_prajñāpāramitāyāṁ_caryāṁ_	(M)
18.d	asyāṁ_gaṁbhīrāyāṁ_prajñāpāramitāyāṁ_caryāṁ_	(C)
	asyām_gambhīrāyām_prajñāpāramitāyām_caryām_	
18.e	gambhīrāyāṁ_prajñāpāramitāyāṁ_caryāṁ_	(V)
	gambhīrāyām_prajñāpāramitāyām_caryām_ ↑	
18.f	asyāṁ_gaṁbhīrāyāṁ_prajñāpāramitāyāṁ_caryāṁ_	(F)
18.g	asyāṁ_gaṁbhīrāyāṁ_prajñāpāramitāyāṁ_	(중)
	asyām_gambhīrāyām_prajñāpāramitāyām_ ↑	

19.a	_cartukāmas_tena_evaṁ_vyavalokayitavyaṁ.	(長)
19.b	_cartukāmas_tena_evaṁ_vyavalokayitavyaṁ.	(中)
19.c	_cartukāmas_tena_evaṁ_vyavalokayitavyaṁ.	(M)
19.d	_cartukāmas_tena_evaṁ_vyavalokayitavyaṁ.	(C)
	_cartukāmaḥ_tena_evam_vyavalokayitavyam. ↑	
19.e	_cartukāmaḥ, tena_evaṁ_vyavalokitavyam	(V)
	_cartukāmaḥ, tena_evam_vyavalokitavyam	
19.f	_cartukāmas_tena_evaṁ_śikşitavyaṁ_yad uta.	(F)
19.g	_cartukāmas_tena_evaṁ_śikşitavyaṁ_yad uta.	(중)
	_cartukāmaḥ_tena_evam_śikşitavyam_yad uta. ↑	

20.d	āryāvalokiteśvaro_bodhisattvo_gambhīrāṁ_prajñāpāramitācaryāṁ_caramāṇo_vyavalokayati sma	(C)
20.e	āryāvalokiteśvaro_bodhisattvo_gambhīrāṁ_prajñāpāramitācaryāṁ_caramāṇo_vyavalokayati sma	(V)
20.f	āryāvalokiteśvaro_bodhisattvo_gambhīrāṁ_prajñāpāramitācaryāṁ_caramāṇo_vyavalokayati sma	(F)
20.g	āryāvalokiteśvaro_bodhisattvo_gambhīrāṁ_prajñāpāramitācaryāṁ_caramāṇo_vyavalokayati sma	(중)
	āryāvalokiteśvaraḥ_bodhisattvaḥ_gambhīrām_prajñāpāramitācaryām_caramāṇaḥ_vyavalokayati sma ↑	
21.a	paṁca skaṁdhās_tāṁś_ca svabhāvaśūnyān samanupaśyati sma.	(長)
21.b	paṁca skaṁdhās_tāṁś_ca svabhāvaśūnyān samanupaśyati sma.	(中)
21.c	paṁca skaṁdhās_tāṁś_ca svabhāvaśūnyān samanupaśyati sma.	(M)
	pañca skandhāḥ_tān_ca svabhāvaśūnyān samanupaśyati sma. ↑	
21.d	pañcaskandhās_tāṁś_ca svabhāvaśūnyān paśyati sma.	(C)
	pañcaskandhāḥ_tān_ca svabhāvaśūnyān paśyati sma.	
21.e	pañca skandhāṁs_tāṁś_ca svabhāvaśūnyān samanupaśyati sma,	(V)
	pañca skandhāḥ_tān_ca svabhāvaśūnyān samanupaśyati sma, ↑	
21.f	pañcaskandhās_svabhāvaśūnyāḥ. kathaṁ_pañcaskandhāḥ svabhāvaśūnyāḥ.	(F)
21.g	pañcaskandhās_svabhāvaśūnyāḥ. kathaṁ_pañcaskandhāḥ svabhāvaśūnyāḥ.	(중)
	pañcaskandhāḥ_svabhāvaśūnyāḥ. katham_pañcaskandhāḥ svabhāvaśūnyāḥ. ↑	
22.a	rūpaṁ_śūnyatā śūnyatā_eva rūpaṁ.	(長)
22.b	rūpaṁ_śūnyatā śūnyatā_eva rūpaṁ.	(中)
22.c	rūpaṁ_śūnyatā śūnyatā_eva rūpaṁ.	(M)
	rūpam_śūnyatā śūnyatā_eva rūpam. ↑	
22.d	iha śāriputra rūpaṁ_śūnyatā śūnyatā_eva rūpaṁ_	(C)
	iha śāriputra rūpam_śūnyatā śūnyatā_eva rūpam_ ↑	
22.e	rūpaṁ_śūnyatā, śūnyatā_eva rūpam,	(V)
	rūpam_śūnyatā, śūnyatā_eva rūpam,	
22.f	iha śāriputra rūpaṁ eva śūnyatā śūnayatā rūpaṁ_	(F)
	iha śāriputra rūpam eva śūnyatā śūnayatā rūpam_	
22.g	śāriputra rūpaṁ_śūnyatā śūnyatā_eva rūpaṁ_	(중)
	śāriputra rūpam_śūnyatā śūnyatā_eva rūpam_	
23.a	rūpān_na pṛthak śūnyatā śūnyatāyā_na pṛthag_rūpaṁ.	(長)
23.b	rūpān_na pṛthak śūnyatā śūnyatāyā_na pṛthag_rūpaṁ.	(中)
23.c	rūpān_na pṛthak śūnyatā śūnyatāyā_na pṛthag_rūpaṁ.	(M)
	rūpāt_na pṛthak śūnyatā śūnyatāyāḥ_na pṛthak_rūpam.	
23.d	_rūpān_na pṛthak śūnyatā śūnyatāyā_na pṛthag_rūpaṁ_	(C)
23.e	_rūpān_na pṛthak śūnyatā, śūnyatāyāḥ_na pṛthag_rūpam,	(V)
	rūpāt_na pṛthak śūnyatā, śūnyatāyāḥ_na pṛthak_rūpam, ↑	
23.f	_na rūpaṁ_pṛthak śūnyatāyāḥ na_api śūnyatā pṛthag_rūpāt.	(F)
23.g	_na rūpaṁ_pṛthak śūnyatāyāḥ na_api śūnyatā pṛthag_rūpāt.	(중)
	_na rūpam_pṛthak śūnyatāyāḥ na_api śūnyatā pṛthak_rūpāt. ↑	

24.a	yad rūpaṁ_sā śūnyatā yā śūnyatā tad rūpaṁ.	(長)
24.b	yad rūpaṁ_sā śūnyatā yā śūnyatā tad rūpaṁ.	(中)
24.c	yad rūpaṁ_sā śūnyatā yā śūnyatā tad rūpaṁ.	(M)
24.d	_yad rūpaṁ_sā śūnyatā yā śūnyatā tad rūpaṁ.	(C)
24.e	yad_rūpaṁ_sā śūnyatā, yā śūnyatā tad_rūpam,	(V)
	yad rūpam_sā śūnyatā yā śūnyatā tad rūpam. ↑	
24.f	x	(F)
24.g	yad rūpaṁ_sā śūnyatā yā śūnyatā tad rūpaṁ.	(중)
	yad rūpam_sā śūnyatā yā śūnyatā tad rūpam. ↑	

25.a	evaṁ_vedanāsaṁjñāsaṁskāravijñānaṁ_ca śūnyatā.	(長)
	evam_vedanāsaṁjñāsaṁskāravijñānam_ca śūnyatā.	
25.b	evaṁ_vedanāsaṁjñāsaṁskāravijñānāni ca śūnyatā.	(中)
25.c	evaṁ_vedanāsaṁjñāsaṁskāravijñānāni ca śūnyatā.	(M)
25.d	evam eva vedanāsaṁjñāsaṁskāravijñānam.	(C)
25.e	evaṁ_vedanāsaṁjñāsaṁskāravijñānāni ca śūnyatā,	(V)
	evam_vedanāsaṁjñāsaṁskāravijñānāni ca śūnyatā, ↑	
25.f	evaṁ_vedanāsaṁjñāsaṁskāravijñānāni.	(F)
	evam_vedanāsaṁjñāsaṁskāravijñānāni.	
25.g	evam eva vedanāsaṁjñāsaṁskāravijñānam.	(중)
	evam eva vedanāsaṁjñāsaṁskāravijñānam. ↑ =	

26.a	evaṁ_śāriputra sarvadharmā_śūnyatālakṣaṇā_anutpannā_aniruddhā_	(長)
26.b	evaṁ_śāriputra sarvadharmā_śūnyatālakṣaṇā_anutpannā_aniruddhā_	(中)
26.c	evaṁ_śāriputra sarvadharmā_śūnyatālakṣaṇā_anutpannā_aniruddhā_	(M)
	evam_śāriputra sarvadharmāḥ_śūnyatālakṣaṇāḥ_anutpannāḥ_aniruddhāḥ_ ↑	
26.d	iha śāriputra sarvadharmāḥ śūnyatālakṣaṇā_anutpannā_aniruddhā_	(C)
	iha śāriputra sarvadharmāḥ śūnyatālakṣaṇāḥ_anutpannāḥ_aniruddhāḥ_	
26.e	evaṁ_śāriputra sarvadharmāḥ śūnyatālakṣaṇā_anutpannā_aniruddhā_	(V)
	evam_śāriputra sarvadharmāḥ śūnyatālakṣaṇāḥ_anutpannāḥ_aniruddhāḥ_	
26.f	evaṁ_śāriputra svabhāvaśūnyatālakṣaṇā_ajātā_anutpannā_aniruddhā_	(F)
26.g	evaṁ_śāriputra svabhāvaśūnyatālakṣaṇā_ajātā_anutpannā_aniruddhā_	(중)
	evam_śāriputra svabhāvaśūnyatālakṣaṇāḥ_ajātāḥ_anutpannāḥ_aniruddhāḥ_ ↑	

27.a	_amalā_avimalā_anonā_asaṁpūrṇāḥ.	(長)
27.b	_amalā_avimalā_anūnā_asaṁpūrṇāḥ.	(中)
27.c	_amalā_avimalā_anūnā_asaṁpūrṇāḥ.	(M)
27.d	_amalā_avimalā_anūnā_aparipūrṇāḥ.	(C)
	_amalāḥ_avimalāḥ_anūnāḥ_aparipūrṇāḥ.	
27.e	_amalā_vimalā_anūnā_asaṁpūrṇāḥ,	(V)
	_amalāḥ_vimalāḥ_anūnāḥ_asaṁpūrṇāḥ,	
27.f	_amalā_avimalā_anūnā_asaṁpūrṇāḥ.	(F)
27.g	_amalā_avimalā_anūnā_asaṁpūrṇāḥ.	(중)
	_amalāḥ_avimalāḥ_anūnāḥ_asaṁpūrṇāḥ. ↑	

28.a	tasmāt tarhi śāriputra śūnyatāyāṁ_	(長)
28.b	tasmāt tarhi śāriputra śūnyatāyāṁ_	(中)
28.c	tasmāt tarhi śāriputra śūnyatāyāṁ_	(M)
28.d	tasmāc_chāriputra śūnyatāyāṁ_	(C)
	tasmāt_śāriputra śūnyatāyām_	
28.e	tasmāt tarhi śāriputra śūnyatāyāṁ_	(V)
28.f	tasmāt tarhi śāriputra śūnyatāyāṁ_	(F)
28.g	tasmāt tarhi śāriputra śūnyatāyāṁ_	(중)
	tasmāt tarhi śāriputra śūnyatāyām_ ↑	

29.a	_na rūpaṁ_na vedanā na saṁjñā na saṁskārā_na vijñānaṁ.	(長)
29.b	_na rūpaṁ_na vedanā na saṁjñā na saṁskārā_na vijñānaṁ.	(中)
29.c	_na rūpaṁ_na vedanā na saṁjñā na saṁskārā_na vijñānaṁ.	(M)
	_na rūpam_na vedanā na saṁjñā na saṁskārāḥ_na vijñānam. ↑	
29.d	_na rūpaṁ_na vedanā na saṁjñā na saṁskārāḥ_na vijñānaṁ.	(C)
29.e	_na rūpam, na vedanā, na saṁjñā, na saṁskārāḥ, na vijñānam,	(V)
	_na rūpam, na vedanā, na saṁjñā, na saṁskārāḥ, na vijñānam, =	
29.f	_na rūpaṁ_na vedanā na saṁjñā na saṁskārāḥ_na vijñānaṁ.	(F)
29.g	_na rūpaṁ_na vedanā na saṁjñā na saṁskārāḥ_na vijñānaṁ.	(중)
	_na rūpam_na vedanā na saṁjñā na saṁskārāḥ_na vijñānam. ↑	

30.a	na cakṣur_na śrotraṁ_na ghrāṇaṁ_na jihvā na kāyo_na mano_	(長)
30.b	na cakṣur_na śrotraṁ_na ghrāṇaṁ_na jihvā na kāyo_na mano_	(中)
30.c	na cakṣur_na śrotraṁ_na ghrāṇaṁ_na jihvā na kāyo_na mano_	(M)
30.d	na caksuḥśrotraghrāṇajihvākāyamanāṁsi	(C)
	na caksuḥśrotraghrāṇajihvākāyamanāṁsi =	
30.e	na cakṣur_na śrotraṁ_na ghrāṇaṁ_na jihvā na kāyo_na mano_	(V)
30.f	na cakṣur_na śrotraṁ_na ghrāṇaṁ_na jihvā na kāyo_na mano_	(F)
30.g	na cakṣur_na śrotraṁ_na ghrāṇaṁ_na jihvā na kāyo_na mano_	(중)
	na cakṣuḥ_na śrotram_na ghrāṇam_na jihvā na kāyaḥ_na manaḥ_ ↑	

31.a	_na rūpaṁ_na śabdo_na gaṁdho_na raso_na spraṣṭavyaṁ_na dharma.	(長)
	_na rūpam_na śabdaḥ_na gandhaḥ_na rasaḥ_na spraṣṭavyam_na dharmaḥ.	
31.b	_na rūpaṁ_na śabdo_na gaṁdho_na raso_na spraṣṭavyaṁ_na dharmāḥ.	(中)
31.c	_na rūpaṁ_na śabdo_na gaṁdho_na raso_na spraṣṭavyaṁ_na dharmāḥ.	(M)
	_na rūpam_na śabdaḥ_na gandhaḥ_na rasaḥ_na spraṣṭavyam_na dharmāḥ. ↑	
31.d	na rūpaśabdagandharasaspraṣṭavyadharmāḥ_	(C)
	na rūpaśabdagandharasaspraṣṭavyadharmāḥ_	
31.e	_na rūpaṁ_na śabdo_na gandho_na raso_na spraṣṭavyaṁ_na dharmaḥ,	(V)
	_na rūpam_na śabdaḥ_na gandhaḥ_na rasaḥ_na spraṣṭavyam_na dharmaḥ,	
31.f	_na rūpaṁ_na śabdo_na gaṁdho_na raso_na spraṣṭavyaṁ_na dharma_	(F)
31.g	_na rūpaṁ_na śabdo_na gaṁdho_na raso_na spraṣṭavyaṁ_na dharma_	(중)
	_na rūpam_na śabdaḥ_na gandhaḥ_na rasaḥ_na spraṣṭavyam_na dharmaḥ_ ↑	

32.a	na cakṣurdhātur_yāvan na manodhātur_na dharmadhātur_na manovijñānadhātuḥ.	(長)
32.b	na cakṣurdhātur_yāvan na manodhātur_na dharmadhātur_na manovijñānadhātuḥ.	(中)
32.c	na cakṣurdhātur_yāvan na manodhātur_na dharmadhātur_na manovijñānadhātuḥ.	(M)
32.d	na cakṣurdhātur_yāvan na manovijñānadhātuḥ_	(C)
32.e	na cakṣurdhātur_yāvan_na manodhātur_na dharmadhātur_na manovijñānadhātuḥ,	(V)
	na cakṣurdhātuḥ_yāvan na manodhātuḥ_na dharmadhātuḥ_na manovijñānadhātuḥ(.,) ↑	
32.f	_na cakṣurdhātu_na manodhātu_na manovijñānadhātu_yāvan	(F)
	_na cakṣurdhātuḥ_na manodhātuḥ_na manovijñānadhātuḥ_yāvan	
32.g	_na cakṣurdhātur_yāvan na manovijñānadhātuḥ_	(중)
	_na cakṣurdhātuḥ_yāvan na manovijñānadhātuḥ_ ↑	
33.a	na vidyā na_avidyā na kṣayo_	(長)
33.b	na vidyā na_avidyā na kṣayo_	(中)
33.c	na vidyā na_avidyā na kṣayo_	(M)
33.d	_na_avidyā na_avidyākṣayo_	(C)
	_na_avidyā na_avidyākṣayaḥ_	
33.e	na vidyā na_avidyā na kṣayo_	(V)
	na vidyā na_avidyā na kṣayaḥ_ ↑	
33.f	na_avidyā na_kṣayo_na_avidyākṣayo_	(F)
33.g	_na_avidyā na_kṣayo_na_avidyākṣayo_	(중)
	_na_avidyā na_kṣayaḥ_na_avidyākṣayaḥ_ ↑	
34.a	_yāvan na jarāmaraṇaṁ_na jarāmaraṇakṣayaḥ.	(長)
34.b	_yāvan na jarāmaraṇaṁ_na jarāmaraṇakṣayaḥ.	(中)
34.c	_yāvan na jarāmaraṇaṁ_na jarāmaraṇakṣayaḥ.	(M)
34.d	_yāvan na jarāmaraṇaṁ_na jarāmaraṇakṣayo_	(C)
34.e	_yāvan na jarāmaraṇaṁ_na jarāmaraṇakṣayaḥ,	(V)
	_yāvan na jarāmaraṇam_na jarāmaraṇakṣayaḥ(.,) ↑	
34.f	_yāvan na jarāmaraṇaṁ_na jarāmaraṇakṣayo_	(F)
34.g	_yāvan na jarāmaraṇaṁ_na jarāmaraṇakṣayo_	(중)
	_yāvan na jarāmaraṇam_na jarāmaraṇakṣayaḥ_ ↑	
35.a	na duḥkhasamudayanirodhamārgā_	(長)
35.b	na duḥkhasamudayanirodhamārgā_	(中)
35.c	na duḥkhasamudayanirodhamārgā_	(M)
35.d	_na duḥkhasamudayanirodhamārgā_	(C)
35.e	na duḥkhasamudayanirodhamārgā_	(V)
	na duḥkhasamudayanirodhamārgāḥ_ ↑	
35.f	_na duḥkhaṁ_na samudayo_na nirodho_na mārgā_	(F)
	_na duḥkham_na samudayaḥ_na nirodhaḥ_na mārgāḥ_	
35.g	_na duḥkhasamudayanirodhamārgā_na rūpaṁ_	(중)
	_na duḥkhasamudayanirodhamārgāḥ_na rūpam_	

36.a	_na jñānaṁ_na prāptir_na_aprāptiḥ.	(長)
36.b	_na jñānaṁ_na prāptir_na_aprāptiḥ.	(中)
36.c	_na jñānaṁ_na prāptir_na_aprāptiḥ.	(M)
36.d	_na jñānaṁ_na prāptir_na_aprāptiḥ.	(C)
36.e	_na jñānaṁ_na prāptir_na_aprāptiḥ,	(V)
36.f	_na jñānaṁ_na prāptir_na_aprāptiḥ.	(F)
36.g	_na jñānaṁ_na prāptir_na_aprāptiḥ.	(중)
	_na jñānam_na prāptiḥ_na_aprāptiḥ(.,) ↑	

37.a	tasmāc_chāriputra aprāptitvena bodhisattvānāṁ_	(長)
37.b	tasmāc_chāriputra aprāptitvena bodhisattvānāṁ_	(中)
37.c	tasmāc_chāriputra aprāptitvena bodhisattvānāṁ_	(M)
37.d	tasmāc_chāriputra aprāptitvād_bodhisattvo	(C)
	tasmāt_śāriputra aprāptitvāt_bodhisattvaḥ	
37.e	tasmāc_chāriputra aprāptitvena bodhisattvānāṁ_	(V)
	tasmāt_śāriputra aprāptitvena bodhisattvānām_ ↑	
37.f	tasmāt tarhi śāriputra na prāptir_na_aprāptir_yāvat	(F)
	tasmāt tarhi śāriputra na prāptiḥ_na_aprāptiḥ_yāvat	
37.g	tasmāt tarhi śāriputra aprāptitāprāptir_yāvavat bodhisattvo	(중)
	tasmāt tarhi śāriputra aprāptitāprāptiḥ_yāvat bodhisattvaḥ	

38a	_prajñāpāramitām āśritya viharati cittāvaraṇa (cittavaraṇa).	(長)
	_prajñāpāramitām āśritya viharati cittāvaraṇaḥ (cittavaraṇaḥ).	
38.b	_prajñāpāramitām āśritya viharaty_acittāvaraṇaḥ.	(中)
38.c	_prajñāpāramitām āśritya viharati cittāvaraṇaḥ.	(M)
38.d	prajñāpāramitām āśritya viharaty_acittāvaraṇaḥ.	(C)
	prajñāpāramitām āśritya viharati_acittāvaraṇaḥ. ↑	
38.e	_prajñāpāramitām āśritya viharati cittāvaraṇaḥ,	(V)
	_prajñāpāramitām āśritya viharati cittāvaraṇaḥ(.,) ↑ =	
38.f	prajñāpāramitām āśritya viharaṁś acittāvaraṇaḥ.	(F)
	prajñāpāramitām āśritya viharan acittāvaraṇaḥ.	
38.g	prajñāpāramitām āśritya viharaṁś_	(중)
	prajñāpāramitām āśritya viharan_	

39.a	cittāvaraṇanāstitvād_atrasto_viparyāsātikrāṁto_niṣṭhanirvāṇaḥ.	(長)
39.b	cittāvaraṇanāstitvād_atrasto_viparyāsātikrāṁto_niṣṭhanirvāṇaḥ.	(中)
39.c	cittāvaraṇanāstitvād_atrasto_viparyāsātikrāṁto_niṣṭhanirvāṇaḥ.	(M)
	cittāvaraṇānastitvāt_atrastaḥ_viparyāsātikrāṁtaḥ_niṣṭhanirvāṇaḥ. ↑	
39.d	cittāvaraṇanāstitvād_atrasto_viparyāsātikrānto._niṣṭhānirvāṇaḥ.	(C)
	cittāvaraṇānastitvāt_atrastaḥ_viparyāsātikrāṁtaḥ_niṣṭhānirvāṇaḥ.	
39.e	cittāvaraṇanāstitvād_atrasto_viparyāsātikrānto_niṣṭhanirvāṇaḥ,	(V)
	cittāvaraṇānastitvāt_atrastaḥ_viparyāsātikrāṁtaḥ._niṣṭhanirvāṇaḥ.	
39.f	_cittālambanaṁ_nāstitvād_atrasto_viparyāsātikrāṁto._niṣṭhānirvāṇaṁ_prāpnoti.	(F)
39.g	_cittālambanaṁ_nāstitvād_atrasto_viparyāsātikrāṁto._niṣṭhānirvāṇaṁ_prāpnoti.	(중)
	_cittālambanam_anastitvāt_atrastaḥ_viparyāsātikrāṁtaḥ._niṣṭhānirvāṇaḥ_prāpnoti. ↑	

40.a	tryadhvavyavasthitā sarvabuddhāḥ	(長)
40.b	tryadhvavyavasthitā sarvabuddhāḥ	(中)
	tryadhvavyavasthitāḥ sarvabuddhāḥ ↑	
40.c	tryadhvavyavāsthitā sarvabuddhāḥ	(M)
	tryadhvavyavasthitāḥ sarvabuddhāḥ	
40.d	tryadhvavyavasthitāḥ sarvabuddhāḥ	(C)
40.e	tryadhvavyavasthitāḥ sarvabuddhāḥ	(V)
	tryadhvavyavasthitāḥ sarvabuddhāḥ ↑ =	
40.f	tryadhvavyavasthitair_api samyaksambuddhaiḥ	(F)
40.g	tryadhvavyavasthitair_api samyaksambuddhaiḥ	(중)
	tryadhvavyavasthitaiḥ_api samyaksaṁbuddhaiḥ ↑	

41.a	prajñāpāramitām āśritya_anuttarāṁ_samyaksaṁbodhim abhisaṁbuddhāḥ.	(長)
41.b	prajñāpāramitām āśritya_anuttarāṁ_samyaksaṁbodhim abhisaṁbuddhāḥ.	(中)
41.c	prajñāpāramitām āśritya_anuttarāṁ_samyaksaṁbodhim abhisaṁbuddhāḥ.	(M)
41.d	prajñāpāramitām āśritya_anuttarāṁ_samyaksambodhim abhisambuddhāḥ.	(C)
41.e	prajñāpāramitām āśritya_anuttarāṁ_samyaksaṁbodhim abhisaṁbuddhāḥ,	(V)
	prajñāpāramitām āśritya_anuttarām_samyaksaṁbodhim abhisaṁbuddhāḥ ↑	
41.f	prajñāpāramitām āśritya_anuttarāṁ samyaksaṁbodhiḥ prāptā.	(F)
41.g	prajñāpāramitām āśritya_anuttarāṁ samyaksaṁbodhiḥ prāptā.	(중)
	prajñāpāramitām āśritya_anuttarā samyaksaṁbodhiḥ prāptā. ↑	

42.a	tasmāj_jñātavyaḥ prajñāpāramitā mahāmaṁtro_	(長)
42.b	tasmāj_jñātavyaḥ prajñāpāramitā mahāmaṁtro_	(中)
42.c	tasmāj_jñātavyaḥ prajñāpāramitā mahāmaṁtro_	(M)
	tasmāt_jñātavyam prajñāpāramitā mahāmantraḥ_ ↑	
42.d	tasmāj_jñātavyaṁ_prajñāpāramitā mahāmantro_	(C)
	tasmāt_jñātavyam_prajñāpāramitā mahāmantraḥ_	
42.e	tasmād_jñātavyaḥ prajñāpāramitā mahāmantraḥ_	(V)
	tasmāt_jñātavyam prajñāpāramitā mahāmantraḥ_	
42.f	tasmāj_jñātavyaṁ_prajñāpāramitā maṁtro_	(F)
	tasmāt_jñātavyam_prajñāpāramitā mantraḥ_	
	tasmāj_jñātavyaṁ_mahāmaṁtro_ (C)	
42.g	tasmāt_jñātavyam_mahāmantraḥ_	(중)
	etasmāj_jñātavyaḥ prajñāpāramitā maṁtro_ (中)	
	etasmāt_jñātavyam prajñāpāramitā mantraḥ_	

43.a	_mahāvidyāmaṁtro_'nuttaramaṁtro_'samasamamaṁtraḥ	(長)
43.b	_mahāvidyāmaṁtro_'nuttaramaṁtro_'samasamamaṁtraḥ	(中)
43.c	_mahāvidyāmaṁtro_'nuttaramaṁtro_'samasamamaṁtraḥ	(M)
	_mahāvidyāmantraḥ_anuttaramantraḥ_asamasamamantraḥ ↑	
43.d	_mahāvidyāmantro_'nuttaramantro_'samasamamantraḥ	(C)
	_mahāvidyāmantraḥ_anuttaramantraḥ_asamasamamantraḥ	
43.e	_'nuttaramantraḥ_'samasamamantraḥ	(V)
	_anuttaramantraḥ_asamasamamantraḥ	
43.f	_vidyāmaṁtro_'nuttaramantro_'samasamamantraḥ	(F)
	vidyāmaṁtro'nuttaramantro_'samasamamantraḥ (C)	
43.g	_vidyāmantraḥ_anuttaramantraḥ_asamasamamantraḥ ↑	(중)
	vidyāmaṁtro'nuttaro_mantraḥ (中)	
	_vidyāmantraḥ_anuttaraḥ_mantraḥ	

44.a	sarvaduḥkhapraśamanamaṁtraḥ	(長)
44.b	sarvaduḥkhapraśamanamaṁtraḥ	(中)
44.c	sarvaduḥkhapraśamanamaṁtraḥ	(M)
	sarvaduḥkhapraśamanamantraḥ ↑	
44.d	sarvaduḥkhapraśamanaḥ	(C)
	sarvaduḥkhapraśamanaḥ =	
44.e	sarvaduḥkhapraśamanamantraḥ	(V)
	sarvaduḥkhapraśamanamantraḥ =	
44.f	sarvaduḥkhapraśamano_maṁtraḥ	(F)
44.g	sarvaduḥkhapraśamano_maṁtraḥ	(중)
	sarvaduḥkhapraśamanaḥ_mantraḥ ↑	

45.a	satyam amithyatvāt prajñāpāramitāyām ukto_maṁtraḥ, tadyathā,	(長)
45.b	satyam amithyatvāt prajñāpāramitāyām ukto_maṁtraḥ, tadyathā,	(中)
45.c	satyam amithyatvāt prajñāpāramitāyām ukto_maṁtraḥ, tadyathā,	(M)
	satyam amithyatvāt prajñāpāramitāyām uktaḥ_mantraḥ, tadyathā, ↑	
45.d	satyam amithyatvāt. prajñāpāramitāyām ukto_mantraḥ. tad = yathā	(C)
45.e	satyam amithyatvāt prajñāpāramitāyām ukto_mantraḥ, tadyathā	(V)
	satyam amithyatvāt(.) prajñāpāramitāyām uktaḥ_mantraḥ(.) tadyathā ↑	
45.f	samyaktvaṁ_na mithyatvaṁ_prajñāpāramitāy ukto_mantraḥ. tad = yathā	(F)
	samyaktvaṁ_na mithyatvaṁ_prajñāpāramitāy ukto_mantraḥ. tad = yathā (C)	
45.g	samyaktvaṁ_na ithyātvaṁ_prajñāpāramitāy ukto_mantraḥ. tad = yathā (中)	(중)
	samyaktvam_na mithyātvam_prajñāpāramitāyām uktaḥ_mantraḥ. tadyathā ↑	

46.a	gate gate pāragate pārasaṁgate bodhi svāhā.	(長)
46.b	gate gate pāragate pārasaṁgate bodhi svāhā.	(中)
46.c	gate gate pāragate pārasaṁgate bodhi svāhā.	(M)
46.d	oṁ gate gate pāragate pārasaṁgate bodhi svāhā.	(C)
46.e	gate gate pāragate pārasaṁgate bodhi svāhā,	(V)
	gate gate pāragate pārasaṁgate bodhi svāhā(.,) ↑ =	
46.f	oṁ gate gate pāragate pārasaṁgate bodhi svāhā.	(F)
46.g	oṁ gate gate pāragate pārasaṁgate bodhi svāhā.	(중)
	oṁ gate gate pāragate pārasaṁgate bodhi svāhā. ↑	

47.a	evaṁ_śāriputra gaṁbhīrāyāṁ_prajñāpāramitāyāṁ_	(長)
47.b	evaṁ_śāriputra gaṁbhīrāyāṁ_prajñāpāramitāyāṁ_	(中)
47.c	evaṁ_śāriputra gaṁbhīrāyāṁ_prajñāpāramitāyāṁ_	(M)
47.d	evaṁ_śāriputra gambhīrāyāṁ_prajñāpāramitāyāṁ_	(C)
47.e	evaṁ_śāriputra gambhīrāyāṁ_prajñāpāramitāyāṁ_	(V)
	evam_śāriputra gambhīrāyām_prajñāpāramitāyām_ ↑	
47.f	evaṁ_śāriputra bodhisattvena mahāsattvena prajñāpāramitāyāṁ_	(F)
47.g	evaṁ_śāriputra bodhisattvena mahāsattvena prajñāpāramitāyāṁ_	(중)
	evam_śāriputra bodhisattvena mahāsattvena prajñāpāramitāyām_ ↑	

48.a	_caryāyāṁ_śikṣitavyaṁ_bodhisattvena.	(長)
48.b	_caryāyāṁ_śikṣitavyaṁ_bodhisattvena.	(中)
48.c	_caryāyāṁ_śikṣitavyaṁ_bodhisattvena.	(M)
48.d	_caryāyāṁ_śikṣitavyaṁ_bodhisattvena.	(C)
48.e	_caryāyāṁ_śikṣitavyaṁ_bodhisattvena.	(V)
	_caryāyām_śikṣitavyam_bodhisattvena. ↑	
48.f	_śikṣitavyaṁ.	(F)
48.g	_śikṣitavyaṁ.	(중)
	_śikṣitavyam. ↑	

49.a	atha khalu bhagavān	(長)
49.b	atha khalu bhagavān	(中)
49.c	atha khalu bhagavān	(M)
49.d	atha khalu bhagavān	(C)
49.e	atha khalu bhagavān	(V)
49.f	atha khalu bhagavān	(F)
49.g	atha khalu bhagavān	(중)
	atha khalu bhagavān ↑ =	

50.a	tasmāt samādher_vyutthāya_āryāvalokiteśvarasya	(長)
50.b	tasmāt samādher_vyutthāya_āryāvalokiteśvarasya	(中)
50.c	tasmāt samādher_vyutthāya_āryāvalokiteśvarasya	(M)
	tasmāt samādheḥ_vyutthāya_āryāvalokiteśvarasya ↑	
50.d	tasmāt samādher_vyutthāya_āryāvalokiteśvarāya	(C)
	tasmāt samādheḥ_vyutthāya_āryāvalokiteśvarāya	
50.e	tasmāt samādher_vyutthāya āryāvalokiteśvarasya	(V)
	tasmāt samādheḥ_vyutthāya āryāvalokiteśvarasya	
50.f	tasyāṁ_velāyaṁ_tasyās_samādher_vyutthāya_āavalokiteśvarāya	(F)
	tasyām_velāyām_tasmāt_samādheḥ_vyutthāya_āryāvalokiteśvarāya	
50.g	tasyāṁ_velāyaṁ_tasmāt samādher_vyutthāya_āryāvalokiteśvarāya	(중)
	tasyām_velāyām_tasmāt samādheḥ_vyutthāya_āryāvalokiteśvarāya	

51.a	bodhisattvasya sādhukāram adāt.	(長)
51.b	bodhisattvasya sādhukāram adāt.	(中)
51.c	bodhisattvasya sādhukāram adāt.	(M)
51.d	bodhisattvāya mahāsattvāya sādhukāram adāt.	(C)
51.e	bodhisattvasya sādhukāram adāt.	(V)
	bodhisattvāya sādhukāram adāt. ↑ =	
51.f	bodhisattvāya mahāsattvāya sādhukāram adāt.	(F)
51.g	bodhisattvāya mahāsattvāya sādhukāram adāt.	(중)
	bodhisattvāya mahāsattvāya sādhukāram adāt. ↑ =	

52.a	sādhu sādhu kulaputra evam etat kulaputra. evam etad	(長)
52.b	sādhu sādhu kulaputra evam etat kulaputra. evam etad	(中)
52.c	sādhu sādhu kulaputra evam etat kulaputra. evam etad	(M)
52.d	sādhu sādhu kulaputra, evam etat kulaputra evam etad,	(C)
52.e	sādhu sādhu kulaputra, evam etat kulaputra, evam etad	(V)
52.f	sādhu sādhu kulaputra, evam etat kulaputra evam etad,	(F)
52.g	sādhu sādhu kulaputra, evam etat kulaputra evam etad,	(중)
	sādhu sādhu kulaputra(,) evam etat kulaputra(.,) ↑ =	

53.a	gaṁbhīrāyāṁ_prajñāpāramitāyāṁ_caryāṁ_cartavyaṁ_yathā tvayā nirdiṣṭam	(長)
53.b	gaṁbhīrāyāṁ_prajñāpāramitāyāṁ_caryāṁ_cartavyaṁ_yathā tvayā nirdiṣṭam	(中)
53.c	gaṁbhīrāyāṁ_prajñāpāramitāyāṁ_caryāṁ_cartavyaṁ_yathā tvayā nirdiṣṭam	(M)
53.d	gaṁbhīrāyāṁ_prajñāpāramitāyāṁ_caryāṁ_cartavyaṁ_yathā tvayā nirdiṣṭam	(C)
53.e	gambhīrāyāṁ_prajñāpāramitāyāṁ_caryaṁ_cartavyaṁ_yathā tvayā nirdiṣṭam,	(V)
	gambhīrāyām_prajñāpāramitāyām_caryam_cartavyam_yathā tvayā nirdiṣṭam ↑	
53.f	evam eva_eṣā prajñāpāramitā yathā tvayā nirdiṣṭam	(F)
53.g	evam eva_eṣā prajñāpāramitā yathā tvayā nirdiṣṭam (C)	(중)
	evam eva_eṣā prajñāpāramitā yathā tvayā nirdiṣṭa= (中)	
	evam eva_eṣā prajñāpāramitā yathā tvayā nirdiṣṭam ↑	

54.a	anumodyate sarvatathāgatair_arhadbhiḥ.	(長)
54.b	anumodyate sarvatathāgatair_arhadbhiḥ.	(中)
54.c	anumodyate sarvatathāgatair_arhadbhiḥ.	(M)
54.d	anumodyate sarvatathāgatair_arhadbhiḥ.	(C)
54.e	anumodyate tathāgatair_arhadbhiḥ.	(V)
	anumodyate tathāgataiḥ_arhadbhiḥ.	
54.f	anumodyate sarvatathāgatair_arhadbhiḥ.	(F)
54.g	anumodyate sarvatathāgatair_arhadbhiḥ. (C)	(중)
	anumodyate sarvatathāgataiḥ_arhadbhiḥ. ↑	
	=anumodyate sarvatathāgatair_arhadbhiḥ. (中)	
	anumodyate sarvatathāgataiḥ_arhadbhiḥ. ↑	

55.a	idam avocad_bhagavān. ānaṁdamanā_āyuṣmāñ_chāriputra_āryāvalokiteśvaraś_ca	(長)
55.b	idam avocad_bhagavān. ānaṁdamanā_āyuṣmāñ_chāriputra_āryāvalokiteśvaraś_ca	(中)
55.c	idam avocad_bhagavān. ānaṁdamanā_āyuṣmāñ_chāriputra_āryāvalokiteśvaraś_ca	(M)
	idam avocat_bhagavān. ānandamanāḥ_āyuṣmān_śāriputraḥ_āryāvalokiteśvaraḥ_ca ↑	
55.d	idam avocad_bhagavān. āttamanā_āyuṣmāñc_chāriputra_āryāvalokiteśvaro_	(C)
55.e	idam avocad_bhagavān, ānandamanā_āyuṣmān_śāriputraḥ_āryāvalokiteśvaraś_ca	(V)
	idam avocat_bhagavān, ānandamanāḥ_āyuṣmān_śāriputraḥ_āryāvalokiteśvaraḥ_ca	
55.f	idam avocad_bhagavān. āttamanā_āyuṣmāñc_chāriputra_āryāvalokiteśvaro_	(F)
	idam avocad_bhagavān. āttamanāḥ_āyuṣmān_śāriputraḥ_āryāvalokiteśvaraḥ_ ↑	
55.g	idam avocad_bhagavān. āttamanā_āryāvalokiteśvaro_	(중)
	idam avocat_bhagavān. āttamanāḥ_āryāvalokiteśvaraḥ_	

56.a	bodhisattvaḥ	(長)
56.b	bodhisattvaḥ	(中)
56.c	bodhisattvaḥ	(M)
56.d	_bodhisattvo_mahāsattvas_te ca bhikṣavas_te ca bodhisattvā_mahāsattvāḥ	(C)
56.e	bodhisattvaḥ	(V)
	bodhisattvaḥ ↑ =	
56.f	_bodhisattvo_mahāsattvas_te ca bhikṣavas_te ca bodhisattvā_mahāsattvāḥ	(F)
56.g	_bodhisattvo_mahāsattvas_te ca bhikṣavas_te ca bodhisattvā_mahāsattvāḥ	(중)
	bodhisattvaḥ_mahāsattvaḥ_te ca bhikṣavaḥ_te ca bodhisattvāḥ_mahāsattvāḥ ↑	

57.a	sā ca sarvāvatī parṣat	(長)
57.b	sā ca sarvāvatī parṣat	(中)
57.c	sā ca sarvāvatī parṣat	(M)
57.d	sā ca sarvāvatī parṣat	(C)
57.e	sā ca sarvāvatī pariṣat	(V)
57.f	sa ca sarvāvatī parṣat	(F)
	sā ca sarvāvatī parṣat	
57.g	sā ca sarvāvatī parṣat	(중)
	sā ca sarvāvatī parṣat ↑ =	

58.a	sadevamānuṣāsuragaṁdharvaś_ca loko_bhagavato_	(長)
58.b	sadevamānuṣāsuragaṁdharvaś_ca loko_bhagavato_	(中)
58.c	sadevamānuṣāsuragaṁdharvaś_ca loko_bhagavato_	(M)
58.d	sadevamānuṣāsuragaruḍagandharvaś_ca loko_bhagavato_	(C)
	sadevamānuṣāsuragaruḍagandharva_ca lokaḥ_bhagavataḥ_	
58.e	sadevamānuṣāsuragandharvaś_ca loko_bhagavato_	(V)
	sadevamānuṣāsuragandharvaḥ_ca lokaḥ_bhagavataḥ_	
58.f	sadevamānuṣāsuragaṁdharvaś_ca loko_bhagavato_	(F)
	sadevamānuṣāsuragandharvaḥ_ca lokaḥ_bhagavataḥ_ ↑	
58.g	sadevamānuṣāsuragaruḍagaṁdharvaś_ca loko_bhagavato_	(중)
	sadevamānuṣāsuragaruḍagandharvaḥ_ca lokaḥ_bhagavataḥ_ ↑	

59.a	_bhāṣitam abhyanaṁdann_iti.	(長)
59.b	_bhāṣitam abhyanaṁdann_iti.	(中)
59.c	_bhāṣitam abhyanaṁdann_iti.	(M)
59.d	_bhāṣitam abhyanandann_iti.	(C)
	_bhāṣitam abhyanandan_iti.	
59.e	_bhāṣitam_abhyanandan.	(V)
	_bhāṣitam_abhyanandan. =	
59.f	_bhāṣitam abhyanaṁdann_iti.	(F)
59.g	_bhāṣitam abhyanaṁdann_iti.	(중)
	_bhāṣitam abhyanandan_iti. ↑	

60.a	prajñāpāramitāhṛdayasūtraṁ_samāptaṁ.	(長)
60.b	prajñāpāramitāhṛdayasūtraṁ_samāptaṁ.	(中)
60.c	prajñāpāramitāhṛdayasūtraṁ_samāptaṁ.	(M)
	prajñāpāramitāhṛdayasūtram_samāptam. ↑	
60.d	ity_āryaprajñāpāramitāhṛdayaṁ_samāptam.	(C)
	iti_āryaprajñāpāramitāhṛdayam_samāptam.	
60.e	iti prajñāpāramitāhṛdayasūtraṁ_samāptam.	(V)
	iti prajñāpāramitāhṛdayasūtram_samāptam.	
60.f	āryapañcāviṁśatikā bhagavatī prajñāpāramitāhṛdayaṁ_samāptam.	(F)
60.g	āryapañcāviṁśatikā bhagavatī prajñāpāramitāhṛdayaṁ_samāptam.	(중)
	āryapañcāviṁśatikā bhagavatī prajñāpāramitāhṛdayam_samāptam. ↑	

텍스트를 구성하는 각각의 단어는 위의 형태 그대로 'AtoH 배열의 어휘 DB'에 사전 표제어의 순서대로 배열되고, '어원적 배열의 어휘 DB'에 표현 그대로 어원적으로 재배열된다. 앞으로 소개할 이 두 개의 데이터베이스는 설명이 필요한 모든 단어의 언어적 문제들, 즉 산디와 교정에 관련된 형태적 문제와 문법적 기능에 관련된 의미적 문제들을 해결하는 역할을 담당한다.

16. 어휘 기반의 문법정보 DB

'어휘 기반의 문법정보 DB'에는 '텍스트 기반의 문법정보 DB'에서 언급한 산디 등 관련의 형태적 문제들과 언어학적 가공의 대상들인 표지, 합성어, 단일어, 접사, 어근의 문법 정보들이 저장된다. 어휘사전의 성격을 띠는 이 데이터베이스는 성격이 서로 다른 두 개의 저장소로 구성되는데, 하나는 단어뭉치 절단의 작업이 수행된 텍스트의 단어들을 a부터 h까지 배열시키는 'AtoH 배열의 어휘 DB'와 이것들을 어원적으로 재배열시키는 '어원적 배열의 어휘 DB'이다.

16.1. AtoH 배열의 어휘 DB

'AtoH 배열의 어휘 DB'는 최대 다섯 가지의 정보를 제공한다. 먼저 텍스트를 구성하는 독립적 어형들(A)이 사전의 순서대로 주어진다. 오류나 문법적인 측면에서 문제가 있다면, 해당 어형은 형태적인 교정(B)을 받는다. 이 단어에 산디가 일어나 형태적 왜곡이 있다면, 이는 원래의 형태로 복원(C)되며 여기에 적용된 산디 규칙의 번호(*부록 03.)가 주어진다. 복원된 단어에는 (실사와 동사의) 표지가 대문자로 표시(D)되고, 실사인 경우 표지의 약어가 주어지고 동사인 경우 표지 번호가 주어지는데, 이 두 가지 정보는 *부록 04.에 수록되어 있다. 표지가 추출되어 표시되면, 마지막으로 형태소 구조, 의미, 문법적 기능 등을 상세하게 제공하는 '어원적 배열의 어휘 DB'의 표제어(E)가 놓인다.

A	⇒	B	→	C	⇨	D	☞	E
텍스트 어형		교정 어형		산디 제거 어형 (외부 산디 번호)		표지 표시 (표지 약어/번호) (내부산디 번호)		표제어 a / b / c

표제어는 굵은체로 표시되어 최대 세 개 a b c 까지 주어지는데, 이는 a는 b에서, b는 c에서 파생된다는 어원적 순서를 의미하며, c는 단어의 핵심인 어근이다. 어근의 형태는 삭제/감소 단계(Zero/Reduced Grade)나 구나(Guṇa)인 표준단계(Normal Grade)가 일반적인데, 여기에서는 그 본래의 모습이자 완전한 형태인 후자의 형태로 주어진다 (표제어인 어근의 설정 원칙에 대해서는 16.2.2. 참조). 배열은 특수기호 '(아와그라하)가 포함된 단어들로부터 시작한다. '텍스트 기반 문법정보 DB'(15.)에 <반야심경>의 모든 사본에 나타나는 단어들을 a부터 h까지의 순서로 배열시키면 다음과 같다:

'nuttaramantraḥ ⇒ 'nuttaramantro → anuttaramantraḥ (4j)(6a) ⇨ −a−Ḥ (MS.A.N.) ☞ **anuttaramantra−**

'nuttaramaṁtro ⇒ 'nuttaramantro → anuttaramantraḥ (4j)(6a) ⇨ −a−Ḥ (MS.A.N.) ☞ **anuttaramantra−**

'nuttaramantro → anuttaramantraḥ (4j)(6a) ⇨ −a−Ḥ (MS.A.N.) ☞ **anuttaramantra−**

'samasamamaṁtraḥ ⇒ 'samasamantraḥ → asamasamamantraḥ (4j) ⇨ −a−Ḥ (MS.A.N.) ☞ **asamasamamantra−**

'samasamamantraḥ → asamasamamantraḥ (4j) ⇨ −a−Ḥ (MS.A.N.) ☞ **asamasamamantra−**

acittāvaraṇaḥ ⇨ −a−Ḥ (MS.A.N.) ☞ **acittāvaraṇa−**

ajātā → ajātāḥ (6d) ⇨ −a−AḤ (MP.A.N.) (1a) ☞ **ajāta−** / JANI

atrasto → atrastaḥ (6a) ⇨ −a−Ḥ (MS.A.N.) ☞ **atrasta−** / TRAS

atrastho ⇒ atrasto → atrastaḥ (6a) ⇨ −a−Ḥ (MS.A.N.) ☞ **atrasta−** / TRAS

atha

adāt ⇨ (a−)T (AOR.21) ☞ DĀ

aniruddhā → aniruddhāḥ (6d) ⇨ −a−AḤ (MP.A.N.) (1a) ☞ aniruddha− / RODH

anuttaramantro → =mantraḥ (6a) ⇨ −a−Ḥ (MS.A.N.) ☞ **anuttaramantra−**

anuttarasamyaksaṁbuddhā → =saṁbuddhāḥ (6d) ⇨ −a−AḤ (MP.A.N.) (1a) ☞ **anuttarasamyaksaṁbuddha−**

anuttarā ⇨ −a−^{L}Ø (FS.Ā.N.) ☞ **anuttarā−** / **uttara−** / ud(−)

anuttarāṁ → anuttarām (7) ⇨ −ā−M (FS.Ā.A.) ☞ **anuttarā−** / **uttara−** / **ud(−)**

anuttarāṁ(대본41f.g.) ⇒ anuttarā ⇨ −a−^{L}Ø (FS.Ā.N.) ☞ **anuttarā−** / **uttara−** / ud(−)

anuttaro → anuttaraḥ (6a) ⇨ −a−Ḥ (MS.A.N.) ☞ **anuttara−** / **uttara−** / ud(−)

anutpannā → anutpannāḥ (6d) ⇨ −a−AḤ (MP.A.N.) (1a) ☞ **anutpanna−** / PAD

anumodyate ⇨ TE (PASS.03) ☞ **anumod−** / MOD

anūnā → anūnāḥ (6d) ⇨ −a−AḤ (MP.A.N.) (1a) ☞ **anūna−** / VĀ anonā ⇒ anūnā → anūnāḥ (6d) ⇨ −a−AḤ (MP.A.N.) (1a) ☞ anūna− / VĀ

aparipūrṇā → aparipūrṇāḥ (6d) ⇨ −a−AḤ (MP.A.N.) (1a) ☞ aparipūrṇa− / PARI

api

aprāptiḥ ⇨ −i−Ḥ (FS.I.N.) ☞ aprāpti− / ĀP

aprāptitāprāptir → aprāptitāprāptiḥ (6e) ⇨ −i−Ḥ (FS.I.N.) ☞ aprāptitāprāpti−

aprāptitvād → aprāptitvāt (9a) ⇨ −a−AT (NS.A.Ab.) (1a) ☞ aprāptitva− / ĀP

aprāptitvena ⇨ −a~ENA (NS.A.I.) ☞ aprāptitva− / ĀP

abhisaṁbuddhāḥ ⇨ −a−AḤ (MP.A.N.) (1a) ☞ abhisaṁbuddha− / BODH

abhyanaṁdann ⇒ abhyanandann → abhyanandan (14a) ⇨ (a−)N (ACT.16) ☞ abhinand− / NAND

abhyanandann → abhyanandan (14a) ⇨ (a−)N (ACT.16) ☞ abhynand− / NAND

amalā → amalāḥ (6d) ⇨ −a−AḤ (MP.A.N.) (1a) ☞ amala− / mala−

amithyatvāk ⇒ amithyatvāt ⇨ −a−AT (NS.A.Ab.) (1a) ☞ amithyatva− / METH

amithyatvāt ⇨ −a−AT (NS.A.Ab.) (1a) ☞ amithyatva− / METH

arhadbhiḥ ⇨ −BHIḤ (MP.CONS.I.) (9a) ☞ arhat− / ARH

avalokiteśvaraṁ → avalokiteśvaram ⇨ −a−M (MS.A.A.) ☞ avalokiteśvara−

avalokiteśvarāya ⇨ −a−AYA (MS.A.D.) (1a) ☞ āryāvalokiteśvara−

avidyā ⇨ −ā−Ø (FS.Ā.N.) ☞ VED

avidyākṣayo → avidyākṣayaḥ (6a) ⇨ −a−Ḥ (MS.A.N.) ☞ avidyākṣaya−

avimalā → avimalāḥ (6d) ⇨ −a−AḤ (MP.A.N.) (1a) ☞ avimala− / mala−

avocad → avocat (9a) ⇨ (a−)T (ACT.13) ☞ VAK

avocat ⇨ (a−)T (AOR.30) ☞ VAK

asaṁpūrṇāḥ ⇨ −a−AḤ (MP.A.N.) (1a) ☞ asaṁpūrṇa− / PARI

asamasamamantraḥ ⇨ −a−Ḥ (MS.A.N.) ☞ asamasamamantra−

asyāṁ → asyām (7) ⇨ as−YĀM (③F.S.L.) ☞ idam

āāvalokiteśvarāya ⇒ āryāvalokiteśvarāya ⇨ −a−AYA (MS.A.D.) (1a) ☞ āryāvalokiteśvara−

āttamanā → =manāḥ (6d) ⇨ −as−ᴸØ (MS.CONS.N.) ☞ āttamanas−

ānaṁdamanā ⇒ ānandamanā → =manāḥ (6d) ⇨ −as−ᴸØ (MS.CONS.N.) ☞ ānandamanas−

ānandamanā → =manāḥ (6d) ⇨ −as−ᴸØ (MS.CONS.N. *부록 04a NS.CONS.N. 참조) ☞
　　　　　　　　　　　　　　　　　　　　　　　　　　　　　　　　ānandamanas−

āyuṣmantaṁ → āyuṣmantam (7) ⇨ −aM (MS.CONS.A.) ☞ āyuṣmant− / āyuṣ−

āyuṣmantam ⇨ −aM (MS.CONS.A.) ☞ āyuṣ−

āyuṣmān ⇒ āyuṣmāñc → āyuṣmān (10b)(12a) ⇨ −ᴸØ (MS.CONS.N.) ☞ āyuṣmant− / āyuṣ−

āyuṣmāñ ⇒ āyuṣmāñc → āyuṣmān (10b)(12a) ⇨ −ᴸØ (MS.CONS.N.) ☞ āyuṣmant− / āyuṣ−

āyuṣmāñc → āyuṣmān (10b)(10a) ⇨ −ᴸØ (MS.CONS.N.) ☞ āyuṣmant− / āyuṣ−

āryapañcāviṁśatikā ⇨ −ā−Ø (FS.Ā.N.) ☞ āryapañcāviṁśatikā−

āryaprajñāpāramitāyai ⇨ −ā−YAI (FS.Ā.D.) (2a) ☞ āryaprajñāpāramitā−

āryaprajñāpāramitāhṛdayaṁ → =hṛdayam (7) ⇨ −a−M (NS.A.N.) ☞ āryaprajñāpāramitāhṛdaya−

āryāvalokiteśvaraṁ → āryāvalokiteśvaram (7) ⇨ −a−M (MS.A.A.) ☞ āryāvalokiteśvara−

āryāvalokiteśvaraḥ ⇨ −a−Ḥ (MS.A.N.) ☞ āryāvalokiteśvara−

āryāvalokiteśvarabodhisattvo → =bodhisattvaḥ (6a) ⇨ −a−Ḥ (MS.A.N.) ☞
　　　　　　　　　　　　　　　　　　　　　　　　　　āryāvalokiteśvarabodhisattva−

āryāvalokiteśvarasya ⇨ −a−SYA (MS.A.G.) ☞ āryāvalokiteśvara−

āryāvalokiteśvaraś → āryāvalokiteśvaraḥ (6h) ⇨ −a−Ḥ (MS.A.N.) ☞ āryāvalokiteśvara−

āryāvalokiteśvarāya ⇨ −a−AYA (MS.A.D.) ☞ āryāvalokiteśvara−

āryāvalokiteśvaro → āryāvalokiteśvaraḥ (6a) ⇨ −a−Ḥ (MS.A.N.) ☞ āryāvalokiteśvara−
āśritya ☞ ŚRAY
iti
ity → iti (3a)
ithyatvaṁ ⇒ mithyatvaṁ → mithyatvam (7) ⇨ −a−M (NS.A.N.) ☞ mithyatva− / METH
idam
iha
ihaṁ ⇒ iha
ukta ⇒ ukte ⇨ −a−I (MN.S.A.L.) ☞ ukta− / VAK
ukto → uktaḥ (6a) ⇨ −a−Ḥ (MS.A.N.) ☞ ukta− / VAK
uta
ukte ⇨ −a−I (MN.S.A.L.) ☞ ukta− / VAK
ūnā → ūnāḥ (6d) ⇨ −a−AḤ (MP.A.N.) (1a) ☞ ūna− / VĀ
ekasmin ⇨ eka−SMIN (②M.S.L.) ☞ eka
etad ⇨ eta−d (②N.S.N.) ☞ etad
etasmāj → etasmāt (9a)(10a) ⇨ etasma−AT (②MN.S.Ab.) ☞ etad
eva ☞ eva
evaṁ → evam (7) ☞ evam
evam
evam (대본47.) ⇒ evaṁ → evam (7) ☞ evam
eṣā ⇨ esa−ᴸØ (②F.S.N.) ☞ etad
oṁ̆
kathaṁ → katham (7) ☞ kad
katham ⇒ kathaṁ → katham (7) ☞ kad
kaś → kaḥ (6h) ⇨ ka−Ḥ (②M.S.N.) ☞ kad
kāyaḥ ⇨ −a−Ḥ (MS.A.N.) ☞ kāya− / KAY
kāyo → kāyaḥ (6a) ⇨ −a−Ḥ (MS.A.N.) ☞ kāya− / KAY
kuladuhitā ⇨ −ā−Ø (FS.Ā.N.) ☞ kuladuhitar−
kulaputra ⇨ −a−Ø (MS.A.V.) ☞ kulaputra−
kulaputro → kulaputraḥ (6a) ⇨ −a−Ḥ (MS.A.N.) ☞ kulaputra−
kṣayo → kṣayaḥ (6a) ⇨ −a−Ḥ (MS.A.N.) ☞ kṣaya− / KṢAY
khalu
gaṁdho ⇒ gandho → gandhaḥ (6a) ⇨ −a−Ḥ (MS.A.N.) ☞ gandha−

gambhīrām ⇨ −ā−M (FS.Ā.A.) ☞ gambhīra−
gaṁbhīrāyāṁ ⇒ gambhīrāyāṁ → gambhīrāyām (7) ⇨ −ā−YĀM (FS.Ā.L.) ☞ gambhīra−
gambhīrāyāṁ → gambhīrāyām (7) ⇨ −ā−YĀM (FS.Ā.L.) ☞ gambhīra−
gaṁbhīrāvabhāsaṁ ⇒ gambhīrāvabhāsaṁ → gambhīrāvabhāsam (7) ⇨ −a−M (MS.A.A.) ☞ gambhīrāvabhāsa−
gaṁbhīrāvasaṁbodhaṁ ⇒ gambhīrāvasaṁbodhaṁ → gaṁbhīrāvasaṁbodham (7) ⇨ −a−M (MS.A.A.) ☞ gambhīrāvasaṁbodha−
gambhīrāvasaṁbodhaṁ → gaṁbhīrāvasaṁbodham (7) ⇨ −a−M (MS.A.A.) ☞ gambhīrāvasaṁbodha−
gate ⇨ −Ø (FS.I.V.?) ☞ gati− / GAM

gandho → gandhaḥ (6a) ⇨ –a–Ḥ (MS.A.N.) ☞ gandha–
gṛdhrakūṭaparvate ⇨ –a–I (MS.A.L.) (2a) ☞ gṛdhrakūṭaparvata–
gṛdhrakūṭe ⇨ –a–I (NS.A.L.) (2a) ☞ gṛdhrakūṭa–
ghrāṇaṁ → ghrāṇam (7) ⇨ –a–M (NS.A.N.) ☞ ghrāṇa– / GHRĀ
ca
cakṣuḥśrotraghrāṇajihvākāyamanāṁsi ⇨ –as–^{L}I (NP.CONS.N.) ☞ cakṣuḥśrotraghrāṇajihvākāyamanas–
cakṣur → cakṣuḥ (6e) ⇨ –us–Ø (NS.CONS.N.) ☞ cakṣus– / CAKṢ
cakṣurdhātu ⇒ =dhātur → =dhātuḥ ⇨ –u–Ḥ (MS.U.N.) ☞ cakṣurdhātu–
cakṣurdhātur → cakṣurdhātuḥ (6e) ⇨ –u–Ḥ (MS.U.N.) ☞ cakṣurdhātu–
caramāṇa → caramāṇaḥ (6c) ⇨ –a–Ḥ (MS.A.N.) ☞ CAR
caramāṇaḥ ⇒ caramāṇa → caramāṇaḥ (6c) ⇨ –a–Ḥ (MS.A.N.) ☞ CAR
caramāṇo → caramāṇaḥ (6a) ⇨ –a–Ḥ (MS.A.N.) ☞ CAR
caramāno ⇒ caramāṇo → caramāṇaḥ (6c) ⇨ –a–Ḥ (MS.A.N.) ☞ CAR
cartavyaṁ → cartavyam (7) ⇨ –a–M (NS.A.N.) ☞ CAR
cartāyā ⇒ cartāyāṁ → cartāyām (7) ⇨ –ā–YĀM (FS.Ā.L.) ☞ cartā– / CAR
cartukāmaḥ ⇨ –a–Ḥ (MS.A.N.) ☞ cartukāma–
cartukāmas → =kāmaḥ (6j) ⇨ –a–Ḥ (MS.A.N.) ☞ cartukāma–
caryaṁ → caryam (7) ⇨ –a–M (NS.A.A.) ☞ carya– / CAR
caryāṁ → caryām (7) ⇨ –ā–M (FS.Ā.A.) ☞ caryā– / CAR
caryāyāṁ → caryāyām (7) ⇨ –ā–YĀM (FS.Ā.L.) ☞ caryā– / CAR
cic → cid (9b)(10a) ☞ cid
cit → cid (9a) ☞ cid
cittavaraṇa ⇒ cittāvaraṇaḥ ⇨ –a–Ḥ (MS.A.N.) ☞ cittāvaraṇa–
cittālambanaṁ → cittālambanam (7) ⇨ –a–M (NS.A.N.) ☞ cittālambana–
cittāvaraṇa ⇒ cittāvaraṇaḥ ⇨ –a–Ḥ (MS.A.N.) ☞ cittāvaraṇa–
cittāvaraṇaḥ ⇨ –a–Ḥ (MS.A.N.) ☞ cittāvaraṇa–
cittāvaraṇanāstitvād → =nāstitvāt (9a) ⇨ –a–AT (NS.A.Ab.) (1a) ☞ cittāvaraṇanāstitva–
chāriputra → śāriputra (10b) ⇨ –a–Ø (MS.A.V.) ☞ śāriputra–
chāriputro → chārputraḥ (10b)(6a) ⇨ –a–Ḥ (MS.A.N.) ☞ śāriputra–
chūnyatāyāṁ → śūnyatāyām (10b)(7) ⇨ –ā–YĀM (FS.Ā.L.) ☞ śūnyatā–
jarāmaraṇaṁ → jarāmaraṇam (7) ⇨ –a–M (NS.A.N.) ☞ jarāmaraṇa–
jarāmaraṇakṣayaḥ ⇨ –a–Ḥ (MS.A.N.) ☞ jarāmaraṇakṣaya–
jarāmaraṇakṣayo → =kṣayaḥ (6a) ⇨ –a–Ḥ (MS.A.N.) ☞ jarāmaraṇakṣaya–
jihvā ⇨ –ā–Ø (FS.Ā.N.) ☞ jihvā–
jñātavyaṁ → jñātavyam (7) ⇨ –a–m (비인칭 표지) ☞ JÑĀ
jñātavyaḥ ⇒ jñātavyaṁ → jñātavyam (7) ⇨ –a–m (비인칭 표지) ☞ JÑĀ
jñātavyo ⇒ jñātavyaḥ (6a) ⇒ jñātavyaṁ → jñātavyam (7) ⇨ –a–m (비인칭 표지) ☞ JÑĀ
jñānaṁ → jñānam (7) ⇨ –a–M (NS.A.N.) ☞ jñāna– / JÑĀ
tac → tad (9a)(10a) ⇨ (②N.S.N.) ☞ tad
tathāgatair → =gataiḥ (6e) ⇨ –a–EḤ (2a) ☞ tathāgata–
tad ⇨ ta–d (②N.S.N.) ☞ tad
tadyathā
tarhi

tasmāc → tasmāt (10b) ⇨ tasma−AT (②MN.S.Ab.) ☞ tad
tasmāj → tasmāt (9a)(10a) ⇨ tasma−AT (②MN.S.Ab.) ☞ tad
tasmāt ⇨ tasma−AT (②MN.S.Ab.) ☞ tad
tasmād → tasmāt (9a) ⇨ tasma−AT (②MN.S.Ab.) ☞ tad
tasmād (대본42.) ⇒ tasmāj → tasmāt (9a) ⇨ tasma−AT (②MN.S.Ab.) ☞ tad
tasyāṁ → tasyām (7) ⇨ tas−YĀM (②F.S.L.) ☞ tad
tasyās ⇒ tasmāt ⇨ tasma−AT (②MN.S.Ab.) ☞ tad
tāṁś → tān (6h)(7f) ⇨ ta~^{L}N[Ḥ] (②M.Pl.A.) ☞ tad
tiṣṭhanirvāṇaḥ ⇒ niṣṭhanirvāṇaḥ ⇨ −a−Ḥ (MS.A.N.) ☞ **niṣṭhanirvāṇa−**
te ⇨ ta−Y (②M.Pl.N.) ☞ tad
tena ⇨ ta~ENA (②MN.S.I.) ☞ tad
tryadhvavyavasthitā ⇒ tryadhvavyavasthitāḥ (6d) ⇨ −a−AḤ (MP.A.N.) (1a) ☞ **tryadhvavyavasthita−**
tryadhvavyavasthitāḥ ⇨ −a−AḤ (MP.A.N.) (1a) ☞ **tryadhvavyavasthita−**

tryadhvavyavasthitair → tryadhvavyavasthitaiḥ (6e) ⇨ −a−EḤ (MP.A.I.) (2a) ☞ **tryadhvavyavasthita−**
tryadhvavyasthitāḥ ⇒ tryadhvavyavasthitāḥ ⇨ −a−AḤ (MP.A.N.) (1a) ☞ **tryadhvavyavasthita−**
tvayā ⇨ tva~AYĀ (①.S.2.I.) ☞ tvam
duḥkhaṁ → duḥkham (7) ⇨ −a−M (NS.A.N.) ☞ **duḥkha−**
duḥkhasamudayanirodhamārgā → =mārgāḥ (6d) ⇨ −a−AḤ (MP.A.N.) (1a) ☞ **duḥkhasamudayanirodhamārga−**
duḥkhasamudayanirodhamārgā (소본18.) ⇒ =mārgāḥ ⇨ −a−AḤ (MP.A.N.) (1a) ☞ **duḥkhasamudayanirodhamārga−**
dharma ⇒ dharmaḥ ⇨ −a−Ḥ (MS.A.N.) ☞ **dharma−** / DHAR
dharmaḥ ⇨ −a−Ḥ (MS.A.N.) ☞ **dharma−** / DHAR
dharmāḥ ⇨ −a−AḤ (MP.A.N.) (1a) ☞ **dharma−** / DHAR
dharmadhātur → =dhātuḥ (6e) ⇨ −u−Ḥ (MS.U.N.) ☞ **dharmadhātu−**
dharmaparyāyaṁ → =paryāyam (7) ⇨ −a−M (MS.A.A.) ☞ **dharmaparyāya−**
na
namaḥ ⇨ −as−Ø (NS.CONS.A.) ☞ **namas−** / NAM
namas ⇒ namaḥ (6n) ⇨ −as−Ø (NS.CONS.A.) ☞ **namas−** / NAM
namo → namaḥ (6a) ⇨ −as−Ø (NS.CONS.A.) ☞ **namas−** / NAM
nāma ☞ **nāman−**
nāstitvād ⇒ anastitvād → anastitvāt ⇨ −a−AT (NS.A.Ab.) (1a) ☞ **anastitva−** / AS
nirodho → nirodhaḥ (6a) ⇨ −a−Ḥ (MS.A.N.) ☞ **nirodha−** / RODH
nirdiṣṭam ⇨ −a−m ☞ **nirdiṣṭa−** / DEŚ
nirdiṣṭānumodyate ⇨ −TE (MED.03) ☞ **nirdiṣṭa−** & anumod− / DEŚ & MOD
niśṛtya ⇒ niśritya ☞ ŚRAY
niṣṭhnirvāṇaḥ ⇨ −a−Ḥ (MS.A.N.) ☞ **niṣṭhnirvāṇa−**
niṣṭhānirvāṇaṁ ⇒ niṣṭhānirvāṇaḥ ⇨ −a−Ḥ (MS.A.N.) ☞ **niṣṭhnirvāṇa−**
paṁca ⇒ pañca
paṁcaskandhān ⇒ pañcaskandhān ⇨ −a−^{L}N[Ḥ] (MP.A.A.) ☞ **pañcaskandha−**
pañca

pañcaskandhāḥ ⇨ −a−AḤ (MP.A.N.) (1a) ☞ **pañcaskandha−**
pañcaskandhās → pañcaskandhāḥ (6j) ⇨ −a−AḤ (MP.A.N.) (1a) ☞ **pañcaskandha−**
pañcaskandhās (소본04.abc 대본21.fg) ⇒ pañcaskandhāḥ (6j) ⇨ −a−AḤ (MP.A.N.) (1a) ☞ **pañcaskandha−**
paripūrṇā ⇒ paripūrṇāḥ (6d) ⇨ −a−AḤ (MP.A.N.) (1a) ☞ **paripūrṇa−** / PARI
paripūrṇāḥ ⇨ −a−AḤ (MP.A.N.) (1a) ☞ **paripūrṇa−** / PARI
parvate ⇨ −a−I (MS.A.L.) ☞ **parvata−**
parṣat ⇨ −a−Ø (FS.CONS.N.) ☞ **parṣat−**
paśyati ⇨ −TI (ACT.03) ☞ PAŚ
paśyanti ⇒ paśyati ⇨ −TI (ACT.03) ☞ PAŚ
pāragate ⇨ −Ø (FS.I.V.?) ☞ **pāragati−**
pārasaṁgate ⇨ −Ø (FS.I.V.?) ☞ **pārasaṁgati−**
punaḥ ☞ **punas**
pṛthak
pṛthag → pṛthak (9a) ☞ **pṛthak**
prajñāpāramitā ⇨ −ā−Ø (FS.Ā.N.) ☞ **prajñāpāramitā−**
prajñāpāramitācaryāṁ → =caryām (7) ⇨ −ā−M (FS.Ā.A.) ☞ **prajñāpāramitācaryā−**
prajñāpāramitām ⇨ −ā−M (FS.Ā.A.) ☞ **prajñāpāramitā−**
prajñāpāramitāy ⇒ prajñāpāramitāyām ⇨ −ā−YĀM (FS.Ā.L.) ☞ **prajñāpāramitā−**
prajñāpāramitāyāṁ → prajñāpāramitāyām (7) ⇨ −ā−YĀM (FS.Ā.L.) ☞ **prajñāpāramitā−**
prajñāpāramitāhṛdayaṁ → prajñāpāramitāhṛdayam (7) ⇨ −a−M (NS.A.N.) ☞ **prajñāpāramitāhṛdaya−**
prajñāpāramitāhṛdayasūtraṁ → =sūtram (7) ⇨ −a−M (NS.A.N.) ☞ **prajñāpāramitāhṛdayasūtra−**
prāptā ⇨ −ā−Ø (FS.Ā.N.) ☞ **prāpta−** / ĀP
prāptiḥ ⇨ −i−Ḥ (FS.I.N.) ☞ **prāpti−** / ĀP
prāptitvaṁ (소본18.) ⇒ prāptitvam ⇨ −a−M (NS.A.N.) ☞ **prāptitva−** / ĀP
prāptitvam ⇨ −a−M (NS.A.N.) ☞ **prāptitva−** / ĀP
prāptir → prāptiḥ (6e) ⇨ −i−Ḥ (FS.I.N.) ☞ **prāpti−** / ĀP
prāptiś → prāptiḥ (6h) ⇨ −i−Ḥ (FS.I.N.) ☞ **prāpti−** / ĀP
prapnoti ⇨ −TI (ACT.03.) ☞ **prāp−** / ĀP
buddhānubhāvena ⇨ −a~ENA (MS.A.I.) ☞ **buddhānubhāva−**
bodhi ⇨ (FS.I.?) ☞ **bodhi−** / BODH
bodhisattva (소본19.) ⇒ =sattvaḥ (6a) ⇨ −a−Ḥ (MS.A.N.) ☞ **bodhisattva−**
bodhisattvagaṇena ⇨ −a~ENA (MS.A.I.) ☞ **bodhisattvagaṇa−**
bodhisattvaṁ → bodhisattvam (7) ⇨ −a−M (MS.A.A.) ☞ **bodhisattva−**
bodhisattvaḥ ⇨ −a−Ḥ (MS.A.N.) ☞ **bodhisattva−**
bodhisattvam ⇨ −a−M (MS.A.A.) ☞ **bodhisattva−**
bodhisattvasya ⇨ −a−SYA (MS.A.G.) ☞ **bodhisattva−**
bodhisattvā → =sattvāḥ (6d) ⇨ −a−AḤ (MP.A.N.) (1a) ☞ **bodhisattva−**
bodhisattvānāṁ → =sattvānām (7) ⇨ −a−ANĀM (MP.A.G.) (1a) ☞ **bodhisattva−**
bodhisattvānām ⇨ −a−ANĀM (MP.A.G.) (1a) ☞ **bodhisattva−**
bodhisattvāya ⇨ −a−AYA (MS.A.D.) (1a) ☞ **bodhisattva−**
bodhisattvena ⇨ −a~ENA (MS.A.I.) ☞ **bodhisattva−**
bodhisattvo → =sattvaḥ (6a) ⇨ −a−Ḥ (MS.A.N.) ☞ **bodhisattva−**

bodhisattvo (소본19.대본37.) ⇒ =sattvaḥ (6a) ⇨ −a−Ḥ (MS.A.N.) ☞ **bodhisattva−**
bodhisattvagaṇena ⇨ −a~ENA (MS.A.I.) ☞ **bodhisattvagaṇena−**
bodhisattvasaṁghena ⇨ −a~ENA (MS.A.I.) ☞ **bodhisattvasaṁgha−**
bhagavatī ⇨ −ī−Ø (FS.Ī.A.) ☞ **bhagavatī−** / BHAG
bhagavato → bhagavataḥ (6a) ⇨ −AḤ (MS.CONS.G.) ☞ **bhagavata−** / BHAG
bhagavatyai ⇨ −yā−E (FS.Ī.D.) (2a) ☞ **bhagavatī−** / BHAG
bhagavān ⇨ −ᴸØ (MS.CONS.N.) ☞ **bhagavant−** / BHAG
bhāṣitam ⇨ −a−M (MS.A.A.) ☞ **bhāṣita−** / BHĀṢ
bhāṣitvā ☞ BHĀṢ
bhikṣavas → bhikṣavaḥ (6j) ⇨ −av−AḤ (MP.U.N.) ☞ **bhikṣu−** / BHEKṢ
bhikṣugaṇena ⇨ −a~ENA (MS.A.I.) ☞ **bhikṣugaṇena−**
bhikṣusaṁghena ⇨ −a~ENA (MS.A.I.) ☞ **bhikṣusaṁgha−**
maṁtraḥ ⇒ mantraḥ ⇨ −a−Ḥ (MS.A.N.) ☞ **mantra−** / MAN
mano → manaḥ (6a) ⇨ −as−Ø (NS.CONS.N.) ☞ **manas−** / MAN
manodhātu ⇒ manodhātur → manodhātuḥ ⇨ −u−Ḥ (MS.U.N.) ☞ **manodhātu−**
manodhātuḥ ⇨ −u−Ḥ (MS.U.N.) ☞ **manodhātu−**
manodhātur → =dhātuḥ (6e) ⇨ −u−Ḥ (MS.U.N.) ☞ **manodhātu−**
manovijñānadhātu ⇒ =dhātur → =dhātuḥ ⇨ −u−Ḥ (MS.U.N.) ☞ **manovijñānadhātu−**
manovijñānadhātuḥ ⇨ −u−Ḥ (MS.U.N.) ☞ **manovijñānadhātu−**
manovijñānadhātuḥ (소본15.) ⇒ =dhātur → =dhātuḥ (6e) ⇨ −u−Ḥ (MS.U.N.) ☞ **manovijñānadhātu−**
mantraḥ ⇨ −a−Ḥ (MS.A.N.) ☞ **mantra−** / MAN
mayā ⇨ ma~AYĀ (①S.1.I.) ☞ **aham**
mahatā ⇨ −Ā (MS.CONS.I.) ☞ **mahānt−** / MAH
mahāmaṁtro ⇒ mahāmantro → mahāmantraḥ (6a) ⇨ −a−Ḥ (MS.A.N.) ☞ **mahāmantra−**
mahāmantraḥ ⇒ mahāmantro → mahāmantraḥ (6a) ⇨ −a−Ḥ (MS.A.N.) ☞ **mahāmantra−**
mahāmantro → =mantraḥ (6a) ⇨ −a−Ḥ (MS.A.N.) ☞ **mahāmantra−**
mahāvidyāmantro → =mantraḥ (6a) ⇨ −a−Ḥ (MS.A.N.) ☞ **mahāvidyāmantra−**
mahāsattva → =sattvaḥ (6c) ⇨ −a−Ḥ (MS.A.N.) ☞ **mahāsattva−**
mahāsattvaḥ ⇒ mahāsattva → mahāsattvaḥ (6c) ⇨ −a−Ḥ (MS.A.N.) ☞ **mahāsattva−**
mahāsattvam ⇨ −a−M (MS.A.A.) ☞ **mahāsattva−**
mahāsattvas → mahāsattvaḥ (6j) ⇨ −a−Ḥ (MS.A.N.) ☞ **mahāsattva−**
mahāsattvāḥ ⇨ −a−AḤ (MP.A.N.) (1a) ☞ **mahāsattva−**
mahāsattvāya ⇨ −a−AYA (MS.A.D.) (1a) ☞ **mahāsattva−**
mahāsattvena ⇨ −a~ENA (MS.A.I.) ☞ **mahāsattva−**
mahāsattvo → mahāsattvaḥ (6a) ⇨ −a−Ḥ (MS.A.N.) ☞ **mahāsattva−**
mahāsattvo (대본15.) ⇒ mahāsattva → mahāsattvaḥ (6a) ⇨ −a−Ḥ (MS.A.N.) ☞ **mahāsattva−**
mārgā → mārgāḥ (6d) ⇨ −a−AḤ (MP.A.N.) (1a) ☞ **mārga−** / MARG
mithyatvaṁ → mithyatvam (7) ⇨ −a−M (NS.A.N.) ☞ **mithyatva−** / METH
yaḥ ⇨ ya−Ḥ (②M.S.N.) ☞ **yad**
yathā ☞ **yad**
yad ⇨ ya−d (②N.S.N.) ☞ **yad**
yā ⇨ ya−ᴸØ (②F.S.N.) ☞ **yad**
yāvat (NS.CONS.N.) ☞ **yāvant−**

yāvan ⇨ (MS.CONS.N.) ☞ **yāvant−**
yāvavat ⇒ yāvat (NS.CONS.N.) ☞ **yāvant−**
raso → rasaḥ (6a) ⇨ −a−Ḥ (MS.A.N.) ☞ **rasa−**
rājagṛhe ⇨ −a−I (MS.A.L.) (2a) ☞ **rājagṛha−**
rūpaṁ → rūpam (7) ⇨ −a−M (NS.A.N.) ☞ **rūpa−**
rūpaṁ (소본05.06.07. 대본22.23.24.) ⇒ rūpam (7) ⇨ −a−M (NS.A.N.) ☞ **rūpa−**
rūpaṁ (소본06.) ⇒ rūpāt ⇨ −a−AT (NS.A.Ab.) (1a) ☞ **rūpa−**
rūpam ⇨ −a−M (NS.A.N.) ☞ **rūpa−**
rūpadhātuḥ ⇨ −u−Ḥ (MS.U.N.) ☞ **rūpadhātu−**
rūpaśabdagandharasaspraṣṭavyadharmāḥ ⇨ −a−AḤ (MP.A.N.) (1a) ☞
rūpaśabdagandharasaspraṣṭavyadharma−
rūpaśabdagandharasaspraṣṭavyadharmāḥ (소본14.대본31.) ⇒ =dharmā (6d) → =dharmāḥ ⇨
−a−AḤ (MP.A.N.) (1a) ☞ **rūpaśabdagandharasaspraṣṭavyadharma−**
rūpāt ⇨ −a−AT (NS.A.Ab.) (1a) ☞ **rūpa−**
rūpān → rūpāt (11a) ⇨ −a−AT (NS.A.Ab.) (1a) ☞ **rūpa−**
loko → lokaḥ (6a) ⇨ −a−Ḥ (MS.A.N.) ☞ **loka− / LOK**
vā
vijñānaṁ → vijñānam (7) ⇨ −a−M (NS.A.N.) ☞ **vijñāna− / JÑĀ**
vijñānaṁ (소본12.대본29.) ⇒ vijñānam (7) ⇨ −a−M (NS.A.N.) ☞ **vijñāna− / JÑĀ**
vijñānam ⇨ −a−M (NS.A.N.) ☞ **vijñāna− / JÑĀ**
vijñānāni ⇨ −a−^{L}nI (NP.A.N.) ☞ **vijñāna− / JÑĀ**
vidyā ⇨ −ā−Ø (FS.Ā.N.) ☞ **vidyā− / VED**
vidyākṣayo → =kṣayaḥ (6a) ⇨ −a−Ḥ (MS.A.N.) ☞ **vidyākṣaya−**
vidyāmaṁtro ⇒ =mantro → =mantraḥ (6a) ⇨ −a−Ḥ (MS.A.N.) ☞ **vidyāmantra−**
vidyāmantro → =mantraḥ (6a) ⇨ −a−Ḥ (MS.A.N.) ☞ **vidyāmantra−**
viparyāsātikrāṁto → °krāṁtaḥ (6a) ⇨ −a−Ḥ (MS.A.N.) ☞ **viparyāsātikrāṁta−**
viparyāsātikrānto ⇒ °krāṁtaḥ (6a) ⇨ −a−Ḥ (MS.A.N.) ☞ **viparyāsātikrāṁta−**
vimalā → vimalāḥ (6d) ⇨ −a−AḤ (MP.A.N.) (1a) ☞ **mala−**
viharaṁś ⇒ viharan? ☞ **vihar− / HAR**
viharati ⇨ −TI (ACT.03) ☞ **vihar− / HAR**
viharaty → viharati (3a) ⇨ −TI (ACT.03) ☞ **vihar− / HAR**
vedanā ⇨ −ā−Ø (FS.Ā.N.) ☞ **vedanā− / VED**
vedanāsaṁjñāsaṁskāravijñānaṁ → =−vijñānam ⇨ −a−M (NS.A.N.) ☞
vedanāsaṁjñāsaṁskāravijñāna−
vedanāsaṁjñāsaṁskāravijñānam ⇨ −a−M (NS.A.N.) ☞ **vedanāsaṁjñāsaṁskāravijñāna−**
vedanāsaṁjñāsaṁskāravijñānāni ⇨ −a−^{L}nI (NP.A.N.) ☞ **vedanāsaṁjñāsaṁskāravijñāna−**
velāyaṁ ⇒ velāyāṁ? → velāyām (7) ⇨ (FS.Ā.L.) ☞ **velā−**
vyavalokayati ⇨ −TI (ACT.03) ☞ **vyavalok− / LOK**
vyavalokayate ⇨ −TE (MED.03) ☞ **vyavalok− / LOK**
vyavalokayitavyaṁ ⇒ vyavalokitavyaṁ → vyavalokitavyam (7) ⇨ −a−m (비인칭 표지) ☞
vyavalokitavya− / LOK
vyavalokayitavyam ⇒ vyavalokitavyaṁ → vyavalokitavyam (7) ⇨ −a−m (비인칭 표지) ☞
vyavalokitavya− / LOK
vyavalokitavyam ⇨ −a−m (비인칭 표지) ☞ **vyavalokitavya− / LOK**

vyutthāya ⇨ −ā−ya ☞ vyutthā− / STHĀ
śabdo → śabdaḥ (6a) ⇨ −a−Ḥ (MS.A.N.) ☞ śabda− / ŚAP
śāriputra ⇨ −a−Ø (MS.A.V.) ☞ śāriputra−
śāriputra → śāriputraḥ ⇨ −a−Ḥ (MS.A.N.) ☞ śāriputra−
śāriputraḥ ⇒ śāriputra → śāriputraḥ ⇨ −a−Ḥ (MS.A.N.) ☞ śāriputra−
śāriputram ⇨ −a−M (MS.A.A.) ☞ śāriputra−
śikṣitavyaṁ → śikṣitavyam (7) ⇨ −a−m (비인칭 표지) ☞ śikṣitavya− / ŚEKṢ
śikṣitavyaṁ (대본48.) ⇒ śikṣitavyam ⇨ −a−m (비인칭 표지) ☞ śikṣitavya− / ŚEKṢ
śikṣitavyam ⇨ −a−m (비인칭 표지) ☞ śikṣitavya− / ŚEKṢ
śikṣitavyam (대본19.) ⇒ śikṣitavyaṁ → śikṣitavyam (7) ⇨ −a−m (비인칭 표지) ☞ śikṣitavya− / ŚEKṢ
śikṣitavyaḥ ⇒ śikṣitavyam ⇨ −a−m (비인칭 표지) ☞ śikṣitavya− / ŚEKṢ
śūnyaṁ → śūnyam (7) ⇨ −a−M (NS.A.N.) ☞ śūnya− / śūna−
śūnyatā ⇨ −ā−Ø (FS.Ā.N.) ☞ śūnyatā− / śūna−
śūnyatā (소본07.) ⇒ chūnyatā → śūnyatā ⇨ −ā−Ø (FS.Ā.N.) ☞ śūnyatā− / śūna−
śūnyatāyā → śūnyatāyāḥ (6d) ⇨ −ā−YĀḤ (FS.Ā.Ab.) (2a) ☞ śūnyatā− / śūna−
śūnyatāyāḥ ⇒ śūnyatāyā → śūnyatāyāḥ (6d) ⇨ −ā−YĀḤ (FS.Ā.Ab.) (2a) ☞ śūnyatā− / śūna−
śūnyatāyāṁ → śūnyatāyām (7) ⇨ −ā−YĀM (FS.Ā.L.) (2a) ☞ śūnyatā− / śūna−
śūnyatālakṣaṇā → śūnyatālakṣaṇāḥ (6d) ⇨ −a−AḤ (MP.A.N.) (1a) ☞ śūnyatālakṣaṇa−
śrutam ⇨ −a−m (비인칭 표지) ☞ śruta− / ŚRAV
śrotraṁ → śrotram (7) ⇨ −a−m (NS.A.N.) ☞ śrotra− / ŚRAV
śrotram ⇨ −a−m (NS.A.N.) ☞ śrotra− / ŚRAV
sa ⇒ sā ⇨ (②F.S.N.) ☞ tad
saṁjñā ⇨ −ā−Ø (FS.Ā.N.) ☞ saṁjñā− / JÑĀ
saṁpūrṇāḥ ⇨ −a−AḤ (MP.A.N.) (1a) ☞ saṁpūrṇa− / PARI
saṁskārā → saṁskārāḥ (6d) ⇨ −a−AḤ (MP.A.N.) (1a) ☞ saṁskāra− / (S)KAR
saṁskārāḥ ⇨ −a−AḤ (MP.A.N.) (1a) ☞ saṁskāra− / (S)KAR
saṁskārāḥ (소본12.대본29.) ⇒ saṁskārā (6d) → saṁskārāḥ ⇨ −a−AḤ (MP.A.N.) (1a) ☞ saṁskāra− / (S)KAR
satyam ⇨ −a−m ☞ satya− / AS
sadevamānuṣāsuragaṁdharvaś ⇒ =gandharvaś → =gandharvaḥ (6h) ⇨ −a−Ḥ (MS.A.N.) ☞ devamānuṣāsuragandharva−
sadevamānuṣāsuragandharvaś → =gandharvaḥ (6h) ⇨ −a−Ḥ (MS.A.N.) ☞ devamānuṣāsuragandharva−
sadevamānuṣāsuragaruḍagandharvaś → =gandharvaḥ (6h) ⇨ −a−Ḥ (MS.A.N.) ☞ devamānuṣāsuragaruḍagandharva−
sadevamānuṣāsuragaruḍagaṁdharvaś ⇒ =gandharvaś → =gandharvaḥ (6h) ⇨ −a−Ḥ (MS.A.N.) ☞ devamānuṣāsuragaruḍagandharva−
samanupaśyati ⇨ (ACT.03) ☞ samanupaś− / PAŚ
samaye ⇨ −a−I (MS.A.L.) (2a) ☞ samaya− / AY
samādhiṁ → samādhim (7) ⇨ −i−M (MS.I.A.) ☞ samādhi− / DHĀ
samādher → samādheḥ (6e) ⇨ −e−Ḥ (MS.I.Ab.) ☞ samādhi− / DHĀ
samāpannaḥ ⇨ −a−Ḥ (MS.A.N.) ☞ samāpanna− / PAD
samāptaṁ ⇒ samāptam (7) ⇨ −a−m (비인칭 표지) ☞ samāpta− / ĀP

samāptam ⇨ −a−m ☞ samāpta− / ĀP

samudayo → samudayaḥ (6a) ⇨ −a−Ḥ (MS.A.N.) ☞ samudaya− / AY

samyaktvaṁ → samyaktvam (7) ⇨ −a−M (NS.A.N.) ☞ samyaktva− / AÑK

samyaksaṁbuddhaiḥ ⇨ −a−EḤ (MP.A.I.) (2a) ☞ samyaksaṁbudhha−

samyaksaṁbodhiḥ ⇒ =bodhim ⇨ −i−M (FS.I.A.) ☞ samyaksaṁbodhi−

samyaksaṁbodhiṁ ⇒ samyaksaṁbodhim → samyaksaṁbodhim (7) ⇨ −i−M (FS.A.M.) ☞
samyaksaṁbodhi−

samyaksaṁbodhim ⇒ samyaksaṁbodhim ⇨ −i−M (FS.A.M.) ☞ samyaksaṁbodhi−

samyaksaṁbodhim ⇨ −i−M (FS.A.M.) ☞ samyaksaṁbodhi−

sarvatathāgatair → =tathāgataiḥ (6e) ⇨ −a−EḤ (MP.A.I.) (2a) ☞ sarvatathāgata−

sarvajñāya ⇨ −a−AYA (MS.A.D.) (1a) ☞ sarvajña−

sarvajñāyaḥ ⇒ sarvajñāya ⇨ −a−AYA (MS.A.D.) ☞ sarvajña−

sarvaduḥkhaprasamanaḥ ⇨ −a−Ḥ (MS.A.N.) ☞ sarvaduḥkhaprasamana−

sarvaduḥkhaprasamano → =prasamanaḥ (6a) ⇨ −a−Ḥ (MS.A.N.) ☞ sarvaduḥkhaprasamana−

sarvaduḥkhaprasamanamaṁtraḥ ⇒ =mantraḥ ⇨ −a−Ḥ (MS.A.N.) ☞
sarvaduḥkhaprasamanamantra−

sarvaduḥkhaprasamanamantraḥ ⇨ −a−Ḥ (MS.A.N.) ☞ sarvaduḥkhaprasamanamantra−

sarvadharmā ⇒ sarvadharmāḥ ⇨ −a−AḤ (MP.A.N.) (1a) ☞ sarvadharma−

sarvadharmāḥ ⇨ −a−AḤ (MP.A.N.) (1a) ☞ sarvadharma−

sarvabuddhāḥ ⇨ −a−AḤ (MP.A.N.) (1a) ☞ sarvabuddha−

sarvāvatī ⇨ −ī−Ø (FS.Ī.N.) ☞ sarvāvatī− / sarvāvant− / sarva−

sā ⇨ esa−ᴸØ (②F.S.N.) ☞ tad

sādhu ⇨ (MS.U.?) ☞ sādhu− / SĀDH

sādhukāram ⇨ −a−M (MS.A.A.) ☞ sādhukāra−

sārdhaṁ → sārdham (7) ⇨ −a−m ☞ sārdha− / ardha−

skaṁdhās ⇒ skandhās → skandhāḥ (6j) ⇨ −a−AḤ (MP.A.N.) (1a) ☞ skandha−

skandhāṁs ⇒ skandhās? → skandhāḥ (6j) ⇨ −a−AḤ (MP.A.N.) (1a) ☞ skandha−

skandhāḥ ⇒ skandhās → skandhāḥ (6j) ⇨ −a−AḤ (MP.A.N.) (1a) ☞ skandha−

skandhās → skandhāḥ (6j) ⇨ −a−AḤ (MP.A.N.) (1a) ☞ skandha−

spraṣṭavyaṁ → spraṣṭavyam (7) ⇨ −a−M (NS.A.N) ☞ spraṣṭavya− / SPRAŚ

sma

svabhāvasūnyatālakṣaṇā → =lakṣaṇāḥ (6d) ⇨ −a−AḤ (MP.A.N.) (1a) ☞
svabhāvasūnyatālakṣaṇa−

svabhāvasūnyam ⇒ svabhāvasūnyān ⇨ −a−ᴸN[Ḥ] (MP.A.A.) ☞ svabhāvasūnya−

svabhāvasūnyāḥ ⇨ −a−AḤ (MP.A.N.) (1a) ☞ svabhāvasūnya−

svabhāvasūnyān ⇨ −a−ᴸN[Ḥ] (MP.A.A.) ☞ svabhāvasūnya−

svāhā ⇨ −a−ᴸ (MS.A.I.) ☞ svāha− / AH

16.2. 어원적 배열의 어휘 DB

16.2.1. 표제어와 어휘 정보

'AtoH 배열의 어휘 DB'에서 제시하는 표제어들의 모든 문법적 정보는 어원적으로 배열되는 어휘 데이터베이스가 제공한다. '어원적 배열의 어휘 DB'에서 제시하는 음영으로 표시된 표제어들은 일반적인 산스크리트 사전들에서와 같이 모두 6개이다.

<table>
<tr><td>①</td><td>②</td><td></td><td>③</td><td>⑤</td><td>⑥</td></tr>
<tr><td rowspan="2">어근</td><td rowspan="2">접두사
(부사)</td><td rowspan="2">접미사</td><td>어간 I</td><td rowspan="2">합성어</td><td rowspan="2">불변화사
(부사, 접속사)</td></tr>
<tr><td>어간 II</td></tr>
<tr><td></td><td></td><td></td><td>④</td><td></td><td></td></tr>
</table>

아래의 데이터베이스에서 ① 어근은 대문자로 표기되면서 활용부류(*부록 04 표지 e)와 함께 완전한 형태인 표준단계(아래 16.2.2. 참조)로 제시된다. 부사로도 사용될 수 있는 ② 접두사는 이탤릭체와 (−) 으로 표시된다. 이탤릭체로 표시되는 ③ 어간 I은 더 이상 분석되지 않는 어원적으로 불분명한 단어들을 가리킨다. ④ 어간 II는 어간 I 또는 어근에 접두사나 접미사가 붙은 단어(명사/형용사/동사)를 의미하며, 각각의 형태소 연결은 − 으로 표시된다. ⑤ 합성어는 어간 I과 어간 II가 두 개 이상 결합된 단어를 말하며, 각 단어는 = 로 연결된다. 마지막으로 ⑥ 불변화사는 ②의 어간처럼 어원이 명확하지 않고, 표현 그대로 변화하지 않는, 즉 접사나 표지가 붙지 않는 단어를 의미하며, 어간 I처럼 이탤릭체로 표시된다.

표제어와 표제어 아래에 배열되는 텍스트의 실제 어형들은 의미, 형태소 구조, 산디 규칙, 문법적 범주(실사인 경우 성/수/격, 동사인 경우 태/법/시제/수/인칭)의 정보들을 담고 있는데, 각 표제어에 제시되는 이 정보들의 유무를 살펴보면 다음과 같다:

	의미	형태소구조	산디 규칙	문법적 범주
어근	O	X	X	X
접두사	O	X	O	X
어간 I	O	X	X	O
어간 II	O	O	O	O
합성어	O	O	O	O
불편화사	O	X	X	X

16.2.2. 어근의 설정 원칙

어휘 문법정보 DB의 대표적인 특징은 모니에르(Monier)나 맥도넬(Macdonell) 등의 사전과 같은 전통적 어휘집들, 그리고 이것들을 기반으로 하여 구축된 Cologne Digital Sanskrit Dictionaries(www.sanskrit-lexicon.uni-koeln.de/)와 같은 웹사전들과 달리 어근의 표제어를 하나의 고정형태(표준단계)로 제시하는데 있다.

표제어들의 핵심인 어근에 대해 위의 사전들이 취하는 일반적인 표제어의 설정 방식은 기본적으로 감소단계의 형태(i – ay – āy; <u>śru</u> – śrav – śrāv)이고, 이로 인해 본래의 형태가 침해되어 알아보기 힘든 경우(na – <u>nam</u> – nām ; ma – <u>man</u> – mān) 또는 감소단계가 문헌에 나타나지 않는 경우(X – <u>car</u>) 표준단계의 형태로 부여하는 것이다. 이는 텍스트를 구성하는 단어들에서 특정 어근들이 형태적으로 (정확하게는 아니지만 어느 정도) 파악되어 이것들을 사전에서 찾아야 할 때 수고스럽게도 감소단계와 표준단계 모두를 고려해야 한다는 것을 의미한다. 그러나 앞으로의 사전들이 표제어인 어근을 두 개의 단계가 아닌 한 개의 단계, 즉 본래의 완전한 형태인 표준단계로 설정한다면, 사전 찾기는 훨씬 더 용이해질 것이다.

이러한 표준단계의 설정은 마이어호퍼(Mayrhofer 1992/1996)에서도 시도(ay, śrav, nam, man ; vac, bhaj)되고 있지만, 전적으로 모음교체(Ablaut)만을 고려한 방식이다. 여기에서는 한 걸음 더 나아가 (구개음화와 같이 음운론적으로 일어나는) 자음교체도 함께 고려하여 처음 그대로의 표제어 형태(uc/uk – vac – vāc → **vak**; bhaj – bhag – bhak → **bhag**)가 주어진다(모음교체와 자음교체에 따른 어근의 형태 변화에 대해서는 14.3.

참조). 단어들의 중심적 지표인 어근의 표제어에 대해 표준단계라는 통일적 형태의 부여는, 기존의 전통적 방식과 대립되지만 이와 공존하며 나아갈 수 있는, 어원적인 관점에서 볼 때 좀 더 효과적인 방안이라고 말할 수 있다.

16.2.3. 표제어의 배열

① 어근 ② 접두사 ③ 어간 I ⑤ 합성어 ⑥ 불변화사는 독립적인 표제어로 제시되고, ④의 어간 II는 어원적 관점에 따라 해당 어간 또는 어근 아래에 배열된다. '텍스트 기반 문법정보 DB'(15.)의 음영으로 표시된 재구성 텍스트에서 표지가 붙은 <반야심경>의 어형들은 자신들이 속한 표제어 아래에 주어진다. 아래의 형태소 분석 구조에서 임의적으로 사용된 기호들은 다음과 같다:

-	각괄호 [ ]에서 사용되는 이 기호는 단어 내부의 형태소 경계를 의미한다.
=	각괄호 [ ]에서 사용되는 이 기호는 합성어를 구성하는 단어들의 경계를 나타낸다.
[ ]	세 개 이상의 어간으로 구성된 합성어 $[[A=B]^1=C]^2$의 경우 번호 매김 1-2는 의미 규정의 순서를 가리킨다.
{ }	각괄호 외에도 이 기호가 사용되기도 하는데[A={B=C}], 이는 A=B와 A=C의 합성어 구조를 의미한다.
( )	합성어의 유형 Tatpuruṣa 옆에 제시된 괄호 안의 격은 첫 구성성분이 나타내는 격을 의미한다.
~	A~B는 B가 붙을 때 A가 탈락된다는 것을 의미한다.
☞	A ☞ B [& C] : A의 단어는 표제어 B [& C]의 단어로 구성되어 있음을 의미한다.

acittāvaraṇa- [**अचित्तावरण** [a-[cittā=varaṇa-]¹]² ☞ *an-* & cittāvaraṇa- ; 명사/남성·중성 ; 합성어 Tatpuruṣa (목적격)] '지각·마음을 둘러싸는·에워싸는·감추는 것이 없는 상태, 지각·마음에 울타리·걸림이 없음; something or state which dose not surround or cover perception·heart'
acittāvaraṇaḥ [단수 주격 : 소20 대38]

ANK [**अन्क्** 어근 제7부류] '구부리다, (무릎 등) 꿇다, (고개) 숙이다; to bend'
samyak- [**सम्यक्** [sam-y-ak-] ☞ sam(-) ; 형용사 > 부사] '같은·한 방향으로 가는 > (올)바르게, 정확하게; going together, in one direction > rightly, correctly, accurately'
samyaktva- [**सम्यक्त्व** [sam-y-ak-tva-] ☞ sam(-) ; 명사/중성] '(올)바름, 정확함, 완전함; correction, accuracy, completeness'
samyaktvam [단수 주격 : 대45]

ati(-) [**अति** 부사] '...을 넘어서·건너서; over, beyond, cross'

atha [**अथ** 불변화사 : 대11.49] '그 다음에, 그래서; (and) then, (and) so'

adhvan- [**अध्वन्** 명사/남성] '길, 산책, 여행, 방랑; road, journey, wandering'

an- [**अन्** 접두사, 모음 앞] '불(不)·비(非)·안- (...하지) 않는·없는 (것); un-, a-, in-'
a- [**अ** 접두사, 자음 앞] (따라 나오는 단어가 자음으로 시작할 때 a-, 모음으로 시작할 때 an-)

anu(-) [**अनु** 부사] ① '뒤·나중에; afterwards' ② '다시, 재차; again'

anuttaramantra- [**अनुत्तरमन्त्र** [an-uttara=mantra-] ☞ *ud(-)* & MAN ; 명사/남성 ; 합성어 Karmadhāraya] '최고의 진언(眞言); the best Mantra'
anuttaramantraḥ [단수 주격 : 소25 대43]

anuttarasamyaksaṁbuddha- [**अनुत्तरसम्यक्संबुद्ध** [anuttara=[samyak=saṁbuddha-]¹]² ☞ *ud(-)* & samyaksaṁbuddha- ; 형용사 > 명사/남성 ; 합성어 Karmadhāraya] '최고로 바르고 완전하게 깨달은 (사람); the best correctly completely awakened'
anuttarasamyaksaṁbuddhāḥ [복수 주격 : 소23]

api [**अपि** 불변화사 : 대23.40] '또한, 더욱이, 게다가, 분명히; also, even, moreover, besides'

aprāptitāprāpti- [**अप्राप्तिताप्राप्ति** [a-[prāptitā=prāpti-]¹]² ☞ *an-* & prāptitāprāpti- ; 명사/여성 ; 합성어 Karmadhāraya (장소격)] '달성·얻음의 상태에 이르지 못함; non-reaching of attainment'
aprāptitāprāptiḥ [단수 주격 : 대37]

abhi(-) [**अभि** 부사] ① '...(쪽)에·까지; unto' ② '가까이, 근접하여 ; near'

amala- [**अमल** [a=mala-] ☞ *an-* & *mala-* ; 형용사 ; 합성어 Bahuvrīhi] '흠·얼룩(이 있는 상태)을 갖고 있지 않은, 더럽지 않은, 깨끗한; having no stain·spot, stainless, spotless, clean' amalāḥ [복수 주격 : 소10 대27]

AY [अय् 어근 제2부류] '가다; to go'

paryay- [पर्यय् [pari-ay-] (3a) ☞ *pari*(-)] '(걸어서) 돌아다니다; to go around, wander'

paryāya- [पर्याय [pari-āy-a-] (3a) ☞ *pari*(-) ; 명사/남성] '돌아다님, (의견, 태도 등) 바꿈, 돌기, 회전, 진행; going · turning around, revolving, course'

samay- [समय् [sam-ay-] ☞ *sam*(-)] '함께 가다; to go together'

samaya- [समय [sam-ay-a-] ☞ *sam*(-) ; 명사/남성] '함께 가기, 모임, 특정한 때; going together, meeting ; appointed or proper time'

samaye [단수 장소격 : 대03]

samuday- [समुदय् [sam-ud-ay-] ☞ *sam*(-) & *ud*(-)] '함께 올라가다, (...으로) 일어나다, 발생하다; to go up together, arise with · through something'

samudaya- [समुदय [sam-ud-ay-a-] ☞ *sam*(-) & *ud*(-) ; 명사/남성] '함께 가기 · 일어서기, 연합, 접합; coming · rising together, union, junction'

samudayaḥ [단수 주격 : 대35]

ari- [अरि 명사/남성 > 형용사] '아리안 > 아리안의, 성스러운; Aryan > Aryan, holy'

ārya- [आर्य [ari~ya (*ari*-의 Vṛddhi)] 형용사] '아리안(인)의, 상위의 카스트 계급에 속해있는, 성스러운; Aryan, belonging to castes (Brahman, Kṣatriya, Vaisya)'

ardha- [अर्ध 명사/남성] '측(면), 일부, 부분, 장소, 지역; side, part, place, region'

sārdha- [सार्ध [sa-ardha-] (1a) ☞ *sam*(-) & *ardha*- 형용사] '절반과 연결된, 절반을 더한; joined with a half, plus a half'

sārdham [형용사 > 부사 : 대04] '(과/와) 함께, 연합하여; together, jointly'

ARH [अर्ह् 어근 제1부류] '...할 · 받을 만하다; to deserve'

arhant- [अर्हन्त् [arh-ant-] 현재분사 > 형용사 > 명사 · 고유명사/남성] '...받을 가치가 있는 > 보상받을 만한 (사람) > 아라한(阿羅漢); deserving > worthy > worthy man, Arhat'

arhadbhiḥ [복수 도구격 : 대54]

ava(-) [अव 부사] ① '(아래로 · 밑으로) 내려; down', ② '떨어져서, 멀리; away, off'

avalokiteśvara- [अवलोकितेश्वर [avalokita=īśvara-] (2a) ☞ LOK & EŚ ; 명사/남성 ; 합성어 Karmadhāraya] '(멀리까지) 내려다보는 · 하시(下視) · 원시(遠視)의 능력을 갖추고 있는 지배자; Aryan · holy master provided with looking down (far)'

avalokiteśvaram [단수 목적격 : 대11]

avidyākṣaya- [अविद्याक्षय [avidyā=kṣaya-] ☞ VED & KṢAY ; 명사/남성 ; 합성어 Tatpuruṣa (목적격)] '앎이 없음 · 무지(無知)의 다함(盡) · 소멸; extinction of non-knowledge' avidyākṣayaḥ [단수 주격 : 소16 대33]

avimala- [अविमल [a=[vi-mala-][1]][2] ☞ *an-* & *mala-* ; 형용사 ; 합성어 Bahuvrīhi] '얼룩·흠이 없는 상태를 갖고 있지 않은, 깨끗하지 않은; having not non-stain·spotlessness, unclear'

avimalāḥ [복수 주격 : 소10 대27]

AS[1] [अस् 어근 제2부류] '있다, 존재하다; to be, exist'

anastitva- [अनस्तित्व [an-as-ti-tva-] ☞ *an-* ; 명사/중성] '존재하지 않음, 비-존재; non-existence'

anastitvāt [단수 탈격 : 대39] (본문 13.5. 참조)

astitva- [अस्तित्व [as-ti-tva-] 명사/중성] '존재(함); being, existence'

sattva- [सत्त्व [s-at-tva-] 명사/중성] '존재, 개체, 피조물; being-ness, existence, creature'

satya- [सत्य [s-at-ya-] 형용사] '참된, 정확한, 진짜의, 충실한; true, real, actual'

satyam [부사 : 소26 대45] '실(제)로, 진실로, 참으로; truly, actually, really'

AS[2] [अस् 어근 제4부류] '(내)던지다, (화살, 총 등) 쏘다; to throw, hurl, fling, shoot'

viparyāsa- [विपर्यास vi-pari-ās-a- (3a) ☞ *vi(-)* & *pari(-)* ; 명사/남성] '흩어지게 주변에 (내던짐), 산란함, 전도(顚倒); throwing around scattered, distracting, turning over, reversing, upsetting'

asamasamamantra- [असमसममन्त्र [[a-[sama=sama][1]][2]=mantra-][3] ☞ asamasama- & MAN- ; 명사/남성 ; 반복합성어[3] & Karmadhāraya[1]] '똑같지 않은·견줄 수 없는·최고의 진언; the best Mantra not comparable with anything'

asamasamamantraḥ [단수 주격 : 소25 대43]

asamasama- [असमसम [a-[sama=sama][1]][2] ☞ *an-* & *sam(-)* ; 형용사 ; 반복 합성어[1]] '똑같지 않은·견줄 수 없는; unequalled'

asura- [असुर 형용사 > 명사/남성] '살아 있는, 정신(적)인 > 정신, 영혼, 신 > 악령, 아수라; living, spiritual > spirit, Lord God > evil spirit, demon, Asura'

AH [अह् 어근] '말하다 ; to say, speak'

svāha- [स्वाह sv-āh-a- (3b) ; 형용사 > 명사/남성] '잘/참되게 말/이야기하는 > (사람/분); (person) making a good speech'

svāhā [단수 도구격 > 감탄사 : 소28 대46] '사바하!; svaha!'

aham [अहम् 대명사/1인칭] '나, 저; I'

mayā [मया 단수 도구격 : 대02]

ā(-) [आ 부사] ① '(...)안에; (in)to' ② '가까이; at near (to)'

ãttamanas– [आत्तमनस् [ātta=manas–] ☞ DĀ & MAN ; 형용사 ; 합성어 Bahuvrīhi] '(...에) 주어진 마음을 갖고 있는, 황홀한, 도취된 마음을 갖는; having a mind given to, enraptured'
ãttamanāḥ [단수 주격 : 대55]

ānandamanas– [आनन्दमनस् [ānanda=manas–] ☞ NAND & MAN ; 형용사 ; 합성어 Bahuvrīhi] '환희 · 기쁨에 충만한 마음을 갖는; having a joyful · delightful mind'
ānandamanāḥ [단수 주격 : 대55]

ĀP [आप् 어근 제5부류] '이르다, 도달하다; to reach, arrive'
prāp– [प्राप् pra–āp– (1a) ☞ *pra*(–)] '이르다, 도달하다, 달성하다; to reach, arrive, attain'
prāpnoti [동사/능동태/직설법/현재/단수/3인칭 : 대39]
aprāpti– [अप्राप्ति a–pra–āp–ti– (1a) ☞ *an*– ; 명사/여성] '이르지 · 다다르지 · 달성하지 · 얻지 못함; non–reaching, –reaching (at), non–attainment'
aprāptiḥ [단수 주격 : 소18 대36.37]
aprāptitva– [अप्राप्तित्व a–pra–āp–ti–tva– (1a) ☞ *an*– & *pra*(–) ; 명사/중성] '이르지 · 다다르지 · 달성하지 못함의 상태; state of non–reaching · non–attainment'
aprāptitvena [단수 도구격 : 대37] aprāptitvād [단수 탈격 : 소19 대37]
prāpta– [प्राप्त pra–āp–ta– (1a) ☞ *pra*(–) ; 과거분사] '다다른 · 이른 · 달성한; arrived, reached out, attained'
prāptā [여성 단수 주격 : 대41]
prāpti– [प्राप्ति pra–āp–ti– (1a) ☞ *pra*(–) ; 명사/여성] '이르는 · 다다르는 것, 이르기, 다다르기, (작용의) 과정 · 길, 도착, 얻음, 달성; reaching (into something), course · way of working (for something), arrival (at), attainment'
prāptiḥ [단수 주격 : 소18 대36.37]
prāptitā– [प्राप्तिता pra–āp–ti–tā– (1a) ☞ *pra*(–) ; 명사/여성] 'prāpti–의 의미와 유사함'
prāptitva– [प्राप्तित्व pra–āp–ti–tva– (1a) ☞ *pra*(–) ; 명사/중성] 'prāpti–의 의미와 유사함'
prāptitvam [단수 주격 : 소18]
samāpta– [समाप्त sam–āp–ta– ☞ *sam*(–) ; 과거분사 > 형용사] '완전하게 이른 · 달성한; completely reached (out) · attained'
samāptam [단수 주격 : 소29 대60]

āyuṣ– [आयुष् 명사/중성] '삶, 나이, 장수(長壽), 생명력; life, age, long life, vitality'
āyuṣmant– [आयुष्मन्त् [āyuṣ–mant–] 형용사 > 명사] '건강한, 생명력을 갖고 있는 (> 사람), 구수(具壽); a healthy man, man possessed of vital power'
āyuṣmān [단수 주격 : 대11.55] āyuṣmantam [단수 목적격 : 대16]

āryapañcāviṁśatika− [आर्यपञ्चविंशतिक [ārya=pañcāviṁśatika−] ☞ *ari−* & pañcāviṁśatikā− ; 형용사 ; 합성어 Karmadhāraya]] '성스러운 25의; holy twenty−five'
āryapañcāviṁśatikā [여성 단수 주격 : 대60]

āryaprajñāpāramitā− [आर्यप्रज्ञापारमिता ārya=prajñāpāramitā ☞ *ari−* & prajñāpāramitā− ; 명사 여성 ; 합성어 Karmadhāraya] '아리안의 · 성스러운 반야바라밀다(般若波羅密多); Aryan · holy Prajnaparamita'
āryaprajñāpāramitāyai [단수 여격 : 소01 대01]

āryaprajñāpāramitāhṛdaya− [आर्यप्रज्ञापारमिताहृदय [[ārya=[prajñā=pāramitā[1]]][2]=hṛdaya−][3] ☞ *ari−* & prajñāpāramitā− & *hṛd−* ; 명사/중성 ; 합성어 Tatpuruṣa[1.3.](여격) & Karmadhāraya[2] (여격)] '아리안의 · 성스러운 반야바라밀다(般若波羅密多)에 대한 마음 · 심(心); heart for Aryan · holy Prajnaparamita'
āryaprajñāpāramitāhṛdayam (단수 주격; 대60)

āryāvalokiteśvara− [आर्यावलोकितेश्वर ārya=avalokiteśvara− (1a) ☞ *ari−* & avalokiteśvara− ; 명사/남성 ; 합성어 Karmadhāraya] '내려다보는 · 하시(下視) · 원시(遠視)의 능력을 갖추고 있는 아리안의 · 성스러운 지배자, 성관자재(聖觀自在); Aryan · holy master provided with looking down (far)'
āryāvalokiteśvaraḥ [단수 주격 : 소02 대07.15.20.55] āryāvalokiteśvaram [단수 목적격 : 대12] āryāvalokiteśvarasya [단수 속격 : 대50] āryāvalokiteśvarāya [단수 여격 : 대50]

āryāvalokiteśvarabodhisattva− [आर्यावलोकितेश्वरबोधिसत्त्व [[ārya=[avalokita=īśvara][1]][2]=[bodhi=sattva−][3]][4] (1a)(2a) ☞ āryāvalokiteśvara & bodhisattva− ; 명사/남성 ; 합성어 Karmadhāraya[1.2.] & Tatpuruṣa[3] (여격) & Dvandva[4]] '(멀리까지) 내려다보는 · 하시(下視) · 원시(遠視)의 능력을 갖추고 있는 아리안의 · 성스러운 지배자인 깨달음의 존재 · 보살(菩薩); Aryan · holy master · Buddha provided with looking down (far)'
āryāvalokiteśvarabodhisattvaḥ [단수 주격 : 소02]

iti [इति 불변화사 : 소04.29 대59.60] '그래서, 이러한 방식으로, 따라서; so, in this way, thus'

idam [इदम् 대명사/지시] '(바로) 이것; this (here)'
asyām [여성 단수 장소격 : 대13.18.50]

iha [इह 불변화사 : 소05.09 대22.26] '여기에(서), 이 장소 · 땅 · 세상에서; here, in this place · earth · world'

uta [उत 불변화사 : 대19] '그리고, 또한; and, also'

ud(−) [उद् 부사] ① '위(쪽으)로' ② '밖 · 외부에' ① 'up(on), upward' ② 'out(side)'
anuttara− [अनुत्तर [an−uttara−] 형용사/남성 · 중성] '더 · 그 이상의 위가 없는, 최고

의, 주요한, 가장 좋은, 우수한; chief, principal, best, excellent'

anuttarā– [अनुत्तरा [an–uttarā–] 형용사/여성] 'anuttara–와 유사한 의미'

anuttarā [단수 주격 : 대41] anuttarām [단수 목적격 : 소23 대41]

uttara– [उत्तर [ut–tara–] (9a) 형용사] '위쪽의, 더 높은; upper, higher'

eka [एक 수사 > 형용사] '하나, 일 > 홀로, 고독한, 단 하나의; one > alone, lonely, unique'

ekasmin [단수 장소격 : 대03]

etad [एतद् 지시대명사] '이(곳); this (here)'

etad [중성 단수 주격 > 부사 '이러한 방식으로, 따라서, 그래서, 이제; in this manner, thus, so, now: 대12.16.53]

eva [एव 불변화사 > 강조사: 소05.07.08 대22.25.53] '그래서, 따라서, <강세를 받는 단어를 따라 나오면서 이 단어를 강조하는 기능>; thus'

evam [एवम् 불변화사 : 소08 대02.09.15.19.25.26.47.52.53] '이러한 방식으로, 이렇게, 그래서; in this way, thus'

EŚ [एश् 어근 제2부류] '소유・지배/관장하다; to possess, rule, reign'

īśvara– [ईश्वर [īś–vara]– 명사/남성] '지배・관장하는 사람, 영주(領主), 지배자; master, lord'

oṁ [ॐ 불변화사 : 소01 대01] '옴!'

KAY [कय् 어근 제3부류] '지각・감지・인식・유의하다; to perceive, notice'

kāya– [काय [kāy–a–] 명사/남성] '몸, 신체, 촉각(觸覺); body, flesh, (sense of) touching'

kāyaḥ [단수 주격 : 소13 대30]

KĀ[I] [का 어근 제4부류] '즐기다, 즐겁게 시간을 보내다, 바라다, 원하다; to enjoy, wish, desire, want'

–kāma– [काम [–kā–ma–] 명사/남성 > 형용사 {합성어의 끝에 올 때}] '소원, 바라는 것, 욕구 > (...) 바라는, 소망하는; wish, desire > –wishing, –desiring'

kim [किम् 의문대명사] '누가?, 어떤 것이?, 무엇이?; who?, which?, what?'

kaḥ [남성/단수/주격 : 대13.17] katham [कथम् [ka–tha–m] 의문부사 : 대14.21] '어떻게? 왜? ; how? why?'

kula– [कुल 명사/중성] '(짐승, 곤충 등의) 무리, 떼, 가계(家系), 지역사회, 혈통, 혈족; herd, flock, swarm, race, community, tribe, family'

kuladuhitar– [कुलदुहितर् [kula=duhitar–] ☞ *kula–* & *duhitar–* ; 명사/여성 ; 합성어 Tatpuruṣa (탈격)] '한 지역사회・혈족(출신)의 딸(들), 선여인(善女人); a group of daughters' kuladuhitā [단수 주격 : 대17]

kulaputra– [कुलपुत्र [kula=putra–] ☞ *kula–* & *putra–* ; 명사/남성 ; 합성어 Tatpuruṣa (탈격)] '한 지역사회 · 혈족(출신)의 아들(들), 선남자(善男子); a group of sons'
kulaputra [단수 호격 : 대52] kulaputraḥ [단수 주격 : 대13.17]

kūṭa– [कूट 명사/중성 · 남성] '이마, 앞머리, (소, 양 등의) 뿔 · 부리; forehead, horn · peak'

KRAM[I] [क्रम् 어근 제1부류] '큰 걸음으로 걷다, 활보하다; to stride, walk'
atikram– [अतिक्रम् [ati–kram–] ☞ *ati*(–)] '지나가다, 넘어가다, 초월하다; to pass, go beyond, transgress'
atikrāṁta– [अतिक्रांत [ati–krāṁ–ta–] (7d) ☞ *ati*(–) ; 과거분사 > 형용사] '넘어간, 지나간, 벗어난, 초월한; having passed, gone beyond, transgressed'

KṢAY [क्षय् 어근 제9부류] '파괴하다, 소멸시키다, 사라지다; to destroy, perish'
kṣaya– [क्षय [kṣay–a–] 명사/남성] '잃음, 소멸, 파괴; loss, extinction, destruction'
kṣayaḥ [단수 주격 : 대33]

kha– [ख 명사/중성] '구멍, 관, 통로; cavity, hole, aperture, passage'
duḥkha– [दुःख [duḥ–kha–] (9g) ☞ *dus*(–) ; 형용사 > 명사/중성] '통과하기 · 다니기 어려운, (심기가) 불편한 > 불편함, 괴로움, 고통; difficult to pass · go > uneasiness, uncomfort, pain, suffering'
duḥkham [단수 주격 : 대35]

khalu [खलु 불변화사 : 대05.11.49] '실로, 참으로; indeed, in truth'

gaṇa– [गण 명사/남성] '무리; flock, troop, tribe'

gandha– [गन्ध 명사/남성] '냄새, 향기; smell, fragrance'
gandhaḥ [단수 주격 : 대31]

gandharva– [गन्धर्व 명사/남성] '건달바(乾闥婆), 요정; N. of a genius closely connected with Soma and the sun, fairy'

GAM [गम् 어근 제1부류] '가다, 움직이다; to go, move'
gati– [गति [ga–ti–] 명사/여성] '감, 가기; going'
gate [단수 호격? : 소28 대46]
saṁgam– [संगम् [saṁ–gam–] (7a) ☞ *sam*(–)] '함께 가다; to go together'
saṁgati– [संगति [saṁ–ga–ti–] (7a) ☞ *sam*(–) ; 명사/여성] '함께 감 · 가기; going together'

gambhīra– [गम्भीर ०ī 형용사 남성 · 중성, 여성 ā–] '깊은, 심연의; deep, profound'
gambhīrām [여성 단수 목적격 : 소03.20] gambhīrāyām [여성 단수 장소격 : 소03 대13.18. 47.53]

gambhīrāvabhāsa– [गम्भीरावभास [gaṁbhīra=avabhāsa–] (1a) ☞ *gambhīra–* & BHĀS ; 명사/남성 ; 합성어 Karmadhāraya] '(심연에까지 이르는) 깊은 광채; deep splendor'
gambhīrāvabhāsam [단수 목적격 : 대05.08]

gambhīrāvasaṁbodha– [गम्भीरावसंबोध [gaṁbhīra=avasaṁbodha–] (1a) ☞ *gambhīra–* & BODH ; 명사/남성 ; 합성어 Karmadhāraya] '(심연에까지 이르는) 깊고 완전한 깨달음; complete and deep awakening'
gambhīrāvasaṁbodham [단수 목적격 : 대05]

garuḍa– [गरुड 명사/남성] '가루라(迦樓羅), 가류라(迦留羅), 금시조(金翅鳥)·묘시조(妙翅鳥), 신비스러운 상상의 큰 새, 비슈누가 타고 다니는 새; a mystical bird, vehicle of Viṣṇu'

GARDH [गर्ध् 어근 제4부류] '갈망하다, 몹시 탐하다; to be greedy'
gṛdhra– [गृध्र [gṛdh–ra–] 형용사 > 명사/남성] '탐욕스럽게 갈망하는 > 독수리; greedily desiring·eager for, vulture'

gṛdhrakūṭa– [गृध्रकूट [gṛdhra=kūṭa–] ☞ GARDH & *kūṭa–* ; 명사/중성 ; 합성어 Tatpuruṣa (속격)] '독수리의 정수리, 기사굴(耆闍崛); peak of vulture (near Rājagṛha)'
gṛdhrakūṭe [단수 장소격 : 대03]

gṛdhrakūṭaparvata– [गृध्रकूटपर्वत [[gṛdhra=kūṭa][1]=parvata–][2] ☞ gṛdhrakūṭa– & *parvata–* ; 명사/중성 ; 합성어 Tatpuruṣa[1.2.] (속격[1] 도구격[2])] '(탐욕스럽게 갈망·열망하는) 독수리의 정수리와 같은 모양의) 산; greedily desiring vulture–peak–shaped mountain'
gṛdhrakūṭaparvate [단수 장소격 : 대03]

gṛha– [गृह 명사/남성] '하인, 사용인, 집, 신전(神殿); servant, house'

GHAN [घन् 어근 제2부류] '치다, 때리다, 죽이다; to hit, strike, kill'
saṁgha– [संघ [saṁ–gha–] (7a) 명사/남성] '함께 때림·침, 집단, 군중; group, crowd'

GHRĀ[I] [घ्रा 어근 제3부류] '(냄새 등) 맡다; to smell'
ghrāṇa– [घ्राण [ghrā–aṇa–] (8a) 형용사 > 명사/중성] '냄새를 맡는 > 코·후각(嗅覺); smelling > nose·(sense of) smell'
ghrāṇam [단수 주격 : 소13 대30]

ca [च 불변화사 : 소04.18.19 대04.07.10.21.25.56.57] '그리고, 또한; and, also'

CAKṢ [चक्ष् 어근 제2부류] '빛나다, 나타나다, 찾아내다, 보다; to shine, appear, catch sight of, see'
cakṣus– [चक्षुस् [cakṣ–us–] 형용사 > 명사] '보는 > 눈, 시각(視覺); seeing, eye, (sense of) sight'

cakṣuḥ [단수 주격 : 소13 대30]

cakṣuḥśrotraghrāṇajihvākāyamanas- [चक्षुःश्रोत्रघ्राणजिह्वाकायमनस् [cakṣuḥ=śrotra=ghrāṇa=jihvā=kāya=manas-] (61) ☞ CAKṢ & ŚRAV & GHRĀ & *jihvā-* & KAY & MAN ; 명사/중성 ; 합성어 Dvandva] '눈・시각(視覺) & 귀・청각(聽覺) & 코・후각(嗅覺) & 혀・미각(味覺) & 육체・촉각(觸覺) & 정신・상각(想覺); eye・sight & ear・(sense of) hearing & nose・(sense of) smell & tongue・taste & body・(sense of) touch & soul・(sense of) thinking'

cakṣuḥśrotraghrāṇajihvākāyamanāṁsi [복수 주격 : 소13]

cakṣurdhātu- [चक्षुर्धातु [cakṣur=dhātu-] (6e) ☞ CAKṢ & DHĀ ; 명사/남성 ; 합성어 Tatpuruṣa] '눈・시각에 대한・의 성분・요소; constituent・element for visual sense'

cakṣurdhātuḥ [단수 주격 : 소15 대32]

CAR [चर् 어근 제1부류] '움직이다, 변하다, 가다, 걸어 돌아다니다; to move oneself, change, go, wander'

caramāṇa- [चरमाण [car-a-māṇa-] (8a) 동사/중간태/현재분사 > 형용사] '(자기 자신을・스스로를 위해) 움직이는, 수행하는; moving, acting, fulfilling for oneself'

caramāṇaḥ [남성 단수 주격 : 소03 대08.20]

cartavya- [चर्तव्य [car-tavya-] 동사/(능동・수동) 필연분사 > 형용사 > 명사] '움직여야・수행해야 할 (것[이다]), 움직여져야・수행되어져야 할 (것[이다]); (it) must move・perform, (it) must be moved, acted, fulfilled'

cartavyam [중성 단수 주격 : 대53]

cartu- [चर्तु [car-tu-] 명사/남성] '하기, 함, 수행, 실천; performance, practice. fulfillment'

carya- [चर्य [car-ya-] 명사/중성] 'cartu-의 의미와 유사함'

caryam [단수 목적격 : 대본53e]

caryā- [चर्या [car-yā-] 명사/여성] '(...로) 움직임, 감, 수행, 실행; moving・movement into something, performance, practice'

caryām [단수 목적격 : 소03 대08.14.18.20.53] caryāyām [단수 장소격 : 대48]

cartukāma- [चर्तुकाम [cartu=kāma-] ☞ CAR & KĀ ; 형용사 ; 합성어 Tatpuruṣa (목적격)] '하기・수행・실천을 바라는・원하는; desiring・wishing a practice・performance・fulfillment'

cartukāmaḥ [단수 주격 : 대14.19]

cittālambana- [चित्तालम्बन [cittā=lambana-] ☞ CET & LAMB ; 명사/중성; 합성어 Tatpuruṣa (여격)] '지각・마음에 의존함/하기; depending on perception・heart・mind'

cittālambanam [단수 주격 : 대39]

cittāvaraṇa- [चित्तावरण [cittā=varaṇa-] ☞ CET & VAR ; 명사/남성 ; 합성어 Tatpuruṣa (목적격)] '지각 · 마음을 둘러싸는 · 에워싸는 것 · 상태, 지각에 울타리 · 걸림이 있음; something or state which surrounds or covers perception · heart'
cittāvaraṇaḥ [단수 주격 : 소20 대38]

cittāvaraṇānastitva- [चित्तावरणानस्तित्व [[cittā=varaṇa][1]=anastitva-][2] ☞ cittāvaraṇa- & AS 명사/중성 ; 합성어 Tatpuruṣa (도구격[1] 여격[2])] '지각에 의해 둘러싸임이 없음, 지각의 울타리가 없음; non-existence of fencing by perception'
cittāvaraṇānastitvāt [단수 탈격 : 소21]

cid [चिद् 불변화사 강조사 : 대13.17] '심지어, 조차, 실로; even, indeed'

CET [चेत् 어근 제1부류] '인지하다, 알아보다; to recognize, notice'
citta- [चित्त [cit-ta-] 과거분사 > 형용사 > 명사/중성] '생각 · 감지된 > 생각(하는 것), 감각, 지각, 인식, 이성, 마음; thought, perceived > thinking, perception, thought, reason, heart'
cittā- [चित्ता cit-tā- 과거분사 > 형용사 > 명사/여성] '의미는 [명사/중성] citta-와 같음'

JAN[I] [जन् 어근 제1부류] '생산하다, 낳다; to generate, to give birth'
ajāta- [अजात a-jā-ta- 과거분사 > 형용사] '생산되지 않는; not generated'
ajātāḥ [복수 주격 : 대26]

JAR[I] [जर् 어근 제1부류] '쇠약하게 · 늙게 하다; to make old · decrepit'
jara- [जर [jar-a-] 형용사] '나이든; aged, having an old age'
jarā- [जरा [jar-ā-] 명사/여성] '나이 듦, 늙음, 노년(기); getting old, old age'

jarāmaraṇa- [जरामरण [jarā=maraṇa-] ☞ JAR & MAR ; 명사/중성 ; 합성어 Dvandva] '늙음(과)죽음; getting old and death'
jarāmaraṇam [단수 주격 : 소17 대34]

jarāmaraṇakṣaya- [जरामरणक्षय [[jarā=maraṇa][1]=kṣaya-][2] ☞ jarāmaraṇa- & KṢAY ; 명사/남성 ; 합성어 Dvandva[1] & Tatpuruṣa[2] (목적격)] '늙음(과)죽음의 소멸; extinction of getting old and death'
jarāmaraṇakṣayaḥ [단수 주격 : 소17 대34]

jihvā- [जिह्वा 명사/여성] '혀, 미각(味覺); tongue'
jihvā [단수 주격 : 소13 대30]

JÑĀ[I] [ज्ञा 어근 제9부류] '알다, 인정 · 인지하다; to know, recognize'
-jña- [ज्ञ {합성어에서} 형용사] '...을 아는, 알고 있는; knowing something'
jñā- [ज्ञा 명사/여성] '앎, 아는 것, 아는 사람; knowing, someone who knows something'
jñātavya- [ज्ञातव्य [jñā-tavya-] 동사/동사/(능동 · 수동) 필연분사] '알아야 할 (것이

다), 알려져야 할 (것이다); (it) must know, (it) must be known'

jñātavyam [비인칭표지 : 소24 대42]

jñāna– [ज्ञान [jñā–na–] 명사/중성] '앎, 지식; knowledge'

jñānam [단수 주격 : 소18 대36]

prajñā– [प्रज्ञा [pra–jñā–] ☞ *pra*(–) ; 명사/여성] '구분, 판단; distinction, discrimination, judgement'

vijñāna– [विज्ञान [vi–jñā–na–] ☞ *vi*(–) ; 명사/중성] '판단, 분별(력), 식(識); judgement, (power of) discernment, knowledge'

vijñānam [단수 주격 : 소12 대29] vijñānāni [복수 주격 : 소12]

saṁjñā– [संज्ञा [saṁ–jñā–] (7b) ☞ *saṁ*(–) ; 명사/여성] '동의, (상호)이해, 조화, 지각(知覺), 상(想); agreement, (mutual) understanding, harmony, perception'

saṁjñā [단수 주격 : 소12 대29]

tathāgata– [तथागत [tathā=gata–] ☞ *tad* & GAM ; 명사/남성 ; 합성어 Karmadhāraya] '여래(如來); Tathagata, someone who has gone or come'

tathāgataiḥ [복수 도구격 : 대54]

tad [तद् 대명사/지시] '이것, 그 · 그녀 · 그것); this, that, it'

tathā [부사] '그러한 방식으로, 그래서, 따라서; in that manner, so, thus' tasmāt [남성 · 중성 탈격 : 소19 > 부사 : 소11.24 대.28.37.42.50] '그(것으)로부터 > 그래서; from that, thus' tasyām [여성 단수 장소격 : 대50] tena [남성 중성 도구격 : 대05,07 > 부사 '그러한 방식 · 방향으로, 따라서; in that manner · direction, thus': 대14.19] te [남성 복수 주격 : 대56] tān [남성 복수 목적격 : 소04 대10.21] sa [남성 단수 주격 : 대57] sā [여성 단수 주격 : 소07 대57]

tadyathā [तद्यथा [tad=yathā] ☞ tad & yad ; 부사 ; 합성어 Avyayībhāva : 소27 대45] '즉; that is'

tarhi [तर्हि 불변화사 : 대28.37] '그때(에), 그래서; at that time, thereupon'

TRAS [त्रस् 어근 제1부류] '(벌벌) 떨다, (지면 · 건물 등) 흔들리다, 진동하다, 근심하다, 걱정하다; to tremble, quiver, be afraid of'

atrasta– [अत्रस्त [a–tras–ta–] ☞ *an*– ; 과거분사 > 형용사 > 명사/남성] '(...에) 깜짝 놀라지 않는, 겁나지 않는, (벌벌) 떨지 않는, '근심 · 걱정 · 공포 · 두려움이 없는; non–frightened, –trembled' > '깜짝 놀라지 않음, 벌벌 떨지 않음, 근심 · 걱정 · 공포 · 두려움이 없는 상태; non–fright, –trembling, –worry, –concern, –fear'

atrastaḥ [형용사 남성 단수 주격 : 소21 대39]

tri [त्रि 수사] '3; three'

tryadhvan– [त्र्यध्वन् [try=adhvan–] (3a) ☞ tri & *adhvan*– ; 명사/남성 ; 합성어 DVIGU] '세 개의 길 · 차원; three roads' tryadhvavyavasthita– [त्र्यध्वव्यवस्थित [[try=adhva][1]=vyavasthita–][2] (3a) ☞ try–adhvan– & STHĀ ; 형용사 ; 합성어 Dvigu[1] & Tatpuruṣa[2] (장소격)] '세 개의 길 · 차원(과거 · 현재 · 미래)에 차례대로 서 · 놓여있는; stood on three roads in turn (past · present · future)'

tryadhvavyavasthitāḥ [남성 복수 주격 : 소22 대40] tryadhvavyavasthitaiḥ [남성 복수 도구격 : 대40]

tvam [त्वम् 인칭대명사/2인칭] '너, 당신; you'

tvayā [단수 도구격 : 대53]

DĀ[I] [दा 어근 제3부류] '주다, 건네다, 넘겨주다; to give'

adāt [अदात् [a–dā–t] 동사/능동태/직설법/아오리스트/단수/3인칭 : 대51]

ātta– [आत्त [ā–t–ta–] (9b) ☞ *ā*(–) ; 과거분사 > 형용사] '(...에) 주어진, 취해진, 빠져있는; given, taken, fallen (into something)'

ādā– [आदा [ā–dā–] ☞ *ā*(–)] '취하다, 잡다, 받아들이다; to take, seize, accept'

dus(–) [दुस् 접두사 < 부사] '나쁜, 좋지 않은; bad'

duḥkhasamudayanirodhamārga– [दुःखसमुदयनिरोधमार्ग [[duḥkha={samudaya=nirodha}][1]=mārga–][2] ☞ *kha–* & AY & RODH & MARG ; 명사/남성 ; 합성어 Tatpuruṣa[1] (목적격) & Tatpuruṣa[2] (여격)] '괴로움 · 고통을 분출시키고 차단시키는 길 · 과정; way · course of erupting and blocking suffer'

duḥkhasamudayanirodhamārgāḥ [복수 주격 : 소18 대35]

duhitar– [दुहितर् 명사/여성] '딸; daughter'

deva– [देव 명사/남성] '신; god, lord'

DEŚ [देश् 어근 제6부류] '가리키다, 지적 · 지시하다; to point, show'

nirdiś– [निर्दिश् [nir–diś–] (6e) ☞ *nis*(–)] '할당 · 지정하다, 가리키다; assign, indicate'

nirdiṣṭa– [निर्दिष्ट [nir–diṣ–ṭa–] (6e)(8b) ☞ *nis*(–) ; 과거분사] '할당 · 지정된, 가리켜진; assigned, indicated'

nirdiṣṭam [비인칭구문 : 대53]

DHAR [धार् 어근] '(손에) 갖고 있다, 쥐다, 지니다; to hold, bear'

dharma– [धर्म [dhar–ma–] 명사/남성] '법(령), 법칙, (사고의) 대상, 관념; law, decree, objects (of mind), concept'

dharmaḥ [단수 주격 : 대31] dharmāḥ [복수 주격 : 대31]

dharmadhātu– [धर्मधातु [dharma=dhātu–] ☞ DHAR & DHĀ ; 명사/남성 ; 합성어 Tatpuruṣa (여격)] '법에 대한 · 의 성분 · 요소; constituent · element for law'

dharmadhātuḥ [단수 주격 : 대32]

dharmaparyāya- [धर्मपर्याय [dharma=paryāya-] ☞ DHAR & AY ; 명사/남성 ; 합성어 Tatpuruṣa (여격)] '법의 작용・진행・운행・영향; revolving・course・effect of law'
dharmaparyāyam [단수 목적격 : 대06.08]

DHĀ[I] [धा 어근 제3부류] '두다, 놓다, 세우다, 야기하다; to put, place, set, cause'
dhātu- [धातु [dhā-tu-] 명사/남성] '세워지는 것, (구성)성분, 요소, 부분; constituent, element, part'
samādhi- [समाधि [sam-ā-dhi-] ☞ *sam*(-) & *ā*(-) ; 명사/남성] '전념・헌신; profound devotion'
samādhim [단수 목적격 : 대06] samādheḥ [단수 속격 : 대50]

na [न 부정사 : 소06.12-18 대29-37] '(...하지) 않다, (...이/가) 아니다; not'

NAND [नन्द् 어근 제1부류] '기뻐・행복해 하다; to be happy'
abhinand- [अभिनन्द् [abhi-nand-] ☞ *abhi*(-)] '최고로・더할 나위 없이・매우 기뻐하다; to rejoice extremely'
abhyanandan [동사/능동태/직설법/미완료/복수/3인칭 : 대59]
ānanda- [आनन्द [ā-nand-a-] ☞ *ā*(-) ; 명사 남성] '기쁨, 즐거움, 만족; joy, satisfaction'

NAM [नम् 어근 제1부류] '(목, 허리 등) 구부리다, 인사하다; to bend, bow, obey'
namas- [नमस् [nam-as-] 명사/중성] '(목, 허리 등) 굽히는 것 -> 굽히기, 인사, 절, 경배(敬拜), 귀의(歸依); bending, salute, (respectable) bow'
namaḥ [단수 목적격 : 소01 대01]

nāman- [नामन् 명사/중성] '이름, 명칭 특징, 본성; name, a characteristic mark・sign, nature'
nāma [नाम 부사 : 대05.08] '...라는 이름의・으로; by name of'

ni(-) [नि 부사] '아래로, 뒤로; down, back'

niṣṭhănirvāṇa- [निष्ठनिर्वाण निष्ठानिर्वाण [niṣṭhă=nirvāṇa-] ☞ STHĀ & VĀ ; 명사/남성・중성 ; 합성어 Karmadhāraya] '근원적인 완전한 소진(의 상태), 니르바나, 열반(涅槃); state of being disappeared・exhausted'
niṣṭhanirvāṇaḥ [남성 단수 주격 : 소21 대39] niṣṭhānirvāṇam [중성 단수 주격 : 대39]

nis(-) [निस् 부사] '밖으로, 넘어서, 결여된, 부족한; out, beyond, away, without, lacking of'

pañca [पञ्च 수사 : 소04 대10.21] '5; five'

pañcaskandha- [पञ्चस्कन्ध [pañca=skandha-] ; ☞ pañca & *skandha-* ; 명사/남성 ; 합성어 Dvigu] '다섯 개의 쌓임, 오온(五蘊); five-aggregates'
pañcaskandhāḥ [복수 주격 : 소04 대10.21] pañcaskandhān [복수 목적격 : 소04]

pañcāviṁśatika− [**पञ्चविंशतिक** [pañcā=viṁśatika−] ☞ pañca & *viṁśatika*− 수사] '25; twenty−five'

PAD [**पद्** 어근 제4부류] '걷다, 발(걸음)을 옮기다, (나아)가다; to step, go'

anutpanna− [**अनुत्पन्न** [an−ut−pan−na−] (9a)(11a) ☞ *an*− & *ud*(−) ; 과거분사 > 형용사] '일어나지 · 생겨나지 · 만들어지지 않은; not arisen, unborn, not produced'

anutpannāḥ [명사 복수 주격 : 소09 대26]

utpad− [**उत्पद्** [ut−pad−] (9a) ☞ *ud*(−)] '일어나다, 생겨나다, 만들어지다; to arise, to be produced'

utpanna− [**उत्पन्न** [ut−pan−na−] (9a)(11a) ☞ *ud*(−) ; 과거분사] '일어난 · 생겨난 · 만들어진; arisen, produced'

samāpad− [**समापद्** [sam−ā−pad−] ☞ *sam*(−)] '완전하게 (넘어)가다; to go · step into completely'

samāpanna− [**समापन्न** sam−ā−pan−na− (11a) ☞ *sam*(−) & *ā*(−) ; 과거분사] '완전하게 (넘어)간; completely gone · stepped into'

samāpannaḥ [복수 주격 : 대06]

PAR [**पर्** 어근 제3부류] '(사람, 화물 등) 나룻배로 건네다, 데리고 · 갖고 가다; to ferry · take over · across'

pāra− [**पार** [pār−a−] 형용사 > 명사/중성 · 남성] '(...을/를) 넘는 · 건너는 > 저편, 피안(彼岸) ; crossing, passing, going beyond altogether, transcending altogether > the opposite side'

PAR^{I} [**पर्** 어근 제9부류] '(가득) 채우다; to fill'

aparipūrṇa− [**अपरिपूर्ण** [a−pari−pūr−ṇa−] (8a) ☞ *an*− & *pari*(−) ; 과거분사 > 형용사] '충분하게 채워지지 않은; not fully filled with'

aparipūrṇāḥ [남성 복수 주격 : 소10 대27]

asaṁpūrṇa− [**असंपूर्ण** [a−saṁ−pūr−ṇa−] (7e)(8a) ☞ *an*− & *sam*(−) ; 과거분사 > 형용사] '완전하게 채워지지 않은; not completely filled with'

asaṁpūrṇāḥ [남성 복수 주격 : 대27]

paripar− [**परिपर्** [pari−par−] ☞ *pari*(−)] '충분하게 채우다; to fill with completely'

paripūrṇa− [**परिपूर्ण** [pari−pūr−ṇa−] (8a) ☞ *pari*(−) ; 과거분사 > 형용사] '충분하게 채워진; filled with fully'

paripūrṇāḥ [남성 복수 주격 : 소10]

saṁpar− [**संपर्** [saṁ−par−] (7e) ☞ *sam*(−)] '완전하게 채우다; to fill with completely'

saṁpūrṇa− [**संपूर्ण** [saṁ−pūr−ṇa−] (7e)(8a) ☞ *sam*(−) ; 과거분사 > 형용사] '완전하게 채워진; completely filled with'

saṁpūrṇāḥ [남성 복수 주격 : 소10]

para– [पर 형용사 남성·중성] '저쪽의, 멀리 있는, 다른 편의, 건너편의, 극도의; far, distant, opposite, extreme'
parama– [परम [para–ma–] 형용사 최상급 남성·중성] '최상의, 최고의; highest'
pāramī– [पारमी [pāra–mī–] 형용사 최상급 여성] '최상의, 최고의; highest'
pāramitā– [पारमिता [pāra–mi–tā–] 명사/여성] '최고·최상의 상태·위치, 완전함, 바라밀다(波羅蜜多); highest–ness, highest position, completeness, Pāramitā'

pari(–) [परि 부사] ① '주위에; around' ② '충분히, 완전히, 전적으로, 과도하게 ; fully, entirely, quite excessively'

parvata– [पर्वत 명사/남성] '산, 언덕; mountain, hill'
parvate [단수 장소격 : 대03]

parṣat– [पर्षत् 형용사 > 명사/여성] '둘러·에워싸는> 집회, 회합, 청중; encompassing, besetting > assembly, audience'
parṣat [단수 주격 : 대57]

PAŚ [पश् 어근 제4부류] '(바라)보다, 주시하다, 관찰하다; to behold, look at, observe'
paśyati [능동태/직설법/현재/단수/3인칭 : 소04 대21]
samanupaś– [समनुपश् [sam–anu–paś–] ☞ *sam*(–) & *anu*(–)] '재차·다시·꼼꼼하게 주시·관찰하다; to look at·observe again·repeatedly·precisely'
samanupaśyati [능동태/직설법/현재/단수/3인칭 : 대21]

pāragati– [पारगति [pāra=gati–] ☞ PAR & GAM ; 명사/여성 ; 합성어 Tatpuruṣa (목적격)] '피안으로 (넘어) 가기·감; going beyond the opposite side'
pāragate [단수 호격? : 소28 대46]

pārasaṁgati– [पारसंगति [pāra=saṁgati–] ☞ PAR & GAM ; 명사/여성 ; 합성어 Tatpuruṣa (목적격)] '피안으로 함께 (넘어) 가기·감; going together beyond the opposite side'
pārasaṁgate [단수 호격? : 소28 대46]

putra– [पुत्र 명사/남성] '아들, 아이; son, child'

punas [पुनस् 불변화사 : 대05] '뒤로, 다시; back, again, anew'

pṛthak [पृथक् 불변화사 : 소06 대23] '(...[으]로부터) 분리되어·떨어져·독립되어 있는, 다른; separate·different from'

pra(–) [प्र 부사] ① '앞에(서), 앞으로; 'in front of, before, ahead of' ② '철저히, 완전하게; perfectly, completely'

prajñāpāramitā– [प्रज्ञापारमिता [prajñā=pāramitā–] ☞ JÑĀ & pāramitā– ; 명사/여성 : 합성어 Tatpuruṣa (여격)] '반야(에 대한) 바라밀다; Pāramitā for Prajñā, Prajñāpāramitā'

prajñāpāramitā [단수 주격 : 소24 대42.53] prajñāpāramitām [단수 목적격 : 소20 대23.38. 41] prajñāpāramitāyām [단수 장소격 : 소27 대18.45]

prajñāpāramitācaryā- [प्रज्ञापारमिताचर्या [[prajñā=pāramitā][1]=caryā-][2] ☞ prajñāpāramitā- & CAR ; 명사/여성 ; 합성어 Tatpuruṣa[1.2.] (여격[1] 목적격[2])] '반야바라밀다(를)의 수행(하기); performance of Prajñāpāramitā'
prajñāpāramitācaryām [단수 목적격 : 소03 대20]

prajñāpāramitāhṛdaya-[प्रज्ञापारमिताहृदय [[prajñā=pāramitā][1]=hṛdaya-][2] ☞ prajñāpāramitā- & *hṛd-* ; 명사/중성 ; 합성어 Tatpuruṣa[1.2.] (여격)] '반야바라밀다의 심(心); heart for Prajñāpāramitā'
prajñāpāramitāhṛdayam [단수 주격 : 소29 대60]

prajñāpāramitāhṛdayasūtra- [प्रज्ञापारमिताहृदयसूत्र [[prajñā=pāramitā][1]=[hṛdaya=sūtra-][2]][3] ☞ prajñāpāramitā- & *hṛd-* & *sūtra-* ; 명사/중성 ; 합성어 Tatpuruṣa[1.3.] (여격[1.3.] 도구격[2])] '반야바라밀다에 대한 마음의 경·심경(心經); Heart Sutra for Prajñā-pāramitā'
prajñāpāramitāhṛdayasūtram [단수 주격 : 소29 대60]

prāptitāprāpti- [प्राप्तिताप्राप्ति [prāptitā=prāpti-] ☞ ĀP & ĀP; 명사/여성 ; 합성어 Tatpuruṣa] '달성의 상태에 이름; reaching (at the state) of attainment'

buddhānubhāva- [बुद्धानुभाव [buddha=anubhāva-] (1a) ☞ BODH & BHAV[I] ; 명사/남성 ; 합성어 Tatpuruṣa (도구격)] '부처와·에 견줄만한·가까울 정도의 것·힘; thing·power comparable to Buddha'
buddhānubhāvena [단수 도구격 : 대21]

BODH [बोध् 어근 제1부류] '알아채다, 인지·주의하다, 깨(어나)다; to notice, awake'
abhisaṁbodh- [अभिसंबोध् [abhi-saṁ-bodh-] (7e) ☞ *abhi*(-) & *sam*(-)] '완전하게 깨닫다; to awaken completely'
abhisaṁbuddha- [अभिसंबुद्ध] [abhi-saṁ-buddha-] (7e) ☞ *abhi*(-) & *sam*(-) ; 과거분사 > 형용사] '깨달음에 완전하게 (거의) 이른; reached (almost) completely into awakening'
abhisaṁbuddhāḥ [남성 복수 주격 : 소23 대41]
avasaṁbodha- [अवसंबोध [ava-saṁ-bodh-a-] (7e) ☞ *ava*(-) & *sam*(-) ; 명사/남성] '(심연에 이르는) 완전한 깨달음; complete awakening·knowledge'
buddha- [बुद्ध [buddha-] 과거분사 > 형용사 > 명사/남성]] '깨달은 > 깨달음을 얻은 사람, 부처; awakened > an awakened man, Buddha'
bodhi- [बोधि [bodh-i-] 명사/여성] '인지(하는 것), 깨(우)는 것, 깨달음; notice, awakening'
bodhi [단수 호격? : 소28 대46]

saṁbodhi- [**संबोधि** [saṁ-bodh-i-] (7e) ☞ sam(-) ; 명사/여성] '완전한 깨달음 · 지식; complete(ly) awakening · knowledge'

bodhisattva- [**बोधिसत्त्व** [bodhi=sattva-] ☞ BODH & AS[1] 명사/남성 · 중성 ; 합성어 Tatpuruṣa[3] (여격)] '깨달음을 위한 · 의 존재, 보살(菩薩); creature of awakening, Bodhisattva'
bodhisattvaḥ [단수 주격 : 소02.19 대07.15.20.37.56] bodhisattvam [단수 목적격 : 대12] bodhisattvasya [단수 속격 : 소19 대51] bodhisattvāḥ [복수 주격 : 대56]] bodhisattvānām [복수 속격 : 소19 대37] bodhisattvāya [단수 여격 : 대51] bodhi-sattvena [단수 도구격 : 대47.48]

bodhisattvagaṇa- [**बोधिसत्त्वगण** [[bodhi=sattva][1]=gaṇa-][2] ☞ bodhisattva- & *gaṇa-* ; 명사/남성 ; 합성어 Tatpuruṣa[1.2.] (여격[1] 도구격[2])] '보살의 무리; flock, troop, tribe'
bodhisattvagaṇena [단수 도구격 : 대04]

bodhisattvasaṁgha- [**बोधिसत्त्वसंघ** [[bodhi=sattva][1]=saṁgha-][2] ☞ bodhisattva- & GHAN ; 명사/남성 ; 합성어 Tatpuruṣa[1.2.](여격[1] 도구격[2])] '보살의 무리 · 군중 · 대중; a group of Bodhisattva'
bodhisattvasaṁghena [단수 도구격 : 대04]

BHAG [**भग्** 어근 제1부류] '나누다, 분배 · 할당하다; to divide, distribute, share with'
bhagavant- [**भगवन्त्** [bhag-a-vant-] 형용사 > 명사/남성] '복(福) · 행운을 갖고 있는 (사람 · 신), 부처, 세존(世尊); (man · god) possessing a happy lot, fortune, luck, Buddha'
bhagavān [단수 주격 : 대03.05.49.55] bhagavataḥ [단수 속격 : 대58]
bhagavatī- [**भगवती** [bhag-a-vat-ī-] 형용사] '위의 의미'
bhagavatī [단수 주격 : 대60] bhagavatyai [단수 여격 : 소01 대01]

BHAV[I] [**भव्** 어근 제1부류] '되다, 일어나다, 발생하다; to become, come to being, occur'
anubhāva- [**अनुभाव** [anu-bhāv-a-] ☞ *anu*(-) ; 명사/남성] '(...에) 견줄 만한 · 가까울 정도의 것 · 힘; thing · power comparable to something'
bhāva- [**भाव** [bhāv-a-] 명사/남성] '(...이) 됨 · 발생, 존재; becoming, happening, existence'

BHĀṢ [**भाष्** 어근 제1부류] '말하다, 이야기하다; to speak, talk'
bhāṣita- [**भाषित** [bhāṣ-i-ta-] 과거분사 > 형용사 > 명사/남성] '말해진 · 이야기된; said, told, spoken > 말(씀), 이야기'
bhāṣitam [단수 목적격 : 대59]
bhāṣitvā [**भाषित्वा** [bhāṣ-itvā] 절대사 : 대06]

BHĀ(S) [**भा, भास्** 어근 제1부류] '빛나다, (태양이) 비치다, 빛을 내다; to shine' avabhās- [अवभास् [ava-bhās-] ☞ *ava*(-)] '아래로 빛나다; to shine downwards'

avabhāsa- [अवभास [ava-bhās-a-] ☞ *ava*(-) ; 명사/남성] '(아래로 향해있는) 빛(남), 광채, 훌륭함, 화려함; down-light' splendor'

bhikṣugaṇa- [भिक्षुगण [bhikṣu=gaṇa-] ☞ BHEKṢ & *gaṇa*- ; 명사 남성 ; 합성어 Tatpuruṣa (도구격)] '비구로 (차)있는・의 무리・군중・대중; a group of monks'

bhikṣusaṁgha- [भिक्षुसंघ [bhikṣu=saṁgha-] ☞ BHEKṢ & GHAN ; 명사/남성 합성어 Tatpuruṣa (도구격)] '비구(들)에 의한 함께 때림・침, 비구의 무리・군중, 수도승(修道僧); a group of monks'

bhikṣusaṁghena [단수 도구격 : 대04]

BHEKṢ [भेक्ष् 어근 제1부류] '구걸하다, 빌다; to beg'

bhikṣu- [भिक्षु [bhikṣ-u-] 명사/남성] '거지, 가난뱅이, (종교적) 탁발승; beggar, (religious) mendicant'

bhikṣavaḥ [복수 주격 : 대56]

MAN [मन् 어근 제4부류] '생각하다, 상상하다; to think, imagine'

manas- [मनस् [man-as-] 명사/중성] '마음, 정신, 의식; mind, soul, consciousness'

manaḥ [단수 주격 : 소13 대30]

mantra- [मन्त्र [man-tra-] 명사/남성] '격언, 금언, (신성한) 텍스트・말, 진언(眞言); thought, (sacred) text・speech'

mantraḥ [단수 주격 : 소27 대42-45]

manodhātu- [मनोधातु [mano(as)=dhātu-] (6a) ☞ MAN & DHĀ ; 남성 명사 ; 합성어 Tatpuruṣa (여격)] '정신・심각(心覺)에 대한・의 성분・요소; constituent・element of soul・mental sense'

manodhātuḥ [단수 주격 : 소15 대32]

manovijñānadhātu- [मनोविज्ञानधातु [[mano(as)=vijñāna][1]=dhātu-][2] ☞ MAN & JÑĀ & DHĀ ; 명사/남성 ; 합성어 Dvandva[1] &Tatpuruṣa[2] (여격)] '정신과 (정신적) 분별의 성분・요소; constituent・element for mind and (mental) discernment'

manovijñānadhātuḥ [단수 주격 : 소15 대32]

manu- [मनु 명사/남성] '인간, 인류; man, mankind'

manu[s]- [मनुस् [manu-s-] 명사/남성] '인간; man'

mānuṣa- [मानुष [mānu-ṣa-] 형용사 > 명사/남성] '인간의; human' > '인간; man, human'

MAR [मर् 어근 제1부류] '죽다, 사망하다; to die, decease'

maraṇa- [मरण [mar-aṇa-] (8a) 명사/중성] '죽음; death, passing away'

MARG [मर्ग् 어근 제2부류] '닦다, 깨끗하게 하다; to wipe, cleanse'

mārga– [मार्ग [mārg–a–] 명사/남성] '길, 통로, 통행, 통과; way, passage'
mārgāḥ [복수 주격 : 대35]

mala– [मल 명사/중성] '얼룩, 흠, 더러움; stain, spot, dirt'
vimala– [विमल [vi–mala–] 형용사] '얼룩・흠이 없는, 더럽지 않은; not having stain・spot'
vimalāḥ [복수 주격 : 소10 대27]

MAH [मह् 어근] '일으키다, 해내다; to bring about'
mahā– [महा [mah–ā–] {합성어에서}] '큰, 중대한, 위대한; great, significant'
mahānt– [महान्त् [mah–ā–ant–] (1a) 현재분사 > 형용사] '일으키는, 해내는; raising, carrying out, creating, achieving' > '큰, 중대한, 위대한; great, significant'
mahatā [단수 도구격 : 대04]

mahāmantra– [महामन्त्र [mahā=mantra–] ☞ MAH & MAN ; 명사/남성 ; 합성어 Karmadhāraya] '위대한 진언(眞言); great (sacred) text・speech'
mahāmantraḥ [단수 주격 : 소24 대42]

mahāvidyāmantra– [महाविद्यामन्त्र [[mahā=vidyā][1]=mantra–][2] ☞ MAH & VED & MAN ; 명사/남성 ; 합성어 Karmadhāraya[1] & Tatpuruṣa[2] (여격)] '위대한 통찰의 진언; great insightful (sacred) text・speech'
mahāvidyāmantraḥ [단수 주격 : 소25 대42]

mahāsattva– [महासत्त्व [mahā=sattva–] ☞ MAH & AS ; 명사/남성 ; 합성어 Karmadhāraya] '위대한 존재, 마하살(摩訶薩); great creature'
mahāsattvaḥ [단수 주격 : 대07.15.56] mahāsattvam [단수 목적격 : 대12] mahāsattvāḥ [복수 주격 : 대56] mahāsattvāya [단수 여격 : 대51] mahāsattvena [단수 도구격 : 대47]

METH [मेथ् 어근 제1부류] '적대시하다, 대립하다, 싸우다; to treat with hostility, be contrasted to・with, fight'
amithyatva– [अमिथ्यत्व [a–mith–ya–tva–] 명사/중성] '어긋나지 않는, 대립・충돌하지 않는 상태; state of not being opposed・contrasted・collided'
amithyatvāt [단수 탈격 : 소26 대45] mithyatvam [단수 주격 : 대45]

MOD [मोद् 어근 제1부류] '유쾌해・재미있어 하다, 즐거워하다 (자동사) 기쁨을 주다, 기쁘게 하다, 아주 기쁘게 만들다 ; to be merry (intrasitive) to give pleasure, gladden, exhilarate'
anumod– [अनुमोद् [anu–mod–] ☞ *anu*(–)] '환호성을 지르다, 환호하다; to cheer, give a shout of joy'
anumodyate [수동태 직설법 현재 단수 3인칭 : 대54]

yad [यद् 관계대명사] '...(하는) 것; which'
yaḥ [남성 단수 주격 : 대13.17] yad [중성 단수 주격 : 소07 대19.24] yathā [불변화사 : 대53] '...처럼; as, like' yā [여성 단수 주격 : 소07 대24]

yāvant– [यावन्त् 관계사 > 형용사] '(...부터 · 에서)...까지, 내지, (...하는) 한; (from) ...to, till..., as long (as)'
yāvat [중성 단수 주격 > 불변화사 : 대37] yāvan [남성 단수 주격 : 소15.17 대32.34]

rasa– [रस 명사/남성] '(식물 등의) 수액, 활력, 맛, 미각; sap, juice (of plants), taste'
rasaḥ [단수 주격 : 대31]

RĀG [राग् 어근 제1부류] '지배 · 통치하다; to rule, dominate'
rājan– [राजन् [rāj–an–] 명사/남성] '지배자, 왕; ruler, king'

rājagṛha– [राजगृह [rāja=gṛha–] ☞ RĀG & *gṛha–* ; 명사/남성 ; 합성어 Tatpuruṣa (속격)] '왕사성(王舍城); king's palace'
rājagṛhe [단수 장소격 : 대03]

rūpa– [रूप 명사/중성] '외양, 색깔, 형태, 형상, 물질(현상); appearance, colour, form, shape'
rūpam [단수 주격 : 소05–07.12 대22–24.29.31.35] rūpāt [단수 탈격 : 소06 대23]

rūpadhātu– [रूपधातु [rūpa=dhātu–] ☞ *rūpa–* & DHĀ ; 명사/남성 ; 합성어 Tatpuruṣa (여격)] '형태 · 형상에 대한 · 의 성분 · 요소; element · constituent for form'
rūpadhātuḥ [단수 주격 : 소15]

rūpaśabdagandharasaspraṣṭavyadharma– [रूपशब्दगन्धरसस्प्रष्टव्यधर्म [rūpa=śabda=gandha=rasa=spraṣṭavya=dharma–] ☞ *rūpa–* & ŚAP & *gandha–* & *rasa–* & SPRAŚ & DHAR ; 명사/남성 ; 합성어 Dvandva] '색깔 · 소리 · 냄새 · 맛 · 촉감의 대상; objects of colour · sound · smell · taste · touch'
rūpaśabdagandharasaspraṣṭavyadharmāḥ [복수 주격 : 소14 대31]

RODH [रोध् 어근 제7부류] '막다, 차단 · 방해하다; to obstruct, hinder'
aniruddha– [अनिरुद्ध [a–ni–ruddha–] ☞ *an–* & *ni*(–) ; 과거분사 > 형용사] '방해 · 제지 · 통제 · 차단되지 않은; unobstructed, ungovernable'
aniruddhāḥ [남성 복수 주격 : 소09 대26]
nirodh– [निरोध् [ni–rodh–] ☞ *ni*(–)] '방해 · 제지 · 통제 · 차단하다; to obstruct, govern'
nirodha– [निरोध [ni–rodh–a–] ☞ *ni*(–) ; 명사/남성] '방해, 제지, 차단, 구금, 폐쇄; hindrance, stoping, blocking, locking up'
nirodhaḥ [단수 주격 : 대35]

LAKṢ [लक्ष् 어근] '...에 표·기호(·특성을)를 하다·붙이다; to mark, label, characterize'

lakṣaṇa- [लक्षण [lakṣ-aṇa-] (8a) 형용사 > 명사/중성] '가리키는, 간접적으로 표현하는 > '표(시), 기호, 겨냥, 목표; indicating, expressing indirectly > mark, sign, aim, indication'

LAMB [लम्ब् 어근 제1부류] '(내)걸다, 의존하다; to hang (down), to depend'

lambana- [लम्बन [lamb-ana-] 형용사 > 명사/중성] '(내)거는, 의존하는; 내걸기. 의존하기; hanging (down), depending'

LOK [लोक् 어근 제10부류] '(바라)보다; to see'

avalokita- [अवलोकित [ava-lok-a-ita-] ☞ *ava*(-) ; 형용사] '(멀리까지) 내려다보는·하시(下視)·원시(遠視)의 능력을 갖추고 있는; provided with looking down (far)'

loka- [लोक [lok-a-] 명사/남성] '(자유로운) 공간, 장소, 세상, 세계; space, world'

lokaḥ [단수 주격 : 대58]

vyavalok- [व्यवलोक् [vy-ava-lok-] (3a) ☞ *vi*(-) & *ava*(-)] '두루두루·철저히 내려다 보다, 꿰뚫어보다; to look down completely'

vyavalokayati [능동태/직설법/현재/단수/3인칭 : 소03 대09.10.20]

vyavalokitavya- [व्यवलोकितव्य [vy-ava-lok-itavya-] (3a) ☞ *vi*(-) & *ava*(-) ; (능동·수동) 필연분사] '두루두루·철저히 내려다보아야 할 (것이다), 두루두루·철저히 내려다보여져야 할 (것이다); (it) must look down completely, (it) must be looked down completely'

vyavalokitavyam [비인칭표지 : 대19]

VAK [वक् 어근 제3부류] '말하다, 이야기하다; to say, speak'

avocat [a-va-uc-a-t 중복법, 동사/능동태/직설법/아오리스트/단수/3인칭 : 대12.16]

ukta- [उक्त [uk-ta-] 과거분사 > 형용사] '발언되었다, 말해졌다; uttered, said, spoken'

uktaḥ [남성 단수 주격 : 소27 대45] ukte [남성 단수 장소격(절대사): 대15]

VAR [वर् 어근 제5부류] '둘러/에워싸다, (감)싸다, 감추다; to surround, enclose, wrap'

varaṇa- [वरण [var-aṇa-] (8a) 명사/중성] '둘러쌈, 에워쌈, 울타리, 감춤, 방해(물), 장애(물); wrapping, fence, hindrance, obstruction'

VĀ[I] [वा 어근 제2부류] '소진되다, 고갈되다, (빛, 불 등이) 나가다/꺼지다; to become exhausted, go out'

anūna- [अनून [an-ū-na-] ☞ *an*- ; 과거분사 > 형용사] '소진되지·고갈되지·사라지지 않은; non-exhausted, disappeared'

anūnāḥ [복수 주격 : 소10 대27]

ūna– [ऊन [ū–na–] 과거분사] '소진된 · 고갈된 · 사라진; non–exhausted, disappeared'
ūnāḥ [복수 주격 : 소10]
nirvāṇa– [निर्वाण [nir–vā–na–] (6e) ☞ *nis*(–) ; 과거분사 > 형용사 > 명사/남성 · 중성] '완전하게 사라진 · 소진된 (상태) > (불어) 끄기, 소화(消火), 완전한 소진(의 상태); (state of being) blown out, exhausted, disappeared, complete extinction'

vā [वा 불변화사 : 대13.17] '또는, ...처럼; or, either or not, like'

vi(–) [वि 부사] ① '떨어져서, 별개로; apart, away' ② '철저히, 완전하게; out, perfectly'

viṁśatika– [विंशतिक 수사] '20; twenty'

vidyākṣaya– [विद्याक्षय [vidyā=kṣaya–] ☞ VED & KṢAY ; 명사/남성 ; 합성어 Tatpuruṣa] '앎 · 지각의 소멸; loss · extinction of knowing · perception'
vidyākṣayaḥ [단수 주격 : 소16]

vidyāmantra– [विद्यामन्त्र [vidyā=mantra–] ☞ VED & MAN ; 명사/남성 ; 합성어 Tatpuruṣa] '앎 · 지각의 진언(眞言); (sacred) speech of knowing'
vidyāmantraḥ [단수 주격 : 소25 대43]

viparyāsātikrāṁta– [विपर्यासातिक्रांत [viparyāsa=atikrāṁta–] (1a) ☞ AS^2 & KRAM ; 형용사 ; 합성어 Tatpuruṣa (목적격)] '산란함 · 전도(顚倒)를 뛰어 넘은 · 초월한; transgressed'
viparyāsātikrāṁtaḥ [단수 주격 : 소21 대39]

VED [वेद् 어근 제2/6부류] '알다/찾다; to know/find'
avidyā– [अविद्या [a–vid–yā–] ☞ *an*– ; 명사/여성] '앎이 없음, 무지, 환각; state having no knowing, ignorance, illusion'
avidyā [단수 주격 : 소16 대33]
vidyā– [विद्या [vid–yā–] 명사/여성] '앎, 지각, 지식, 통찰; knowing, perception, knowledge, insight'
vidyā [단수 주격 : 소16 대33]
vedanā– [वेदना [ved–anā–] 명사/여성] '앎, 감각, 수(受); knowing, feeling'
vedanā [단수 주격 : 소12 대29]

vedanāsaṁjñāsaṁskāravijñāna– [वेदनासंज्ञासंस्कारविज्ञान [vedanā=saṁjñā=saṁskāra=vijñāna–] ☞ VED & JÑĀ & SKAR & JÑĀ ; 명사/중성 ; 합성어 Dvandva] '감각 · 지각 · 행각 · 분별각; feeling · perception · action–sense · discernment–sense'
vedanāsaṁjñāsaṁskāravijñānam [단수 주격 : 소08 대25] vedanāsaṁjñāsaṁskāravijñānāni [복수 주격 : 소08 대25]

velā– [वेला 명사/여성] '한계, 경계, 끝; limit, boundary, end'
velāyām [단수 장소격 : 대50]

ŚAP [शप् 어근 제1부류] '저주하다, 악담을 퍼붓다; to curse, swear an oath'
śabda– [शब्द [śab–da–] (9a) 명사/남성] '(목)소리, 음(音); sound, noise, voice'
śabdaḥ [단수 주격 : 대31]

ŚAM [शम् 어근 제4부류] '조용해/잠잠해지다, 피곤해지다, 힘이 다하다; to become quiet · tired · exhausted'
praśamana– [प्रशमन [pra–śam–ana–] ☞ *pra*(–) ; 형용사 > 명사/중성] '안정 · 진정시키는, 깨끗하게 하는; tranquillizing, cleaning' > '안정, 진정, 깨끗하게 함, 정화; tranquillization, cleaning'

śāri– [शारि 명사/여성] '(달콤한 목소리를 지닌) 작은 새; a small sweet–voiced bird'

śāriputra– [शारिपुत्र [śāri=putra–] ☞ *śāri*– & *putra*– ; 명사/남성 ; 합성어 Tatpuruṣa (도구격?)] '사리자(舍利子), 사리불(舍利佛); Śariputra'
śāriputraḥ [단수 주격 : 대11.55] śāriputra [단수 호격 : 소05.09.11.19 대22.26.28.37.47] śāriputram [단수 목적격 : 대16]

śūna– [शून 명사/중성] '비어 있음, 결여; emptiness, lack, want'
śūnya– [शून्य [śūna~ya–] 형용사] '빈, 공허한; void, empty'
śūnyam [중성 단수 주격 : 대10]
śūnyatā– [शून्यता [śūna~ya–tā–] 명사/여성] '공허(함), 공(空), 실체가 없는 · 비어 있는 것 · 상태; void(ness), emptiness'
śūnyatā [단수 주격 : 소06–07 대22–25] śūnyatāyā [단수 도구격 : 소06 대23]
śūnyatāyām [단수 장소격 : 소11 대28]

śūnyatālakṣaṇa– [शून्यतालक्षण [śūnyatā=lakṣaṇa–] ☞ *śūna*– & LAKṢ ; 형용사 ; 합성어 Tatpuruṣa (도구격)] '공(실체 · 본성 · 자아가 없음으로) 표시되는, 공의 특성을 갖고 있는; marked with · having characteristic emptiness'
śūnyatālakṣaṇāḥ [복수 주격 : 소09 대26]

ŚEKṢ [शेक्ष् 어근 제1부류] '도움 · 소용이 되다, 훈련하다, 배우다; to be helpful · available, train, learn'
śikṣitavya– [शिक्षितव्य [śikṣ–itavya–] 동사/(능동 · 수동)/미래분사] '배워야 할 (것이다), 배워져야 할 (것이다); (it) must to learn, (it) must be learned'
śikṣitavyam [비인칭표지 : 대14.19.48]

ŚRAY [श्रय् 어근 제1부류] '기대(서)다, 의지하다; to lean'
āśri– [आश्रि [ā–śri–] ☞ *ā*(–)] '부착 · 연결 · 결합 · 의지하다; to attach, join, resort, rest, depend'
āśritya [ā–śri–tya–Ø 절대사 : 소20.23 대38.41]

niśri– [निश्रि ni–śṛi– ☞ ni(–)] '기대다 ; to lean on'

niśritya [ni–śri–tya 절대사 : 소20.23] (14.4. 참조)

ŚRAV [श्रव् 어근 제5부류] '듣다; to hear'

śruta– [श्रुत [śru–ta–] 과거분사] '들린; heard'

śrutam [श्रुतम् 비인칭표지 : 대02]

śrotra– [श्रोत्र [śro–tra–] 명사/중성] '귀, 청각(聽覺); ear'

śrotram [단수 주격 : 소13 대30]

sadevamānuṣāsuragandharva– [सदेवमानुषासुरगन्धर्व [sa=deva=mānuṣa=asura=gandharva–] (1a) ☞ *tad* & *deva–* & *mānuṣa–* & *asura–* & *gandharva–* ; 명사/남성 ; 합성어 Dvandva] '그 신・인간・아수라(阿修羅)・건달바(乾闥婆)(의 그룹・집단); (a group of) the gods・men・demons・fairies'

devamānuṣāsuragandharvaḥ [단수 주격 : 대58]

sadevamānuṣāsuragaruḍagandharva– [सदेवमानुषासुरगरुडगन्धर्व [sa=deva=mānuṣa=asura=garuḍa=gandharva–] (1a) ☞ *tad* & *deva–* & *mānuṣa–* & *asura–* & *garuḍa–* & *gandharva–* ; 명사/남성 ; 합성어 Dvandva] '그 신・인간・아수라(阿修羅)・가루라(迦樓羅)・건달바(乾闥婆)(의 그룹・집단); (a group of) the gods・men・demons・garuda・fairies'

devamānuṣāsuragaruḍagandharvaḥ [단수 주격 : 대58]

sam(–) [सम् 부사] '함께, 같이; with, together'

sama– [सम [sam–a–] ; 형용사] '평평한, 한결같은, 동등한, 똑같은; even, equal'

samyaksaṁbuddha– [सम्यक्संबुद्ध [samyak=saṁbuddha–] ☞ AÑK & BODH ; 형용사 > 명사/남성 ; 합성어 Karmadhāraya] '(올)바르게 깨우친 사람; a man who has correctly awakened'

samyaksaṁbuddhaiḥ [복수 도구격 : 대40]

samyaksaṁbodhi– [सम्यक्संबोधि [samyak=saṁbodhi–] ☞ AÑK & BODH ; 명사/여성 ; 합성어 Karmadhāraya] '올바른 완전한 깨달음; rightly complete awakening'

samyaksaṁbodhiḥ [단수 주격 : 대41] samyaksaṁbodhim [단수 목적격 : 소23 대41]

sarva– [सर्व 형용사 > 명사] '모든, 전체의; all, every, whole, entire' > '모든 것, 전체; everything'

sarvāvatī– [सर्वावती [sarvā–vat–ī–] 형용사] '모든 것을 포함하는; containing everything'

sarvāvatī [단수 주격 : 대57]

sarvajña– [सर्वज्ञ [sarva=jña–] ☞ *sarva–* & JÑĀ ; 형용사 > 명사/남성 ; 합성어 Bahuvrīhi] '모든 것을 알고 있는・꿰뚫어 보는・통찰하는 (사람・분); (a person)

knowing everything'
sarvajñāya [단수 여격 : 소01 대01]

sarvatathāgata− [**सर्वतथागत** [sarva=[tathā=gata−][1]][2] ☞ *sarva*− & tathāgata− ; 명사/남성 ; 합성어 Karmadhāraya[1.2.]] '모든 여래(如來); every Tathagatas'
sarvatathāgataiḥ [복수 도구격 : 대54]

sarvaduḥkha− [**सर्वदुःख** [sarva=duḥkha−] ☞ *sarva*− & *kha*− ; 명사/중성 ; 합성어 Karmadhāraya] '모든 고통; all pains'

sarvaduḥkhapraśamana− [**सर्वदुःखप्रशमन** [[sarva=duḥkha][1]=praśamana−][2] ☞ *sarva*− & *kha*− & ŚAM ; 형용사 ; 합성어 Karmadhāraya[1] & Tatpuruṣa[2] (목적격)] '모든 괴로움을 가라앉히는; tranquillizing all pains'
sarvaduḥkhapraśamanaḥ [남성 단수 주격 : 소26 대44]

sarvaduḥkhapraśamanamantra− [**सर्वदुःखप्रशमनमन्त्र** [[[sarva=duḥkha][1]=praśamana][2]=mantra−][3] ☞ *sarva*− & *kha*− & ŚAM & MAN ; 명사/남성 ; 합성어 Karmadhāraya[1] & Tatpuruṣa[2.3.] (목적격[2] 여격[3])] '모든 괴로움을 가라앉히는 진언; a sacred text · speech for tranquillizing all pains'
sarvaduḥkhapraśamanamantraḥ [단수 주격 : 대44]

sarvadharma− [**सर्वधर्म** [sarva=dharma−] ☞ *sarva*− & DHAR ; 명사/남성 ; 합성어 Karmadhāraya] '모든 대상들, 일체법(一切法); all objects or laws'
sarvadharmāḥ [복수 주격 : 소09 대26]

sarvabuddha− [**सर्वबुद्ध** [sarva=buddha−] ☞ *sarva*− & BODH ; 명사/남성 ; 합성어 Karmadhāraya] '모든 부처; all Buddha'
sarvabuddhāḥ [복수 주격 : 소22 대40]

SĀDH[I] [**साध्** 어근 제1부류] '(목적 등에) 이르다, 번영/성공하다; to go straight to attain an object, succeed, prosper'
sādhu− [**साधु** [sādh−u−] 형용사 > 명사/남성] '좋은, 고귀한, 훌륭한, 존경할만한(것); good, noble, honorable (thing)'
sādhu [단수 호격 ? : 대52]

sādhukāra− [**साधुकार** [sādhu=kāra−] ☞ SĀDH & (S)KAR 형용사 > 명사/남성 ; 합성어 Tatpuruṣa (목적격)] '좋은 것을 하는 · 만드는 (것), 박수 · 갈채 · 칭찬; applaud, compliment'
sādhukāram [단수 목적격 : 대51]

su(−) [**सु** 형용사] '좋은 ; good'

sūtra− [**सूत्र** 명사/중성] '실(패), 끈, 규칙, 경(經), 수트라; thread, string, rule, sutra'

skandha− [**स्कन्ध** 명사/남성] '어깨 뼈 · 관절, [불교] 인간 · 물질계를 구성하는 다섯 가지

특성, 오온(五蘊); shoulder–bone, –joint, [Buddhism] five aggregates or Skandhas'
skandhāḥ [복수 주격 : 소04 대10.21]

(S)KAR [**स्कर्** 또는 **कर्** 어근 제5부류] '(수행)하다, 만들다, 야기하다, 다루다; to do, make, bring about, handle'
–kāra– [**कार** [–kār–a–] 형용사 {합성어의 끝에서}] '(...을/를) 하는, 만드는; –doing, –making'
saṁskāra– [**संस्कार** [saṁ–skār–a–] (7f) ☞ *sam*(–) ; 명사/남성] '감각으로 (작용)하는·일어나는 행위, 작용(요소), 행(行), (정신적) 형성(形成); action be caused by feeling, action(–element), (mental) formation'
saṁskārāḥ [복수 주격 : 소12 대29]

STHĀ^{I} [**स्था** 어근 제1부류] '(일어)서다; to stand'
niṣṭha– [**निष्ठ** [ni–ṣṭha–] (8b) ☞ *ni*(–) ; 형용사] '기초·근거·근원이 되는; basic, original'
niṣṭhā– [**निष्ठा** [ni–ṣṭhā–] (8b) ☞ *ni*(–) ; 명사] '굳건함, 안정, 완전함, 완벽함, 근원(의 상태); firmness, steadiness, completion, perfection, (state of) origin'
vyavasthita– [**व्यवस्थित** [vy–ava–sthi–ta–] (3a) ☞ *vi*(–) & *ava*(–) ; 과거분사] '순서대로 놓여진; placed in order'
vyutthā– [**व्युत्था** [vy–ut–[s]thā–] (3a)(9b) ☞ *vi*(–) & *ud*(–)] '여러 상이한 방향으로 일어나다, 돌아오다; to rise in different directions, to come back'
vyutthāya [vy–ut–thā–ya 절대사 : 대50]

SPRAŚ [**स्प्रश्** 어근 제6부류] '(손·손가락으로) (손, 손가락 등으로) 대다, 만지다, 건드리다; to touch·feel with the hand or finger'
spraṣṭavya– [**स्प्रष्टव्य** [spraṣ–ṭavya–] (8b) 동사/(능동·수동) 필연분사 > 형용사 > 명사] '만져야·건들어야 할 (것[이다]), 만져져야·건들어져야 할 (것[이다]) > 감촉(感觸) ; (it) must touch, handle, (it) must be touched or handled with hand or finger > touch'
spraṣṭavyam [중성/단수/주격 : 대31]

sma [**स्म** 불변화사 강조사; 행위가 과거에서 (현재까지) 습관·반복적으로 일어났음(·일어나고 있음)을 표현소03.04 대03.09.20] '실로, 참으로, 진실로, 분명히; verily, indeed, certainly, surely(예 paśyati sma 간파·통찰했다').

sva– [**स्व** 대명사/재귀] '자기의, 자신의, 고유의; one's (own)'

svabhāvaśūnya– [**स्वभावशून्य** [[sva=bhāva]^{1}=śūnya–]^{2} ☞ *sva*– & BHAV^{I} & *śūna*– ; 형용사 ; 합성어 Karmadhāraya^{1} & Tatpuruṣa^{2} (탈격?)] '본질·본체·실체·존재·본성이 비어있는 ; void of·free from self–existence·essence·nature'
svabhāvaśūnyāḥ [복수 주격 : 대21] svabhāvaśūnyān [복수 목적격 : 소04 대10.21]

svabhāvaśūnyatālakṣaṇa– [स्वभावशून्यतालक्षण [[[sva=bhāva][1]=śūnyatā][2]=lakṣaṇa–][3] ☞ *sva–* & BHAV[I] & *śūna–* & LAKṢ ; 형용사 ; 합성어 Karmadhāraya[1] & Tatpuruṣa[2.3.] (탈격[2] 도구격[3])] '본질의 결여함으로 표시되는 · 특징이 되는 ; marked with voidness of self–existence'

svabhāvaśūnyatālakṣaṇāḥ [복수 주격 : 대26]

HAR [हर् 어근 제1류] '취하다, 가져가다 · 오다; to take, bear, bring, carry'

vihar– [विहर् [vi–har–] ☞ *vi*(–)] '구별 · 분리하다, 떼어놓다, 분배 · 분할 · 분포하다, 흩어지다, (골고루) 펴지다, 확산되다; to discriminate, separate, distribute, spread (out), diffuse'

viharati [능동태/직설법/현재/단수/3인칭 : 소20 대03.38] viharan [? : 대38]

hṛd– [हृद् 명사/중성] '마음, 심장; heart'

hṛdaya– [हृदय [hṛd–aya–] 명사/중성] '마음 · 심장(과 같은 것), 심(心); something like heart or mind, heart'

V
통사적 문법정보

불경으로 이해하는
산스크리트

V 통사적 문법정보

17. 통사론

언어학적 가공을 통해 구축된 '어휘 기반의 문법정보 DB'는 <반야심경>을 구성하는 어휘들의 문법적 정보를 제공한다. 어휘들이 지니는 문법적 정보들이 텍스트를 번역함에 있어 가장 큰 비중을 차지하는 것은 분명하지만 최종적인 번역에 이르기 위해서는 어휘의 경계를 넘어서는 문법적 사항들 역시 반드시 고려되어야 한다. 이러한 사항들은 바로 어휘들이 구(Phrase)와 문장(Sentence)을 이루고, 더 나아가 문단(Paragraph)과 텍스트(Text)를 구성할 때 작용하는 통사적 규칙들(Syntactic Rules)이다. 이 밖에도 특정의 문법적 범주가 통사적으로 기능하는 방식의 통사적 용법들(Syntactic Usages)과 개별 어휘들이 관용적으로 사용되는 관용어법(Idiomatic Usage) 역시 살펴보아야 할 사항들이다.

17.1. 통사적 규칙

음운론, 형태론과 더불어 언어학의 하위 분야인 통사론(統辭論, Syntax)은 텍스트 내에서 단어들의 배열에 관한 문법을 다루는 영역이다. 통사적 규칙은 이러한 배열을 통제하는 규칙을 가리키며, 일치(Agreement), 격 지배(Case Government), 어순(Word

Order)이 여기에 속하는 대표적인 규칙들이다. 산스크리트에서 일치와 격 지배는 반드시 지켜져야 하는 강제적인 규칙인 반면, 어순은 강제성을 띠지 않는 비교적 자유로운 규칙이라고 말할 수 있다. 이러한 자유로움의 성향이 가능한 이유는 산스크리트가 표지 중심적이기 때문에, 즉 문장의 번역에 주도적인 역할을 수행하는 실사와 동사가 각각의 문법적 범주에 따른 고유의 표지를 지니고 있고, 이 단어들이 문장 내 어디에 위치해도 표지가 올바른 의미 해석을 유도하기 때문이다.

17.1.1. 일치

통사적 규칙들 가운데 가장 엄격한 규칙은 특정의 품사들 사이에서 반드시 지켜져야 하는 표지의 일치이다. 이러한 일치는 크게 두 개의 영역에서 작용하는데, 하나는 명사구(Noun Phrase)이고, 다른 하나는 주어와 동사 사이이다. 전자의 경우 수식어인 형용사(분사)·지시대명사의 피수식어인 명사에 대한 (문법적 범주 성·수·격의) 표지의 일치가 일어나며, [수식어 + 피수식어]와 [피수식어 + 수식어] 두 종류가 있다. 수식어가 후행하는 경우는 엄밀하게 말해서 명사구로 보기가 어렵지만, 여기서는 넓은 의미에서 이에 속하는 것으로 보기로 한다. 후자의 경우 주어인 인칭대명사와 동사 사이에서, 주어인 명사·(인칭대명사를 제외한) 대명사와 동사 사이에서 동사의 주어에 대한 (문법적 범주 수·인칭의) 표지의 일치가 일어난다.

1) 명사구

명사구 내에서 표지의 일치는 피수식어 A가 후행하느냐(B + A) 선행하느냐(A + B)의 두 가지 범주로 나누어 볼 수 있는데, 여기에서 수식어 B는 각각 수식적 기능과 서술적 기능을 수행한다. 수식어와 피수식어의 어간 말음이 동일하면 표지가 같게 나타나지만, 다른 경우 각각의 말음에 속하는 서로 다른 고유의 표지가 나타난다. 분사의 어형들은 여기에서 형용사로 간주된다. M(asculine)은 남성, N(eutral)은 중성, F(eminine)는 여성(의 표지)을 나타내고, ... (A...B)는 A와 B 사이에 단어(들)가 끼어있음을 의미한다.

(1) 수식어(수식적 기능) + 피수식어

① 형용사(M) + (형용사(M)) + 명사(M)

대55	āttamanāḥ	āyuṣmān śāriputraḥ
	āttamanaḥ-ᴸØ	āyuṣman-ᴸØ śāriputra-Ḥ
	형용사 남성 단수 주격	명사 남성 단수 주격

§ 위와 같은 행에서 ānandamanāḥ āyuṣmān śāriputraḥ, āttamanāḥ āryāvalokiteśvaraḥ bodhisattvaḥ의 경우도 동일한 구조이다: ānandamanaḥ-ᴸØ āyuṣman-ᴸØ śāriputra-Ḥ, āttamanaḥ-ᴸØ āryāvalokiteśvara-Ḥ bodhisattva-Ḥ (형용사 남성 단수 주격 + 명사 남성 단수 주격).

§ -manāḥ의 표제어 형태는 -manas-이다.

대44	sarvaduḥkhapraśamanaḥ	mantraḥ
	sarvaduḥkhapraśamana-Ḥ	mantra-Ḥ
	형용사 남성 단수 주격	명사 남성 단수 주격
대04	mahatā	bhikṣusaṁghena
	mahat-Ā	bhikṣusaṁgha~ENA
	형용사 남성 단수 도구격	명사 남성 단수 도구격

§ 동일한 행에서 나타나는 mahatā bodhisattvasamghena, mahatā...bodhisattvasamghena, mahatā...bodhisattvagaṇena 역시 위와 동일한 일치, 문법적 범주를 나타낸다.

§ mahatā의 표제어 형태는 mahānt-이다.

대03	ekasmin	samaye
	eka-SMIN	samaya-Y
	형용사 남성 단수 장소격	명사 남성 단수 장소격
소22	tryadhvavyavasthitāḥ	sarvabuddhāḥ
대40	tryadhvavyavasthita-AḤ	sarvabuddha-AḤ
	형용사 남성 복수 주격	명사 남성 복수 주격
대40	tryadhvavyavasthitaiḥ...	samyaksaṁbuddhaiḥ
	tryadhvavyavasthita-EḤ	samyaksaṁbuddha-EḤ
	형용사 남성 복수 도구격	명사 남성 복수 도구격

② 형용사(F) + 명사(F)

대41	anuttarā	samyaksaṁbodhiḥ
	anuttara−^{L}Ø	samyaksaṁbodhi−Ḥ
	형용사 여성 단수 주격	명사 여성 단수 주격
소23	anuttarām	samyaksaṁbodhim
대41	anuttara−^{L}M	samyaksaṁbodhi−M
	형용사 여성 단수 목적격	명사 여성 단수 목적격
소03	gambhīrām	prajñāpāramitācaryām
대20	gambhīra−^{L}M	prajñāpāramitācaryā−M
	형용사 여성 단수 목적격	명사 여성 단수 목적격
소01	bhagavatyai	āryaprajñāpāramitāyai
대01	bhagavatyā−E	āryaprajñāpāramitā−YAI
	형용사 여성 단수 여격	명사 여성 단수 여격

§ bhagavatyai의 표제어 형태는 bhagavatī−이다.

소03	gambhīrāyām	prajñāpāramitāyām
대08	gambhīrā−YĀM	prajñāpāramitā−YĀM
	형용사 여성 단수 여격	명사 여성 단수 여격

§ 위와 동일한 명사구가 대본 13 18 47 53에서도 나타난다.

③ 대명사(M) + 명사(M)

대05	tena ...	samayena
대07	ta~ENA	samaya~ENA
	대명사 남성 단수 도구격	명사 남성 단수 도구격
대56	te ...	bodhisattvāḥ mahāsattvāḥ
	ta−Y	bodhisattva−AḤ mahāsattv−AḤ
	대명사 남성 복수 주격	명사 남성 복수 주격
대56	te ...	bhikṣavaḥ
	ta−Y	bhikṣav−AḤ
	대명사 남성 복수 주격	명사 남성 복수 주격

§ 위에서 수식어로 사용되는 대명사들의 표제어 형태는 tad이고, bhikṣavaḥ는 bhikṣu−이다.

④ 대명사(N) + 명사(N)

소07	yad rūpam	tad rūpam
대24	yad−Ø rūpa−M	tad−Ø rūpa−M
	대명사+명사 중성 단수 주격	대명사+명사 중성 단수 주격
소19	tasmāt (...)	aprāptitvāt
대37	tasma−AT	aprāptitva−AT
	대명사 중성 단수 탈격	명사 중성 단수 탈격

§ tasmāt의 표제어 형태는 tad이다.

⑤ 대명사(F) + 명사(F)

대53	eṣā	prajñāpāramitā
	eṣa−^{L}Ø	prajñāpāramitā−Ø
	대명사 여성 단수 주격	명사 여성 단수 주격
대50	tasyāḥ	samādheḥ
	tas−YĀḤ	samādhe−Ḥ
	대명사 여성 단수 탈격	명사 여성 단수 탈격
대50	tasyām	velāyaṁ
	tas−YĀM	velā−YĀM
	대명사 여성 단수 장소격	명사 여성 단수 장소격

§ eṣā와 tasyāḥ의 표제어 형태는 각각 etad와 tad이고, samādheḥ는 samādhi−이다.

⑥ 대명사(F) + 형용사(F) + 명사(F)

대57	sā ...	sarvāvatī	parṣat
대58	sa−^{L}Ø	sarvāvatī−Ø	parṣat−Ø
	대명사 여성 단수 주격	형용사 여성 단수 주격	명사 여성 단수 주격
대13	asyām	gambhīrāyām	prajñāpāramitāyām
대18	as−YĀM	gambhīrā−YĀM	prajñāpāramitā−YĀM
	대명사 여성 단수 장소격	형용사 여성 단수 도구격	명사 여성 단수 장소격

§ sā와 asyām의 표제어 형태는 각각 tad와 idam이다.

(2) 피수식어 + 수식어(서술적 기능)

① 명사(M) + 형용사(M)

소02	āryāvalokiteśvaraḥ ...	caramāṇaḥ
소03	āryāvalokiteśvara-Ḥ	caramāṇa-Ḥ
	명사 남성 단수 주격	형용사(분사) 남성 단수 주격

§ 대본의 07.08.09행과 20행에서도 위와 같은 구조의 명사구들이 나타난다.

대05	bhagavān ...	samāpannaḥ
대06	bhagavan[t]-^{L}Ø	samāpanna-Ḥ
	명사 남성 단수 주격	형용사(분사) 남성 단수 주격

§ 대본의 17-19행은 kulaputra-Ḥ vā kūladuhitā-Ø vā...cartukāma-Ḥ를 보여주는데, 수식어는 피수식어인 A vā B vā에서 A에 일치하고 있다.

소29	prajñāpāramitāhṛdayam	samāptam
대60	prajñāpāramitāhṛdaya-M	samāpta-M
	명사 중성 단수 주격	형용사(분사) 중성 단수 주격

§ 소본의 29d와 대본의 60d는 āryaprajñāpāramitāhṛdaya-M samāpta-M을, 소본의 29e와 대본의 60ce는 prajñāpāramitāhṛdayasūtra-M samāpta-M을 보여준다.

대47	samyaksaṁbodhiḥ	prāptā
	samyaksaṁbodhi-Ḥ	prāpta-^{L}Ø
	명사 여성 단수 주격	형용사 여성 단수 주격
소09 소10	sarvadharmāḥ	śūnyatālakṣaṇāḥ anutpannāḥ aniruddhāḥ_amalāḥ (a)vimalāḥ (an)ūnāḥ (a)paripūrṇāḥ/saṁpūrṇāḥ
대26	sarvadharma-AH	°āḥ > -a-AḤ
대27	명사 남성 복수 주격	형용사(분사) 남성 복수 주격

§ 대본의 26g는 anutpannāḥ 앞에 svabhāvaśūnyatālakṣaṇāḥ ajātāḥ(°āḥ > −a−AḤ)의 형태들을 보여준다.

소22	sarvabuddhāḥ ...	abhisaṁbuddhāḥ
소33	sarvabuddha−AH	abhisaṁbuddha−AH
	명사 남성 복수 주격	형용사(분사) 남성 복수 주격

§ 소본의 23f는 abhisaṁbuddhāḥ 앞에 anuttarasamyaksaṁbuddhāḥ(°a−AH)를 보여준다. 대본 40−41행에서도 위와 동일한 구조의 명사구가 나타난다.

소22	sarvabuddhāḥ ...	abhisaṁbuddhāḥ
소33	sarvabuddha−AH	abhisaṁbuddha−AH
	명사 남성 복수 주격	형용사(분사) 남성 복수 주격
대21	pañcaskandhāḥ	svabhāvaśūnyāḥ
	pañcaskandha−AH	svabhāvaśūnya−AH
	명사 남성 복수 주격	형용사(분사) 남성 복수 주격

이 밖에도 형용사인 yāvan(표제어 yāvant−)과 결합되는 것처럼 보이는 명사구가 나타나고, 이 구조는 '...부터 · 에서...(까지); from...to' 정도로 번역될 수 있다.

소15	yāvan	na	manovijñānadhātuḥ
대32	yāvan−Ø	na	manovijñānadhātu−Ḥ
	형용사 남성 단수 주격		명사 남성 단수 주격

§ 이러한 일치의 구조는 소본 16−17행과 대본 33−34행(yāvan na jarāmaraṇam na jarāmaraṇakṣayaḥ), 대본 32행(yāvan na manodhātuḥ na dharmadhātuḥ na manovijñānadhātuḥ)에서도 나타난다.

② 명사(M) + 대명사(M)

소04	(pañca)skandhāḥ,	tān
대10	(pañca)skandha−AH	ta~ᴸN[Ḥ]
	명사 남성 복수 주격	지시대명사 남성 복수 목적격

§ 선행하는 명사가 대명사로 대용(代用)되는 경우로서 최소한의 조건은 위의 경우처럼 성과 수의 일치이다.

2) 주어 + 동사 / 동사 + 주어

명사구에서 수식어와 피수식어의 일치 관계처럼 주어와 동사는 문법적으로 서로 일치해야 한다. 주어의 자리에 어떤 단어가 오느냐에 따라 일치되는 문법적 범주의 수가 다르다. (<반야심경>에 나타나지 않는) 인칭대명사가 주어인 경우 동사는 수와 인칭을 이에 일치시켜야 하고, 이외의 모든 품사가 주어인 경우 동사는 수만을 일치시키면 된다. 주어 + 동사, 동사 + 주어 모두 가능하지만 대부분이 전자의 경우로 나타난다.

(1) 주어 + 동사

소02	āryāvalokiteśvaraḥ bodhisatvaḥ ...	vyavalokayati
소03	āryāvalokiteśvara-Ḥ bodhisatva-Ḥ	vyavalokaya-TI
	명사 남성 단수 주격	동사 능동태 직설법 현재 단수 3인칭

§ 소본 02c의 경우 주어 자리에 āryāvalokiteśvara=bodhisatva-Ḥ...vyavalokaya-TI에서 보는 것처럼 합성어가 온다. 대본 07-09행에서도 위와 같은 일치가 나타난다: āryāvalokiteśvara-Ḥ bodhisattva-Ḥ mahāsattva-Ḥ...vyavalokaya-TI.

대03	bhagavān ...	viharati
	bhagavan[t]-^{L}Ø	vihara-TI
	명사 남성 단수 주격	동사 능동태 직설법 현재 단수 3인칭
대49	bhagavān ...	adāt
대50	bhagavan[t]-^{L}Ø	a-dā-T
대51	명사 남성 단수 주격	동사 능동태 직설법 아오리스트 단수 3인칭
대39	niṣṭhānirvāṇam	prāpnoti
	niṣṭhānirvāṇa-M	prāpno-TI
	명사 중성 단수 주격	동사 능동태 직설법 현재 단수 3인칭

대53	cartavyam ...	anumodyate
대54	cartavya-M	anumodya-TE
	명사 중성 단수 주격	동사 중간태 직설법 현재 단수 3인칭

대53	prajñāpāramitā ...	anumodyate
f.g.	prajñāpāramitā-Ø	anumodya-TE
	명사 여성 단수 주격	동사 중간태 직설법 현재 단수 3인칭

대55-	명사 + 명사...	abhyanandan
대59	복수 명사	abhy-a-nanda-N
	명사 복수 주격	동사 직설태 직설법 미완료 복수 3인칭

§ 해당 텍스트에는 주어의 위치에 여러 개의 명사들이 나열되어 있다.

(2) 동사 + 주어

소20	viharati	(a)cittavaraṇaḥ
대38	vihara-TI	(a)cittavaraṇa-Ḥ
	동사 직설태 직설법 현재 단수 3인칭	명사 남성 단수 주격

대55	avocat	bhagavān
	a-voc-AT	bhagavan[t]-^{L}Ø
	동사 능동태 직설법 아오리스트 단수 3인칭	명사 중성 단수 주격

17.1.2. 격 지배

격 지배(Case Government)는 동사/분사/동명사/절대사와 목적(보)어간의 관계에서 주도적으로 일어나며, 전자(의 의미적 특성)가 후자의 격을 결정한다는 통사적 규칙이다. 일반적으로 목적(보)어는 동사 등의 앞에 나타난다. 그러나 동사 등이 아니더라도 불변화사인 부사나 형용사가 자신의 의미적 특성에 따라 주변 명사(들)의 격을 지배할 수도 있다. <반야심경>에서는 pṛthak과 sārdham 두 개가 이에 해당된다.

1) 목적어 + 동사

이러한 지배 구조에서 동사의 자리에 위치하는 VAK '...을/를 말하다', LOK PAŚ

'...을/를 보다', DĀ '...을/를 주다'의 어근들은 목적어로 [목적격 + 목적격]의 이중목적어(Double Accusative) 또는 [목적격(직접목적어) + 여격(간접목적어)]을 요구한다.

(1) 목적격 + 동사

대08	gambhīrāvabhāsam	vyavalokayati
대09	명사 남성 단수 목적격	현재 단수 3인칭

§ Feer본(08-09)에서 목적격의 완전한 모습은 gambhīrāvabhāsam nāma dharmaparyāyam(명사 남성 단수 목적격)이다.

대55	idam	avocat
	대명사 중성 단수 목적격	아오리스트 단수 3인칭

(2) 목적격 + 목적격 + (동사)

대10	tān ...	svabhāvaśūnyān	vyavalokayati
	대명사 남성 복수 목적격	형용사 남성 복수 목적격	현재 단수 3인칭

§ 소본의 04행과 대본의 21행에서도 이와 동일한 구조가 나타나는데, 차이는 동사의 자리에 각각 paśyati와 samanupaśyati가 온다는 점이다. 이에 반해 소본04f는 tān의 위치에 pañcaskandhān을 보여준다: pañcaskandhān(명사 남성 복수 목적격) svabhāvaśūnyān(형용사 남성 복수 목적격) paśyati(동사 능동태 직설법 현재 단수 3인칭).

대11	(ārya)avalokiteśvaram	etad	avocat
대12	명사 남성 단수 목적격	대명사 중성 단수 목적격	아오리스트 단수 3인칭

§ 텍스트에서 첫 번째 목적어의 완전한 모습은 (ārya)avalokiteśvaram bodhisattvam_(mahāsattvam)이고, 세 개의 명사가 동격(Appositive)으로 '성관자재 보살 마하살'로 번역된다.

대16	āyuṣmantam	etad	avocat
	명사 남성 단수 목적격	대명사 중성 단수 목적격	아오리스트 단수 3인칭

§ 텍스트에서 첫 번째 목적어의 완전한 형태는 āyuṣmantam śāriputram이고, 두 개의 명사가 동격(Appositive)으로 '구수(具壽) 사리불'로 번역된다.

대50	āryāvalokiteśvarāya	sādhukāram	adāt
대51	명사 남성 단수 여격	명사 남성 단수 목적격	아오리스트 단수 3인칭

§ 텍스트에서 첫 번째 목적어의 완전한 모습은 āryāvalokiteśvarāya bodhisattvāya이고, 두 개의 명사가 동격(Appositive)으로 '성관자재 보살'로 번역되지만, 위에서와 달리 '마하보살'이 빠져 나오기도 한다. 다른 사본들은 여격의 위치에 āryāvalokiteśvarasya bodhisattvasya의 속격을 보여주고 있는데, 어근 DĀ의 특성상 여격으로 교정되어야 할 사항이다(17.3. 참조).

소01	namaḥ	sarvajñāya	(kṛnomi)
대01	명사 중성 단수 목적격	명사 남성 단수 여격	현재 단수 1인칭

§ 위의 경우들과 달리 지배의 핵심인 동사가 표면적으로 나타나지 않기도 한다. 여기에서는 대략 KAR '...을/를 하다'의 어근을 상정해 볼 수 있다.
§ 다른 사본(들)은 여격의 위치에 bhagavatyai(형용사 여성 단수 여격) āryaprajñā-pāramitāyai(명사 여성 단수 여격)를 보여준다.

2) 목적어 + 분사

이 구조는 동사의 자리에 분사가 자리를 잡을 뿐 [목적어 + 동사]와 동일한 지배를 보여주고, 분사에서 CAR '(...을/를) 수행하다', BODH '(...을/를) 깨닫다', ā-PAD '(...을/를) 들어가다'의 어근들이 나타난다.

(1) 목적격 + 현재분사

소03	caryām	caramāṇaḥ
	명사 여성 단수 목적격	현재분사 남성 단수 주격

§ 이와 같은 구조는 대본의 08-09행에서도 나타난다. 소본의 03행과 대본의 20행에서는 목적어의 위치에 gambhīrām prajñāpāramitācaryām이 온다.

대14	caryām	cartukāmaḥ
	명사 여성 단수 목적격	형용사 남성 단수 주격

§ cartu=kāmaḥ의 경우 분사 형태는 아니지만 '(...을/를) 좋아 한다'의 어근 –KĀ–ma–가 이와 유사한 의미적 기능을 수행한다.

(2) 목적격 + 과거분사

소23	anuttarām samyaksaṁbodhim	abhisaṁbuddhāḥ
대41	형용사/명사 여성 단수 목적격	과거분사 남성 복수 주격
대05	samādhim	samāpannaḥ
대06	명사 여성 단수 목적격	과거분사 남성 복수 주격

§ 텍스트에서 목적격의 완전한 모습은 (gambhīrāvasaṁbodham nāma) samādhim이다.

3) 목적(보)어 + 동명사

소03	gambhīrāyām prajñāpāramitāyām	caryām
대08	형용사/명사 여성 단수 장소격	명사 여성 단수 목적격

§ CAR의 의미는 원래 '(...으로) 움직이다, 이동하다'로서 동사이든 동명사이든 장소격을 지배할 수 있다. 이에 따라 위의 구조는 '깊은 반야바라밀다로의 움직임, 이동(함), 들어감'으로 번역된다.

§ 대본 13–14행, 18행, 53행 역시 위와 같은 구조를 보여준다: (asyām_gambhīrāyām) prajñāpāramitāyām caryām. 또한 대본의 47–48행에서도 (asyām) prajñāpāramitāyām caryāyām(명사 여성 단수 장소격)이 나타난다.

4) 목적(보)어 + 절대사

대50	samādheḥ	vyutthā–ya
	명사 여성 단수 탈격	(동사) 절대사

§ vyutthā–는 ud + STHĀ '일어서다'에 vi–가 붙은 형태로 '...으로부터 일어나다'를 의미하기 때문에 선행하는 단어에 탈격을 요구한다.

소20	prajñāpāramitām	āśri-tya
대38	명사 여성 단수 목적격	(동사) 절대사

§ ā-ŚRAY-는 '(...을/를) 의지하다'의 의미이기 때문에 선행하는 단어에 대해 목적격을 요구한다.

§ 위의 구조는 소본의 23행과 대본의 41행에서도 나타난다. 그런데 소본의 20f와 23f에서는 거의 같은 의미이지만 niśri-tya (ni-ŚRAY-)가 나타난다.

대06	dharmaparyāyam	bhāṣ-itvā
	명사 남성 단수 목적격	(동사) 절대사

§ BHĀṢ는 '(...을/를) 말하다'의 어근이기 때문에 선행하는 명사에 목적격을 요구한다.

§ 텍스트에서 목적격의 완전한 모습은 gambhīrāvabhāsam nāma dharmaparyāyam이다.

3) 불변화사의 격 지배

(1) 탈격 + pṛthak

소06	rūpāt	na pṛthak	śūnyatā
대23	명사 중성 단수 탈격	불변화사	명사 여성 단수 주격
소06	śūnyatāyāḥ	na pṛthak	rūpam
대23	명사 중성 단수 탈격	불변화사	명사 여성 단수 주격

§ B na pṛthak A 의 구조는 'B로부터 A는 떨어져 있지 않다'를 의미하기 때문에 단어 B에 대해 탈격이 요구된다.

§ 소본의 06f와 대본의 23fg에서는 na rūpam pṛthak śūnyatāyāḥ / na...śūnyatā pṛthak_rūpāt로 나타나는데, B-A의 위치가 A-B로 바뀌어 있고, 부정사 na도 A 앞에 온다.

(2) sārdham + 도구격

대04	mahatā bhikṣusaṁghena	sārdham	mahatā ca bodhisattvasamghena	[sārdham]
	형용사/명사 남성 단수 도구격	불변화사	형용사/명사 남성 단수 도구격	

§ '...와/과 함께'라는 의미적 특성으로 sārdham은 선행하는 명사에 대해 도구격을 요구한다.
§ Feer본과 중국 사본 역시 이와 같은 위치를 보여주면서도 격은 같지만 다른 단어를 사용하고 있다: mahatā bhikṣugaṇena sārdham mahatā ca bodhisattvagaṇena.
§ 이에 반해 같은 행에서 장곡사본, 중촌원본, 뮬러본의 경우 ca와 mahatā의 위치가 서로 바뀌어 있다: mahatā bhikṣusaṁghena sārdham <u>ca mahatā</u> bodhisattvasamghena.

17.1.3. 어순

위에서 본 것처럼 산스크리트에서 일치와 격 지배는 엄격하게 따라야 하는 통사적 규칙이지만, 어순은 비교적 자유로운 통사적 규칙이라고 말할 수 있다. 그 이유는 앞서 언급한 것처럼 산스크리트가 표지 중심적이기 때문에, 즉 문장의 번역에 주도적인 역할을 수행하는 실사와 동사가 각각의 문법적 범주에 따른 고유의 표지를 지니고 있고, 이 단어들이 문장 내 어디에 위치해도 표지가 올바른 의미 해석을 유도하기 때문이다. 산스크리트의 어순은 능동태에서 기본적으로 '주어 + 목적어 + 동사'라는 점에서 한국어 화자들이 이해하기 그리 어렵지 않다고 말할 수 있다. 먼저 문장에서 중심적인 기능을 수행하는 이 세 개 성분의 어순을 개관하고, 부정사 접속사와 같은 주변적 문장성분의 위치에 대해 살펴보기로 한다.

1) 중심적 문장성분의 배열순서

(1) 주어 + 목적어 + 동사

aham (S) namaḥ (DO) sarvajñāya (IO) kṛṇomi (V)

§ 문장의 구성성분들이 나열되는 일반적인 규칙은 소본과 대본의 01행의 문장에서 보는 것처럼 주어(Subject)가 문두에 오고 목적어(Object)가 이를 따르며 동사(Verb)가 문미에 온다. 목적어에 위치에 직접목적어(Direct Object)와 간접목적어(Indirect Object) 두 개가 오는 경우 DO와 DI의 순서로 배열된다. 간접목적어의 위치에 소본 04f의 pañcaskandhān (DO) svabhāvaśūnyān에서처럼 직접목적어를 부연하는 목적보어가 나타날 수 있고, 동사의 위치에는 위의 일치 1) (2)의 예에서처럼 서술적 기능의 분사 형태가 올 수 있다.

bhagavān ... (S) bodhisattvāya mahāsattvāya (IO) sādhukāram (DO) adāt (V)

§ 그러나 위의 문장(대본 49–51행)에서처럼 간접목적어가 직접목적어에 선행하기도 한다.

(2) 감탄사 + 주어 + 목적어 + 동사

om (I) aham (S) namaḥ (DO) bhagavatyai āryaprajñāpāramitāyai (IO) kr̥ṇomi (V)

§ 감탄사(Interjection)와 같은 불변화사가 주어 앞에 놓일 수 있다.

(3) 감탄사 [+주어] + 목적어 [+ 동사]

om (I) namaḥ (DO) bhagavatyai āryaprajñāpāramitāyai (IO)

§ 직접 목적어가 행위 또는 행동을 나타내는 추상명사인 경우 이와 연결되어 있는 '(...을/를) 하다'의 동사는 생략되기도 하며, 심지어 주어까지도 탈락될 수 있다.

(4) 목적어 + 동사 + 주어

idam (DO) avocad (V) bhagavān (S) (대55)

§ 특정 문장성분이 강조될 때 위의 문장처럼 목적어가 문두에 위치할 수 있고, 이와 더불어 동사까지 주어 앞에 올 수 있다.

(5) 부사구 + 동사 + 주어

bodhisattvasya prajñāpāramitām āśritya (AdP) viharati (V) cittāvaraṇaḥ (S) (소19.20)

§ 동사가 주어에 선행하는 경우는 여러 개의 단어들로 구성된 부사구(Adverbial Phrase)가 문두에 올 때이다.

(6) A + [be동사] + B

rūpam śūnyatā śūnyatā eva rūpam (소05)

§ 성분 A와 B에 사이에 놓이는 be동사 AS 어근의 동사 형태는 보통 생략된다.

주어와 목적어의 경우 하나의 단어일 수도 있지만 위의 일치 1)에서 소개한 것처럼 각각은 최대 두 개의 품사, 대명사와 형용사로 구성되는 수식어를 가질 수 있으며, 이것들의 배열순서는 수식어(대명사 + 형용사) + 주어이다.

2) 주변적 문장성분의 위치

(1) 부정사의 위치 : na + A

rūpāt na pṛthak śūnyatā (소05)

na rūpam na vedanā na saṁjñā na saṁskārāḥ na vijñānam (소12)

§ 부정사(Negation) na는 기본적으로 부정이 되는 단어의 앞에 위치한다.

(2) 접속사의 위치

(1) A (ca) B ca

[pañcaskandhāḥ] [tān] ca (svabhāvaśūnyān) (소04)

[na jñānam] [na prāptiḥ] ca (소18g)

§ [A]와 [B]에서 '와'에 대응하는 ca의 위치는 기본적으로 A B 다음([A] [B] ca)이다. <반야심경>에는 존재하지 않지만 A B 사이에 ca가 한 번 더 나타나는 [A] ca [B] ca도 많이 사용된다: divaś ca gmaś ca '하늘과 땅의; of heaven and of earth'.

[mahatā bhikṣusaṁghena] sārdham [mahatā ca bodhisattvasamghena] (대04)

§ 그런데 [B]가 하나의 단어가 아닌 수식어 + 피수식어의 명사구일 경우 ca는 이 사이에 오는 경향이 있다.

[āryāvalokiteśvaraḥ bodhisattvaḥ] [sā ca sarvāvatī parṣat sadevamānuṣāsuragandharvaḥ] ca [lokaḥ bhagavataḥ]

[āryāvalokiteśvaraḥ bodhisattvo mahāsattvaḥ] [te ca bhikṣavaḥ]
[te ca bodhisattvāḥ mahāsattvāḥ]
[sā ca sarvāvatī parṣat sadevamānuṣāsuragaruḍagandharvaḥ] ca [lokaḥ bhagavataḥ]

§ 대본의 56-58행에서처럼 <반야심경>은 최대 다섯 개의 단어가 접속사로 연결되는 A ca B ca C ca D ca E를 보여준다.

tena ca samayena (대07)

§ ca가 '그리고; and'의 접속사적 의미로 사용될 때에도 문두에 오는 경우는 매우 드물다.

āyuṣmān śāriputraḥ (대55) 구수
āyuṣmantam śāriputram (대16)
āryāvalokiteśvaraḥ bodhisattvaḥ (mahāsattvaḥ) (대23.55-56)
āryāvalokiteśvarāya bodhisattvāya mahāsattvāya (대50-51)
bodhisattvaḥ mahāsattvaḥ (대55)
bodhisattvāḥ mahāsattvāḥ (대55)

§ <반야심경>에서 두 개 이상의 단어들이 나열됨에도 불구하고 ca가 붙지 않는 위와 같은 경우들은 동격(Appositive)의 명사구이다: āyuṣmant- śāriputra- '구수(具壽) 사리불', āryāvalokiteśvara- bodhisattva- (mahāsattva-) '성관자재 보살 (마하살)', bodhisattva-mahāsattva- '보살 마하살'.

(2) A vā B vā

[kulaputraḥ] vā [kuladuhitā] vā (대13)

§ 'A 또는 B, A랑 B랑'의 의미를 갖는 접속사 vā는 [A]와 [B] 다음에 나타난다.

(3) yathā + 절 / 구 / 단어

yathā tvayā nirdiṣṭam (대55)

§ 'A처럼, A와 같이; as, like'의 접속사적 의미로 사용될 때 yathā는 A에 해당하는 문장, 구, 단어 앞에 놓인다.

17.2. 통사적 용법과 관용어법

이와 같은 통사적 규칙들 외에도 특정의 문법적 범주가 통사적으로 기능하는 방식의 통사적 용법들(Syntactic Usages)과 개별 어휘들이 관용적으로 사용되는 관용어법(Idiomatic Usage) 역시 텍스트의 올바른 번역을 위해 반드시 고려되어야 할 사항들이다.

17.2.1. 대명사

1) 통사적 용법

yad rūpam sā śūnyatā, yā śūnyatā tad rūpam (소07 대24)

§ 관계대명사와 지시대명사가 사용되는 yad A tad B, yad B tad A의 구조는 영어로 which is A is that B, which is B is that A에 대응하여 한국어로 'A라는 것은 (바로) 그 B이고, B라는 것은 (바로) 그 A이다'로 번역된다. 각각의 대명사는 위의 일치에서 본 것처럼 A와 B의 성 · 수 · 격에 일치하는 형태로 나타난다.

2) 관용어법

yaḥ kaḥ cid (대17) | yad uta (대19) | evam etad (대52.53)

§ 관계대명사 yad + 의문대명사 kim + 불변화사 cid의 결합은 관용적으로 '그 어떤 (사람)이든 ; whoever'를 의미한다.

§ 관계대명사 yad + 불변화사 uta의 결합은 '다시 말해서, 즉; that is to say'의 관용적 표현을 나타낸다.

§ 불변화사 evam + 지시대명사 etad의 결합은 '그렇다, 그러하다; this is so'의 의미를 갖는다.

17.2.2. 수동태

1) 통사적 용법

evam mayā śrutam (대02)	yathā tvayā nirdiṣṭam (대53.54)
... samyaksaṁbuddhaiḥ ... samyaksaṁbodhiḥ prāptā (대40.41)	
... bodhisattvena mahāsattvena śikṣitavyam (bodhisattvena) (대47-48)	

§ 수동태에서 의미상의 주어는 도구격으로 표현되며 과거분사와 같은 수동적 의미의 동사 범주는 일반적으로 문미에 온다.

...cartavyam anumodyate sarvatathāgataiḥ arhadbhiḥ (대53.54)

§ 그러나 순수 타동사의 수동태 문장에서 형식적 주어가 여러 개의 단어들로 구성되는 경우 의미상의 주어인 도구격은 문미에 올 수 있다.

17.2.3. 비인칭구문

1) 통사적 용법

tasmāt jñātavyam (소24 대42)	evam vyavalokayitavyam (대19)
katham śikṣitavyam (대14)	(evam) śikṣitavyam (대19.48)

§ <반야심경>에서 비인칭구문(Impersonal Sentence)은 필연 분사(Partizipium Necessitatis)를 포함하고 있고, 이 분사에 붙는 비인칭의 표지 -m은 그 어떤 요소와도 일치되지 않는다는 것이 특징이다.

evam mayā śrutam (대02)	yathā tvayā nirdiṣṭam (대53.54)

§ 필연 분사 외에도 <반야심경>은 과거분사에 -m이 붙는 비인칭구문을 보여주기도 한다.

17.2.4. 절대사

1) 통사적 용법

prajñāpāramitām āśritya/niśritya (소20.23) | samādheḥ vyutthāya (대50) | gambhīrāvabhāsam nāma dharmaparyāyam bhāṣitvā (대06)

§ '...(할 · 했을) 때, ...한 후에; as..., after...'로 번역되는 절대사(Absolutiva)는 표지 없이 순수하게 접미사로만 형성된다.

17.2.5. 불변화사

1) 통사적 용법

(1) sma의 용법

viharati sma (대03) | vyavalokayati sma (소03 대09.20) | (samanu)paśyati sma (소04 대21)

§ 불변화사 sma는 일반적인 부사적 의미 외에도 직설법 현재시제의 동사와 결합하여 행위 또는 행동이 과거에서 습관적으로 일어났고, 이것이 현재에까지 계속되고 있음을 표현한다.

(2) iti의 용법

...bhāṣitam abhyanandan iti (대59)

§ '따라서; thus'란 의미의 불변화사 iti는 '말하다' 또는 '생각하다'의 동사가 따르는 경우 '...라고 말하다' 또는 '...라고 생각하다'를 의미하면서 문장 또는 문단을 종결시키는 기능을 수행한다: ya indrāya sunavāma iti [āha] 'who says, we will press Soma for Indra' 하지만 때때로 동사가 생략되기도 한다.

(3) eva의 용법

śūnyatā eva (sā) rūpam (소05.07 대22)	rūpam eva śūnyatā (대22f)

§ eva는 강세를 받는 단어를 따라 나오면서 이를 강조하는 불변화사이다.

17.3. 통사 교정

그런데 <반야심경>의 어떤 사본(들)은 위에서 살펴본 통사적 규칙이나 용법에 맞지 않는 어형들을 보여주기도 하는데, 이것들은 교정의 대상이 된다.

1) 일치

āryāvalokiteśvaraḥ bodhisattvaḥ ... paśyanti (소04f)
⇒ āryāvalokiteśvaraḥ bodhisattvaḥ ... paśyati

§ 두 개의 명사로 구성되어 있지만 ca가 없는 동격(Appositive)의 단수적 주어이기 때문에 복수로 나타난 동사는 단수로 교정되어야 한다.

tān ca svabhāvaśūnyam vyavalokayati (대10e)
⇒ tān ca svabhāvaśūnyān vyavalokayati

§ svabhāvaśūnyam은 복수 목적어인 지시대명사 tān의 목적보어이기 때문에 표지는 단수 -m이 아닌 복수 -ān으로 나타나야 한다.

atrastaḥ viparyāsātikrāṁtaḥ niṣṭhānirvāṇam (대39fg)
⇒ atrastaḥ viparyāsātikrāṁtaḥ niṣṭhānirvāṇaḥ

§ niṣṭhānirvāṇa-가 중성과 남성 모두가 가능하지만 위위 문장에서 보는 것처럼 표지가 일치되어있지 않다. 일치를 위해 중성이 아닌 남성으로 나타나는 나머지 사본들에 따라 표지 -m은 -ḥ로 교정되어야 한다.

tasyāḥ samādheḥ ⇒ tasmāt samādheḥ (대50f)

§ samādhi-는 남성 명사이기 때문에 수식어인 여성형의 대명사 탈격 tasyāḥ는 남성형의 대명사 탈격 tasmāt가 되어야 한다.

āryapañcāviṁśatikā bhagavatī prajñāpāramitāhṛdayam samāptam (대60f.g)
⇒ [āryapañcāviṁśatikā bhagavatī] [prajñāpāramitāhṛdayam samāptam]

§ Feer본과 중국 사본은 나미지 사본들과 달리 [B] 외에도 [A]의 이구를 보여준다. [A]와 [B] 각각은 자체로 성 수 격이 일치하고 있지만, 문제는 [A 여성]과 [B 중성]이 서로 일치하지 않는다는 점이다. [A]는 다른 사본들과 비교해 볼 때 나중에 첨가된 문구로 판단된다.

2) 격 지배

gambhīrāvabhāsam nāma dharmaparyāyam caryām caramāṇaḥ (대08g)
⇒ gambhīrāvabhāsa-y nāma dharmaparyāya-y caryām caramāṇaḥ

§ 중국 사본은 이 문장에서 통사적으로 문제가 있는 격 구조를 보여준다. <반야심경>에서 caryām caramāṇaḥ는 '(...[안]으로) 들어감/입(入)을 수행하는...'으로 번역되고, caryām이 지배하는 선행 명사(들)의 격은 일반적으로 장소격이어야 하는데, 위의 경우는 그렇지 않은 목적격으로 나타나고 있다.

asyām gambhīrāyām prajñāpāramitāyām cartāyām cartukāmaḥ (대14f.g)
⇒ asyām gambhīrāyām prajñāpāramitāyām [cartām] [cartukāmaḥ]

§ Feer본과 중국 사본의 경우 cartukāmaḥ 앞에서 나머지 사본들과 달리 목적격이 아닌 장소격이 나타난다. 그러나 의미적으로 '[...로 들어감을] [하기 좋아하는]...'이기 때문에 목적격 표지 -m이 적절하다고 말할 수 있다.

bodhisattvaḥ prajñāpāramitām āśritya (대37-38d.g)
⇒ [bodhisattva-sya prajñāpāramitām āśritya]

§ āśritya가 이끄는 절대사 구(Phrase) [ ]는 다른 사본들이 보여주는 것처럼 '보살의 반야바라밀다를 의지할 때...'로 번역되기 때문에 첫 단어의 격은 주격이 아닌 속격이 되어야 한다. 하지만 번역에 있어서는 주격으로 풀이하는 것이 더 자연스럽다(p.333 소본 19행 번역 참조).

āryāvalokiteśvarasya bodhisattvasya sādhukāram adāt (대50-51a.b.c.e)
⇒ [āryāvalokiteśvara-aya bodhisattva-aya sādhukāram adāt]

§ 수여동사 adāt는 '...(에)게...을/를 주다'의 의미적 구조를 갖기 때문에 '성관자재 보살'의 동격인 첫 두 단어의 격은 속격이 아닌 여격으로 나타나야 한다.

3) 부정사

na rūpam pṛthak śūnyatāyāḥ na ... śūnyatā pṛthak rūpāt. (대23f.g)
⇒ rūpam na pṛthak śūnyatāyāḥ śūnyatā na ... pṛthak rūpāt.

§ 문장을 부정하는 경우(na indro asti 'Indra does not exist') 부정사 na가 문두에 올 수 있지만, 위의 경우는 다른 사본들처럼 단어 부정이기 때문에 na pṛthak이 더 적절하다고 판단된다.

4) 절대사

evam uktaḥ (대15) ⇒ evam ukte

§ 대본 14행과의 문맥에서 볼 때 '이렇게 말해진 후에 > 이러한 질문에 대해'의 어구가 예상되기 때문에 위에서처럼 주격 형태가 아닌 evam uktvā 또는 Vaidya본의 장소격 절대사 ukte가 더 적절한 표현이라고 말할 수 있다.

5) 불변화사

iti āryaprajñāpāramitāhṛdayam samāptam. (대60d.e)
⇒ [iti] āryaprajñāpāramitāhṛdayam samāptam.

§ 17.2.5.의 (2) 용법에 따라 iti는 59행에 속하는 것으로 보아야 하기 때문에 Conze본과 Vaidya본에 나타나는 iti는 위의 문장에서 탈락되어야 한다.

VI
번 역

불경으로 이해하는 산스크리트

VI 번 역

이제 '텍스트 기반 문법정보 DB', '어휘 정보 DB'와 '통사적 문법정보'의 통합적 문법정보를 토대로 최종적으로 산스크리트 <반야심경>의 소본과 대본에 대한 번역이 수행된다. 번역은 가능한 한 직역에 충실한 어원적 번역이고, 이는 기존의 대표적인 역본들, 한역본(*부록 05 참조), 한국어역본, 일본어역본, 영어역본 등과 비교된다. 아래에서 제시하는 산스크리트 사본은 '텍스트 기반 문법정보 DB'(15.)에서 음영으로 표시된 재구성 텍스트로서 中村元본, Müller본, Conze본이 중심이 되고, 이 사본들과 다르게 나타나는 경우에 한해서 나머지 사본들의 번역이 병행된다.

여기에서 사용된 약어는 N(ominative) = 주격, V(ocative) = 호격, A(ccusative) = 목적격, I(nstrumental) = 도구격, D(ative) = 여격, Ab(lative) = 탈격, Gen(itive) = 속격, L(ocative) = 장소격이고, G(overnment)는 동사와 같은 지배의 핵심을 가리키며 이것이 지배하는 단어(들)는, 필요한 경우 [ ]로 묶여, G01 GP2 등으로 표기된다. 필요한 경우 밑줄이 함께 표시되는 { }는 문법적 범주들이 일치되는 명사구를 의미한다.

18. 〈반야심경〉 소본

아래에서 비교될 번역본들은 구마라집(鳩摩羅什)과 현장(玄奘)의 한역본들, 한글대장경, 中村元(1974, p.303)의 일본어역, Müller(1894, p.153-154)와 Conze(2001, p.81-119)의 영역본들이다.

01	namaḥ$^{A.G01}$ sarvajñāya$^{D.G02}$	[kṛnomi^{G}]	中M
	모든 것을 아시는 분에게 귀의(歸依)	[합니다]	
	om namaḥ$^{A.G01}$ {bhagavatyai^{D} āryaprajñāpāramitāyai$^{D.}$}^{G02}	[kṛnomi^{G}].	C
	옴! {복(福)을 갖고 계신 성스러운 반야바라밀다에게} 귀의(歸依)	[합니다.]	

* 격 지배의 핵인 동사 [kṛnomi^{G}]는 실제 텍스트에서 생략되어있다고 볼 수 있다.

鳩	X
玄	X
한	X
中	一切知者に歸依します.
M	Adoration to the Omniscient !
C	Homage to the Perfection of Wisdom, the Lovely, the Holy !

* 이 문구는 한역본과 한글대장경에 나타나지 않는다.
* Conze의 번역에는 bhagavatyai가 형용사가 아닌 명사 the Lovely로 번역되며, 합성어의 구성 성분인 ārya=가 떨어져 나와 the Holy로 나와 있다. 그리고 '옴'에 대한 번역도 없다.

02	{āryāvalokiteśvaraḥ^{N} bodhisattvaḥ^{N}	中C
	성관자재(聖觀自在) 보살(菩薩)은	
	{āryāvalokiteśvarabodhisattvaḥ^{N}	M
	성관자재보살(聖觀自在菩薩)은	

鳩	觀世音菩薩
玄	觀自在菩薩
한	관자재보살(觀自在菩薩)이
中	聖者觀自在菩薩が
M	The venerable Bodhisattva Avalokitesvara
C	Avalokita, The Holy Lord and Bodhisattva,

* 한역과 한글대장경에는 ārya=에 대응하는 성(聖)의 표현이 빠져있다.

03	[{gambhīrāyām^{L} prajñāpāramitāyām^{L}}^{G01} caryām$^{A.G}$]^{G01} caramāṇaḥ$^{N.G}$ vyavalokayati} sma	中M
	깊은 반야바라밀다로의 입(入)을 (스스로를 위해) 수행하실 때 두루두루 내려다보시었다	
	{gambhīrām^{A} prajñāpāramitācaryām^{A}}^{G01} caramāṇaḥ$^{N.G}$ vyavalokayati} sma	C
	깊은 반야바라밀다–입(入)을 (스스로를 위해) 수행하실 때 두루두루 내려다보시었다	

＊caryām은 선행하는 장소격 명사를 지배하며 '...(으)로 움직임・들어감'을 의미한다.

＊'(스스로를 위해)'의 번역이 추가된 이유는 caramāṇaḥ가 중간태(분사)이기 때문이다.

＊불변화사 sma는 동사와 결합하여 행위 또는 행동이 과거에서 습관적으로 일어났고, 이것이 현재에까지 계속되고 있음을 표현한다.

鳩	行深般若波羅蜜時
玄	行深般若波羅蜜多時
한	깊은 반야바라밀다(般若波羅蜜多)를 행할 때
中	深遠なる 般若はらみつに おいて 修行を おこなって いたとき
M	performing his study in the deep Pragñâpâramitâ (perfection of wisdom), thought thus :
C	was moving in the deep course of the Wisdom which has gone beyond. He looked down from on high,

＊vyavalokayati에 정확히 대응하는 번역이 있는 곳은 Conze역본뿐이다.

＊caryām은 中村元역에서 수행(修行), Müller역에서 'study', Conze역에서 'course'로 번역된다. 이에 반해 한역본의 경우 그에 해당하는 표현이 없다.

＊현재분사 caramāṇaḥ는 한역본과 한글대장경에서 '행(行)', 일역에서 '(실)행하다'의 의미인 'おこなう', Müller본과 Conze본에서 각각 'performing'과 'moving'으로 번역된다.

04	pañcaskandhāḥ^{N}, tān$^{A.G01}$ ca svabhāvaśūnyān$^{A.G02}$ paśyati^{G} sma.	中MC
	오온이 존재하고, 이것들을(이것들의) 본성이 비어있다고 보시었다.	
	pañcaskandhān$^{A.G01}$ svabhāvaśūnyān$^{A.G02}$ paśyati^{G} sma iti	B
	따라서 오온을(오온의) 본성이 비어있다고 보시었다.	

＊불변화사 sma는 동사와 결합하여 행위 또는 행동이 과거에서 습관적으로 일어났고, 이것이 현재에까지 계속되고 있음을 표현한다.

鳩	照見五陰空 度一切苦厄。
玄	照見五蘊皆空 度一切苦厄。
한	다섯 가지 쌓임[五蘊]이 모두 공(空)한 것을 비추어 보고 온갖 괴로움과 재앙을 건지느니라.
中	人間は 五種の構成要素から 成立していると照見した. しかも それらの五種の構成要素は, その本性は 空であると洞察した.
M	'There are five Skhandas, and these he considered as by their nature empty (phenomenal).'
C	He beheld but five heaps, and he saw that in their own−being they were empty.

＊'度一切苦厄'과 '온갖 괴로움과 재앙을 건지느니라'의 문구는 그 어떤 산스크리트 사본에서도

찾을 수 없는 표현이고, 현장역과 한글대장경에서의 '모두(皆)'도 산스크리트 텍스트에 나타나지 않는다.

* 구마라집의 역본에는 그 어떤 사본들에도 존재하지 않는 舍利弗 色空故無惱壞相 受空故無受相 想空故無知相 行空故無作相 識空故無覺相。의 문구가 첨가되어 있다.

05	iha śāriputra^{V} rūpam^{N} śūnyatā^{N}(,) śūnyatā^{N} eva rūpam^{N}. 사리자여, 이 세상에서 물질(현상)은 실체가 없는 것이고, 실체가 없는 것 역시 물질(현상)이다.	中MC

* 아래의 현장역을 따라 śāriputra는 śāri=의 음역인 '사리(舍利)'와 =putra의 '자(子)'가 결합된 '사리자'(舍利子)로 번역하기로 한다.

鳩	何以故 舍利弗 ...
玄	舍利子 ...
한	사리불(舍利弗)이여 ...
中	シャーリプトラよ, この世に おいて 物質現象は 實體のないもの (空)である. 實體のないもの それが, 物質現象として 成立するのである.
M	'O Sâriputra,' he said, 'form here is emptiness, and emptiness indeed is form.
C	Here, O Śāriputra, form is emptiness and the very emptiness is form;

* 한역본과 한글대장경에는 '색즉시공(色卽是空) 공즉시색(空卽是色)'에 대응하는 표현이 없다.

* 구마라집역의 경우 何以故 '왜, 어찌하여, 무엇 때문에'의 표현이 추가되어 있다.

06	rūpāt^{Ab} na pṛthak śūnyatā^{N}, śūnyatāyā^{Ab} na pṛthak rūpam^{N}. 물질(현상)로부터 실체가 없는 것이 분리되어 있지 않고, 실체가 없는 것으로부터 물질(현상)이 분리되어 있지 않다.	中MC

鳩	非色異空 非空異色
玄	色不異空 空不異色
한	물질[色]이 공(空)과 다르지 않고 공이 물질과 다르지 않으며,
中	實體のないことは, 物質現象を 離れてあるのではない. 物質現象も實體のないことと別にあるのではない.
M	Emptiness is not different from form, form is not different from emptiness.
C	Emptiness does not differ from emptiness, form does not differ from emptiness;

07	{yad^{N} rūpam^{N}} {sā^{N} śūnyatā^{N}}(,) {yā^{N} śūnyatā^{N}} {tad^{N} rūpam^{N}}. 물질(현상)이라는 것이 (바로) 실체가 없는 것이고, 실체가 없는 것이라는 것이 (바로) 물질(현상)이다.	中MC

鳩	色即是空 空即是色
玄	色即是空 空即是色
한	물질이 곧 공이요 공이 곧 물질이니,
中	およそ 物質現象であるものが, そのまま實體のないものなのである. 實體のないことが, そのまま物質現象なのである.
M	What is form that is emptiness, what is emptiness that is form.'
C	whatever is form, that is emptiness, whatever is emptiness, that is form,

08	evam eva vedanāsaṁjñāsaṁskāravijñānāni[N]. 이러한 방식으로 감각(感覺)・지각(知覺)・형성(形成)・분별(分別)들도 그러하다.	中M
	evam eva vedanāsaṁjñāsaṁskāravijñānam[N]. 이러한 방식으로 감각(感覺)・지각(知覺)・형성(形成)・분별(分別)도 그러하다.	C

鳩	受想行識 亦如是。
玄	受想行識 亦復如是。
한	느낌[受]과 생각[想]과 지어감[行]과 의식[識]도 그러하니라.
中	感覺・表象・意志作用・判斷に ついても, これと 全く 同じである.
M	'The same applies to perception, name, conception, and knowledge.'
C	The same is true of feelings, perceptions, impulses, and consciousness.

* 中村元(1971, p.20)에서 vedanā-는 즐거움, 괴로움, 즐겁지도 괴롭지도 않음 등의 느낌을 받는 것이라고 해석되면서 '감각'(感覺)으로, saṁjñā-는 파란색, 노란색, 흰색 등을 잘 이해한다는 것으로서 '표상'(表象)으로, saṁskāra-는 정신적 활동이 일정한 방향으로 일어나는 것을 가리키는 단어로서 '의지'(意志) 또는 '의지적 형성력'(意志的 形成力)으로, vijñāna-는 눈・귀・코・혀・신체・마음 등 여섯 개의 작용기관이 물체・소리・향기・맛・촉감・심리적 대상을 인식하는 활동을 총칭하는 단어로서 '식'(識), '의식'(意識), '판단(判斷)', '분별'(分別) 등으로 번역된다.

* 다른 한편으로 Conze(2001, p.87-88)에서 각각의 단어는 다음과 같이 해석되고 있다: Feelings of Pleasant・Unpleasant・Neutral ; Perceptions, which are made by six senses - eye, ear, nose, tongue, body, mind ; Impulses are together-makers including all active dispositions, tendencies, impulses, volitions, strivings, etc., whether conscious or repressed ; Consciousness is awareness of something implying a separation of subject and object, and a discrimination between object and object.

09	iha śāriputra[V] {sarvadharmāḥ[N] śūnyatālakṣaṇāḥ[N] anutpannāḥ[N] aniruddhāḥ[N] 사리자여, 이 세상에서 모든 법은 실체가 없는 것을 특징으로 하고 있고 생겨나지도 소멸되지도 않는 것들이며,	中MC

* iha는 '이 세상・땅에서'로 번역되는 불변화사이다.

鳩	舍利弗 是諸法空相 不生不滅
玄	舍利子 是諸法空相 不生不滅
한	사리불이여, 이 모든 법의 공한 모양은 나지도 않고[不生] 없어지지도 않으며[不滅]
中	シャーリプトラよ, この世において 存在物はすへて, 實體のないことを 特質として いるのである. 生じたと 言えないものであり, 滅したとも 言えないものであり,
M	'Here, O Sâriputra, all things have the character of emptiness, they have no beginning, no end,
C	Here, O Śāriputra, all dharmas are marked with emptiness; the are not produced or stopped,

10	amalāḥ^{N} avimalāḥ^{N} na ūnāḥ^{N} na paripūrṇāḥ^{N}}.	中
	amalāḥ^{N} na vimalāḥ^{N} na ūnāḥ^{N} na paripūrṇāḥ^{N}},	M
	amalāḥ^{N} avimalāḥ^{N} anūnāḥ^{N} aparipūrṇāḥ^{N}}.	C
	더럽지도 않고 더럽지 않지도 않고 소진된 상태도 아니고 충분히 차 있는 상태도 아니다.	
	amalāḥ^{N} avimalāḥ^{N} na ūnāḥ^{N}_na saṁpūrṇāḥ^{N}},	B
	더럽지도 않고 더럽지 않지도 않고 소진된 상태도 아니고 완전히 차 있는 상태도 아니다.	

鳩	不垢不淨 不增不滅。
玄	不垢不淨 不增不滅。
한	더럽지도 않고[不垢] 깨끗하지도 않으며[不淨] 늘지도 않고[不增] 줄지도 않느니라[不滅].
中	汚れらとも 言えず, 汚れを 離れたものでもない. 滅ることもなく, 增すこともない.
M	they are faultless and not faultless, they are not imperfect and not perfect.
C	not defiled or immaculate, not deficient or complete.

* 한역본과 한글대장경의 경우 처음 두 개 단어의 번역이 바뀌어져 있다.
* 구마라집역에는 <u>是空法 非過去 非未來 非現在</u>。가 추가되어 있다.

11	tasmāt śāriputra^{V} śūnyatāyām^{L}	中MC
	이러한 까닭에 실체가 없는 것에는	

鳩	是故 空中
玄	是故 空中
한	그러므로 공 가운데는
中	これ故に シャーリプトラよ, [空中には]
M	Therefore, O Sâriputra, in this emptiness
C	Therefore, O Śāriputra, in emptiness

12	na rūpam^{N} na vedanā^{N} na saṁjñā^{N} na saṁskārāḥ^{N} na vijñānam^{N}.	中MC
	물질(현상)도 없고 감각도 없고 지각도 없고 형성도 없고 분별도 없다.	

鳩	無色 無受想行識
玄	無色 無受想行識
한	물질도 없고 느낌과 생각과 지어감과 의식도 없으며,
中	實體が ないという見方に 立てば, 物質現象は 成立せず, 感覺も 成立せず, 表象も 成立せず, 意志作用も 成立せず, 判斷も 成立しない.
M	there is no form, no perception, no name, no concepts, no knowledge.
C	there is no form, nor feeling, nor perception, nor impulse, nor consciousness;

13	na cakṣuḥśrotraghrāṇajihvākāyamanāṁsi[N](,) 눈(시각)・귀(청각)・코(후각)・혀(미각)・몸(촉각)・마음(의식)도 없다.	中MC
	na cakṣuḥ[N] na śrotram[N] na ghrāṇam[N] na jihvā[N] na kāyaḥ[N] na manaḥ[N] 눈(시각)도 없고 귀(청각)도 없고 코(후각)도 없고 혀(미각)도 없고 몸(촉각)도 없고 마음(의식)도 없다.	B

鳩	無眼耳鼻舌身意
玄	無眼耳鼻舌身意
한	눈과 귀와 코와 혀와 몸과 뜻도 없으며,
中	視覺, 聽覺, 嗅覺, 味覺, 觸覺, 意識も 存在しない.
M	No eye, ear, nose, tongue, body, mind.
C	No eye, ear, nose, tongue, body, mind;

14	na rūpaśabdagandharasaspraṣṭavyadharmāḥ[N](,) 형상・소리・냄새・맛・촉감・관념도 없다.	中MC

鳩	無色聲香味觸法
玄	無色聲香味觸法
한	빛과 소리와 냄새와 맛과 닿임과 법도 없으며,
中	色, 聲, 香り, 味, 觸られるもの, 觀念も 存在しない.
M	No form, sound, smell, taste, touch, objects.
C	No forms, sounds, smells, tastes, touchables or objects of mind;

15	na cakṣurdhātuḥ[N] {yāvan[N] na manovijñānadhātuḥ[N]}(.) 눈(시각)의 요소도 없고 마음(의식)에 의한 분별의 요소까지도 없다.	中MC
	na caksurdhātuḥ[N] na rūpadhātuḥ[N], {yāvan[N] na manovijñānadhātuḥ[N]}, 눈(시각)의 요소도 없고 형상의 요소도 없고, 마음(의식)에 의한 분별의 요소까지도 없다.	B

* Kimura(2007, 2009 PP. I)에 따르면 위의 완전한 텍스트는 na cakṣurdhātur [na rūpadhātur [na cakṣurvijñānadhātuḥ, na śrotradhātur na śabdadhātur na śrotravijñānadhātuḥ, na ghrāṇadhātur na gandhadhātur na ghrāṇavijñānadhātuḥ, na jihvādhātur na rasadhātur na jihvāvijñānadhātuḥ, na kāyadhātur na spraṣṭavyadhātur na kāyavijñānadhātuḥ na manodhātur na dharmadhātur]] na

manovijñānadhātuḥ이고, <반야심경>의 소본에서는 [ ] 부분이 yāvan으로 대체되어 있다.

鳩	無眼界乃至無意識界
玄	無眼界乃至無意識界
한	눈의 경계[眼界]도 없고 의식의 경계[意識界]까지도 없으며,
中	視覺の 領域も 存在せず, ないし, 意識的判斷の領域も 存在しない.
M	'There is no eye,' &c., till we come to 'there is no mind.'
C	No sight-organ element, and so forth, until we come to: No mind-consciousness element;

16	na vidyā[N] na avidyā[N] na vidyākṣayaḥ[N] na avidyākṣayaḥ[N] 앎(知)도 없고 무지(無知)도 없고 앎의 소멸도 없고 무지의 소멸도 없으며	中M
	na avidyā[N] na avidyākṣayaḥ[N] 무지도 없고 무지의 소멸도 없으며	C

鳩	無無明亦無無明盡
玄	無無明亦無無明盡
한	무명(無明)도 없고 또한 무명이 다함까지도 없으며,
中	智慧もなく, 無知もなく, 智慧の滅盡もなく, 無知の滅盡もない.
M	'There is no knowledge, no ignorance, no destruction of knowledge, no destruction of ignorance,'
C	There is no ignorance, no extinction of ignorance,

17	{yāvan[N] na jarāmaraṇam[N] na jarāmaraṇakṣayaḥ[N]} 늙음[과]죽음(老死)도 없고 늙음[과]죽음(老死)의 소멸까지도 없으며	中MC
	{yāvan[N] na jarāmaraṇakṣayaḥ[N]} 늙음[과]죽음(老死)의 소멸까지도 없으며	B

* 16행과 17행은 12연기(緣起)에 해당되는 부분으로 Vaidya(1960, AP 25)에 따른 이의 완전한 텍스트는 na avidyāṁ [... na saṁskārān_na vijñānaṁ na nāmarūpaṁ na ṣaḍāyatanaṁ na sparśaṁ na vedanāṁ na tṛṣṇāṁ na upādānaṁ na bhavaṁ na jātiṁ] na jarāmaraṇaṁ ...이고, <반야심경>의 소본에서는 [ ] 부분이 yāvan으로 대체되어 있다.

鳩	乃至無老死無老死盡
玄	乃至無老死亦無老死盡
한	늙고 죽음도 없고 또한 늙고 죽음이 다함까지도 없으며,
中	老いること, 死めこともなく, 老いること, 死めことの滅盡もない.
M	&c., until we come to 'there is no decay and death, no destruction of decay and death;
C	and so forth, until we come to: there is no decay and death, no extinction of decay and death.

18	na duḥkhasamudayanirodhamārgāḥ^{N}, na jñānam^{N} na prāptiḥ^{N}.	中M
	고통(을)분출(시키고)차단(시키는)과정도 없고, 앎도 없고 얻음도 없다.	
	na duḥkhasamudayanirodhamārgāḥ^{N} na jñānam^{N} na prāptiḥ^{N} na aprāptiḥ^{N}.	C
	고통(을)분출(시키고)차단(시키는)과정도 없고, 앎도 없고 얻음도 없고 얻지 못함도 없다.	

鳩	無苦集滅道 無智亦無得。
玄	無苦集滅道 無智亦無得。
한	괴로움[苦]과 괴로움의 원인[集]과 괴로움이 없어짐[滅]과 괴로움을 없애는 길[道]도 없으며, 지혜[智]도 없고 얻음[得]도 없느니라.
中	苦・集・滅・道 (の四つの眞理)もなく, 智もなく, 悟りに 達することもない.
M	there are not (the four truths, viz. that there) is pain, origin of pain, stoppage of pain, and the path to it. There is no knowledge, no obtaining.
C	There is no suffering, no origination, no stopping, no path. There is no cognition, no attainment and no nonattachment.

19	{tasmāt^{Ab} aprāptitvāt^{Ab}} [bodhisattvānām^{Gen}	中M
	그러한 얻음이 없는 까닭에 보살들의	
	{tasmāt^{Ab} śāriputra^{V} aprāptitvāt^{Ab}} [bodhisattvaḥ^{N}	C
	사리자여, 그러한 얻음이 없는 까닭에 보살은	

* Conze본과 Benveniste본에서 '보살'이 주격으로 나타나지만, 이 단어는 20행의 āśritya에까지 연결되는 절대사 구문에 속하기 때문에 의미상의 주어는 나머지 사본들에서처럼 속격으로 나타나는 것이 문법적으로 옳다고 말할 수 있다. 하지만 번역에 있어서는 주격으로 풀이하는 것이 더 자연스럽다.

鳩	以無所得故 菩薩依
玄	以無所得故 菩提薩埵依
한	얻을 것이 없는 까닭에 보살은
中	達するということがないから
M	X
C	Therefore, O Śāriputra, it is because of his nonattainmentness that

20	prajñāpāramitām^{G01} āśritya^{G}] viharati acittāvaraṇaḥ^{N}.	中MC
	반야바라밀다에 대한 의지를 통해 마음을 덮는 것이 없는 상태가 (퍼지게) 되고	
	prajñāpāramitām^{G01} āśritya^{G}] viharati cittāvaraṇaḥ^{N},	V
	반야바라밀다를 의지함으로써 마음을 덮는 것이 떼어 놓아지고(사라지고)	

* Vaidya본 외에도 법륭사본과 Benveniste본도 부정접두사가 없는 cittāvaraṇaḥ를 보여주는데, 이 경우 '어원적 배열의 어휘 DB'(16.2)에서 볼 수 있는 것처럼 동사 viharati가 '분리하다, 떼어 놓다'로 의미로 번역되어야 할 듯 보인다.

鳩	般若波羅蜜故 心無罣礙
玄	般若波羅蜜多故 心無罣礙
한	반야바라밀다를 의지하므로 마음에 걸림이 없고,
中	人は 菩薩の般若はらみつを 依り 所として, 心の覆障なしに 住している.
M	‘A man who has approached the Pragñâpâramitâ of the Bodhisattva dwells enveloped in consciousness.
C	a Bodhisattva, through having relied on the perfection of wisdom, dwells without thought-coverings.

* Müller의 번역은 특이하게도 자신의 텍스트(viharati a-cittāvaraṇaḥ)에 맞지 않게 부정접두사가 없는 “dwells enveloped in consciousness”로 되어있다.

21	cittāvaraṇanāstitvāt^{Ab} {atrastaḥ^{N} viparyāsātikrāntaḥ^{N} niṣṭhˇnirvāṇaḥ^{N}}. 中MC 마음을 덮는 것이 없는 상태이기 때문에 두려움도 없고 전도(顚倒)를 뛰어 넘은 근원적인 완전한 소진의 상태(열반[涅槃])가 된다.

鳩	無罣礙故 無有恐怖 離一切顚倒夢想苦惱 究竟涅槃。
玄	無罣礙故 無有恐怖 遠離顚倒夢想 究竟涅槃。
한	걸림이 없으므로 두려움이 없어서 뒤바뀐 헛된 생각을 아주 떠나 완전한 열반[究竟涅槃]에 들어가며,
中	心に 覆障がないから, 恐怖がなく, 顚倒を 超越しており, 窮極のニルヴァナに 入っている
M	But when the envelopment of consciousness has been annihilated, then he becomes free of all fear, beyond the reach of change, enjoying final Nirvâna
C	In the absence of thought-coverings he has not been made to tremble, he has overcome what can upset, and in the end he attains to Nirvana.

22	{{tryadhvavyavasthitāḥ^{N} sarvabuddhāḥ^{N}} 中MC 세 개의 길(과거・현재・미래)에 차례대로 서있는 모든 부처는

鳩	三世諸佛依
玄	三世諸佛依
한	과거 현재 미래의 모든 부처님도
中	三世における 諸佛たちは すべて,
M	‘All Buddhas of the past, present, and future,
C	All those who appear as Buddhas in the three periods of time

23	[prajñāpāramitām$^{A.G01}$ āśritya^{G}] {anuttarām^{A} samyaksambodhim^{A}}^{G01} abhisaṁbuddhāḥ$^{N.G}$}. 中MC 반야바라밀다를 의지함으로써 최상의 올바른 깨달음을 완전하게 깨달았다・터득했다.

鳩	般若波羅蜜故　得阿耨多羅三藐三菩提。
玄	般若波羅蜜多故 得阿耨多羅三藐三菩提。
한	이 반야바라밀다를 의지하므로 아뇩다라삼먁삼보리(阿耨多羅三藐三菩提)를 얻느니라.
中	般若はらみつを 依り所として, 無上の正しい 悟りを 現實に 悟ったのである.
M	after approaching the Pragñâpâramitâ, have awoke to the highest perfect knowledge.'
C	fully awake to the utmost, right, and perfect enlightenment because they have relied on the perfection of wisdom

24	tasmāt jñātavyam prajñāpāramitā[N] mahāmantraḥ[N] 그렇기 때문에 (반드시) 알아야 한다: 반야바라밀다는 위대한 진언이고	中MC

鳩	故知般若波羅蜜
玄	故知般若波羅蜜多 是大神咒
한	그러므로 반야바라밀다는 ... 알아라.
中	これ故に 知るべきである. 般若はらみつは 大なる 眞言,
M	'Therefore we ought to know the great verse of Pragñâpâramitâ
C	Therefore one should know the prajñāpāramitā as the great spell,

25	mahāvidyāmantraḥ[N] anuttaramantraḥ[N] asamasamamantraḥ[N], 위대한 지식의 진언이며 최상의 진언이고 (그 어느 것과도) 견줄 수 없는 진언이며	中MC

鳩	是大明咒 無上明咒 無等等明咒
玄	是大明咒 是無上咒 是無等等咒
한	가장 밝은 주문[大明呪]이며, 가장 높은 주문[無上呪]이며, 무엇과도 견줄 수 없는 주문[無等等呪]이니,
中	大なる 智慧の眞言, 無上の眞言, 比較を 絶した 眞言は,
M	the verse of the great wisdom, the unsurpassed verse, the peerless verse,
C	the spell of great knowledge, utmost spell, the unequalled spell,

26	sarvaduḥkhapraśamanaḥ[N]. satyam amithyatvāt[Ab] 모든 고통을 가라앉히는 (진언이라는 것을). 진실로 어긋남이 없기 때문에	中MC
	sarvaduḥkhapraśamamantraḥ[N] satyam amithyatvāt[Ab] 모든 고통을 가라앉히는 진언이라는 것을[.] 진실로 어긋남이 없기 때문에	B

* Benveniste본과 같이 나머지 사본들에도 (−)mantraḥ가 연결되어 있는 것으로 생각해 볼 수 있다.

鳩	能除一切苦 真實不虛。
玄	能除一切苦 真實不虛。
한	온갖 괴로움을 없애고 진실하여 허망하지 않음을 알아라.

中	すべての苦惱を 鎭めるものであり, 僞りがないから 眞實であると.
M	which appeases all pain – it is truth, because it is not false –
C	allayers of all suffering, in truth – for what could go wrong?

27	prajñāpāramitāyām[L] uktaḥ[N] mantraḥ[N], tadyathā 반야바라밀다에서 그 진언은 다음과 같이 말해진다.	中MC

鳩	故說般若波羅蜜咒 。即說咒曰 :
玄	故說般若波羅蜜多咒。即說咒曰 :
한	그러므로 반야바라밀다의 주문을 말하나니 주문은 곧 이러하니라.
中	その眞言は, 般若はらみつに おいて 次の如く 說かれている.
M	the verse proclaimed in the Pragñâpâramitâ :
C	By the prajñāpāramitā has this spell been delivered. It runs like this :

28	(oṃ) gate gate pāragate pārasaṁgate bodhi svāhā. (옴) 아제 아제 바라아제 바라승아제 모지 사바하	中MC

鳩	竭帝 竭帝 波羅竭帝 波羅僧竭帝 菩提 僧莎呵
玄	揭帝 揭帝 般羅揭帝 般羅僧揭帝 菩提 僧莎訶
한	아제 아제 바라아제 바라승아제 모지 사바하
中	ガテー ガテー パーラガテー パーラサソガテー ボーディ スワーハー (行ける 者よ, 行ける 者よ, 彼 岸に 行ける 者よ, 彼岸に 共に 行ける 者よ, 悟りよ, 榮えあれ!)
M	"O wisdom, gone, gone, gone to the other shore, landed at the other shore, Svāhā" '
C	Gone, gone, gone beyond, gone altogether beyond, O what an awakening, all hail!

29	iti (ārya)prajñāpāramitāhṛdayam[N] samāptam[N]. 라고(.) (성스러운)반야바라밀다심이 끝난다.	中MC
	iti prajñāpāramitāhṛdayasūtram[N] samāptam[N]. 라고(.) 반야바라밀다심경이 끝난다.	V

* 아래의 역본들에서처럼 불변화사 iti가 '따라서'로 번역될 수도 있지만, 다른 한편으로 17.2.5.의 (2)에 따라 iti는 '...라고 [말해진다]'의 번역 가능성도 생각해 볼 수 있다.

鳩	X
玄	X
한	X
中	『般若はらみつの心髓』おわる.
M	Thus ends the heart of the Pragñâpâramitâ.
C	This completes the Heart of perfect wisdom.

19. 〈반야심경〉 대본

아래에서 비교될 대본의 번역본들은 반야(般若)・이언(利言)의 한역본, 한글대장경, 中村元(1971, p.179–182)의 일본어역, Müller(1894, p.147–149)의 영역본이다.

01	namaḥ[A.G01] sarvajñāya[D.G02]	[kṛnomi[G]]	中M
	모든 것을 아시는 분에게 귀의(歸依)	[합니다]	
	om namaḥ[A.G01] {bhagavatyai[D] āryaprajñāpāramitāyai[D]}[G02]	[kṛnomi[G]].	C
	옴! {복(福)을 갖고 계신 성스러운 반야바라밀다에게} 귀의(歸依)	[합니다.]	

* 격 지배의 핵인 동사 [kṛnomi[G]]는 실제 텍스트에서 생략되어있다고 볼 수 있다.

般	X
한	X
中	一切知者に歸依します.
M	Adoration to the Omniscient !

02	evam mayā[I] śrutam.	中MC
	이렇게 나에 의해 들리어졌다.	
	evam mayā[I] śrutam,	V
	이렇게 나에 의해 들리어졌다.	

* 전형적인 수동태 구문으로 의미상의 주어가 도구격이고, 과거분사가 수동형으로 사용된다.
* Vaidya본을 제외한 모든 사본에서 이 구문의 끝에 마침표가 찍혀있다.
* 이는 Vaidya본에서 03행의 첫 두 단어가 이 구문과 함께 번역되어야 한다는 것을 의미한다.

般	如是我聞：
한	이와 같이 나는 들었다.
中	このようにわたしは聞いた.
M	This I heard :

* 수동태 구문이기 때문에 "It is heard by me like this"의 번역어 더 적절하다.

03	{ekasmin[L] samaye[L]} {bhagavān[N] rājagṛhe[L] viharati} sma gṛdhrakūṭe[L] parvate[L]	中M
	한 때 세존께서 왕사성의 (근처에 있는) 기사굴산에 계시었고	
	{ekasmin[L] samaye[L]}. {bhagavān[N] rājagṛhe[L] viharati} sma gṛdhrakūṭe[L] parvate[L],	C
	한 때. 세존께서 왕사성의 (근처에 있는) 기사굴산에 계시었고,	

* 불변화사 sma는 동사와 결합하여 행위 또는 행동이 과거에서 습관적으로 일어났고, 이것이 현재에까지 계속되고 있음을 표현한다.

般	一時佛在王舍城耆闍崛山中
한	어느 때 부처님께서 왕사성(王舍城)의 기사굴산(耆闍崛山)에서 ... 계셨다.
中	あるとき, 世尊は ... ラージャグルハ(王舍城)の クルドゥフラクータ山(靈鷲山)に 住した
M	At one time the Bhagavat dwelt at Râgagriha, on the hill Gridhrakûta,

04	{mahatā^{I} bhikṣusaṁghena^{I}} sārdham ca {mahatā^{I} bodhisattvasamghena^{I}}.	中M
	위대한 비구의 무리, 그리고 위대한 보살의 무리와 함께	
	{mahatā^{I} bhikṣusaṁghena^{I}} sārdham {mahatā^{I} ca bodhisattvasamghena^{I}}.	C
	위대한 비구의 무리, 그리고 위대한 보살의 무리와 함께	

般	與大比丘衆及菩薩衆俱。
한	큰 비구 대중들과 보살들과 함께
中	多くの修行僧, 多くの求道者と ともに
M	together with a large number of Bhikshus and a large number of Bodhisattva.

05	{tena^{I} khalu samayena^{I}} {bhagavān^{N} gambhīrāvasaṁbodham$^{A.G01}$ nāma	中M
	그 때 세존은 실로 깊고 완전한 깨달음이라는 이름의	
	{tena^{I} khalu punaḥ samayena^{I}} {bhagavān^{N} gambhīrāvabhāsam$^{A.G01}$ nāma	C
	그 때 세존은 다시 실로 깊고 완전한 광채라는 이름의	

般	時佛世尊即 ... 名廣大甚深
한	이 때 부처님 세존께서 넓고 크고 매우 깊은
中	深遠な さとりと 名づけられる
M	At that time the Bhagavat ... called Gambhîrâvasambodha

06	samādhim$^{A.G01}$ samāpannaḥ$^{N.G}$}.	中M
	삼매에 완전하게 들어가셨다.	
	[dharmaparyāyam$^{A.G01}$ bhāṣitvā^{G}] samādhim$^{A.G01}$ samāpannaḥ$^{N.G}$}.	C
	법의 운행을 말씀하시고 삼매에 완전하게 들어가셨다.	

般	入三昧
한	삼매[廣大甚深三昧]에 드셨는데,
中	冥想に 入られた.
M	was absorbed in a meditation.

07	{tena^{I} ca samayena^{I}} {āryāvalokiteśvaraḥ^{N} bodhisattvaḥ^{N} mahāsattvaḥ^{N}	中MC
	그리고 그 때 성관자재 보살 마하살이	

般	爾時衆中有菩薩摩訶薩 名觀自在。
한	그 때 모인 대중 가운데 관자재(觀自在)라 이름하는 보살마하살(菩薩摩訶薩)이 있어

中	それとき, すぐれた 人, 求道者 アヴァローキテーシュヴァラは,
M	And at the same time the great Bodhisattva Âryâvalokitesvara

＊ 한역과 한글대장경에서 밑줄 친 부분은 산스크리트 텍스트에 나타나지 않는다.

08	[{gambhīrāyām^{L} prajñāpāramitāyām^{L}}^{G01} caryām$^{A.G}$]^{G01} caramāṇaḥ$^{N.G}$} 깊은 반야바라밀다로의 입(入)을 (스스로를 위해) 수행하실 때	中MC
	gambhīrāvabhāsam^{A} nāma dharmaparyāyam^{A} 깊은 광채라는 이름의 법의 운행을	F
	[gambhīrāvabhāsam$^{A.G01}$ nāma dharmaparyāyam$^{A.G01}$ caryām$^{A.G}$]^{G01} caramāṇaḥ$^{N.G}$} 깊은 광채라는 이름의 법의 운행을 (스스로를 위해) 수행하실 때	중

般	行深般若波羅蜜多時
한	깊은 반야바라밀다(般若波羅蜜多)를 행하여
中	深遠な 智慧の完成を 實踐しつつあったときに,
M	performing his study in the deep Pragñâpâramitâ,

09	(evam) vyavalokayati sma(.) (이렇게) 꿰뚫어보시었다(.)	中MC

＊ 불변화사 sma는 동사와 결합하여 행위 또는 행동이 과거에서 습관적으로 일어났고, 이것이 현재에까지 계속되고 있음을 표현한다.

般	照見
한	... 비추어 보고는 ...
中	見きわめた,
M	thought thus :

10	pañcaskandhāḥ^{N} tān$^{A.G01}$ ca svabhāvaśūnyān$^{A.G02}$ vyavalokayati^{G}. 오온이 존재하고, 이것들을(이것들의) 본성이 비어있다고 꿰뚫어보신다.	中MC

般	五蘊皆空 [離諸苦厄]。
한	5온(蘊)이 다 공(空)함을 ... [모든 괴로움과 재앙에서 벗어났었다].
中	[存在するものには] 五つの構成要素が ある[, − と.] [しかも,] かれは, これらの構成要素が, その本性からいうと, 實體のなものである と 見抜いたのあった.
M	'There are five Skandhas, and those he (the Buddha?) considered as something by nature empty.

11	(atha) {āyuṣmān^{N} śāriputraḥ^{N} buddhānubhāvena^{I} (그래서) 구수 사리불은 부처에 견줄만한 힘으로	中MC

般	即時[ ]舍利弗 承佛威力 [合掌恭敬]
한	그러자 즉시 사리불(舍利弗)이 부처님의 위신력을 이어받아 [합장하고 공손하게]
中	それとき, ツャーリプトラ長老は 佛の力を 承けて,
M	Then the venerable Sâriputra, through Buddha's power,

* 한역본과 한글대장경에는 āyuṣmān의 번역이 존재하지 않는다.

12	[(ārya=)avalokiteśvaram[A] bodhisattvam[A] (mahāsattvam[A])][G01] etad[A.G02] avocat[G]}. (성)관자재 보살 마하살에게 이것을 · 이렇게 말하였다.	中MC

般	白觀自在菩薩摩訶薩言 :
한	관자재 보살마하살에게 말하였다.
中	求道者・聖アヴァローキテーシュヴァラに ことように 言った.
M	thus spoke to the Bodhisattva Âryâvalokitesvara :

13	{{yaḥ[N] kaḥ[N] cid kulaputraḥ[N]} [{gambhīrāyām[L] prajñāpāramitāyām[L]}[G01] 선남자이든 그 누구이든 깊은 반야바라밀다로의	中M
	{{yaḥ[N] kaḥ[N] cid kūlaputraḥ[N]} vā kūladuhitā[N] vā {asyām[L] gambhīrāyām[L] prajñāpāramitāyām[L]} 선남자 또는 선여인 그 누구이든 그 깊은 반야바라밀다로의	C

般	善男子 若有[欲學]甚深般若波羅蜜多[行]者
한	"선남자여, 만약 매우 깊은 반야바라밀다를 ... 이가 있다면
中	「もしも 誰か 或る 立派な 若者が 深遠な 智慧の完成を
M	'If the son or daughter of a family ... in the deep Pragñâpâramitâ,

* 한역본과 한글대장경의 경우 선남자(善男子)가 주격이 아닌 호격으로 번역되고 있다.

14	caryām[A.G]][G01] cartukāmaḥ[N]} (tena) katham śikṣitavyam. 입(入)을 수행하고 싶은 자는 (그래서) 어떻게 배워야 · 훈련해야 합니까?	中MC

般	[行] [欲學] ... 云何修行
한	...행하려는... 어떻게 수행해야 합니까?"
中	實踐したいと 願ったときには, どのように 學んだらよいであるか」 と.
M	whish to perform the study ... how is he to be taught?'

15	evam ukte {āryāvalokiteśvaraḥ[N] bodhisattvaḥ[N] mahāsattvaḥ[N] 이렇게 말하자 성관자재 보살 마하살이	中MC

般	如是問已。爾時 觀自在菩薩摩訶薩
한	이와 같은 물음을 마치자, 이 때 관자재 보살마하살이
中	こう言われたときに, 求道者・聖アヴァローキテーシュヴァラは
M	On this the great Bodhisattva Âryâvalokitesvara

* 한역본과 한글대장경의 밑줄 친 부분은 산스크리트 텍스트에 나타나지 않는다.

16	[āyuṣmantam^{N} śāriputram^{N}]^{G01} etad$^{N.G02}$ avocat^{G}}. 구수 사리불에게 이것을・이렇게 말하였다.	中MC
般	告具壽舍利弗言：	
한	구수(具壽) 사리불에게 말했다.	
中	長老 ツャーリプトラに 次のように 言った.	
M	thus spoke to the venerable Sâriputra :	

17	{{yaḥ^{N} kaḥ^{N} cid kūlaputraḥ^{N}} vā kūladuhitā^{N} vā 선남자 또는 선여인 그 누구이든	中MC
般	舍利子 若善男子 善女人	
한	"사리자여, 만약 선남자・선여인이	
中	「ツャーリプトラよ, もしも 立派な 若者や 立派な 娘が	
M	'If the son or daughter of a family	

* 한역본, 한글대장경, 일본어역에 나타나는 '사리자'의 단어는 산스크리트 텍스트에 존재하지 않는다.

18	{asyām^{L} gambhīrāyām^{L} prajñāpāramitāyām^{L}} caryām$^{A.G}$]^{G01} 그 반야바라밀다로의 입(入)을	中MC
般	[行]甚深般若波羅蜜多行[時]	
한	매우 깊은 반야바라밀다[行]을	
中	深遠な 智慧の完成を 實踐したいと	
M	in the deep Pragñâpâramitâ,	

19	cartukāmaḥ^{N}} tena evam vyavalokayitavyam. 수행하고 싶은 자는 따라서 이렇게 꿰뚫어보아야 한다.	中MC
般	[行][時]	
한	행할 때에는 ...	
中	願ったときには, 次のように 見きわめるべきである －	
M	wishes to perform the study ... , he must think thus :	

* vyavalokayitavyam에 대응하는 번역이 한역본과 한글대장경에 나타나지 않는다.

20	{āryāvalokiteśvaraḥ^{N} bodhisattvaḥ^{N} {gambhīrām^{A} prajñāpāramitācaryām^{A}}^{G01} caramāṇaḥ$^{N.G}$ vyavalokayati} sma 성관자재 보살 마하살은 깊은 반야바라밀다-입(入)수행하실 때 꿰뚫어보시었다.	CV F중

* 불변화사 sma는 동사와 결합하여 행위 또는 행동이 과거에서 습관적으로 일어났고, 이것이 현재에까지 계속되고 있음을 표현한다.

* 한역, 한글대장경, 일역 등에는 이에 대한 번역이 없다.

21	pañcaskandhāḥ^N tān^A.G01 ca svabhāvaśūnyān^A.G02 (samanu)paśyati^G sma. 오온이 존재하고, 이것들을(이것들의) 본성이 비어있다고 (꼼꼼하게)보시었다.	中MC

* 소본(의 02행)에서는 āryāvalokiteśvaraḥ bodhisattvaḥ가 주어이다.

般	應觀五蘊性空。
한	5온의 자성(自性)이 공함을 관(觀)해야 합니다.
中	《存在するものには 五つの構成要素が ある》と.」 そこでかれは, これらの構成要素が, その本性からいうと, 實體のないものであると 見拔いたのであった.
M	'There are five Skandhas, and these he considered as by nature empty.

* 한역본과 한글대장경에서 "...관(觀)해야 합니다."의 번역은 산스크리트 (samanu)paśyati sma에 들어맞지 않는다.

22	rūpam^N śūnyatā^N śūnyatā^N eva rūpam^N. 물질(현상)은 실체가 없는 것이고, 실체가 없는 것 역시 물질(현상)이다.	中M
	(iha) śāriputra^V rūpam^N śūnyatā^N(,) śūnyatā^N eva rūpam^N. 사리자여, (이 세상에서) 물질(현상)은 실체가 없는 것이고, 실체가 없는 것 역시 물질(현상)이다.	C

般	舍利子 X
한	사리자여, X
中	物質的現象には 實體が ないのであり, 實體がないからこそ, 物質的現象で(あり得るので)ある.
M	Form is emptiness, and emptiness indeed form.

* 한역본과 한글대장경의 경우 위의 문구에 대한 번역이 없다.

23	rūpāt^Ab na pṛthak śūnyatā^N śūnyatāyā^Ab na pṛthak rūpam^N(.) 물질(현상)로부터 실체가 없는 것이 분리되어 있지 않고, 실체가 없는 것으로부터 물질(현상)이 분리되어 있지 않다.	中MC
	na rūpam^N pṛthak śūnyatāyāḥ^Ab na api śūnyatā^N pṛthak rūpāt^Ab. 물질(현상)은 실체가 없는 것과 분리되어 있지 않고 또한 실체가 없는 것은 물질(현상)과 분리되어 있지 않다.	F중

般	色不異空 空不異色。
한	물질[色]이 공(空)과 다르지 않고 공이 물질과 다르지 않으니,

中	實體がないといっても, それは 物質的現象を 離れてはいない. また, 物質的現象は, 實體がないことを 離れて 物質的現象であるのではない.
M	Emptiness is not different from form, form is not different from emptiness.

24	{yad^{N} rūpam^{N}} {sā^{N} śūnyatā^{N}} {yā^{N} śūnyatā^{N}} {tad^{N} rūpam^{N}}. 물질(현상)이라는 것이 (바로) 실체가 없는 것이고, 실체가 없는 것이라는 것이 (바로) 물질(현상)이다.	中MC

般	色即是空 空即是色。
한	물질이 곧 공이요 공이 곧 물질[色]입니다.
中	(このようにして), およそ物質的現象と いうものは, すべて 實體がないことである. およそ實體が ないということは, すべて 物質的現象なのである.
M	What is form that is emptiness, what is emptiness that is form.

25	evaṃ vedanāsaṁjñāsaṁskāravijñānāni^{N} ca śūnyatā^{N}, 이러한 방식으로 감각(感覺)・지각(知覺)・형성(形成)・분별(分別)들도 실체가 없는 것이다.	中M
	evam eva vedanāsaṁjñāsaṁskāravijñānam^{N}. 이러한 방식으로 감각(感覺)・지각(知覺)・형성(形成)・분별(分別)도 그러하다.	C

* 합성어를 구성하는 각각의 단어에 대한 번역은 소본의 08행 참조.

般	受想行識亦復如是。
한	느낌[受]・생각[想]・지어감[行]・의식[識]도 또한 이와 같습니다.
中	こると同じように, 感覺も, 表象も, 意志も, 知識も, すべて 實體が ないのである.
M	Thus perception, name, conception, and knowledge also are emptiness.

26	evaṃ śāriputra^{V} {sarvadharmāḥ^{N} śūnyatālakṣaṇāḥ^{N} anutpannāḥ^{N} aniruddhāḥ^{N} 사리자여, 이러한 방식으로 모든 법은 실체가 없는 것을 특징으로 하고 있고 생겨나지도 소멸되지도 않는 것들이며	中M
	iha śāriputra^{V} {sarvadharmāḥ^{N} śūnyatālakṣaṇāḥ^{N} anutpannāḥ^{N} aniruddhāḥ^{N} 사리자여, 이 세상에서 모든 법은 실체가 없는 것을 특징으로 하고 있고 생겨나지도 소멸되지도 않는 것들이며	C
	evaṃ śāriputra^{V} svabhāvaśūnyatālakṣaṇāḥ^{N} ajātāḥ^{N} anutpannāḥ^{N} aniruddhāḥ^{N} 사리자여, 본성이 실체가 없는 것을 특징으로 하고 있고 생산되지도 소멸되지도 않는 것들이며	F중

* Feer본과 중국사본의 경우 주어인 sarvadharmāḥ가 나타나지 않는다.

般	舍利子 是諸法空相 不生不滅
한	사리자여, 이 모든 법의 공한 모습[相]은 나지도 않고 없어지지도 않으며,

中	ツャーリプトラよ. この世に おいては, すべての存在するものには 實體が ないという 特性が ある. 生じたと いうこともなく, 滅したということもなく,
M	Thus, O Sâriputra, all things have the character of emptiness, they have no beginnings, no end,

27	amalāḥ^{N} avimalāḥ^{N} anūnāḥ^{N} asaṁpūrṇāḥ^{N}}.	中M
	더럽지도 않고 더럽지 않지도 않고 소진된 상태도 아니고 완전히 차 있는 상태도 아니다.	
	amalāḥ^{N} <u>vimalāḥ</u>^{N} anūnāḥ^{N} aparipūrṇāḥ^{N}},	C
	더럽지도 않고 더럽지도 않고 소진된 상태도 아니고 충분히 차 있는 상태도 아니고,	
	amalāḥ^{N} avimalāḥ^{N} anūnāḥ^{N} asaṁpūrṇāḥ^{N}}.	F중
	더럽지도 않고 더럽지 않지도 않고 소진된 상태도 아니고 완전히 차 있는 상태도 아니다.	

* Vaidya본은 다른 사본들과 달리, 또한 소본에서와 달리 vimalāḥ를 보여주는데, 이는 avimalāḥ나 na vimalāḥ가 잘못 표현된 경우로 판단된다.

般	不垢不淨 不增不減。
한	더럽지도 않고 깨끗하지도 않으며, 늘지도 않고 줄지도 않습니다.
中	汚れたものでもなく, 汚れを 離れたものでもなく, 減るということもなく, 增すいうこともない.
M	they are faultless, and not faultless, they are not imperfect and not perfect.

28	tasmāt (tarhi) śāriputra^{V} śūnyatāyām^{L}	中MC
	이러한 까닭에 (그래서), 사리자여, 실체가 없는 것에는	

般	是故空中
한	이런 까닭에 공 가운데는
中	それゆえに, ツャーリプトラよ, 實體が ないという 立場に おいては,
M	Therefore, O Sâriputra, here in this emptiness

* 한역본과 한글대장경에는 śāriputra의 번역이 나타나지 않는다.

29	na rūpam^{N} na vedanā^{N} na saṁjñā^{N} na saṁskārāḥ^{N} na vijñānam^{N}.	中MC
	물질(현상)도 없고 감각도 없고 지각도 없고 형성도 없고 분별도 없다.	

般	無色 無受想行識
한	물질도 없고, 느낌 · 생각 · 지어감 · 의식도 없고,
中	物質的 現象もなく, 感覺もなく, 表象もなく, 意志もなく, 知識もない.
M	there is no form, no perception, no name, no concept, no knowledge.

30	na cakṣuḥ[N] na śrotram[N] na ghrāṇam[N] na jihvā[N] na kāyaḥ[N] na manaḥ[N] 눈(시각)도 없고 귀(청각)도 없고 코(후각)도 없고 혀(미각)도 없고 몸(촉각)도 없고 마음(의식)도 없다.	中M
	na cakṣuḥśrotraghrāṇajihvākāyamanāṁsi[N] 눈(시각) • 귀(청각) • 코(후각) • 혀(미각) • 몸(촉각) • 마음(의식)도 없다.	C

般	無眼耳鼻舌身意
한	눈 • 귀 • 코 • 혀 • 몸 • 뜻도 없으며,
中	眼もなく, 耳もなく, 鼻もなく, 舌もなく, 身體もなく, 心もなく,
M	No eye, ear, nose, tongue, body, and mind.

31	na rūpam[N] na śabdaḥ[N] na gandhaḥ[N] na rasaḥ[N] na spraṣṭavyam[N] na dharmāḥ.[N] 형상도 없고 소리도 없고 냄새도 없고 맛도 없고 촉감도 없고 관념도 없다.	中M
	na rūpaśabdagandharasaspraṣṭavyadharmāḥ[N] 형상 • 소리 • 냄새 • 맛 • 촉감 • 관념도 없다.	C

般	無色聲香味觸法
한	빛깔 • 소리 • 냄새 • 맛 • 감촉 • 법도 없으며,
中	かたちもなく, 聲もなく, 香もなく, 味もなく, 觸れられる對象もなく, 心の對象も ない.
M	No form, sound, smell, taste, touch, and objects.

32	na cakṣurdhātuḥ[N] {yāvan[N] na manodhātuḥ[N] na dharmadhātuḥ[N] manovijñānadhātuḥ[N]}. 눈(시각)의 요소도 없으며, 마음(의식)의 요소, 관념의 요소, 마음(의식)에 의한 분별의 요소까지도 없다.	中M
	na caksurdhātuḥ[N] {yāvan[N] na manovijñānadhātuḥ[N]} 눈(시각)의 요소도 없고 마음(의식)에 의한 분별의 요소까지도 없다.	C
	na cakṣurdhātuḥ[N] na manodhātuḥ[N] na manovijñānadhātuḥ[N] yāvan[N] 눈(시각)의 요소 마음(의식)의 요소 마음(의식)에 의한 분별의 요소까지도 없다.	F

* 이 행의 완전한 텍스트에 대해서는 소본 15행 참조.

般	無眼界乃至無意識界。
한	눈의 경계도 없고, 나아가 의식의 경계도 없으며,
中	眼の領域から 意識の領域に いたるまで ことごとくないのである.
M	There is no eye, &c., till we come to 'there is no mind, no objects, no mind-knowledge.'

33	na vidyā[N] na avidyā[N] na kṣayaḥ[N] 앎(知)도 없고 무지(無知)도 없고 소멸도 없으며	中M
	na avidyā[N] na avidyākṣayaḥ[N] 무지도 없고 무지의 소멸도 없으며	C

	na avidyā^{N} na kṣayaḥ^{N} na avidyākṣayaḥ^{N} 앎(知)도 없고 소멸도 없고 무지(無知)의 소멸도 없으며	F중

般	無無明亦無無明盡
한	무명(無明)도 없고, 또한 무명이 다함도 없으며,
中	さとりもなければ, 迷いもなく, さとりがなくなることもなければ, 迷いかなくなることもない.
M	There is no knowledge, no ignorance, no destruction (of ignorance),

34	{yāvan^{N} na jarāmaraṇam^{N} na jarāmaraṇakṣayaḥ^{N}}(.,) 늙음[과]죽음(老死)도 없고 늙음[과]죽음(老死)의 소멸까지도 없으며	中MC

* 33행과 34행의 완전한 텍스트에 대해서는 소본 17행 참조.

般	乃至無老死亦無老死盡。
한	나아가 늙고 죽음도 없고, 또한 늙고 죽음이 다함도 없으며,
中	かして, 老いも死もなく, 老いと 死がなくなることもないというにいたるのである.
M	till we come to ‘there is no decay and death, no destruction of decay and death’;

35	na duḥkhasamudayanirodhamārgāḥ^{N} 고통(을)분출(시키고)차단(시키는)과정도 없고	中MC
	na duḥkham^{N} na samudayaḥ^{N} na nirodhaḥ^{N} na mārgāḥ^{N} 고통도 없고 분출도 없고 차단도 없고 과정도 없고	F
	na duḥkhasamudayanirodhamārgāḥ^{N} na rūpam^{N} 고통(을)분출(시키고)차단(시키는)과정도 없고 형상도 없고	중

般	無苦集滅道
한	괴로움[苦]과 괴로움의 원인[集]과 괴로움의 없앰[滅]과 괴로움을 없애는 길[道]도 없으며,
中	苦しみも, 苦しみの原因も, 苦しみを なくすことも, 苦しみを なくす 道も ない.
M	there are not (the Four Truth, viz.) that there is pain, origin of pain, stoppage of pain, and the path to it.

36	na jñānam^{N} na prāptiḥ^{N} na aprāptiḥ^{N}(.,) 앎도 없고 얻음도 없고 얻지 못함도 없다.	中MC

般	無智亦無得。
한	지혜도 없고 또한 얻음도 없습니다.
中	知ることも なく, 得るところもない.
M	There is no knowledge, no obtaining, no not−obtaining (of Nirvâna).

* 한역본과 한글대장경, 일본어역에는 na aprāptiḥ의 번역이 없다.
* Müller의 번역에서 (of Nirvâna)에 대응하는 산스크리트 단어는 존재하지 않는다.

37	tasmāt śāriputra^{V} aprāptitvena^{I} [bodhisattvānām^{G} 이러한 까닭에, 사리자여, 얻음이 없음으로 보살들의	中M
	{tasmāt^{Ab} śāriputra^{V} aprāptitvāt^{Ab}} [bodhisattvaḥ^{N} 사리자여, 그러한 얻음이 없는 까닭에 보살은	C
	tasmāt^{Ab} tarhi śāriputra^{V} na prāptiḥ^{N} na aprāptiḥ^{N} yāvat 이러한 까닭에, 사리자여, 그래서 얻음도 없고 얻지 못함도 없는 한	F
	tasmāt^{Ab} tarhi śāriputra^{V} aprāptitāprāptiḥ^{N} yāvat bodhisattvaḥ^{N} 이러한 까닭에, 사리자여, 그래서 얻음의 상태에 이르지 못하는 한 보살은	중

般	以無所得故 菩提薩埵
한	얻을 것이 없는 까닭에 보리살타는
中	これ故に, ツャーリプトラよ, 得るという ことが ないから, 求道者の
M	Therefore, O Sâriputra, as there is no obtaining (of Nirvâna), ... of Bodhisattvas

38	prajñāpāramitām^{G01} āśritya^{G}] viharati acittāvaraṇaḥ^{N}. 반야바라밀다에 대한 의지를 통해 마음을 덮는 것이 없는 상태가 (퍼지게) 되고	中C
	prajñāpāramitām^{G01} āśritya^{G}] viharati cittāvaraṇaḥ^{N}(.,) 반야바라밀다를 의지함으로써 마음을 덮는 것이 떼어 놓아지고(사라지고)	MV

＊ 소본의 20행에서처럼 Müller본과 Vaidya본이 부정접두사가 없는 cittāvaraṇaḥ를 보여주는데, 이 경우 '어원적 배열의 어휘 DB'(16.2)에서 볼 수 있는 것처럼 동사 viharati가 '분리하다, 떼어 놓다'로 의미로 번역되어야 할 듯 보인다.

般	依般若波羅蜜多故 心無罣礙。
한	반야바라밀다에 의지하나니, 그러므로 마음에 걸림이 없고,
中	智慧の完成に 安んじて, 人は, 心を 覆われることなく 住している.
M	a man who has approached the Pragñâpâramitâ [of Bodhisattvas], dwells (for a time) enveloped in consciousness.

＊ 소본 20행에서와 같이 Müller역에서는 특이하게도 자신의 텍스트(viharati a-cittāvaraṇaḥ)에 맞지 않게 부정접두사가 없는 "dwells (for a time) enveloped in consciousness"로 되어있는데, 소본과의 차이는 (for a time)이 부가되어 있다는 점이다.

39	cittāvaraṇanāstitvāt^{Ab} {atrastaḥ^{N} viparyāsātikrāntaḥ^{N} niṣṭhănirvāṇaḥ^{N}}. 마음을 덮는 것이 없는 상태이기 때문에 두려움도 없고 전도(顚倒)를 뛰어 넘은 근원적인 완전한 소진의 상태(열반[涅槃])가 된다.	中MC
	cittālambanaṁ^{N} nāstitvāt^{Ab} [{atrastaḥ^{N} viparyāsātikrāntaḥ^{N} niṣṭhănirvāṇaḥ^{N}} <u>prāpnoti</u>]. 마음에 의존하는 것이 없기 때문에 두려움도 없고 전도(顚倒)를 뛰어 넘은 근원적인 완전한 소진의 상태(열반[涅槃])가 도달된다.	F중

般	無罣礙故 無有恐怖 遠離顚倒夢想 究竟涅槃。
한	걸림이 없으므로 두려움이 없고, 뒤바뀌고 헛된 생각을 멀리 떠나 구경열반(究竟涅槃)에 들어가며,
中	心を 覆うものがないから, 恐れがなく, 顚倒した 心を 遠く 離れて, 永遠の平安に 入って いのである.
M	But when the envelopment of consciousness has been annihilated, then he becomes free of all fear, beyond the reach of change, enjoying final Nirvâna.

40	{tryadhvavyavasthitāḥ^{N} sarvabuddhāḥ^{N} 세 개의 길(과거 · 현재 · 미래)에 차례대로 서있는 모든 부처는	中MC
	tryadhvavyavasthitaiḥ^{I} api samyaksaṁbuddhaiḥ^{I} 세 개의 길(과거 · 현재 · 미래)에 차례대로 서있는 모든 부처에 의해	F중

般	三世諸佛
한	과거 · 현재 · 미래의 모든 부처님께서도
中	過去, 現在, 未來の 三世に います目ざめた 人々は, すべて,
M	All Buddhas of the past, present, and future,

41	[prajñāpāramitām^{A} āśritya] {anuttarām^{A} samyaksambodhim^{A}} abhisaṁbuddhāḥ^{N}}. 반야바라밀다를 의지함으로써 최상의 올바른 깨달음을 완전하게 깨달았다 • 터득했다.	中MC
	[prajñāpāramitām^{A} āśritya] {anuttarā^{N} samyaksambodhiḥ^{N} prāptā^{N}}. 반야바라밀다를 의지함으로써 최상의 올바른 깨달음이 달성되었다.	F중

般	依般若波羅蜜多故 得阿耨多羅三藐三菩提。
한	반야바라밀다에 의지하므로 아뇩다라삼먁삼보리(阿耨多羅三藐三菩提)를 얻으셨습니다.
中	智慧の完成に 安んじて, この上ない 正しい 目ざめを 覚り 得られた.
M	after approaching the Pragñâpâramitâ, have awoke to the highest perfect knowledge.

42	tasmāt jñātavyam prajñāpāramitā^{N} mahāmantraḥ^{N} 그렇기 때문에 (반드시) 알아야 한다: 반야바라밀다는 위대한 진언이고	中MC

般	故知般若波羅蜜多 是大神咒
한	그렇기 때문에 반야바라밀다는 가장 신비한 주문[大神呪]이며, ...을 알아...
中	それゆえに 人は 知るべきである. 智慧の完成の大いなる 眞言,
M	Therefore we ought to know the great verse of the Pragñâpâramitâ,

43	mahāvidyāmantraḥ^{N} anuttaramantraḥ^{N} asamasamamantraḥ^{N}, 위대한 지식의 진언이며 최상의 진언이고 그 어느 것과도 견줄 수 없는 진언이며	中MC

般	是大明咒 是無上咒 是無等等咒。
한	가장 밝은 주문[大明呪]이며, 으뜸가는 주문[無上呪]이며, 아무것과도 견줄 수 없는 주문[無等等呪]인 것[을 알아]
中	大いなるさとりの眞言, 無上 眞實の眞言, 無比の眞言は,
M	Therefore the verse of great wisdom, X , the unsurpassed verse, we ought to know the great verse of the Pragñâpâramitâ,

44	sarvaduḥkhapraśamamantraḥ^{N} 모든 고통을 가라앉히는 진언이라는 것을[.]	中M
	sarvaduḥkhapraśamanaḥ^{N} 모든 고통을 가라앉히는 (진언이라는 것을)	C

般	能除一切苦
한	온갖 괴로움을 없애나니,
中	すべての苦しみを 鎭めるもとであり,
M	the verse which appeases all pain –

45	satyam amithyatvāt^{Ab}(,) prajñāpāramitāyām^{L} {uktaḥ^{N} mantraḥ^{N}}(,.) tadyathā(,) 진실로 어긋남이 없기 때문에 반야바라밀다에서 그 진언은 다음과 같이 말해진다.	中MC
	samyaktvam^{N} na mithyatvam^{N} prajñāpāramitāyām^{N} {uktaḥ mantraḥ^{N}}. tadyathā (올)바름이 있고 어긋남이 없으며 반야바라밀다에서 그 진언은 말해진다. 다음과 같이	F중

般	眞實不虛。故說般若波羅蜜多咒。即說咒曰：
한	진실하여 허망하지 않습니다. 그러므로 반야바라밀다의 주문을 말하나니, 주문은 곧 이러합니다.
中	その眞言は, 智慧の完成に おいて 次のように 說かれた.
M	the verse proclaimed in the Pragñâpâramitâ :

46	(om) gate gate pāragate pārasaṁgate bodhi svāhā. (옴) 아제 아제 바라아제 바라승아제 모지 사바하	中MC

般	揭諦 揭諦 波羅揭諦 波羅僧揭諦 菩提 娑(蘇紇反)婆訶。
한	아제 아제 바라아제 바라승아제 모지 사바하
中	往ける 者よ, 往ける 者よ, 彼岸に 往ける 者よ, 彼岸に 全く 往ける 者よ, さとりよ, 幸あれ.
M	"O wisdom, gone, gone, gone to the other shore, landed at the other shore, Svāhā"

47	evam śāriputra^{V} {gambhīrāyām^{L} prajñāpāramitāyām^{L}}^{G01} 사리자여, 그래서 깊은 반야바라밀다로의	中MC
	evam śāriputra^{V} bodhisattvena^{I} mahāsattvena^{I} prajñāpāramitāyām^{L} 사리자여, 그래서 보살 마하살에 의해 반야바라밀다에서	F중

般	如是 舍利弗 於甚深般若波羅蜜多
한	"사리불이여, 이와 같이 매우 깊은 반야바라밀다를
中	ツャーリプトラよ, 深遠な 智慧の完成を
M	'Thus, O Sâriputra, in ... the deep Pragñâpâramitâ

48	caryāyām[G] śikṣitavyam bodhisattvena[I].	中MC
	입(入)에서 보살에 의해 학습・훈련되어야 한다.	
	śikṣitavyam.	F중
	학습・훈련되어야 한다.	

般	諸菩薩摩訶薩 ... 行 應如是行。[如是說已。]
한	모든 보살마하살이 행하려면 마땅히 이렇게 수행해야 합니다."
中	實踐するときには, 求道者は このように 學ぶべきである ー と.
M	should a Bodhisattva teach [in] the study of [the deep Pragñâpâramitâ].'

49	atha khalu {bhagavān[N]	中MC
	그리고는 세존이	

般	即時 世尊
한	곧바로 세존께서
中	そのとき, 世尊は,
M	Then [when] the Bhagavat

50	{tasmāt[Ab] samādher[Ab]}[G01] vyutthāya[G] [āryāvalokiteśvarāya[D]	中MC
	(그) 삼매에서 돌아오신 후 성관자재(에게)	
	{tasyām velāyāṁ} {tasmāt[Ab] samādheḥ[Ab]} vyutthāya āryāvalokiteśvarāya[D]	F중
	그 경계에서 (그) 삼매에서 돌아오신 후 성관자재(에게)	

般	從廣大甚深三摩地起 讚觀自在
한	넓고 크고 매우 깊은 삼마지에서 나오셔서 관자재
中	かの冥想より 起きて アヴァローキテーシュヴァラ・
M	had risen from that meditation, ... to the venerable Avalokitesvara

51	bodhisattvāya[D] (mahāsattvāya[D])][G01] sādhukāram[A.G02] adāt[G]}.	中MC
	보살 (마하살)에게 갈채를 주셨다・보내셨다・표하셨다.	

般	菩薩摩訶薩言：
한	보살마하살을 찬탄하셨다.
中	求道者に 贊意を 表された.
M	he gave his approval ... , saying :

52	sādhu^{V} sādhu^{V} kulaputra^{V}(,) evam etat^{N} kulaputra^{V}(.,) evam etad^{N}(,) 훌륭하구나 훌륭해 선남자여, 그러하다 그러해 선남자여,	中MC

般	善哉 善哉 善男子 如是 如是
한	“훌륭하고 훌륭하구나. 선남자여, 그러하니라, 그러하니라.
中	「その通りだ, その通りだ, 立派な 若者よ まさに その通りだ, 立派な 若者よ.
M	‘Well done, well done, noble son! So it is, noble son.

53	[{gambhīrāyām^{L} prajñāpāramitāyām^{L}}^{G01} caryām$^{A.G}$]^{G01} cartavyam^{G} yathā tvayā^{I} nirdiṣṭam 깊은 반야바라밀다로의 입(入)을 너에 의해 가리켜진대로 수행해야 하느니라.	中MC
	evam eva {eṣā^{N} prajñāpāramitā^{N}} yathā tvayā^{I} nirdiṣṭam 이 반야바라밀다는 너에 의해 가리켜진대로 이와 같은 방식이어야 하느니라.	F중

般	如汝所說。甚深般若波羅蜜多行 應如是行。
한	그대가 말한 것과 같이 매우 깊은 반야바라밀다를 행하려면 마땅히 이렇게 수행해야 하며,
中	深い智慧の完成を 實踐するときには, そのように 行われなければならないのだ. あなたに よって 說かれた その通りに
M	So indeed must this study of the deep Pragñâpâramitâ be performed. As it has been described by thee,

54	anumodyate sarvatathāgataiḥ^{I} arhadbhiḥ^{I}. (그리고 이러한 수행은) 모든 여래인 아라한들에 의해 환호될 것이니라.	中MC

般	如是行時 一切如來皆悉隨喜。
한	이와 같이 수행할 때 일체의 여래는 모두 다 따라서 기뻐하느니라.”
中	目ざめた 人々や, 尊敬されべき 人々は 喜び受け 入れるであろう.」
M	it is applauded by Arhat Tathâgatas.’

55	idam$^{A.G01}$ avocad^{G} bhagavān^{N}. {ānandamanāḥ^{N} āyuṣmān^{N} śāriputraḥ^{N}} āryāvalokiteśvaraḥ^{N} ca 이것을 세존이 말씀하셨다. (그러자) 기쁨에 충만한 마음을 갖는 구수사리불과 성관자재	中M
	idam$^{A.G01}$ avocad^{G} bhagavān^{N}. {āttamanāḥ^{N} āyuṣmān^{N} śāriputraḥ^{N}} āryāvalokiteśvaraḥ^{N} 이것을 세존이 말씀하셨다. (그러자) 황홀한 마음을 갖는 구수사리불과 성관자재	C

般	爾時世尊說是語已 具壽舍利弗大喜充遍 觀自在
한	세존께서 이 말씀을 마치셨을 때 구수 사리불은 큰 기쁨이 충만하고 두루했으며, 관자재
中	世尊は よろこびに 滿ちた 心で このように 言われた. 長老 ツャーリプトラ, 聖アヴァローキテーシュヴァラ・
M	Thus spoke Bhagavat with joyful mind. And the venerable Sâriputra, and the honourable Avalokitesvara,

* 일본어역의 경우 ānandamanāḥ가 구수사리불이 아닌 세존을 수식하는 것으로 되어있다.

56	bodhisattvaḥ^{N}	中MC
	보살,	
	bodhisattvaḥ^{N} mahāsattvaḥ^{N} {te^{N} ca bhikṣavaḥ^{N}} {te^{N} ca bodhisattvāḥ^{N} mahāsattvāḥ^{N}}	F중
	보살 마하살, (그리고) 그 비구들, 그리고 그 보살 마하살들,	

般	菩薩[摩訶薩]
한	보살[마하살]
中	求道者,
M	Bodhisattva

57	{sā^{N} ca sarvāvatī^{N} parṣat^{N}}	中MC
	모든 이를 포함하는 그 청중	

般	時彼衆會
한	그 때 그 대중에 모였던
中	一切の會衆,
M	and the whole assembly,

58	sadevamānuṣāsura(garuḍa)gandharvaḥ^{N} ca lokaḥ^{N} bhagavataḥ^{Gen}	中MC
	(그) 신・인간・아수라(阿修羅)・[가루라(迦樓羅)・]건달바(乾闥婆), 그리고 세존의 세계 등이	

般	天 人 阿修羅 乾闥婆等
한	하늘・사람・아수라(阿修羅)・건달바(乾闥婆) 등도
中	および 神々や 人間や アスラや ガンダルヴァたちを 含む世界のものたちは,
M	and the world of gods, men, demons, and fairies

* Conze본, Feer본, 중국 사본에 (garuḍa)의 단어가 나타나있다.

59	bhāṣitam$^{A.G01}$ abhyanandan^{G} (iti).	中MC
	그 말씀을 (듣고) 더할 나위 없이 기뻐하였다. [라고(.)]	

* 복수형인 abhyanandan에 일치하는 주어는 55-58행에 걸쳐 나열되는 N의 단어들이다.

般	聞佛所說 皆大歡喜 信受奉行。
한	부처님께서 하시는 말씀을 듣고 크게 기뻐하며 믿고 받아서 받들어 행하였다.
中	世尊の言葉に 歡喜したのであった.
M	praised the speech of the Bhagavat.

60	{prajñāpāramitāhṛdayasūtram^{N} samāptam^{N}}.	中M
	반야바라밀다심경이 끝난다.	
	{āryaprajñāpāramitāhṛdayam^{N} samāptam^{N}}.	C

	라고(.) 성스러운 반야바라밀다심이 끝난다.	
	iti {prajñāpāramitāhṛdayasūtram^{N} samāptam^{N}}. 라고(.) 반야바라밀다심경이 끝난다.	V
	āryapañcāviṁśatikā bhagavatī {prajñāpāramitāhṛdayam^{N} samāptam^{N}}. 성스러운 25인의 복을 가져다주는? 반야바라밀다심이 끝난다.	F중

* 아래의 역본들에서처럼 불변화사 iti가 '따라서'로 번역될 수도 있지만, 다른 한편으로 17.2.5.의 (2)에 따라 iti는 02행의 "... 들리어졌다"와 연계되어 '...라고 [들리어졌다]'의 번역 가능성도 생각해 볼 수 있다.

* 금강반야경의 경우 끝을 맺는 문장이 {{āryavajracchedikā^{N} bhagavatī^{N} prajñāpāramitā^{N}} samāptā^{N}}로 나타나는데, 이에 따른다면 Feer본과 중국사본의 위와 같은 표현은 정확하지 않다고 말할 수 있다.

般	X
한	X
中	ここに, 智慧の完成の心という 經典を 終る.
M	Here ends the Pragñâpâramitâhridayasûtra.

부록

불경으로 이해하는
산스크리트

ㅇ 부록 01 : 데바나가리 : 자음과 모음의 결합

क्	क	का	कि	की	कु	कू	कृ	कॄ	कॢ	कॣ	के	कै	को	कौ
k	ka	kā	ki	kī	ku	kū	kṛ	kṝ	kḷ	kḹ	ke	kai	ko	kau
ख्	ख	खा	खि	खी	खु	खू	खृ	खॄ	खॢ	खॣ	खे	खै	खो	खौ
kh	kha	khā	khi	khī	khu	khū	khṛ	khṝ	khḷ	khḹ	khe	khai	kho	khau
ग्	ग	गा	गि	गी	गु	गू	गृ	गॄ	गॢ	गॣ	गे	गै	गो	गौ
g	ga	gā	gi	gī	gu	gū	gṛ	gṝ	gḷ	gḹ	ge	gai	go	gau
घ्	घ	घा	घि	घी	घु	घू	घृ	घॄ	घॢ	घॣ	घे	घै	घो	घौ
gh	gha	ghā	ghi	ghī	ghu	ghū	ghṛ	ghṝ	ghḷ	ghḹ	ghe	ghai	gho	ghau
ङ्	ङ	ङा	ङि	ङी	ङु	ङू	ङृ	ङॄ	ङॢ	ङॣ	ङे	ङै	ङो	ङौ
ṅ	ṅa	ṅā	ṅi	ṅī	ṅu	ṅū	ṅṛ	ṅṝ	ṅḷ	ṅḹ	ṅe	ṅai	ṅo	ṅau
च्	च	चा	चि	ची	चु	चू	चृ	चॄ	चॢ	चॣ	चे	चै	चो	चौ
c	ca	cā	ci	cī	cu	cū	cṛ	cṝ	cḷ	cḹ	ce	cai	co	cau
छ्	छ	छा	छि	छी	छु	छू	छृ	छॄ	छॢ	छॣ	छे	छै	छो	छौ
ch	cha	chā	chi	chī	chu	chū	chṛ	chṝ	chḷ	chḹ	che	chai	cho	chau
ज्	ज	जा	जि	जी	जु	जू	जृ	जॄ	जॢ	जॣ	जे	जै	जो	जौ
j	ja	jā	ji	jī	ju	jū	jṛ	jṝ	jḷ	jḹ	je	jai	jo	jau
झ्	झ	झा	झि	झी	झु	झू	झृ	झॄ	झॢ	झॣ	झे	झै	झो	झौ
jh	jha	jhā	jhi	jhī	jhu	jhū	jhṛ	jhṝ	jhḷ	jhḹ	jhe	jhai	jho	jhau
ञ्	ञ	ञा	ञि	ञी	ञु	ञू	ञृ	ञॄ	ञॢ	ञॣ	ञे	ञै	ञो	ञौ
ñ	ña	ñā	ñi	ñī	ñu	ñū	ñṛ	ñṝ	ñḷ	ñḹ	ñe	ñai	ño	ñau
ट्	ट	टा	टि	टी	टु	टू	टृ	टॄ	टॢ	टॣ	टे	टै	टो	टौ
ṭ	ṭa	ṭā	ṭi	ṭī	ṭu	ṭū	ṭṛ	ṭṝ	ṭḷ	ṭḹ	ṭe	ṭai	ṭo	ṭau
ठ्	ठ	ठा	ठि	ठी	ठु	ठू	ठृ	ठॄ	ठॢ	ठॣ	ठे	ठै	ठो	ठौ
ṭh	ṭha	ṭhā	ṭhi	ṭhī	ṭhu	ṭhū	ṭhṛ	ṭhṝ	ṭhḷ	ṭhḹ	ṭhe	ṭhai	ṭho	ṭhau

ड्	ड	डा	डि	डी	डु	डू	डृ	डॄ	डॢ	डॣ	डे	डै	डो	डौ
ḍ	ḍa	ḍā	ḍi	ḍī	ḍu	ḍū	ḍṛ	ḍṝ	ḍḷ	ḍḹ	ḍe	ḍai	ḍo	ḍau
ढ्	ढ	ढा	ढि	ढी	ढु	ढू	ढृ	ढॄ	ढॢ	ढॣ	ढे	ढै	ढो	ढौ
ḍh	ḍha	ḍhā	ḍhi	ḍhī	ḍhu	ḍhū	ḍhṛ	ḍhṝ	ḍhḷ	ḍhḹ	ḍhe	ḍhai	ḍho	ḍhau
ण्	ण	णा	णि	णी	णु	णू	णृ	णॄ	णॢ	णॣ	णे	णै	णो	णौ
ṇ	ṇa	ṇā	ṇi	ṇī	ṇu	ṇū	ṇṛ	ṇṝ	ṇḷ	ṇḹ	ṇe	ṇai	ṇo	ṇau
त्	त	ता	ति	ती	तु	तू	तृ	तॄ	तॢ	तॣ	ते	तै	तो	तौ
t	ta	tā	ti	tī	tu	tū	tṛ	tṝ	tḷ	tḹ	te	tai	to	tau
थ्	थ	था	थि	थी	थु	थू	थृ	थॄ	थॢ	थॣ	थे	थै	थो	थौ
th	tha	thā	thi	thī	thu	thū	thṛ	thṝ	thḷ	thḹ	the	thai	tho	thau
द्	द	दा	दि	दी	दु	दू	दृ	दॄ	दॢ	दॣ	दे	दै	दो	दौ
d	da	dā	di	dī	du	dū	dṛ	dṝ	dḷ	dḹ	de	dai	do	dau
ध्	ध	धा	धि	धी	धु	धू	धृ	धॄ	धॢ	धॣ	धे	धै	धो	धौ
dh	dha	dhā	dhi	dhī	dhu	dhū	dhṛ	dhṝ	dhḷ	dhḹ	dhe	dhai	dho	dhau
न्	न	ना	नि	नी	नु	नू	नृ	नॄ	नॢ	नॣ	ने	नै	नो	नौ
n	na	nā	ni	nī	nu	nū	nṛ	nṝ	nḷ	nḹ	ne	nai	no	nau
प्	प	पा	पि	पी	पु	पू	पृ	पॄ	पॢ	पॣ	पे	पै	पो	पौ
p	pa	pā	pi	pī	pu	pū	pṛ	pṝ	pḷ	pḹ	pe	pai	po	pau
फ्	फ	फा	फि	फी	फु	फू	फृ	फॄ	फॢ	फॣ	फे	फै	फो	फौ
ph	pha	phā	phi	phī	phu	phū	phṛ	phṝ	phḷ	phḹ	phe	phai	pho	phau
ब्	ब	बा	बि	बी	बु	बू	बृ	बॄ	बॢ	बॣ	बे	बै	बो	बौ
b	ba	bā	bi	bī	bu	bū	bṛ	bṝ	bḷ	bḹ	be	bai	bo	bau
भ्	भ	भा	भि	भी	भु	भू	भृ	भॄ	भॢ	भॣ	भे	भै	भो	भौ
bh	bha	bhā	bhi	bhī	bhu	bhū	bhṛ	bhṝ	bhḷ	bhḹ	bhe	bhai	bho	bhau
म्	म	मा	मि	मी	मु	मू	मृ	मॄ	मॢ	मॣ	मे	मै	मो	मौ
m	ma	mā	mi	mī	mu	mū	mṛ	mṝ	mḷ	mḹ	me	mai	mo	mau

य्	य	या	यि	यी	यु	यू	यृ	यॄ	यॢ	यॣ	ये	यै	यो	यौ
y	ya	yā	yi	yī	yu	yū	yṛ	yṝ	yḷ	yḹ	ye	yai	yo	yau
र्	र	रा	रि	री	रु	रू	रृ	रॄ	रॢ	रॣ	रे	रै	रो	रौ
r	ra	rā	ri	rī	ru	rū	rṛ	rṝ	rḷ	rḹ	re	rai	ro	rau
ल्	ल	ला	लि	ली	लु	लू	लृ	लॄ	लॢ	लॣ	ले	लै	लो	लौ
l	la	lā	li	lī	lu	lū	lṛ	lṝ	lḷ	lḹ	le	lai	lo	lau
व्	व	वा	वि	वी	वु	वू	वृ	वॄ	वॢ	वॣ	वे	वै	वो	वौ
v	va	vā	vi	vī	vu	vū	vṛ	vṝ	vḷ	vḹ	ve	vai	vo	vau
श्	श	शा	शि	शी	शु	शू	शृ	शॄ	शॢ	शॣ	शे	शै	शो	शौ
ś	śa	śā	śi	śī	śu	śū	śṛ	śṝ	śḷ	śḹ	śe	śai	śo	śau
ष्	ष	षा	षि	षी	षु	षू	षृ	षॄ	षॢ	षॣ	षे	षै	षो	षौ
ṣ	ṣa	ṣā	ṣi	ṣī	ṣu	ṣū	ṣṛ	ṣṝ	ṣḷ	ṣḹ	ṣe	ṣai	ṣo	ṣau
स्	स	सा	सि	सी	सु	सू	सृ	सॄ	सॢ	सॣ	से	सै	सो	सौ
s	sa	sā	si	sī	su	sū	sṛ	sṝ	sḷ	sḹ	se	sai	so	sau
ह्	ह	हा	हि	ही	हु	हू	हृ	हॄ	हॢ	हॣ	हे	है	हो	हौ
h	ha	hā	hi	hī	hu	hū	hṛ	hṝ	hḷ	hḹ	he	hai	ho	hau
ळ्	ळ	ळा	ळि	ळी	ळु	ळू	ळृ	ळॄ	ळॢ	ळॣ	ळे	ळै	ळो	ळौ
ḷ	ḷa	ḷā	ḷi	ḷī	ḷu	ḷū	ḷṛ	ḷṝ	ḷḷ	ḷḹ	ḷe	ḷai	ḷo	ḷau

○ 부록 02 : 데바나가리 : 복자음(Conjuncts)

k-로 시작하는 복자음

2개의 복자음

क्क kka क्ख kkha क्च kca क्छ kcha क्ट kṭa क्ण kṇa क्त kta क्थ ktha क्न kna क्प kpa क्फ kpha

क्म kma क्य kya क्र kra क्ल kla क्व kva क्ष kṣa क्स ksa

3개의 복자음

क्क्र kkra क्क्ल kkla क्क्व kkva क्क्ष kkṣa क्त्य ktya क्त्र ktra क्त्व ktva क्थ्न kthna क्थ्य kthya क्न्य knya

क्प्र kpra क्प्ल kpla क्म्य kmya क्र्य krya क्ल्य klya क्ष्म kṣma क्ष्र kṣra क्ष्ल kṣla क्ष्व kṣva क्ष्ण kṣṇa

क्ष्म kṣma क्ष्य kṣya क्ष्र kṣra क्ष्व kṣva क्स्त ksta क्स्न ksna क्स्प kspa क्स्फ kspha क्स्म ksma

क्स्य ksya क्स्र ksra क्स्व ksva क्त्र्य ktrya क्त्व्य ktvya क्ष्ण्य kṣṇya क्ष्म्य kṣmya क्स्त्र kstra क्स्थ kstha

kh-로 시작하는 복자음

2개의 복자음

ख्ख khkha ख्न khna ख्य khya ख्व khva

g-로 시작하는 복자음

2개의 복자음

ग्ग gga ग्घ ggha ग्ज gja ग्ड gḍa ग्ण gṇa ग्द gda ग्ध gdha ग्न gna ग्ब gba ग्भ gbha ग्म gma

ग्य gya ग्र gra ग्ल gla ग्व gva

3개의 복자음

ग्ग्र ggra ग्घ्य gghya ग्घ्र gghra ग्ज्ञ gjña ग्ज्य gjya ग्ज्व gjva ग्द्य gdya ग्द्र gdra ग्द्व gdva

ग्ध्य gdhya ग्ध्र gdhra ग्ध्व gdhva ग्न्य gnya ग्ब्र gbra ग्भ्य gbhya ग्भ्र gbhra ग्म्य gmya ग्र्य grya

ग्र्व grva ग्व्य gvya ग्व्र gvra

4개의 복자음

ग्द्व्य gdvya ग्ध्र्य gdhrya

gh-로 시작하는 복자음

2개의 복자음

घ्न ghna घ्म ghma घ्य ghya घ्र ghra घ्व ghva

3개의 복자음

घ्न्य ghnya घ्र्य ghrya घ्व्य ghvya

ṅ-로 시작하는 복자음

2개의 복자음

ङ्क ṅka ङ्ख ṅkha ङ्ग ṅga ङ्घ ṅgha ङ्ङ ṅṅa ङ्च ṅca ङ्ज ṅja ङ्त ṅta ङ्द ṅda ङ्ध ṅdha ङ्न ṅna ङ्प ṅpa ङ्भ ṅbha

ङ्म ṅma ङ्य ṅya ङ्र ṅra ङ्र ṅra ङ्व ṅva ङ्श ṅśa ङ्स ṅsa ङ्ह ṅha

3개의 복자음

ङ्क्त ṅkta ङ्क्थ ṅktha ङ्क्य ṅkya ङ्क्र ṅkra ङ्क्ल ṅkla ङ्क्व ṅkva ङ्क्ष ṅkṣa ङ्क्स ṅksa ङ्ख्य ṅkhya ङ्ग्ध ṅgdha ङ्ग्य ṅgya

ङ्ग्र ṅgra ङ्ग्व ṅgva ङ्घ्न ṅghna ङ्घ्य ṅghya ङ्घ्र ṅghra ङ्त्र ṅtra ङ्त्व ṅtva ङ्ध्य ṅdhya ङ्न्य ṅnya ङ्न्र ṅnra ङ्प्र ṅpra

ङ्व्य ṅvya ङ्व्र ṅvra ङ्स्व ṅsva

4개의 복자음

ङ्क्त्य ṅktya ङ्क्त्र ṅktra ङ्क्त्व ṅktva ङ्क्ष्ण ṅkṣṇa ङ्क्ष्म ṅkṣma ङ्क्ष्य ṅkṣya ङ्क्ष्व ṅkṣva ङ्ग्ध्य ṅgdhya ङ्ग्ध्व ṅgdhva

c-로 시작하는 복자음

2개의 복자음

च्च cca च्छ ccha च्ञ cña च्म cma च्य cya च्र cra च्व cva

3개의 복자음

च्च्य ccya च्च्म ccma च्छ्य ccya च्च्र ccra च्च्ल ccla च्च्व ccva च्ञ्य cñya

ch-로 시작하는 복자음

2개의 복자음

छ्य chya

j-로 시작하는 복자음

2개의 복자음

ज्ज jja ज्झ jjha ज्ञ jña ज्म jma ज्य jya ज्र jra ज्व jva

3개의 복자음

ज्ज्ञ jjña ज्ज्य jjya ज्ज्व jjva ज्झ्य jjhya ज्ञ्य jñya ज्ञ्व jñva ज्म्य jmya ज्र्य jrya ज्व्य jvya

jh-로 시작하는 복자음

2개의 복자음

झ्झ jhjha

ñ-로 시작하는 복자음

2개의 복자음

ञ्च ñca ञ्ज ñja ञ्ञ ñña ञ्श ñśa ञ्ह ñha

3개의 복자음

ञ्च्म ñcma ञ्च्य ñcya ञ्च्व ñcva ञ्छ ñcha ञ्छ्न ñchna ञ्छ्य ñchya ञ्छ्र ñchra ञ्छ्ल ñchla ञ्छ्व ñchva

ञ्ज्ञ ñjña ञ्ज्म ñjma ञ्ज्य ñjya ञ्ज्व ñjva ञ्झ ñjha ञ्श्म ñśma ञ्श्य ñśya ञ्श्र ñśra ञ्श्ल ñśla ञ्श्व ñśva

ṭ-로 시작하는 복자음

2개의 복자음

ट्क ṭka ट्ख ṭkha ट्च ṭca ट्छ ṭcha ट्ट ṭṭa ट्ठ ṭṭha ट्ण ṭṇa ट्त ṭta ट्प ṭpa ट्फ ṭpha ट्म ṭma ट्य ṭya ट्र ṭra ट्व ṭva

ट्श ṭśa ट्ष ṭṣa ट्स ṭsa

3개의 복자음

ट्क्र ṭkra ट्क्ष ṭkṣa ट्ट्य ṭṭya ट्त्र ṭtra ट्त्व ṭtva ट्प्र ṭpra ट्श्र ṭśra ट्श्ल ṭśla ट्स्त ṭsta ट्स्थ ṭstha ट्स्न ṭsna ट्स्प ṭspa ट्स्व ṭsva

ṭh-로 시작하는 복자음

2개의 복자음

ठ्ठ ṭhṭha ठ्य ṭhya

ḍ-로 시작하는 복자음

2개의 복자음

ड्ग ḍga ड्घ ḍgha ड्ज ḍja ड्ड ḍḍa ड्ढ ḍḍha ड्द ḍda ड्ध ḍdha ड्ब ḍba ड्भ ḍbha ड्म ḍma ड्य ḍya ड्र ḍra ड्ल ḍla

ड्व ḍva ळ्ह ḻha

3개의 복자음

ड्ग्य ḍgya ड्ग्र ḍgra ड्घ्र ḍghra ड्ज्ञ ḍjña ड्ज्य ḍjya ड्ढ्य ḍḍhya ड्ढ्व ḍḍhva ड्द्व ḍdva ड्ब्र ḍbra ड्भ्य ḍbhya ड्भ्र ḍbhra

ड्व्य ḍvya

ढ्h-로 시작하는 복자음

2개의 복자음

ड्ढ ḍhḍha ढ्य ḍhya ढ्र ḍhra ढ्व ḍhva

ṇ-로 시작하는 복자음

2개의 복자음

ण्त ṇta ण्थ ṇtha ण्ड ṇḍa ण्ढ ṇḍha ण्ण ṇṇa ण्न ṇna ण्म ṇma ण्य ṇya ण्व ṇva ण्ह ṇha

3개의 복자음

ण्त्य ṇtya ण्थ्य ṇthya ण्ड्ढ ṇḍḍha ण्ड्य ṇḍya ण्ड्र ṇḍra ण्ड्व ṇḍva ण्ढ्य ṇḍhya ण्ढ्र ṇḍhra ण्व्य ṇvya

t-로 시작하는 복자음

2개의 복자음

त्क tka त्ख tkha त्त tta त्थ ttha त्न tna त्प tpa त्फ tpha त्म tma त्य tya त्र tra त्व tva त्ष tṣa

त्स tsa

3개의 복자음

त्क्य tkya त्क्र tkra त्क्ल tkla त्क्व tkva त्क्ष tkṣa त्ख्य tkhya त्त्न ttna त्त्म ttma त्त्य ttya त्त्र ttra

त्त्व ttva त्त्स ttsa त्थ्य tthya त्न्य tnya त्न्व tnva त्प्र tpra त्प्ल tpla त्म्य tmya त्य्व tyva त्र्य trya

त्र्व trva त्व्य tvya त्स्क tska त्स्ख tskha त्स्त tsta त्स्थ tstha त्स्न tsna त्स्प tspa त्स्फ tspha

त्स्म tsma त्स्य tsya त्स्र tsra त्स्व tsva

3개의 복자음

त्क्ष्म tkṣma त्क्ष्व tkṣva त्त्र्य ttrya त्स्त्र tstra त्स्थ्य tsthya त्स्प्र tspra त्स्फ्य tsphya

th-로 시작하는 복자음

2개의 복자음

थ्न thna थ्य thya थ्र thra थ्व thva

3개의 복자음

थ्न्य thnya थ्व्य thvya

d-로 시작하는 복자음

2개의 복자음

द्ग dga द्घ dgha द्द dda द्ध ddha द्न dna द्ब dba द्भ dbha द्म dma द्य dya द्र dra द्व dva

3개의 복자음

द्ग्र dgra द्ग्ल dgla द्घ्न dghna द्घ्र dghra द्द्य ddya द्द्र ddra द्द्व ddva द्ध्म ddhma द्ध्य ddhya द्ध्र ddhra द्ध्व ddhva

द्ब्र dbra द्भ्य dbhya द्भ्र dbhra द्भ्व dbhva द्म्य dmya द्र्य drya द्र्व drva द्व्य dvya द्व्र dvra

4개의 복자음

द्द्व्य ddvya द्ध्य ddhya द्ध्र ddhra द्ध्व ddhva

dh-로 시작하는 복자음

2개의 복자음

ध्न dhna ध्म dhma ध्र्य dhrya ध्व्य dhvya ध्व्र dhvra

3개의 복자음

ध्न्य dhnya

n-로 시작하는 복자음

2개의 복자음

न्क nka न्ख nkha न्ग nga न्घ ngha न्ट nṭa न्ड nḍa न्त nta न्थ ntha न्द nda न्ध ndha न्न nna

न्प npa न्फ npha न्ब nba न्भ nbha न्म nma न्य nya न्र nra न्व nva न्ष nṣa न्स nsa न्ह nha

3개의 복자음

न्क्र nkra न्क्ल nkla न्क्व nkva न्क्ष nkṣa न्ख्य nkhya न्ग्र ngra न्ग्ल ngla न्घ्न nghna न्घ्र nghra न्त्त ntta

न्त्थ nttha न्त्म ntma न्त्य ntya न्त्र ntra न्त्व ntva न्त्स ntsa न्थ्य nthya न्द्ध nddha न्द्म ndma

न्द्य ndya न्द्र ndra न्द्व ndva न्ध्म ndhma न्ध्य ndhya न्ध्र ndhra न्ध्व ndhva न्न्य nnya न्न्व nnva

न्प्र npra न्प्ल npla न्प्स npsa न्ब्र nbra न्भ्र nbhra न्म्य nmya न्म्र nmra न्म्ल nmla न्य्व nyva

न्व्य nvya न्व्र nvra न्स्क nska न्स्ख nskha न्स्त nsta न्स्थ nstha न्स्न nsna न्स्प nspa न्स्फ nspha

न्स्म nsma न्स्य nsya न्स्र nsra न्स्व nsva न्ह्य nhya न्ह्र nhra न्ह्व nhva

4개의 복자음

न्त्स्थ ntstha न्त्स्न ntsna न्त्स्प ntspa न्त्स्य ntsya न्त्स्र ntsra न्त्स्व ntsva न्द्ध्य nddhya न्द्ध्व nddhva

न्द्र्य ndrya न्द्व्य ndvya न्ध्र्य ndhrya न्स्त्र nstra न्स्फ्य nsphya

p-로 시작하는 복자음

2개의 복자음

प्क pka प्ख pkha प्च pca प्छ pcha प्ट pṭa प्ण pṇa प्त pta प्न pna प्प ppa प्फ ppha प्म pma

प्य pya प्र pra प्ल pla प्व pva प्श pśa प्स psa

3개의 복자음

प्क्ष pkṣa प्त्य ptya प्त्र ptra प्त्व ptva प्न्य pnya प्प्र ppra प्र्य prya प्श्य pśya प्स्न psna प्स्य psya

प्स्व psva

4개의 복자음

प्त्र्य ptrya प्स्न्य psnya

b-로 시작하는 복자음

2개의 복자음

ब्ग bga ब्ज bja ब्त bta ब्द bda ब्ध bdha ब्ब bba ब्भ bbha ब्य bya ब्र bra ब्ल bla ब्ल्व blva

भ्ण bhṇa भ्न bhna भ्म bhma भ्य bhya भ्र bhra भ्ल bhla भ्व bhva

3개의 복자음

ब्ग्र bgra ब्ज्य bjya ब्द्य bdya ब्ध्य bdhya ब्ध्व bdhva ब्ब्र bbra ब्भ्य bbhya ब्व्य bvya

bh-로 시작하는 복자음

2개의 복자음

भ्ण bhṇa भ्न bhna भ्म bhma भ्य bhya भ्र bhra भ्ल bhla भ्व bhva

3개의 복자음

भ्र्य bhrya भ्र्व bhrva भ्व्य bhvya

m-로 시작하는 복자음

2개의 복자음

म्ण mṇa म्द mda म्न mna म्प mpa म्फ mpha म्ब mba म्भ mbha म्म mma म्य mya म्र mra म्ल mla

म्व mva म्ह mha

3개의 복자음

म्न्य mnya म्प्य mpya म्प्र mpra म्प्ल mpla म्प्स mpsa म्ब्य mbya म्ब्र mbra म्ब्व mbva म्भ्य mbhya

म्भ्र mbhra म्म्य mmya म्म्र mmra म्म्ल mmla म्र्य mrya

y-로 시작하는 복자음

2개의 복자음

य्य yya य्व yva य्ह yha

r-로 시작하는 복자음

2개의 복자음

र्क rka र्ख rkha र्ग rga र्घ rgha र्च rca र्छ rcha र्ज rja र्ट rṭa र्ड rḍa र्ढ rḍha र्ण rṇa र्त rta र्थ rtha

र्द rda र्ध rdha र्न rna र्प rpa र्फ rpha र्ब rba र्भ rbha र्म rma र्य rya र्र rra र्ल rla र्व rva र्श rśa र्ष rṣa

र्स rsa र्ह rha

3개의 복자음

र्क्च rkca र्क्त rkta र्क्थ rktha र्क्प rkpa र्क्य rkya र्क्ष rkṣa र्क्स rksa र्ख्य rkhya र्ग्ग rgga र्ग्घ rggha

र्ग्ज rgja र्ग्भ rgbha र्ग्य rgya र्ग्र rgra र्ग्ल rgla र्ग्व rgva र्घ्न rghna र्घ्य rghya र्घ्र rghra र्ङ्ख rṅkha

र्ङ्ग rṅga र्च्छ rccha र्च्य rcya र्ज्ञ rjña र्ज्म rjma र्ज्य rjya र्ज्व rjva र्झ rjha र्ञ्ज rñja र्ड्य rḍya र्ढ्य rḍhya

र्ङ्ङ rṅṅa र्ण्य rṇya र्ण्व rṇva र्त्त rtta र्त्न rtna र्त्म rtma र्त्य rtya र्त्र rtra र्त्व rtva र्त्स rtsa र्थ्य rthya

र्द्ध rddha र्द्म rdma र्द्य rdya र्द्र rdra र्द्व rdva र्ध्न rdhna र्ध्म rdhma र्ध्य rdhya र्ध्र rdhra र्ध्व rdhva र्न्य rnya

र्न्व rnva र्प्य rpya र्ब्र rbra र्भ्य rbhya र्भ्र rbhra र्भ्व rbhva र्म्य rmya र्म्र rmra र्म्ल rmla र्य्य ryya र्व्य rvya

र्व्र rvra र्व्ल rvla र्श्म rśma र्श्य rśya र्श्व rśva र्ष्ट rṣṭa र्ष्ठ rṣṭha र्ष्ण rṣṇa र्ष्म rṣma र्ष्य rṣya र्ष्व rṣva

र्स्र rsra र्स्व rsva र्ह्य rhya र्ह्र rhra र्ह्ल rhla र्ह्व rhva

4개의 복자음

क्ष्र्ण rkṣṇa क्ष्र्य rkṣya र्क्स्व rksva र्ङ्ग्य rṅgya र्ज्म्य rjmya र्त्त्र rttra र्त्न्य rtnya र्त्र्य rtrya र्त्व्य rtvya

र्त्स्न rtsna र्त्स्य rtsya र्द्ध्य rddhya र्द्र्य rdrya र्द्व्य rdvya र्ध्न्य rdhnya र्श्व्य rśvya र्ष्ट्य rṣṭya र्ष्ण्य rṣṇya

5개의 복자음

र्त्स्न्य rtsnya

l-로 시작하는 복자음

2개의 복자음

ल्क lka ल्ग lga ल्ट lṭa ल्ट lṭa ल्ळ ḻa ल्प lpa ल्फ lpha ल्ब lba ल्भ lbha ल्म lma ल्य lya

ल्ल lla ल्व lva ल्श lśa ल्ह lha

3개의 복자음

ल्क्य lkya ल्ग्व lgva ल्प्य lpya ल्ब्य lbya ल्भ्य lbhya ल्ल्य llya ल्व्य lvya ल्ह्य lhya

3개의 복자음

ल्ग्व्य lgvya

l-로 시작하는 복자음

2개의 복자음

व्ण vṇa व्न vna व्य vya व्र vra व्ल vla व्व vva व्ह vya

3개의 복자음

व्न्य vnya

ś-로 시작하는 복자음

2개의 복자음

श्क śka श्च śca श्छ ścha श्त śta श्न śna श्प śpa श्म śma श्य śya श्र śra श्ल śla श्व śva श्श śśa

3개의 복자음

श्च्य ścya श्न्य śnya श्म्य śmya श्र्य śrya श्र्व śrva श्व्य śvya

ṣ-로 시작하는 복자음

2개의 복자음

ष्क ṣka ष्ख ṣkha ष्ट ṣṭa ष्ठ ṣṭha ष्ण ṣṇa ष्प ṣpa ष्फ ṣpha ष्म ṣma ष्य ṣya ष्र ṣra ष्व ṣva ष्ष ṣṣa

ष्ष ṣṣa

3개의 복자음

ष्क्य ṣkya ष्क्र ṣkra ष्क्ल ṣkla ष्क्व ṣkva ष्क्ष ṣkṣa ष्ट्य ṣṭya ष्ट्र ṣṭra ष्ट्व ṣṭva ष्ठ्य ṣṭhya ष्ठ्व ṣṭhva

ष्ण्य ṣṇya ष्ण्व ṣṇva ष्प्य ṣpya ष्प्र ṣpra ष्प्ल ṣpla ष्म्य ṣmya

4개의 복자음

ष्ट्र्य ṣṭ일ya

s-로 시작하는 복자음

2개의 복자음

स्क ska स्ख skha स्ट sṭa स्त sta स्थ stha स्न sna स्प spa स्फ spha स्ब sba स्म sma स्य sya

स्र sra स्ल sla स्व sva स्स ssa

3개의 복자음

स्क्र skra स्ट्र sṭra स्त्म stma स्त्य stya स्त्र stra स्त्व stva स्त्स stsa स्थ्न sthna स्थ्य sthya स्न्य snya

स्प्र spra स्फ्य sphya स्म्य smya स्र्य srya स्व्य svya स्स्य ssya स्स्व ssva

4개의 복자음

स्त्र्य strya स्थ्न्य sthnya

h-로 시작하는 복자음

2개의 복자음

ह्ण hṇa ह्न hna ह्म hma ह्य hya ह्र hra ह्ल hla ह्व hva

3개의 복자음

ह्न्य hnya ह्म्य hmya ह्व्य hvya

ㅇ 부록 03 : 산디 규칙

§ 아래의 번호 체계는 'AtoH 배열의 어휘 DB'(16.1)의 C 어형들과 연동된다.

A. 모음 산디 (Vowel Sandhi)

1) 같은 음가를 지닌 모음들이 결합할 때, 해당 음가의 장모음으로 나타난다.

	+	a/ā	i/ī	u/ū	ṛ/ṝ
1)a	a/ā	ā			
1)b	i/ī		ī		
1)c	u/ū			ū	
1)d	ṛ/ṝ				ṝ

2) a/ā와 a/ā 이외의 모음들이 결합할 때, 표준단계 또는 증가단계의 모음이 나타난다.

	+	i/ī	u/ū	ṛ/ṝ	ḷ	e/ai	o/au
2)a	a/ā	e	o	ar	al	ai	au
		표준단계(Guṇa)				증가단계(Vṛddhi)	

	+	ṛ
2)b	ā	ar 또는 a˅r

3) i/ī, u/ū, ṛ/ṝ와 이와 다른 음가의 모음들이 결합할 때, 선행 모음은 자음으로 나타난다.

	+	a/ā	e	o	ai	au
3)a	i/ī	ya/ā	ye	yo	yai	yau
3)b	u/ū	va/ā	ve	vo	vai	vau
3)c	ṛ/ṝ	ra/ā	re	ro	rai	rau

4) 단어 내부에서 이중모음 e/ai/o/au과 모든 모음이 결합할 때, 이중모음은 각각 ay/āy/av/āv로 나타난다(내부 산디).

	+	a/ā	i/ī	u/ū	ṛ/ṝ	ḷ	e/ai	o/au
4)a	e	aya/ā	ayi/ī	ayu/ū	ayṛ/ṝ	ayḷ	aye/ai	ayo/au
4)b	ai	āya/ā	āyi/ī	āyu/ū	āyṛ/ṝ	āyḷ	āye/ai	āyo/au
4)c	o	ava/ā	avi/ī	avu/ū	avṛ/ṝ	avḷ	ave/ai	avo/au
4)d	au	āva/ā	āvi/ī	āvu/ū	āvṛ/ṝ	āvḷ	āve/ai	āvo/au

그러나 (띄어쓰기가 되어 있는) 단어 사이에서 이중모음 e/ai/o/au에 모든 모음이 따라 나올 때, 이중모음은 각각 a/ā/a/ā로 나타나며 (외부 산디).

	+	a/ā	i/ī	u/ū	ṛ/ṝ	ḷ	e/ai	o/au
4)e	e	* /a ā	a i/a ī	a u/a ū	a ṛ/a ṝ	a ḷ	a e/a ai	a o/a au
4)f	ai	ā a/ā ā	ā i/ā ī	ā u/ā ū	ā ṛ/ā ṝ	ā ḷ	ā e/ā ai	ā o/ā au
4)g	o	* /a ā	a i/a ī	a u/a ū	a ṛ/a ṝ	a ḷ	a e/a ai	a o/a au
4)h	au	ā a/ā ā	ā i/ā ī	ā u/ā ū	ā ṛ/ā ṝ	ā ḷ	ā e/ā ai	ā o/ā au

위의 *(별표)는 아와그라하(Avagraha, 본문 3.1.1. 참조)와 관련되며 e와 o를 따라 나오는 a가 탈락된다는 외부 산디이다.

	+	a
4)i	e	e'
4)j	o	o'

5) 쌍수의 어미 ī, ū, e 와 이에 따르는 (a/ā를 제외한) 모든 모음 사이에서는 예외적으로 산디가 일어나지 않는다.

	+	i/ī	u/ū	ṛ/ṝ	ḷ	e/ai	o/au
5)a	ī						
5)b	ū						
5)c	e						

B. 자음 산디 (Consonant Sandhi)

6) 위사르가(Visarga) ḥ

규칙	단어의 끝에서 모음 + ḥ 는 특정 환경에서 다른 소리로 바뀐다.

6)a	−aḥ + 유성자음 ↠ −o + 유성자음/모음

: −aḥ는, 따라 나오는 단어의 첫 소리가 유성자음일 때, o로 변한다.
: −aḥ에 따라 나오는 단어의 첫 소리가 모음 a−일 때, o로 변하고, a−는 탈락되어 아와그라하 '(=)로 표시된다.

6)b	−aḥ + a ↠ −o + ' (Avagraha)

: −aḥ에 따라 나오는 단어의 첫 소리가 a를 제외한 모든 모음일 때, ḥ가 탈락된다.

6)c	−aḥ + (a를 제외한) 모음 ↠ a + (a를 제외한) 모음

: −āḥ에 따라 나오는 단어의 첫 소리가 유성자음 또는 모음일 때, ḥ가 탈락한다.

6)d	−āḥ + 유성자음/모음↠ ā + 유성자음/모음

: ḥ에 a/ā를 제외한 모든 모음이 선행하고 유성자음/모음이 따라 나올 때, 위사르가는 r로 바뀐다.

6)e	(a/ā를 제외한) 모음 + ḥ + 유성자음/모음 ↠ (a/ā를 제외한) 모음 + r + 유성자음/모음

: ḥ가 6)e와 같은 환경에서 r로 바뀌지만, 따라 나오는 단어의 첫 소리가 r−인 경우 ḥ의 변화된 −r 은 탈락한다. 이때 위사르가에 선행하는 모음은, 단음일 경우. 장음으로 변한다.

	6)g	6)h	6)i	6)j	6)k	6)l	6)m	6)n
+	k/kh	c/ch	ṭ/ṭh	t/th	p/ph	ś	ṣ	s
−ḥ	ḥ	ś	ṣ	s	ḥ	ḥ/ś	ḥ/ṣ	ḥ/s

: 위사르가는 따라 나오는 무성자음의 성질에 따라 변하기도 한다.

6)o	saḥ, esaḥ + 자음 ↠ sa−Ø, esa−Ø

: 지시대명사의 주격형 saḥ와 esaḥ는, 자음이 따라 나올 때, ḥ의 탈락을 보여 준다.

6)p	−s, −r + 무성자음/휴지 ↠ ḥ

: 단어의 끝에 오는 s 또는 r 은, 무성자음 앞이나 휴지(pause), 문장의 끝에 올 때, 위사르가 ḥ 로 바뀐다.

7) 아누스와라(Anusvāra) ṁ

규칙	−m + 자음 ↠ ṁ (단, 문장 휴지나 끝에 올 경우 바뀌지 않고 m 그대로 쓰인다)
설명	−m은, 따라 나오는 단어의 첫 소리가 자음일 때, 아누스와라로 바뀐다. 이때 ṁ의 발음은 따라 나오는 자음의 조음 위치와 동일하다.

	변화전		환경		변화후	발음	
7)a	m	+	k/kh/g/gh/ṅ	↠	ṁ	[ŋ]	+ k/kh/g/gh
7)b	m	+	c/ch/j/jh/ñ	↠	ṁ	[ñ]	+ c/ch/j/jh
7)c	m	+	ṭ/ṭh/ḍ/ḍh/ṇ	↠	ṁ	[ṇ]	+ ṭ/ṭh/ḍ/ḍh
7)d	m	+	t/th/d/dh/n	↠	ṁ/n	[n]	+ t/th/d/dh
7)e	m	+	p/ph/b/bh/m	↠	ṁ	[m]	+ p/ph/b/bh
7)f	m	+	y/l/r/v, ś/ṣ/s, h	↠	ṁ	[ŋ]	+ y/l/r/v, ś/ṣ/s, h

7)g	n	+	c,ch/ṭ,ṭh/t,th	↠	ṁ	[ŋ]	+ c,ch/ṭ,ṭh/t,th

: n 역시 특정의 환경이 주어지면 ṁ으로 바뀐다.

8) 권설음화

: 비−권설자음들은 특정 환경에서 권설음으로 바뀐다.

8)a	r/ṛ/ṝ, u, ṣ + (모음, ṁ, k열 자음, p열 자음, y/v, h) + n + 모음, n/m/y/v ↠ r/ṛ/ṝ, u, ṣ + (모음, ṁ, k열 자음, p열 자음, y/v, h) + ṇ + 모음, n/m/y/v

8)b	(a/ā를 제외한) 모음, 연구개음, r + s, t ↠ (a/ā를 제외한) 모음, 연구개음, r + ṣ, ṭ

*연구개음 : k kh g gh ṅ

8)c	무기치조음, s + 권설음 ↠ 권설음, ṣ + 권설음

*무기치조음 : t d n

9) 자음과 자음이 결합할 때 일어나는 산디

성의 동화

9)a	무성무기음 +유성무기유기음/모음 ↠ 유성무기음 + 유성무기유기음/모음

*유성음화

9)b	유성무기음 + 무성무기음 ↠ 무성무기음 + 무성무기음

*무성음화

9)b	유성무기음 + 무성무기음 ↠ 무성무기음 + 무성무기음

9)c	무성무기음 + 비음 ↠ 유성무기음 + 비음

*유성음화 *무성 무기음 : k c ṭ t p, *유성 무기음 : g j ḍ d b

경구개음화

10)a	무기치조음, s + 경구개음 ↠ 경구개음, ś + 경구개음

*무기치조음 : t d n, *경구개음 : c ch j jh ñ

10)b	t + ś ↠ cch 또는 cś

10)c	n + ś ↠ ñch 또는 ñś

비음화

11)a	무성무기음 + 비음 ↠ (해당 자음 열의) 비음 + 비음

*무성 무기음 : k c ṭ t p, 비음 : ṅ ñ ṇ n m

비음의 변화

12)a	n + 무기 구개음/권설음 ↠ ṅ/ñ/ṇ + 무기경구개음/권설음

*무기 구개음/권설음 : k g c j ṭ ḍ

유음화

13)a	t/d + l ↠ l/l + l

복자음화

14)a	단모음 + n + 모음 ↠ 단모음 + nn + 모음

유기음화

15)a	무성무기음 + h ↠ 유성무기음 + 유성유기음

*무성 무기음 : k c ṭ t p, *유성 무기음 : g

ㅇ 부록 04 : 표지a (명사/형용사)

§ 아래의 표지 편성은 어간(Stem)−성(Gender) 순서의 전통적 체계와 달리 성−어간 순서의 체계에 따른 것이고, 이의 순서는 남성 중성 여성이고, 각각의 아래에 단수 복수 쌍수가 놓이는 방식이다. 여기에서 사용되는 약어와 기호, 보는 방식 등은 다음과 같다:

<약어>

§ 어간(Stem) :
I = i−어간, U = u−어간, CONS(onant) = 자음어간, A = a−어간.

§ 성(Gender)과 수(Number) :
MS = 남성 단수, MP = 남성 복수, MD = 남성 쌍수 ; NS = 중성 단수, NP = 중성 복수, ND = 중성 쌍수 ; FS = 여성 단수, FP = 여성 복수, FD = 여성 쌍수.
(M=Masculine, N=Neutral, F=Feminine ; S=Singular, P=Plural, D=Dual)

§ 격(Case) :
N(ominative) = 주격, V(ocative) = 호격, A(ccusative) = 목적격, I(nstrumental) = 도구격, D(ative) = 여격, Ab(lative) = 탈격, G(enitive) = 속격, L(ocative) = 장소격.

§ L (= Lengthening) : 선행하는 모음의 장음화를 의미하며, 가시적이지는 않지만 표지에 속한다.

§ Z (= Zero Grade) : 선행하는 음절에서 모음의 삭제 또는 감소(Reduction)를 의미한다.

<기호>

§ Ø : 표지가 없음을 의미.

§ − : A−B에서 −A와 B의 직접적인 연결을 의미.

§ ~ : A~B에서 B가 붙을 때 선행하는 모음의 탈락을 의미.

§ ( ) : (A)에서 A가 나타날 수도 나타나지 않을 수도 있음을 의미.

§ [ ] : [A]에서 A가 존재하지만 특정의 환경에서만 산디를 통해 발현되는 것을 의미.

<약속된 표현>

§ 대문자 정자체 : 순수하게 표지를 의미한다.

§ 음영 표시 : 고유의 표지가 아니라 다른 어간 또는 품사(대명사)에서 빌려 온 표지를 의미한다. 그 유래는 표지 오른쪽에 표지 되어 있다: $^{C(N)}$ = 자음(N)어간, ^{P} = 지시대명사, ^{U} = U−어간, ^{Ī} = Ī−어간.

<보는 방식>
아래의 표에서 <성/수.어간.격>의 순서로 표현되는
MS.CONS.N. −^{L}[r n]−Ø는 남성 r n−어간(pitar− 'father', rājan− 'king')에서 단수 주격이 될 때, 표지는 없고 r n이 탈락하며 선행하는 모음이 장음화(pitā rājā)되고, MS.I.Ab. −I−(A)Ḫ의 경우 남성 i−어간(agni− 'fire')에서 단수 탈격이 될 때, 표지는 −y−AḪ(agny−aḫ) 또는 −e−Ḫ (agne−ḫ)로 나타난다는 것을 의미한다.

MS	I		U		CONS		A	
	i y e ay ā au		u v o av au		r n	others	a	
N	−i−Ḥ		−u−Ḥ		−^{L}[r n]−Ø	−$^{(L)}$Ø	−a−Ḥ	
V	−e−Ø		−o−Ø		−Ø	−Ø	−a−Ø	
A	−i−M		−u−M		−$^{(L)}$aM	−aM	−a−M	
I	−I−Ā		−U−Ā		−$^{(Z)}$Ā		−a−^{L}	−a~ENA^{P}
	−y−Ā	−i−nĀ^{CN}	−v−Ā	−u−nĀ^{CN}				
D	−I−E		−U−E		−$^{(Z)}$E		−a−AYA	
	−y−E	−ay−E	−v−E	−av−E				
Ab	−I−(A)Ḥ		−U−(A)Ḥ		−$^{(Z)}$AḤ		−a−AT^{P}	
	−y−AḤ	−e−Ḥ	−v−AḤ	−o−Ḥ				
G	−I−(A)Ḥ		−U−(A)Ḥ		−$^{(Z)}$AḤ		−a−SYA^{P}	
	−y−AḤ	−e−Ḥ	−v−AḤ	−o−Ḥ				
L	−I−Ø		−U−Ø/I		−I		−a−I	
	−ā[y]−Ø	−i~au^{U}	−au−Ø	−av−I	−$^{(Z)}$nI^{CN}	−I		

MP	i	(a)y	u	(a)v	r n	others	a	
N	−(a)y−AḤ		−(a)v−AḤ		−$^{(L)}$AḤ	−AḤ	−a−AḤ / −a−AS−AḤ	
V	−ay−AḤ		−av−AḤ		−$^{(L)}$AḤ	−AḤ	−a−AḤ / −a−AS−AḤ	
A	−i−^{L}N[Ḥ]		−u−^{L}N[Ḥ]	−v−AḤ	−^{ZL}N −^{Z}AḤ	−AḤ	−a−^{L}N[Ḥ]	
I	−i−BHIḤ		−u−BHIḤ		−^{Z}BHIḤ		−a−AYḤ^{P}−	−a~eBHIḤ^{P}
D	−i−BHYAḤ		−u−BHYAḤ		−^{Z}BHYAḤ		−a~eBHYAḤ	
Ab	−i−BHYAḤ		−u−BHYAḤ		−^{Z}BHYAḤ		−a~eBHYAḤ	
G	−i−^{L}nĀM^{CN}		−u−^{L}nĀM^{CN}		−^{ZL}nĀM^{CN}	−ĀM	−a−AM−ĀM	−a−AM
L	−i−ṢU		−u−ṢU		−^{Z}SU−	−SU	−a~eṢU^{P}	

MD	i y	u v	r n	others	a
N V A	−i−^{L}	−u−^{L}	−$^{(L)}$Ā −$^{(L)}$AU	−Ā −AU	−a−^{L} −a−^{L}V
I D Ab	−i−BHYĀM	−u−BHYĀM	−$^{(Z)}$BHYĀM		−a~āBHYĀM^{P}
G L	−y−OḤ	−v−OḤ	−$^{(Z)}$OḤ		−a~ayOḤ^{P}

	I	U	CONS		A	
NS	(i)	u	r n	others	a	
N	−i−∅	−u−∅	−^{Z}[r n]−∅	−∅*	−a−∅	
V	−i−∅	−u−∅	−$^{(Z)}$∅	−∅	−a−∅	
A	−i−∅	−u−∅	−^{Z}∅	−∅	−a−∅	
I	−(i)−nĀ^{CN}	−u−nĀ^{CN}	−^{Z}Ā	−Ā	−a~Ā	−a~ENA^{P}
D	−(i)−nE^{CN}	−u−nE^{CN}	−^{Z}E	−E	−a−AYA	
Ab	−(i)−nAḤ^{CN}	−u−nAḤ^{CN}	−^{Z}AḤ	−AḤ	−a−AT^{P}	
G	−(i)−nAḤ^{CN}	−u−nAḤ^{CN}	−^{Z}AḤ	−AḤ	−a−SYA^{P}	
L	−(i)−nI^{CN}	−u−nI^{CN}	−$^{(Z)}$nI^{CN}	−I	−a−I	
NP	(i)	u	r n	others	a	
N	−i−^{L}nI^{CN}	−u−^{L}nI^{CN}	−^{Z}nI^{CN}	−$^{(L)}$I**	−a−^{L}	−a−^{L}nI^{CN}
V	−i−^{L}nI^{CN}	−u−^{L}nI^{CN}	−^{Z}nI^{CN}	−$^{(L)}$I**	−a−^{L}nI^{CN}	
A	−i−^{L}nI^{CN}	−u−^{L}nI^{CN}	−^{Z}nI^{CN}	−$^{(L)}$I**	−a−^{L}nI^{CN}	
I	−i−BHIḤ	−u−BHIḤ	−^{Z}BHIḤ		−a−AYḤ−^{P}	−a~eBHIḤ^{P}
D	−i−BHYAḤ	−u−BHYAḤ	−^{Z}BHYAḤ		−a~eBHYAḤ^{P}	
Ab	−i−BHYAḤ	−u−BHYAḤ	−^{Z}BHYAḤ		−a~eBHYAḤ^{P}	
G	−(i)−^{L}nĀM^{CN}	−u−^{L}nĀM^{CN}	−^{Z}nĀM^{CN}	−ĀM	−a−AN−ĀM	−a−AM
L	−i−ṢU	−u−ṢU	−^{Z}SU	−SU	−a~eṢU	
ND	(i)	u	r n	others	a	
N V A	−i−^{L}	−u−^{L}	−$^{(Z)}$nĪ^{CN}	−$^{(Z)}$Ī	−a−I	
I D Ab	−i−BHYĀM	−u−BHYĀM	−$^{(Z)}$BHYĀM		−a~āBHYĀM^{P}	
G L	−(i)−nOḤ^{CN}	−u−nOḤ^{CN}	−$^{(Z)}$(n)OḤ	−$^{(Z)}$OḤ	−a~ayOḤ^{P}	

* −as−로 끝나는 명사(manas−)가 합성어의 구성성분이 되어 형용사 단수 남성/여성으로 사용되는 경우 표지는 남성의 자음어간의 곡용을 따른다: su−manas− '좋은 생각을 갖고 있는', Nom. −manāḥ−∅, Voc. −manaḥ−∅, Acc. −manas−am, Instr. −manas−ā 등.

** 접미사 −as−가 붙는 명사의 경우 NP.CONS.NVA에서 특이하게도 아누스와라(manāṃs−i)가 나타난다.

	Ī	Ū	i	u	CONS	Ā
FS	ī i y y(ā)	ū u vā	i e y yā	u o v vā	r n others	ā
N	−ī−Ø / −ī−Ḥ	−ū−Ḥ	−i−Ḥ	−u−Ḥ	−Ø	−ā−Ø
V	−i−Ø	−u−Ø	−e−Ø	−o−Ø	−Ø	−ā~E
A	−ī−M / −iy−aM	−ū−M	−i−M	−u−M	−aM	−ā−M
I	−y(ā)−Ā	−vā−Ā	$-i-^{L}$ / −y−Ā	−v−Ā	−Ā $-ā\sim AYĀ^{P}$	−ā−Ā $-ā\sim AYĀ^{P}$
D	−y(ā)−E	−vā−E	$-yā-E^{I}$	$-vā-E^{I}$	−E	$-ā-YAI^{P}$
Ab	−y(ā)−(A)Ḥ	−vā−(A)Ḥ	$-yā-(A)Ḥ^{I}$	$-vā-(A)Ḥ^{I}$	−AḤ	$-ā-YĀḤ^{P}$
G	−y(ā)−(A)Ḥ	−vā−(A)Ḥ	$-yā-(A)Ḥ^{I}$	$-vā-(A)Ḥ^{I}$	−AḤ	$-ā-YĀḤ^{P}$
L	−yā−M / −ī−I	−vā−M	$-yā-M^{I}$	$-vā-M^{I}$	−I	$-ā-YĀM^{P}$

§ ī−어간의 경우 N A L에서 두 개의 표지가 나타나는데, 왼쪽은 devī−곡용의 표지이고 오른쪽은 vṛkī−곡용의 표지이다.

§ 여성 i−와 u−어간의 D.Ab.G.L.의 경우 위에서 언급한 남성의 표지가 사용되기도 한다.

FP	ī y	ū v	i y ay ī	u v av ū	r n others	ā
N	−y−AḤ	−v−AḤ	−(a)y−AḤ	−(a)v−AḤ −ā−AS−AḤ	−AḤ	−ā−AḤ −ā−AS−AḤ
V	−y−AḤ	−v−AḤ	−ay−AḤ	−av−AḤ	−AḤ	−ā−AḤ
A	−ī−[N]Ḥ	−ū−[N]Ḥ	$-ī-[N]Ḥ^{I}$ / −y−AḤ	$-ū-[N]Ḥ^{I}$ / −v−AḤ	$-^{(Z)(L)}(A)Ḥ$	−ā−AḤ
I	−ī−BHIḤ	−ū−BHIḤ	−i−BHIḤ	−u−BHIḤ	−BHIḤ	−ā−BHIḤ
D	−ī−BHYAḤ	−ū−BHYAḤ	−i−BHYAḤ	−u−BHYAḤ	−BHYAḤ	−ā−BHYAḤ
Ab	−ī−BHYAḤ	−ū−BHYAḤ	−i−BHYAḤ	−u−BHYAḤ	−BHYAḤ	−ā−BHYAḤ
G	$-ī-nĀM^{CN}$	$-ū-nĀM^{CN}$	$-i-^{L}nĀM^{CN}$	$-u-^{L}nĀM^{CN}$	−ĀM	$-ā-nĀM^{CN}$
L	−ī−ṢU	−ū−ṢU	−i−ṢU	−u−ṢU	−SU	−ā−SU

FD	ī y	ū v	i y	u v	r n others	ā
N V A	$-y-AU^{C}$ $-y-Ā^{C}$	$-v-AU^{C}$	$-i-^{L}$	$-u-^{L}$	−Ī	−ā−I
I D Ab	−ī−BHYĀM	−ū−BHYĀM	−i−BHYĀM	−u−BHYĀM	−BHYĀM	−ā−BHYĀM
G L	−y−OḤ	−v−OḤ	−y−OḤ	−v−OḤ	−OḤ	$-ā\sim ayOḤ^{P}$

§ 어근명사 dhī-와 bhū-의 경우 위의 Ī 와 Ū 어간의 표지가 그대로 적용된다. 한 가지 주의할 사항은 표지 앞의 어간 모음 Ī와 Ū가 격에 따라 각각 ī/iy, ū/uv를 보여준다는 점이다. -ī-와 -ū-는 Sg.N. Pl.I.D.Ab.L. Du.I.D.Ab.에서, -iy-와 -uv-는 나머지 격들에서 나타난다:

Sg. N.-V. dhīḥ, bhūḥ A. dhiyam, bhuvam I. dhiyā, bhuvā D. dhiye/dhiyai, bhuve/bhuvai Ab. dhiyaḥ/dhiyāḥ, bhuvaḥ/bhuvāḥ G. dhiyaḥ/dhiyāḥ, bhuvaḥ/bhuvāḥ L. dhiyi/dhiyām, bhuvi/bhuvām

Pl. N.-V.-A. dhiyaḥ, bhuvaḥ I. dhībhiḥ, bhūbhiḥ D.-Ab. dhībhyaḥ, bhūbhyaḥ G. dhiyām/dhīnām, bhuvām/bhūnām L. dhīṣu, bhūṣu

Du. N.-V.-A. dhiyau, bhuvau I.-D.-Ab. dhībhyām, bhūbhyām G.-L. dhiyoḥ, bhuvoḥ

§ U-어간의 표지가 적용되는 여성 명사인 nau- (au/āv)와 dyu- (au/āv/av/o/ā/u/ū/v) 역시 이와 같은 방식이지만, ī-어간의 영향은 받지 않는다. 남성 또는 여성도 가능한 go- (au/āv/av/o/ā) 역시 이 곡용을 따른다.

Sg. N.-V. nauḥ, dyauh, gouḥ A. nāvam, dyām, gām I. nāvā, divā, gavā D. nāve, dive, gave Ab. nāvaḥ, divaḥ/dyoḥ, goḥ G. nāvaḥ, divaḥ/dyoḥ, goḥ L. nāvi, dyavi, gavi

Pl. N.-V. nāvaḥ, gāvaḥ, dyāvaḥ A. nāvaḥ, dyūn, gāḥ I. naubhiḥ, dyubhiḥ, gobhiḥ D.-Ab. naubhyaḥ, dyubhyaḥ, gobhyaḥ G. nāvām, divām, govām L. nauṣu, dyuṣu, goṣu

Du. N.-V.-A. nāvau, dyāvā, gāvau I.-D.-Ab. naubhyām, dyubhyām, gobhyām G.-L. nāvoḥ, divoḥ, gavoḥ

ㅇ 부록 04 : 표지b (대명사)

① 인칭대명사

	Sg.		Pl.		Du.	
	1인칭	2인칭	1인칭	2인칭	1인칭	2인칭
N	aham	tvam	vayam	yūyam	āvām	yuvām
V	aham	tvam	vayam	yūyam	āvām	yuvām
A	mām	tvām	asmān	yuṣmān	āvām	yuvām
	mā	tvā	naḥ	vaḥ		
I	mayā	tvayā	asmābhiḥ	yuṣmāḥ	āvābhyām	yuvābhyām
D	mahyam	tubhyam	asmabhyam	yuṣmabhyam	āvābhyām	yuvābhyām
	me	te	naḥ	vaḥ		
Ab	mat	tvat	asmat	yuṣmat	āvābhyām	yuvābhyām
G	mama	tava	asmākam	yuṣmākam	āvayoḥ	yuvayoḥ
	me	te	naḥ	vaḥ		
L	mayi	tvayi	asmāsu	yuṣmāsu	āvayoḥ	yuvayoḥ

② 지시사 tad 'this, he', etad 'this' ; 관계사 yad 'which' ; 의문사 kim 'which?, who'

	M	N	F	M	N	F	M	N	F
	Sg.			Pl.			Du.		
N	saḥ	tat	sā	te	tāni	tāḥ	tau	tau	te
		kim							
A	tam	tat	tām	tān	tāni	tāḥ	tau	tau	te
		kim							
I	tena		tayā	taiḥ		tābhiḥ	tābhyām		
D	tasmai		tasyai	tebhyaḥ		tābhyaḥ	tābhyām		
Ab	tasmāt		tasyāḥ	tebhyaḥ		tābhyaḥ	tābhyām		
G	tasya		tasyāḥ	teṣām		tāsām	tayoḥ		
L	tasmin		tasyām	teṣu		tāsu	tayoḥ		

§ kim은 중성 단수 주격-목적격을 제외하고 위의 곡용을 따른다.

§ 남성에서 몇몇 격은 베다어에서 유래하는 이중형태로는 단수 도구격 tenā, 장소격 sasmin, 복수 도구격 tebhiḥ, 쌍수 주격/목적격 tā, 복수 중성 주격/목적격 tā가 있다.

③ 지시대명사 idam 'this'

	M	N	F	M	N	F	M	N	F
	Sg.			Pl.			Du.		
N	ayam	idam	iyam	ime	imāni	imāḥ	imau	ime	ime
A	imam	idam	imām	imān	imāni	imāḥ	imau	ime	ime
I	anena		anayā	ebhiḥ		ābhiḥ	ābhyām		
D	asmai		asyai	ebhyaḥ		ābhyaḥ	ābhyām		
Ab	asmāt		asyāḥ	ebhyaḥ		ābhyaḥ	ābhyām		
G	asya		asyāḥ	eṣām		āsām	anayoḥ		
L	asmin		asyām	eṣu		āsu	anayoḥ		

§ 베다어에서 유래하는 이중형태로는 단수 도구격 남성/중성 enā 여성 ayā; 단수 남성/중성 속격 imasya; 복수 중성 주격/목적격 imā; 쌍수 남성 주격/목적격 imā, 속격/장소격 ayoḥ가 있다.

④ 지시대명사 adas 'that'

	M	N	F	M	N	F	M	N	F
	Sg.			Pl.			Du.		
N	asau	adaḥ	asau	amī	amūni	amūḥ	amū	amū	amū
A	amum	adaḥ	amūm	amūn	amūni	amūḥ	amū	amū	amū
I	amunā		amuyā	amībhiḥ		amūbhiḥ	amūbhyām		
D	amuṣmai		amuṣyai	amībhyaḥ		amūbhyaḥ	amūbhyām		
Ab	amusmāt		amuṣyāḥ	amībhyaḥ		amūbhyaḥ	amūbhyām		
G	amuṣya		amuṣyāḥ	amīṣām		amūṣām	amuyoḥ		
L	amuṣmin		amuṣyām	amīṣu		amūṣsu	amuyoḥ		

§ 베다어에서 중성 복수 주격/목적격은 amū으로도 나타난다.

ㅇ 부록 04 : 표지c (형용사적 수사)

1) eka- 'one' : 위의 지시대명사 tad와 동일한 곡용을 한다.

2) dva- 'two' : 위 명사・형용사의 MD.A.에 따라 곡용한다.

3) tri- 'three', catur- 'four', pañca 'five', ṣaṣ 'six'는 다음과 같이 복수 곡용만을 갖는다.

	⑤ tri-			⑥ catur-			⑦ pañca	⑧ ṣaṣ
	M	N	F	N	N	F		
N	trayaḥ	trīṇi	tisraḥ	catvāraḥ	catvāri	catasraḥ	pañca	ṣaṭ
V	trayaḥ	trīṇi	tisraḥ	catvāraḥ	catvāri	catasraḥ	pañca	ṣaṭ
A	trīn	trīṇi	tisraḥ	caturaḥ	catvāri	catasraḥ	pañca	ṣaṭ
I	tribhiḥ		tisṛbhiḥ	caturbhiḥ		catasṛbhiḥ	pañcabhiḥ	saḍbhiḥ
D	tribhyaḥ		tisṛbhyaḥ	caturbhyaḥ		catasṛbhyaḥ	pañcabhyaḥ	saḍbhyaḥ
Ab	tribhyaḥ		tisṛbhyaḥ	caturbhyaḥ		catasṛbhyaḥ	pañcabhyaḥ	saḍbhyaḥ
G	trayāṇām		tisṛṇām	caturṇām		catasṛṇām	pañcānām	ṣaṇṇām
L	triṣu		tisṛṣu	caturṣu		catasṛṣu	pañcasu	ṣaṭsu

4) sapta 'six', aṣṭa 'eight', nava 'nine', daśa 'ten' 등은 pañca와 같은 곡용을 보여준다.

5) aṣṭa의 경우 위의 복수 곡용 외에도 다음과 같은 곡용을 하기도 한다:
⑨ N.V.A. aṣṭau, I. aṣṭābhiḥ, D.Ab. aṣṭābhyaḥ, G. aṣṭānām, L. aṣṭāsu.

ㅇ 부록 04 : 표지d (동사의 어미[ENDING])

§ 동사의 표지는 전통적으로 10개의 부류에 따라 소개하는 것이 일반적이지만, 여기에서는 동사의 가장 상위의 문법적 범주인 태(Voice)의 분류 하에 편성되어있다. 명사와 형용사의 곡용에서처럼 표지가 대문자로 표시되어야 하지만, 부분적으로 표지의 분리가 어려운 경우가 있기 때문에 동사의 표지(어미)는 소문자로 나타내기로 한다. 각 표지(어미)에 붙은 번호는 'AtoH 배열의 어휘 DB(16.1.)'의 C의 어형들과 연동된다.

ACT(IVE)

INDICATIVE

	Present			Imperfect (a−)*			Perfect**		
	Sg.	Pl.	Du.	Sg.	Pl.	Du.	Sg.	Pl.	Du.
1.	mi[01]	maḥ[04]	vaḥ[08]	(a)m[11]	ma[14]	va[18]	a[21] au[22]	ima[26]	iva[29]
2.	si[02]	tha[05]	thaḥ[09]	ḥ[12]	ta[15]	tam[19]	(i)tha[23]	a[27]	athuḥ[30]
3.	ti[03]	(a)nti[06] ati[07]	taḥ[10]	t[13]	(a)n[16] uḥ[17]	tām[20]	a[24] au[25]	uḥ[28]	atuḥ[31]

* 능동태 미완료(Imperfect)는 현재 시제의 어간에 표지 외에도 어두에 a−가 붙어 형성된다: dā− 'to give' : a−dā−t

** 완료(Perfect)의 경우 어간이 중복법(Reduplication)에 의해 만들어진다: dhā− 'to put' : dhadh−au

§ 미래시제(Future)는 −sya− 또는 −(i)ṣya−가 어근과 표지 사이에 붙어 형성되고, 활용은 위의 표를 따른다.

IMPERATIVE | OPTATIVE

	IMPERATIVE Present			OPTATIVE Present		
	Sg.	Pl.	Du.	Sg.	Pl.	Du.
1.	(ā)ni[52]	(ā)ma[56]	(ā)va[60]	eyam[63] yām[64]	ema[69] yāma[70]	eva[74] āva[75]
2.	Ø[53] (d)hi[54]	ta[57]	tam[61]	eḥ[65] yāḥ[66]	eta[71] yāta[72]	etam[76] ātam[77]
3.	tu[55]	(a)ntu[58] atu[59]	tām[62]	et[67] yāt[68]	(e)yuḥ[73]	etām[78] ātām[79]

MED(IUM)

INDICATIVE

	Present			Imperfect (a−)*			Perfect**		
	Sg.	Pl.	Du.	Sg.	Pl.	Du.	Sg.	Pl.	Du.
1	e[01] (−a−y)	maḥe[04]	vaḥe[08]	e[13] i[14]	mahi[17]	vahi[21]	e[25]	imahe[28]	ivahe[31]
2	se[02]	dhve[05]	ethe[09] āthe[10]	thāḥ[15]	dhvam[18]	ethām[22] āthām[23]	iṣe[26]	idhve[29]	āthe[32]
3	te[03]	nte[06] ate[07]	eta[11] āte[12]	ta[16]	anta[19] ata[20]	tām[24]	e[27]	ire[30]	āte[33]

§ 중간태 미완료(Imperfect)의 경우 표지 외에도 어두에 a−가 붙는다: dā− 'to give' : a−dā−t

§ 완료(Perfect)의 경우 어간이 중복법(Reduplication)에 의해 만들어진다: dhā− 'to put' : dhadh−au

§ 미래시제(Future)는 −sya− 또는 −(i)ṣya−가 어근과 표지 사이에 붙어 형성되고, 활용은 위의 표를 따른다.

IMPERATIVE / OPTATIVE

	IMPERATIVE Present			OPTATIVE Present		
	Sg.	Pl.	Du.	Sg.	Pl.	Du.
1	e[34]	āmahai[37]	āvahai[41]	eya[46] īya[47]	emahi[52] īmahi[53]	evahi[58] īvahi[59]
2	sva[35]	dhvam[38]	ethām[42] āthām[43]	ethāḥ[48] īthāḥ[49]	edhvam[54] īdhvam[55]	eyāthām[60] īyāthām[61]
3	tām[36]	ntām[39] atām[40]	etām[44] ātām[45]	eta[50] īta[51]	eran[56] īran[57]	eyātām[62] īyātām[63]

§ 수동태(Passive)는 어근과 표지 사이에 붙는 −ya−에 의해 형성되고, 중간태(Medium)의 표지들을 사용한다: yaj− 'to bind' : yuj−ya−te 'it is bound', dviṣ− 'to hate' : dviṣ−ya−te 'he is hated'

§ 산스크리트에는 현재, 미래, 미완료, 완료 외에도 과거시제에 대응하는 아오리스트(Aorist)가 존재한다. 이 시제는 어근과 어미 사이에 놓이는 시그마 s의 유무에 따라 s-아오리스트와 비-s-아오리스트로 구분된다.

s-아오리스트의 경우 시그마는 -s- -iṣ- -siṣ- -sa-로 나타나며, 이 형성소(Formant)들이 붙는 각각의 어근 형태는 다르지만, a-의 어두 모음(Augment)과 능동태 희구법 현재시제의 표지를 공통적으로 사용한다. 이 가운데 대표적인 -s-가 붙는 아오리스트의 패러다임(nī- 'to lead')을 예로 들면 다음과 같다:

	S-AORIST					
	ACTIVE			MEDIUM		
	Sg.	Pl.	Du.	Sg.	Pl.	Du.
1	a-nai-ṣ-am[01)]	a-nai-ṣ-ma[04)]	a-nai-ṣ-va[07)]	a-ne-ṣ-i[10)]	a-ne-ṣ-mahi[13)]	a-ne-ṣ-vahi[16)]
2	a-nai-ṣ-ī-ḥ[02)]	a-nai-ṣ-ṭa[05)]	a-nai-ṣ-ṭam[08)]	a-ne-ṣ-ṭhaḥ[11)]	a-ne-[ṣ] ḍhvam[14)]	a-ne-ṣ-āthām[17)]
3	a-nai-ṣ-ī-t[03)]	a-nai-ṣ-uḥ[06)]	a-nai-ṣ-ṭām[09)]	a-ne-ṣ-ṭ[12)]	a-ne-ṣ-ata[15)]	a-ne-ṣ-ātām[18)]

§ 위의 표에서 눈에 띄는 사항은 능동태의 경우 어근이 증가단계에 해당하는 브릿띠(Vṛddhi)의 ai이고, 중간태의 경우 표준단계에 해당하는 구나(Guṇa)의 e로 나타난다는 점이다.

비-s-아오리스트에는 어근-아오리스트, 어근중복-아오리스트 등이 있다. 전자는 순수 어근에 어두모음과 표지가 붙어 형성되는데, <반야심경>의 a-dā-t(대본51)가 이에 속한다. 후자의 경우 어근이 중복되어 나타난다는 점을 제외하고는 전자와 동일한데, <반야심경>의 a-voc-at(< *a-va-uc-at, 산디규칙 2a)가 여기에 속한다. 이 두 개의 동사(dā- '주다; to give', vac- '말하다; to speak')의 아오리스트 패러다임은 다음과 같다:

	NON-S-AORIST					
	ACTIVE			ACTIVE		
	Sg.	Pl.	Du.	Sg.	Pl.	Du.
1	a-dā-am[19)]	a-dā-ma[22)]	a-dā-va[25)]	a-voc-am[28)]	a-voc-ama[31)]	a-voc-ava[34)]
2	a-dā-ḥ[20)]	a-dā-ta[23)]	a-dā-tam[26)]	a-voc-aḥ[29)]	a-voc-ata[32)]	a-voc-atam[35)]
3	a-dā-t[21)]	a-d-uḥ[24)]	a-dā-tām[27)]	a-voc-at[30)]	a-voc-uḥ[33)]	a-voc-atām[36)]

ㅇ 부록 04 : 표지e (동사의 활용부류)

산스크리트의 동사들은 문법서에서 일반적으로 10개의 부류로 나뉘어 소개되고 있는데, 이의 분류 기준은 동사의 기본 형태인 능동태 직설법 현재 어간의 형태에 따른 것이다. 이 10개의 부류는 '수'(Number)에 따른 어간의 형태변화의 유무에 따라 다시 두 개의 유형으로 구분된다. 형태의 변화가 없는 유형은 °a-로 끝나는 동사어간의 부류들(I IV VI X)이고, 형태의 변화가 있는 유형은 나머지 부류(II III V VII VIII IX)이다. Monier의 산스크리트 사전과 같은 어휘집들에는 표제어인 어근 옆에 동사의 활용부류가 번호로 표시되어 있다. 아래에 제시된 대문자의 어근들은 일률적으로 표준단계로 설정해 놓았다. 따라서 다른 사전들에서 찾을 때 표준단계로 나타나지 않으면 감소단계로 만들어야 한다.

1) °a-로 끝나는 동사 어간

(1) 제 I 부류

제 I 부류의 특징은 어근에 접미사 -a- (내지 -ā-)가 붙어 동사 어간이 형성되고 어근은 항상 표준단계를 유지한다는 것이다. 형태의 변화가 없는 이 부류의 어근들로는 vart-a- '돌다; to evolve, turn around' (VART), car-a- (CAR) '움직이다; to move', dhar-a- '(손에) 들다, 쥐다; to hold' (DHAR), bodh-a- '깨닫다; to awaken' (BODH), sādh-a- '이르다, 도착하다; to arrive, reach' (SĀDH), smar-a- '기억하다; to remember' (SMAR) 등이다. 이 가운데 어근 DHAR는 제 III 부류로도 활용된다.

(2) 제 IV 부류

제 IV 부류의 특징은 어근에 접미사 -ya-가 붙어 동사 어간이 형성되고 어근은 모음교체의 모든 단계로 나타난다는 것이다. 어떠한 경우에 증가 단계, 표준단계, 감소단계가 나타나는지에 대한 규칙은 존재하지 않는다.

1) 증가(브릿띠) 단계: 예) tām-ya- '감각을 잃다; to become numb' (TAM), bhrām-ya-

'헤매다; to wander' (BHRAM), mād−ya− '기뻐하다; to rejoice' (MAD), śrām−ya− '고요·조용해지다; to become quiet' (ŚRAM) 등.

2) 표준(구나) 단계: nah−ya− '묶다, 연결하다; to bind, connect' (NAH) 등.

3) 감소 단계: kup−ya− '떨다, 부풀다; to tremble, swell' (KOP), jā−ya− '(아이를) 낳다; to bear' (JAN)
bhraś−ya− '떨어지다; to fall' (BHRAMŚ), raj−ya− '빨개지다; to red' (RANK), vidh−ya− '(구멍 등을) 뚫다; to bore through' (VYADH), ś−ya− '(칼을) 갈다, (식욕 등) 자극하다; to whet' (ŚĀ), s− ya− '묶다, 결정하다; to bind, decide' (SĀ) 등.

(3) 제 VI 부류

제 VI 부류의 특징은 제 I 부류와 같이 접미사 −a−가 어근에 붙어 동사의 어간이 형성하지만 어근은 규칙적으로 감소 단계로 나타난다: 예) tud−a− '밀다; to push' (TOD), kṣip−a− '(내)던지다; to throw' (KṢEP) 등.

§ 이 부류에는 −a−가 붙을 때 어간 형태가 특이하게 나타나는 어근들이 존재한다: 예) icch−a− '바라다; to wish' (EṢ), pṛcch−a− '묻다; to ask' (PRAŚ), kṛnt−a− '자르다; to cut' (KART), muñc−a− '풀어 놓다; to release' (MOK), limp−a− '뒤바르다; to smear' (LEP), lump−a− '약탈하다; to plun− der' (LOP), vind−a− '찾다; to find' (VED), siñc−a− '뿌리다; to sprinkle' (*SEK) 등.

(4) 제 X 부류

제 X 부류의 특징은 어근에 접미사 −ay− 와 −a−가 차례로 붙어 동사의 어간이 형성되고 어근은 표준단계 또는 감소단계로 나타난다는 것이다: 예) cor−ay−a− '훔치다; to steal' (COR), pīḍ−ay−a− '괴롭히다; to torture' (PEḌ) 등.

§ −ay−a−는 형태적으로 볼 때 사역형(使役形: Causative)의 접미사 −aya−와 동일하다. 그러나 사역의 −aya−는 어근에 붙을 때 어근의 장음화(브릿띠)를 유발한다는 점에서 제 X 부류의 동사들과 다르다: 예) kār−aya− (KAR, II 부류), bhāv−aya− (BHAV, I 부류), sād−aya− '앉게 하다; to make sit' (SAD, I / VI 부류) 등. 이에 반해 브릿띠가 일어나지 않는 사역형도 존재한다: 예) jan−aya− '낳게 하다; to make bear' (JAN, IV 부류), dam−aya− '길들게 하다; to make tame' (DAM, IV 부 류) 등.

2) 비°a-어간의 동사 어간

여기에 속하는 II, III, V, VII, VIII, XI 부류의 동사들의 특징은 °a-어간과 다른 점은 전자가 한 패러다임 내에서 문법적 범주에 따라 어근의 형태가 표준단계 내지 감소단계로 나타난다는 것이다.

(1) 제 II 부류

제 II 부류의 특징은 형성소 없이 어근에 바로 표지가 붙는다는 것이다: 예) 단수 1 2 3인칭 dveṣ- / 복수 쌍수 1 2 3인칭 dviṣ- '미워 · 증오 · 싫어하다; to hate' (DVEṢ) 등.

(2) 제 III 부류

제 III 부류의 특징은 접미사가 없고 어근의 중복(Reduplication)으로 동사의 어간이 형성된다는 것이다. 어근은 '수'와 '인칭'에 따라 표준단계 내지 감소단계로 나타난다: 예) si-sar- /si-sr- '흐르다; to flow' 제 I 부류에 속하는 어근 BHAR '가지고 가다; to carry'도 이와 같은 활용을 보여주기도 한다: 단수 1 2 3인칭 bi-bhar- (어근의 표준단계) / 복수 쌍수 1 2 3인칭 bi-bhṛ- (어근의 감소단계).

§ 중복법에서 주의할 사항은 dh, bh, kh, gh와 같은 자음으로 시작하는 어근인 경우 중복된 어근이 기식이 탈락된 d, b, k, g로 표현된다는 것이다: 예) da-dhā- (표준단계/da-dh- (감소단계) [DHĀ '두다, 놓다; to place, set'] 등.

(3) 제 V 부류

제 V 부류의 특징은 어근에 접미사 -no- (표준단계) 내지 -nu-·-nv- (감소단계)가 붙어 동사의 어간이 형성되고 어근은 보통 감소단계로 나타난다는 것이다: 예) 단수 1 2 3인칭 kṛ-no- (어근의 감소단계, 접미사의 표준단계) / 복수 쌍수 1 2 3인칭 kṛ−nu·nv− (어근과 접미사의 감소단계), śṛ−ṇo− / śṛ−ṇu·nv− (ŚRAV '듣다; to hear'), su−no− / su−nu·nv− (SAV '[포도 등] 짜(내)다; to press grapes'), āp−no− / āp−nu·nv− (ĀP '이르다. 얻다, 획득하다; to arrive, reach, obtain') 등.

(4) 제 VII 부류

제 VII 부류의 특징은 어근에 접미사 −na− (표준단계) 내지 −n− (감소단계)이 붙어 동사의 어간이 형성되고 접미사가 끼어드는 위치가 어근 가운데이며 어근이 일반적으로 감소단계로 나타난다는 것이다: 예) 단수 1 2 3인칭 ru−na−dh− (어근의 감소단계, 접미사의 표준단계) / 복수 쌍수 1 2 3인칭 ru−n−dh− (어근과 접미사의 감소단계) [RODH '막다, 저지하다; to obstruct'), yu−na−j− / yu−ñ−j− (YOG) 등.

(5) 제 VIII 부류

제 VII 부류의 특징은 어근에 접미사 −o− (표준단계) 내지 −u− (감소단계)가 붙어 동사의 어간이 형성되고 어근은 규칙적으로 표준단계를 유지하며 이 부류의 어근들이 대부분 n으로 끝난다는 것이다: 예) 단수 1 2 3인칭 tan−o− (어근과 접미사의 표준단계) / 복수 쌍수 1 2 3인칭 tan−u− (어근의 표준단계, 접미사의 감소단계) [TAN '뻗치다, 늘이다; to stretch'], man−o− / man−u− (MAN) 등.

§ V 부류에 속하는 KAR는 VII 부류의 활용을 따르기도 한다: 예) kar−o− (어근과 접미사의 표준 단계) / kur−u− (어근과 접미사의 감소단계), 단수 1인칭 karo−mi, 2인칭 karo−si, 3인칭 karo−ti, 복수 1인칭 kur−maḥ, 2인칭 kuru−tha, 3인칭 kurv−anti, 쌍수 1인칭 kur−vaḥ, 2인칭 kuru−thaḥ, 3인칭 kuru−taḥ.

(6) 제 IX 부류

제 IX 부류의 특징은 어근에 접미사 −nā− (증가단계) 내지 −n(ī)− (감소단계)가 붙어 동사 어간이 형성되고 어근은 보통 약형태로 나타난다는 것이다: 예) 단수 1 2 3인칭 krī−ṇā− (어근의 감소단계, 접미사의 표준단계) / 복수 쌍수 1 2 3인칭 krī−n(ī)− (어근과 접미사의 감소단계) (KRAY '사다; to buy') 등.

ㅇ 부록 05 : 한역본

<반야심경>(般若心經)은 <반야바라밀다심경>(般若波羅蜜多心經)을 줄여 지칭하는 이름으로서 <대반야바라밀다경>(大般若波羅蜜多經 mahāprajñāpāramitāsūtra)의 핵심적인 사상을 가장 짧게 표현해 놓은 경전으로 우리나라에 존재하는 거의 모든 불교 종파의 법회나 의식에서 독송되고 있다.

<대반야바라밀다경>은 현장(玄奘 602~664)이 여러 해에 걸쳐(660-663) 반야부(般若部)의 여러 경전들을 집대성한 경전으로 600권(4처[處] 16회[會] 275품[品])으로 구성되어 있는 일종의 총서(叢書)이다. 여기에는 당시까지 번역된 경전들과 현장이 새로이 번역한 경전들이 수록되어 있다. 약명으로 <대반야경>으로도 불리는 이 거대한 경전의 핵심 사상, 즉 대승불교 교리의 저변을 이루는 반야 사상을 가장 짧게 압축해 놓은 것이 바로 <반야심경>이다.

<반야심경>의 대표적인 한역본들로 7개를 들 수 있으며, 시대별로 배열하면 아래와 같다. K-번호는 <고려대장경>(高麗大藏經 한국)의 경전분류번호이고, T-번호는 <대정신수대장경> (大正新修大藏經 일본)의 경전분류번호이다. 각각에 적혀 있는 번역 연대는 고려대장경연구소(www.sutra.re.kr)와 中村 元(1971, p.164-165)을 따른 것이다.

① 《마하반야바라밀대명주경》(摩訶般若波羅蜜大明呪經) - 소본 (K-21/T-250)
구마라집(鳩摩羅什 Kumārajīva 인도) 요진(姚秦) 402-412년 번역

② 《반야바라밀다심경》(般若波羅蜜多心經) - 소본 (K-20/T-251)
현장(玄奘 Xuanzang 또는 Hsuan-tsang 중국) 당(唐) 648 또는 649년 번역

③ 《보편지장반야바라밀다심경》(普遍智藏般若波羅密多心經) - 대본 (K-1267/T-252)
법월(法月 Dharmacandra 인도) 당(唐) 741년 번역

④ 《반야바라밀다심경(般若波羅蜜多心經) - 대본 (K-1383/T-253)
반야(般若 Prajñā 인도)와 이언(利言 Li-yen 중국) 당(唐) 790년 번역

⑤ 《반야바라밀다심경》(般若波羅蜜多心經) - 대본 (T-254)
지혜륜(智慧輪 Prajñācakra 인도?) 당(唐) 847-859년 번역

⑥ 《반야바라밀다심경》(般若波羅蜜多心經) - 대본 (T-255) - 둔황석실본(燉煌石室本)
법성(法成 Fa-cheng 또는 Gos-chos-grub 티베트) 당(唐) 847-859년 번역

⑦ 《불설성불모반야바라밀다경》(佛說聖佛母般若波羅蜜多經) - 대본 (K-1427/T-257)
시호(施護 Shih-hu) 송(宋) 980년 번역

<반야심경>의 한역본은 소본(小本)과 대본(大本) 두 가지 유형으로 구분된다. 대본의 경우 서론에 해당하는 서분(序分), 본론의 정종분(正宗分), 결론의 유통분(流通分) 등 모두를 갖추고 있는 반면, 소본의 경우 정종분만으로 구성된다는 점에서 다르다. 현재 우리나라뿐만 아니라 중국, 일본 등지에서 가장 많이 독송되고 있는 것은 현장역의 소본이다.

현장의 역본을 구마라집의 역본과 비교해 보면, 글자 수(현장譯 259자, 구마라집譯 297자)와 용어(예를 들어 현장譯 5온(蘊) 사리자(舍利子)인 반면 구마라집譯 5음(陰), 사리불(舍利弗) 등)에서 차이가 있다. 이 밖에도 현장의 역본에 없는 문장이 등장한다: ("모든 괴로움을 건넜다."(度一切苦厄)는 문장 뒤에) "사리불이여, 색이 공하므로 뇌괴상(惱壞相)이 없으며, 수가 공하므로 수상(受相)이 없고, 상이 공하므로 지상(知相)이 없으며, 행이 공하므로 작상(作相)이 없고, 식이 공하므로 각상(覺相)이 없다."(舍利弗 色空故無惱壞相 受空故無受相 想空故無知相 行空故無作相 識空故無覺相).

<반야심경 한역본>

아래의 한역 텍스트들은 중화전자불전협회(中華電子佛典協會 http://www.cbeta.org/)에 실려 있으며, 고려대장경연구소(http://www.sutra.re.kr/)에서도 지혜륜과 법성을 제외한 모든 역본의 전문이 제공되고 있다.

a. <소본>

① 구마라집의 역본 《마하반야바라밀대명주경》 (K-21/T-250)과 ② 현장의 역본 《반야바라밀다심경》 (K-20/T-251)의 전문을 비교(굵은체, 밑줄)하면 다음과 같다:

i) 중화전자불전협회

구 摩訶般若波羅蜜大明咒經 姚秦天竺三藏鳩摩羅什譯
현 般若波羅蜜多心經 唐三藏法師玄奘譯

구 觀世音菩薩 行深般若波羅蜜時　照見五陰空　度一切苦厄。
현 觀自在菩薩 行深般若波羅蜜多時 照見五蘊皆空 度一切苦厄。

구 舍利弗 色空故無惱壞相 受空故無受相 想空故無知相 行空故無作相 識空故無覺相。何以故

구 舍利弗 非色異空 非空異色 色即是空 空即是色 受想行識 亦如是。
현 舍利子 色不異空 空不異色 色即是空 空即是色 受想行識 亦復如是。

구 舍利弗 是諸法空相 不生不滅 不垢不淨 不增不減。
현 舍利子 是諸法空相 不生不滅 不垢不淨 不增不減。

구 是空法 非過去 非未來 非現在。

구 是故 空中無色 無受想行識 無眼耳鼻舌身意 無色聲香味觸法 無眼界乃至無意識界
현 是故 空中無色 無受想行識 無眼耳鼻舌身意 無色聲香味觸法 無眼界乃至無意識界

구 無無明亦無無明盡乃至無老死無老死盡　無苦集滅道 無智亦無得。
현 無無明亦無無明盡乃至無老死亦無老死盡 無苦集滅道 無智亦無得。

구 以無所得故 菩薩依　般若波羅蜜故　心無罣礙
현 以無所得故 菩提薩埵依 般若波羅蜜多故 心無罣礙

구 無罣礙故 無有恐怖 離一切顚倒夢想苦惱 究竟涅槃。
현 無罣礙故 無有恐怖　遠離顚倒夢想　究竟涅槃。

구 三世諸佛依般若波羅蜜故 得阿耨多羅三藐三菩提。
현 三世諸佛依般若波羅蜜多故 得阿耨多羅三藐三菩提。

구 故知般若波羅蜜 是大明咒 無上明咒 無等等明咒 能除一切苦 真實不虛。
현 故知般若波羅蜜多 是大神咒 是大明咒 是無上咒 是無等等咒 能除一切苦 真實不虛。

구 故說般若波羅蜜咒 。
현 故說般若波羅蜜多咒。

구 即說咒曰：竭帝 竭帝 波羅竭帝 波羅僧竭帝 菩提 僧莎呵
현 即說咒曰：揭帝 揭帝 般羅揭帝 般羅僧揭帝 菩提 僧莎訶

ii) 고려대장경연구소

구마라집

摩 般若波羅蜜大明呪經 羽
姚秦天竺三藏鳩摩羅什 譯
觀世音菩薩行深般若波羅蜜時照
見五陰空度一切苦厄舍利弗色空
故無惱壞相受空故无受相想空故
无知相行空故無作相識空故无覺
相何以故舍利弗非色異空非空異
色色卽是空空卽是色受想行識亦
如是舍利弗是諸法空相不生不滅
不垢不淨不增不減是空法非過去
非未來非現在是故空中無色无受
想行識無眼耳鼻舌身意无色聲香
味觸法无眼界乃至無意識界无無
明亦無无明盡乃至无老死無老死
盡无苦集滅道無智亦无得以無所
得故菩薩依般若波羅蜜故心无罣
㝵無罣㝵故无有恐怖離一切顚倒
夢想苦惱究竟涅槃三世諸佛依般
若波羅蜜故得阿耨多羅三藐三菩
提故知般若波羅蜜是大明呪無上
明呪无等等明呪能除一切苦眞實不
虛故說般若波羅蜜呪卽說呪曰
竭帝竭帝 波羅竭帝 波羅僧竭
帝 菩提僧莎呵
摩 般若波羅蜜大明呪經
戊戌歲高麗國大藏都監奉
勅彫造

현장

般若波羅蜜多心經 羽
唐三藏法師玄奘 譯
觀自在菩薩行深般若波羅蜜多時
照見五蘊皆空度一切若厄舍利子
色不異空空不異色色卽是空空卽
是色受想行識亦復如是舍利子是
諸法空相不生不滅不垢不淨不增
不減是故空中無色无受想行識無
眼耳鼻舌身意无色聲香味觸法无
眼界乃至無意識界无無明亦无無
明盡乃至无老死亦無老死盡無苦
集滅道無智亦无得以無所得故菩
提薩埵依般若波羅蜜多故心無罣
㝵无罣㝵故無有恐怖遠離顚倒夢
想究竟涅槃三世諸佛依般若波羅
蜜多故得阿耨多羅三藐三菩提故
知般若波羅蜜多是大神呪是大明
呪是無上呪是无等等呪能除一切
苦眞實不虛故說般若波羅蜜多呪
卽說呪曰
揭帝揭帝 般羅揭帝 般羅僧揭
帝 菩提僧莎
般若波羅蜜多心經
戊戌歲高麗國大藏都監奉

b. <대본>

③ 법월의 역본 《보편지장반야바라밀다심경》 (K-1267/T-252)의 전문

i) 중화전자불전협회

普遍智藏般若波羅蜜多心經 摩竭提國三藏沙門法月重譯

如是我聞：一時佛在王舍大城靈鷲山中 與大比丘眾滿百千人 菩薩摩訶薩七萬七千人俱 其名曰觀世音菩薩 文殊師利菩薩 彌勒菩薩等 以為上首。皆得三昧總持 住不思議解脫。爾時觀自在菩薩 摩訶薩在彼敷坐 於其眾中即從座起 詣世尊所。面向合掌 曲躬恭敬 瞻仰尊顏而白佛言：世尊 我欲於此會中 說諸菩薩普遍智藏般若波羅蜜多心。唯願世尊聽我所說 為諸菩薩宣祕法要。爾時 世尊以妙梵音告觀自在菩薩摩訶薩言：善哉 善哉 具大悲者。聽汝所說 與諸眾生作大光明。於是觀自在菩薩摩訶薩蒙佛聽許 佛所護念 入於慧光三昧正受。入此定已 以三昧力行深般若波羅蜜多時 照見五蘊自性皆空。彼了知五蘊自性皆空 從彼三昧安詳而起。即告慧命舍利弗言：善男子 菩薩有般若波羅蜜多心 名普遍智藏。汝今諦聽 善思念之。吾當為汝分別解說。作是語已。慧命舍利弗白觀自在菩薩摩訶薩言：唯 大淨者 願為說之。今正是時。於斯告舍利弗：諸菩薩摩訶薩應如是學。

色性是空 空性是色。色不異空 空不異色。色即是空，空即是色。受想行識亦復如是。識性是空 空性是識。識不異空 空不異識。識即是空 空即是識。舍利子 是諸法空相 不生不滅 不垢不淨 不增不減。是故空中無色 無受想行識 無眼耳鼻舌身意 無色聲香味觸法 無眼界乃至無意識界。無明亦無無明盡 乃至無老死亦無老死盡。無苦集滅道 無智亦無得。以無所得故 菩提薩埵依般若波羅蜜多故 心無罣礙。無罣礙故 無有恐怖 遠離顛倒夢想 究竟涅槃。三世諸佛依般若波羅蜜多故 得阿耨多羅三藐三菩提。故知般若波羅蜜多是大神咒 是大明咒 是無上咒 是無等等咒。能除一切苦 真實不虛。故說般若波羅蜜多咒。即說咒曰：揭諦 揭諦 波羅揭諦 波羅僧揭諦 菩提 莎婆訶。佛說是經已 諸比丘及菩薩眾 一切世間天 人 阿脩羅 乾
闥婆等 聞佛所說 皆大歡喜 信受奉行。

ii) 고려대장경연구소

普遍智藏般若波羅蜜多心經　磻
摩竭提國三藏沙門　法月　重　譯
如是我聞一時佛在王舍大城靈鷲
山中與大比丘衆滿百千人菩薩摩
薩七万七千人俱其名曰觀世音
菩薩文殊師利菩薩弥勒菩薩繁以
爲上首皆得三昧捴持住不思議解
脫
尒時觀自在菩薩摩　薩在彼敷坐
於其衆中卽從座起詣世尊所面向
合掌曲躬恭敬瞻仰尊顔而白佛言
世尊我欲於此會中說諸菩薩普遍
智藏般若波羅蜜多心唯願世尊聽
我所說爲諸菩薩宣秘法要尒時世
尊以妙梵音告觀自在菩薩摩　薩
言善哉善哉具大悲者聽汝所說與
諸衆生作大光明於是觀自在菩薩
摩　薩蒙佛聽許佛所護念入於慧
光三昧正受入此定已以三昧力行
深般若波羅蜜多時照見五蘊自性
皆空彼了知五蘊自性皆空從彼三
昧安詳而起卽告慧命舍利弗言善
男子菩薩有般若波羅蜜多心名普
遍智藏汝今諦聽善思念之吾當爲
汝分別解說作是語已慧命舍利弗
白觀自在菩薩摩　薩言唯大淨者
願爲說之今正是時於斯告舍利弗
語菩薩摩　薩應如是學色性是空
空性是色色不異空空不異色色卽
是空空卽是色受想行識亦復如是
識性是空空性是識識不異空空不
異識識卽是空空卽是識舍利子是
諸法空相不生不滅不垢不淨不增
不減是故空中無色無受想行識無
眼耳鼻舌身意無色聲香味觸法無
眼界乃至無意識界無無明亦無無
明盡乃至無老死亦無老死盡無苦
集滅道無智亦無得以無所得故菩
提薩埵依般若波羅蜜多故心無罣
礙無罣礙故無有恐怖遠離顚倒夢
想究竟涅槃三世諸佛依般若波羅
蜜多故得阿耨多羅三藐三菩提故
知般若波羅蜜多是大神咒是大明
咒是無上咒是無等等咒能除一切
苦眞實不虛故說般若波羅蜜多咒
卽說咒曰
揭諦揭諦　波羅揭諦　波羅僧揭諦
菩提莎婆
佛說是經已諸比丘及菩薩衆一切
世間天人阿脩羅乹闥婆繁聞佛所
說皆大歡喜信受奉行
普遍智藏般若波羅蜜多心經
丙午歲高麗國大藏都監奉
勅雕造

④ 반야와 이언의 역본 《반야바라밀다심경》 (K-1383/T-253)의 전문

i) 중화전자불전협회

般若波羅蜜多心經 罽賓國三藏般若共利言等譯

如是我聞：一時佛在王舍城耆闍崛山中 與大比丘眾及菩薩眾俱。時佛世尊即入三昧名廣大甚深。爾時眾中有菩薩摩訶薩 名觀自在。行深般若波羅蜜多時 照見五蘊皆空離諸苦厄。即時舍利弗 承佛威力 合掌恭敬 白觀自在菩薩摩訶薩言：善男子 若有欲學甚深般若波羅蜜多行者 云何修行 如是問已。爾時 觀自在菩薩摩訶薩告具壽舍利弗言：舍利子 若善男子 善女人 行甚深般若波羅蜜多行時 應觀五蘊性空。

舍利子 色不異空 空不異色。色即是空 空即是色。受想行識亦復如是。舍利子 是諸法空相 不生不滅 不垢不淨 不增不減。是故空中無色 無受想行識 無眼耳鼻舌身意 無色聲香味觸法 無眼界乃至無意識界。無無明亦無無明盡乃至無老死亦無老死盡。無苦集滅道 無智亦無得。以無所得故 菩提薩埵依般若波羅蜜多故 心無罣礙。無罣礙故 無有恐怖 遠離顚倒夢想 究竟涅槃。三世諸佛依般若波羅蜜多故 得阿耨多羅三藐三菩提。故知般若波羅蜜多 是大神咒 是大明咒 是無上咒 是無等等咒。能除一切苦 真實不虛。

故說般若波羅蜜多咒。即說咒曰： 櫱諦 櫱諦 波羅櫱諦 波羅僧櫱諦 菩提 娑(蘇紇反) 婆訶。

如是 舍利弗 諸菩薩摩訶薩 於甚深般若波羅蜜多行 應如是行。如是說已。即時 世尊從廣大甚深三摩地起 讚觀自在菩薩摩訶薩言：善哉 善哉 善男子 如是 如是 如汝所說。甚深般若波羅蜜多行 應如是行。如是行時 一切如來皆悉隨喜。爾時世尊說是語已 具壽舍利弗大喜充遍 觀自在菩薩摩訶薩亦大歡喜。時彼衆會天 人 阿修羅 乾闥婆等 聞佛所說 皆大歡喜 信受奉行。

ii) 고려대장경연구소

般若波羅蜜多心經
罽賓國三藏般若共利言等譯　桓
如是我聞一時佛在王舍城耆闍崛
山中與大比丘衆及菩薩衆俱時佛
世尊卽入三時名廣大甚深尒時衆
中有菩薩摩　薩名觀自在行深般
若波羅蜜多時照見五蘊皆空離諸
苦厄卽時舍利弗承佛威力合掌恭
敬白觀自在菩薩摩　薩言善男子
若有欲學甚深般若波羅蜜多行者
云何修行如是問已
尒時觀自在菩薩摩　薩告具壽舍
利弗言舍利子若善男子善女人行
甚深般若波羅蜜多行時應觀五蘊
性空舍利子色不異空空不異色色
卽是空空卽是色受想行識亦復如
是舍利子是諸法空相不生不滅不
垢不淨不增不減是故空中無色無
受想行識無眼耳鼻舌身意無色聲
香味觸法無眼界乃至無意識界無
無明亦無无明盡乃至無老死亦無老死
盡無苦集滅道無智亦無得以無所得故
菩提薩埵依般若波羅蜜多故心無
罣礙無罣礙故無有恐怖遠離顚倒
夢想究竟涅槃三世諸佛依般若波
羅蜜多故得阿耨多羅三藐三菩提
故知般若波羅蜜多是大神呪是大
明呪是無上呪是無等等呪能除一
切苦眞實不虛故說般若波羅蜜多
呪卽說呪曰
揭諦揭諦　波羅揭諦　波羅僧揭
諦菩提娑(蘇紇反)婆
如是舍利弗諸菩薩摩　薩於甚深
般若波羅蜜多行應如是行如是說
已卽時世尊從廣大甚深三摩地起
讚觀自在菩薩摩　薩言善哉善哉
善男子如是如是如汝所說甚深般
若波羅蜜多行應如是行如是行時
一切如來皆悉隨喜尒時世尊說是
語已具壽舍利弗大喜充遍觀自在
菩薩摩　薩亦大歡喜時彼衆會天
人阿修羅乾闥婆等聞佛所說皆大
歡喜信受奉行
般若波羅蜜多心經
乙巳歲高麗國大藏都監奉
勅雕造

⑤ 지혜륜의 역본 《반야바라밀다심경》 (T-254) 전문 – 중화전자불전협회

般若波羅蜜多心經 唐上都大興善寺三藏沙門智慧輪奉 詔譯

如是我聞：一時薄[言*我]梵住王舍城鷲峰山中 與大苾芻衆及大菩薩衆俱。爾時 世尊入三摩地 名廣大甚深照見。時衆中有一菩薩摩訶薩 名觀世音自在。行甚深般若波羅蜜多行時 照見五蘊自性皆空。即時具壽舍利子 承佛威神 合掌恭敬 白觀世音自在菩薩摩訶薩言：聖者 若有欲學甚深般若波羅蜜多行 云何修行 如是問已。爾時 觀世音自在菩薩摩訶薩告具壽舍利子言：舍利子 若有善男子 善女人 行甚深般若波羅蜜多行時 應照見五蘊自性皆空 離諸苦厄。

舍利子 色空 空性見色。色不異空 空不異色。是色即空 是空即色。受想行識亦復如是。舍利子 是諸法性相空 不生不滅 不垢不淨 不減不增。是故空中無色 無受想行識無眼耳鼻舌身意 無色聲香味觸法 無眼界乃至無意識界。無無明亦無無明盡乃至無老死盡。 無苦集滅道 無智證無得。

以無所得故 菩提薩埵依般若波羅蜜多住 心無障礙。無障礙故 無有恐怖 遠離顛倒夢想究竟寂然。三世諸佛依般若波羅蜜多故 得阿耨多羅三藐三菩提 現成正覺。故知般若波羅蜜多 是大真言 是大明真言 是無上真言 是無等等真言。能除一切苦 真實不虛。故說般若波羅蜜多真言。即說真言：唵(引) [言*我]帝 [言*我]帝 播(引)囉[言*我]帝 播(引)囉散[言*我]帝 冒(引)地 娑縛(二合)賀(引)

如是 舍利子 諸菩薩摩訶薩 於甚深般若波羅蜜多行 應如是學。爾時 世尊從三摩地安祥而起 讚觀世音自在菩薩摩訶薩言：善哉 善哉 善男子 如是 如是 如汝所說。甚深般若波羅蜜多行 應如是行。如是行時 一切如來悉皆隨喜。爾時世尊如是說已 具壽舍利子觀世音自在菩薩 及彼眾會一切世間天 人 阿蘇囉 巘馱[口*縛]等 聞佛所說 皆大歡喜信受奉行。

⑥ 법성의 역본 《반야바라밀다심경》 (T-255) 전문 - 중화전자불전협회

般若波羅蜜多心經(燉煌石室本) 國大德三藏法師沙門法成譯

如是我聞：一時薄伽梵住王舍城鷲峰山中 與大苾芻眾及諸菩薩摩訶薩俱。爾時 世尊等入甚深明了三摩地法之異門。復於爾時 觀自在菩薩摩訶薩行深般若波羅蜜多時 觀察照見五蘊體性悉皆是空。時 具壽舍利子 承佛威力 聖者觀自在菩薩摩訶薩曰：若善男子欲修行甚深般若波羅蜜多者 復當云何修學 作是語已。觀自在菩薩摩訶薩答具壽舍利子言：若善男子及善女人 欲修行甚深般若波羅蜜多者 彼應如是觀察 五蘊體性皆空。

色即是空 空即是色。色不異空 空不異色。如是受想行識亦復皆空。是故舍利子 一切法空性無相 無生無滅 無垢離垢 無減無增。舍利子 是故爾時空性之中 無色無受無想無行亦無有識。無眼無耳無鼻無舌無身無意。無色無聲無香無味無觸無法。無眼界乃至無意識界。無無明亦無無明盡 乃至無老死亦無老死盡。無苦集滅道 無智無得亦無不得。是故舍利子 以無所得故 諸菩薩眾依止般若波羅蜜多 心無障礙 無有恐怖 超過顛倒究竟涅槃。三世一切諸佛亦皆依般若波羅蜜多故 證得無上正等菩提。舍利子 是故當知般若波羅蜜多大密咒者 是大明咒 是無上咒 是無等等咒。能除一切諸苦之咒 真實無倒。故知般若波羅蜜多是祕密咒。即說般若波羅蜜多咒曰：峨帝 峨帝 波囉峨帝 波囉僧峨帝 菩提 莎訶。

舍利子 菩薩摩訶薩應如是修學甚深般若波羅蜜多。爾時 世尊從彼定起 告聖者觀自在菩薩摩訶薩曰：善哉 善哉 善男子 如是 如是 如汝所說。彼當如是修學般若波羅蜜多。一切如來亦當隨喜。時薄伽梵說是語已。具壽舍利子 聖者觀自在菩薩摩訶薩 一切世間天 人 阿蘇羅 乾闥婆等 聞佛所說 皆大歡喜 信受奉行。

*고려대장경연구소에서는 지혜륜과 법성의 역본이 제외되어 있다.

⑦ 시호의 역본 《불설성불모반야바라밀다경》 (K-1427/T-257) 전문

i) 중화전자불전협회

佛說聖佛母般若波羅蜜多經 西天譯經三藏朝奉大夫試光祿卿傳法大師賜紫臣施護奉詔譯

如是我聞：一時 世尊在王舍城鷲峰山中 與大苾芻眾千二百五十人俱 并諸菩薩摩訶薩眾而共圍繞。爾時 世尊即入甚深光明宣說正法三摩地。時 觀自在菩薩摩訶薩在佛會中 而此菩薩摩訶薩已能修行甚深般若波羅蜜多 觀見五蘊自性皆空。爾時 尊者舍利子承佛威神 前白觀自在菩薩摩訶薩言：若善男子 善女人 於此甚深般若波羅蜜多法門 樂欲修學者 當云何學。時 觀自在菩薩摩訶薩告尊者舍利子言：汝今諦聽 為汝宣說。若善男子 善女人 樂欲修學此甚深般若波羅蜜多法門者 當觀五蘊自性皆空。何名五蘊自性空耶。

所謂即色是空 即空是色 色無異於空 空無異於色。受想行識亦復如是。舍利子 此一切法如是空相 無所生無所滅 無垢染無清淨 無增長無損減。舍利子 是故 空中無色 無受想行識 無眼耳鼻舌身意 無色聲香味觸法 無眼界無眼識界 乃至無意界無意識界。無無明無無明盡 乃至無老死亦無老死盡。無苦集滅道 無智 無所得 亦無無得。舍利子 由是無得故 菩薩摩訶薩依般若波羅蜜多相應行故 心無所著亦無罣礙 以無著無礙故 無有

恐怖 遠離一切顚倒妄想 究竟圓寂。所有三世諸佛依此般若波羅蜜多故 得阿耨多羅三藐三菩提。是故 應知般若波羅蜜多是廣大明 是無上明 是無等等明 而能息除一切苦惱 是即真實無虛妄法 諸修學者當如是學。我今宣說般若波羅蜜多大明曰：怛[寧*也](切身)他(引)(一句) 唵(引) [言*我]帝(引) [言*我]帝(引引)(二) 播(引)囉 [言*我]帝(引)(三) 播(引)囉僧[言*我]帝(引)(四) [曰/月]提 莎(引)賀(引)(五)。

舍利子 諸菩薩摩訶薩 若能誦是般若波羅蜜多明句 是即修學甚深般若波羅蜜多。爾時世尊從三摩地安詳而起 讚觀自在菩薩摩訶薩言：善哉 善哉 善男子 如汝所說 如是 如是 般若波羅蜜多當如是學 是即真實最上究竟 一切如來亦皆隨喜。佛說此經已 觀自在菩薩摩訶薩并諸苾芻 乃至世間天 人 阿修羅 乾闥婆等一切大眾 聞佛所說 皆大歡喜 信受奉行。

ii) 고려대장경연구소

佛說聖佛母般若波羅蜜多經
西天譯經三藏朝奉大夫試光祿卿傳法大師臣施護奉 詔譯
如是我聞一時世尊在王舍城鷲峯
山中與大苾芻衆千二百五十人俱
幷諸菩薩摩　薩衆而共圍繞
尒時世尊卽入甚深光明宣說正法
三摩地時觀自在菩薩摩　薩在佛
會中而此菩薩摩　薩已能修行甚
深般若波羅蜜多觀見五蘊自性皆
空
尒時尊者舍利子承佛威神前白觀
自在菩薩摩　薩言若善男子善女
人於此甚深般若波羅蜜多法門樂
欲修學者當云何學
時觀自在菩薩摩　薩告尊者舍利
子言汝今諦聽爲汝宣說若善男子
善女人樂欲修學此甚深般若波羅
蜜多法門者當觀五蘊自性皆空何
名五蘊自性空耶所謂卽色是空卽
空是色色無異於空空無異於色受
想行識亦復如是舍利子此一切法
如是空相無所生無所滅無垢染無
清淨無增長無損減舍利子是故空
中無色無受想行識無眼耳鼻舌身
意無色聲香味觸法無眼界無眼識
界乃至無意界無意識界無無明無
無明盡乃至無老死亦無老死盡無
苦集滅道無智無所得亦無無得舍
利子由是無得故菩薩摩　薩依般
若波羅蜜多相應行故心無所著亦
無罣礙以無著無礙故無有恐怖遠
離一切顚倒妄想究竟圓寂所有三
世諸佛依此般若波羅蜜多故得阿
耨多羅三藐三菩提是故應知般若
波羅蜜多是廣大明是無上明是無
等等明而能息除一切苦惱是卽眞
實無虛妄法諸修學者當如是學我
今宣說般若波羅蜜多大明曰
怛[寧*也]切身他引一唵引誐帝引誐帝引引二
播引囉誐帝引三播引囉僧誐帝引四
冐提莎引賀引五
舍利子諸菩薩摩　薩若能誦是般
若波羅蜜多明句是卽修學甚深般
若波羅蜜多
尒時世尊從三摩地安詳而起讚觀
自在菩薩摩　薩言善哉善哉善男
子如汝所說如是如是般若波羅蜜
多當如是學是卽眞實最上究竟一
切如來亦皆隨喜
佛說此經已觀自在菩薩摩　薩幷
諸苾芻乃至世間天人阿修羅乾闥
婆衆一切大衆聞佛所說皆大歡喜
信受奉行
佛說聖佛母般若波羅蜜多經
甲辰歲高麗國大藏都監奉
勑彫造

ㅇ부록 06 : 현장의 한자 음역본 〈唐梵翻對字音般若波羅蜜多心經〉(T-256)

중화전자불전협회(http://www.cbeta.org/result/normal/T08/0256_001.htm)가 제공하는 이 텍스트는 음역(기본체)에 훈역(굵은체)가 따르는 방식을 보여주고, 문단은 中村元(1967)본에 따라 필자가 구분해 놓은 것이다.

梵本般若波羅蜜多心經

觀自在菩薩與三藏法師玄奘親教授梵本不潤色

鉢囉(二合)(般)[言*我]攘(二合)(若)播(波)囉(羅)弭(蜜)哆(多)[糸*(占－口＋乙)]哩(二合)那野(心)素怛[口*覽](經)

01.

x

02.

阿哩也(二合)(聖)[口*縛]嚕(觀)枳帝(自)濕[口*縛]路(在)冒地(菩)娑怛侮(薩)儼鼻[口*覽](深)鉢囉(二合)(般)[言*我]攘(若)播(波)囉(羅)弭(蜜)哆(多)左哩焰(二合)(行)左囉(行)麼[口*女]尾也(二合)(時)[口*縛]嚕(引)迦(照)底娑麼(二合)(見)畔左塞建(引)馱(引)(五蘊)娑怛(引)室左(二合)(彼)娑[口*縛](自)婆[口*縛](引)(性)戍[仁－二＋爾]焰(二合)(空)跛失也(二合)底娑麼(二合)(現)伊賀(此)

03.

捨(舍)哩(利)補怛囉(子)(二合) ‖ 嚕畔(色)戍[仁－二＋爾]焰(二合)(空)戍[仁－二＋爾]也(二合)(空)嚏(性)[口*縛](是)嚕畔(色) ‖ 嚕播(色)曩(不)比[口*栗](二合)他(異)戍[仁－二＋爾]也(二合)哆(空)戍[仁－二＋爾]也

(二合)(空)哆野(亦)曩(引)(不)比[口*栗](二合)他(異)[薩/女]嚕(二合)畔(色) ‖ 夜(是)怒嚕(二合)畔(色)娑戍(彼)[仁－二＋爾]也(二合)哆夜(空)戍(是)[仁－二＋爾]也(二合)哆(空)娑(彼)嚕畔(色)曀[口*縛](如)弭[口*縛](是)吠那曩(受)散[言*我]攘(想)散娑迦(引)囉

(行)尾[言*我]攘(二合)喃(識)

04.

伊賀(此)捨(舍)哩(利)補怛囉(子)(二合) ‖ 薩囉[口*縛](諸)達麼 (法)戍[仁-二+爾]也(二合)哆(空)落乞叉(二合)拏(相)阿怒(不)哆播(二合)曩(生)阿寧(不)嚕馱(阿不)阿(不)尾麼[打-丁+羅](淨)阿(不)怒曩(增)阿(不)播哩補[打-丁+羅]拏(減)(二合)

05.

哆(是)娑每(故)捨(舍)哩(利)補怛囉(子)(二合)戍[仁-二+爾]也(二合)(空)哆焰(中)曩(無)(上)嚕畔(色)曩(無)吠(引)那曩(受)曩(無)散[言*我]攘(想)(二合)曩(無)散娑迦囉(行)(二合)曩(無)尾[言*我]攘(二合)喃(識)曩(無)斫乞芻(眼)戍嚕怛囉(二合)(耳)迦囉(二合)拏(鼻)[口*爾]賀(舌)[口*縛]迦野(身)麼曩[(台/十)*力](意)曩(無)嚕畔(色)攝那(聲)彥馱(香)囉娑(味)娑播囉(二合)瑟吒尾也(觸)(二合)達麼(法)曩(無)斫芻(眼)(二合)馱都(界)哩也(乃)(二合)[口*縛](至)曩(無)麼怒 (意)尾[言*我]攘[言*我](二合)喃(識)馱都(界)曩(無)尾[仁-二+爾]也(明)曩(無)尾[仁-二+爾]也(明盡無)曩(無)尾[仁-二+爾]也(明)乞叉喻(盡)曩(無)尾[仁-二+爾]也(明)乞叉喻(盡)野(乃)[口*縛](至)[口*惹]囉(老)麼囉喃(無)曩(無)[口*惹]囉(老)麼囉拏(無)乞叉喻(盡)曩(無)耨佉(苦)娑敏那野(集)寧嚕馱(滅)麼(哩)[言*我]穰(二合)(道)曩(無)[言*我]攘喃(智)曩(無)鉢囉(二合)比底(得)

06.

曩(無)鼻娑麼(證)哆(以)娑每無那(所)鉢囉(二合)比府(得)(二合)怛[口*縛](故)冒(菩)地(提)娑(薩)怛[口*縛]喃(埵)鉢囉(般)(二合)[言*我]攘(若)播(波)囉弭(多)麼室哩底也(二合)(依)尾賀(於)囉底也(二合)(住)只跢(心)[口*縛](無)囉(罣)拏(礙)只哆(心)[口*縛](無)囉(罣)拏(礙)

尾你也(明)乞叉喻(盡)曩(無)尾你也(明)乞叉喻(盡)野(乃)[口*縛](囉至曩無)[口*惹]囉(老)麼囉喃(死)曩(無)[口*惹]囉(老)麼囉拏(死)乞叉喻(盡)曩(無)耨佉(苦)娑每那野(集)寧嚕馱(滅)麼哩[言*我]攘(二合)(道)曩(無)[言*我]攘喃(智)曩(無)鉢囉(二合)比底(得)曩(無)鼻娑麼(證)哆(以)娑每(無)那(所)鉢囉(二合)比底(得)(二合)怛[口*縛]

(故)冒(菩)地(提)娑(薩)怛[口*縛]喃(埵)鉢囉(般)(二合)[言*我]攘(若)播(波)囉(羅)弭(蜜)哆(多)麼室哩底也(二合)(依)尾賀(於)囉底也(二合)(住)

只跢(心)囉(罣)拏(礙)曩(無)悉底怛[口*縛](二合)(有)那(恐)[怡－台+(日/工)]哩二合)素都(二合)(怖)尾播(顛)哩也(二合)娑(倒)底(遠)伽蘭哆(離)寧(究)瑟吒(竟)寧哩也[口*縛](二合)(涅)喃(盤)

底哩也(三)(二合)馱[口*縛](二合)(世)尾也(二合)[口*縛](所)悉體跢(經)娑[口*縛](諸)沒馱(佛)鉢囉(般)[言*我]攘(二合)(若)播(波)囉(羅)弭(蜜)哆(多)麼室哩(故)底世(二合)(得)耨(無)跢蘭(上)[糝－(彰－章)+(恭－共)]藐世(二合)(等)[糝－(彰－章)+(恭－共)](正)沒地(竟)麼鼻[糝－(彰－章)+(恭－共)]沒馱哆(引)(是)娑每(故)(二合)[言*我]攘(二合)哆(應)尾演(知)

07.
鉢囉(般)[言*我]攘(二合)(若)播(波)囉(羅)弭(蜜)哆(多)麼賀(引)(大)滿怛嚕(咒)麼賀(引)(大)尾[仁－二+爾]也(明)(二合)滿怛囉(咒)阿(無)耨哆囉(上)滿怛囉(咒阿無)娑麼(等)娑底(等)滿怛囉(咒)薩(一)[口*縛](切)耨佉(苦)鉢囉(二合)捨(止)曩(息卒)娑(真)底也(實)麼弭(不)贊哩也(二合)怛[口*縛](虛)(二合)鉢囉(二合)(般)[言*我]攘(若)播(波)囉(羅)弭(蜜)哆(多)目訖姤(說)滿怛囉(咒)(二合)怛[仁－二+爾]也他(二合)(曰)

08. [言*我]諦 諦諦 播囉[言*我]諦 播囉僧[言*我]諦 冒地(引) 娑[口*縛]賀

梵語般若波羅蜜多心經一卷(僧□□之)

*그런데 한 가지 특이한 사항은 위의 밑줄 친 부분이 중복되어 나타난다는 점이다.

| 용어 찾기 |

인칭대명사(Personal Pronoun) 171, 381
일차 접미사(Primary Suffix) 191
일치(Agreement) 29, 299, 300

[ㅈ]
자동사(Intransitive) 158
자유악센트(Free Accent) 54
자음교체(Consonant Alternation) 268
자음 산디(Consonant Sandhi) 144, 371
장모음(Long Vowel) 51, 53
장음화(Lengthening) 161
재구(Reconstruction) 168
전자불전(Electronic Buddhist Text) 19
절대사(Absolutiva) 193, 203
접근음(Approximant) 54
접두사(Prefix) 187
접미사(Suffix) 191
접사(Affix) 187
접속사(Conjunction) 183
조음방법(Manner of Articulation) 57
조음위치(Place of Articulation) 57
중간태(Medium) 158, 385
중복법(Reduplication) 212, 216, 384, 385
중음절(heavy syllable 54
증가단계(Lengthened Grade) 207, 212, 215
지시대명사(Demonstrative Pronoun) 170, 176, 382

[ㅊ]
찬드라빈두(Candra-bindu) 50
추상명사(Abstract Noun) 219
축약(Contraction) 157
치조음(Alveolar) 53, 55

[ㅋ]
카로스티 문자(Kharoṣṭhī Script) 40, 41, 42

[ㅌ]
타동사(Transitive) 158
태(Voice) 155, 157, 158, 384
테마모음(Thematic Vowel) 220
통사론(Syntax) 29, 299
통사적 규칙(Syntactic Rules) 29, 299

[ㅍ]
파다(Pāda) 50
파다파타(Padapātha) 20
파생(Derivation) 192, 193
파생 접미사(Derivational Suffix) 192, 193, 194, 201
파열음(Plosive) 57
팔리어(Palī) 31
표음문자(表音文字 Phonogram) 39
표제어(Entry) 210, 226
표준단계(Normal Grade) 186, 212, 215, 257
표지(Marker) 24, 155
표지 체계(Marker System) 157, 159
품사 전성(Conversion of Part of Speech) 193, 199, 200
프라크리트(Prakṛtam) 40

■ 필자 약력

한국외국어대학교 독일어과 학사 (93')
서울대학교 언어학과 대학원 석사 (95') 및 박사 수료 (97')
독일 레겐스부르크(Regensburg) 대학 인도유럽어학과 박사 (01')
BK21 서강-이화 언어학교육단 POST-DOC (04'~05')
서울대학교 인문학연구원 (연구원) (05'~06', 07'~09')
한국외국어대학교 언어학과 강사 (03'~04')
충북대학교 노어노문학과 강사 (06'~08')
순천향대학교 영어영문학과 강사 (09'~11')
서울대학교 언어학과 강사 (02'~현재)
한국연구재단 프로젝트(09'~12') 연구책임자

불경으로 이해하는 산스크리트

초판 인쇄/ 2012년 3월 28일
초판 발행/ 2012년 4월 10일

저 자 전순환
책임편집 김민경

발 행 처 도서출판 지식과 교양
등 록 제2010-19호
주 소 서울시 도봉구 창5동 262-3번지
전 화 02-900-4520 / 02-900-4521
팩 스 02-900-1541
전자우편 kncbook@hanmail.net

ISBN 978-89-94955-76-6 93220 **정가** 29,000원

이 도서의 국립중앙도서관 출판도서목록(CIP)은 e-CIP홈페이지(http://www.nl.go.kr/ecip)에서 이용하실 수 있습니다. (CIP제어번호: CIP2012001469)